LE ROMAN DU ROI ARTHUR

La présente édition en deux tomes en collection de poche du *Roman du roi Arthur* de Xavier de Langlais reprend le texte intégral de celle parue d'abord chez H. Piazza en 1965, puis reprise par Coop Breizh en 1993, en cinq volumes sous coffret, désormais épuisée.

ISBN Tome 1 : 2-84346-256-8
ISBN Tome 2 : 2-84346-257-6
ISBN Coffret : 2-84346-268-1

Couv. : *L'Orgueil de la forêt défiant Peredur* © Alan Lee
Coffret : *Galaad en vue du château de Carbonek* © Alan Lee

Dépôt légal 1er trimestre 2006

Kerangwenn - 29540 Spézet/Speied

www.coop-breizh.fr

LE ROMAN DU ROI ARTHUR

renouvelé par Xavier de Langlais

TOME 1

Préface, introduction, notes et annexes de l'auteur
Postface et bibliographie de Jean Frappier

COOP BREIZH

PRÉFACE

Justification de cette adaptation moderne du *Roman du roi Arthur*

En écrivant ce *Roman du roi Arthur*, je n'ai pas prétendu innover : les aventures qui en constituent la trame sont, pour la plupart, empruntées au fonds commun des romans courtois du XIIe siècle, dont Chrétien de Troyes fut, en France, l'un des principaux adaptateurs[1].

C'est dire que seule, ou presque seule, la manière de conter m'appartient.

D'autres versions en langue moderne des romans de la Table ronde ont d'ailleurs précédé la mienne, notamment celle de Jacques Boulenger, véritable somme des épisodes du cycle arthurien et référence infiniment pré-

---

1. Il convient en effet de préciser que les romans attribués à Chrétien de Troyes ne sont pas tous entièrement de sa main. Joseph Loth rappelle dans son introduction aux *Mabinogion* (Fontemoing éditeur, Paris, 1913, tome I, p. 47) que le *Perceval* de Chrétien de Troyes s'arrête au vers 10601. Un inconnu l'a continué jusqu'au vers 21916 puis vinrent Wauchier de Denain, Manecier et Gerbert. L'ensemble comprend 63000 vers, dont un sixième seulement serait de Chrétien de Troyes. Par contre un *Roman de Tristan* du même auteur aurait été entièrement perdu. Parmi les adaptateurs les plus connus de la « matière de Bretagne », citons encore Thomas et Béroul, pour la France (plus particulièrement en ce qui concerne le *Roman de Tristan et d'Iseult*), Gottfried de Strasbourg pour l'Allemagne et – tardivement – Thomas Malory pour l'Angleterre.

cieuse pour quiconque n'aurait ni la science, ni le goût, ni le temps matériel qu'exige la lecture des textes anciens dans leur rédaction originale[2].

Cependant, ayant moi-même été bien souvent dérouté par le foisonnement excessif des aventures attribuées aux héros de l'épopée arthurienne – pour lesquels, au demeurant, j'éprouvais la plus vive tendresse[3] – j'en suis venu à penser qu'une adaptation moins littérale du cycle de la Table ronde serait favorablement accueillie.

Me plaçant dans cette perspective, je me suis efforcé de rendre à la geste du roi Arthur son unité perdue. Cette prise de position m'a amené à retrancher de nombreux épisodes secondaires qui figuraient dans le répertoire ancien et à intercaler, çà et là, quelques passages de transition indispensables à la progression dramatique de l'action.

Faut-il ajouter que j'ai procédé à ces remaniements avec la plus grande prudence, en m'efforçant de subordonner coupures et additions aux seules exigences d'un plan d'ensemble équilibré.

Afin de bien établir la ligne de partage entre ces morceaux de transition et les éléments appartenant au fonds traditionnel, j'ai différencié les uns des autres de la façon suivante : dans la table analytique des matières placée en fin d'ouvrage, les sous-titres en caractères courants correspondent aux épisodes rigoureusement conformes à la tradition ; les sous-titres en italique indiquent les rares additions qui m'appartiennent en propre.

---

2. *Les Romans de la Table ronde* par Jacques Boulenger, édition originale en 4 volumes, Plon-Nourrit, 1922.

3. Xavier de Langlais est, par ailleurs, l'auteur d'un *Tristan hag Izold* en langue bretonne, paru aux éditions Al Liamm en 1958.

Outre ces remaniements, on trouvera dans *Le Roman du roi Arthur* un petit nombre d'emprunts faits directement aux *Mabinogion* – ce précieux manuscrit en langue galloise, antérieur aux romans courtois, qui nous a conservé maints traits de la légende arthurienne primitive, l'épisode de Tourc'h, par exemple (dans le livre II du *Roman du roi Arthur*), ce sanglier magique, insaisissable, qu'Arthur et ses compagnons chassaient jour et nuit, durant des semaines entières, d'un continent à l'autre, à travers terres et mers... et toujours en vain. Avec cette réserve que les détails de cette chasse et son itinéraire sont de mon propre cru.

L'épisode d'Owein déchaînant involontairement la tempête en laissant tomber quelques gouttes d'eau sur la margelle de la fontaine de Barenton est également tiré des *Mabinogion*[4].

De même, je me suis permis d'emprunter un épisode accessoire de la capture de Merlin par Grisandole (le détail du chariot) à un conte en langue bretonne recueilli par Yeun ar Gov dans la région de Pleyben et publié par Breuriez ar Brezoneg er Skoliou en 1939, sous le titre de *Marc'heg ar Gergoad* (« Le chevalier de Kergoad »). À noter que ce conte déforme le nom de Merlin en Merlig.

Si les noms de lieux ont généralement été respectés dans les versions françaises anciennes des romans bretons, du moins en ce qui concerne la Petite Bretagne, ou si l'on préfère l'Armorique[5], les noms et les prénoms des personnages ont subi, pour la plupart, d'étonnantes transformations.

---

4. *Les Mabinogion*, déjà cités, tome II, p. 10 et suiv., ainsi que note, p. 100 : *Owein et Lunet* ou *La dame à la fontaine*. Cette aventure est parfois attribuée à Calogrenant.

Dans cette adaptation destinée à une diffusion très large, il m'a paru plus indiqué de m'en tenir aux formes françaises usuelles plutôt que de recourir à leurs synonymes celtiques primitifs. C'est ainsi que j'ai préféré Arthur à Arzur, ou même à Artus (forme que l'on trouve parfois dans certains romans français), Gauvain à Gowen, Marc à Marc'h, Guenièvre à Guenivar, etc.

Ces menus éclaircissements donnés, l'essentiel reste à dire…

X. DE L.

---

5. On retrouve encore sur les cartes topographiques de la forêt de Paimpont, près de Rennes, nombre de noms qui figurent dans la légende : entre autres le lac de Diane, le Val sans Retour, le chemin de Folles-Pensées, le pont du Secret et, même, la fontaine de Barenton, dont l'eau « merveilleusement légère, et cherchant sans cesse une issue vers le ciel », bouillonne encore lorsqu'un être vivant, homme ou bête, s'en approche.

HISTORIQUE

Les Romans de la Table ronde connurent du XIIe au XIVe siècle une prodigieuse carrière. Traduits presque simultanément en français, en anglais, en allemand, en danois, en espagnol, voire en italien, ils eurent pour auditoire la Chrétienté tout entière. L'écho qu'ils éveillèrent dans les cœurs provoqua de si longues résonances, l'émulation qu'ils suscitèrent fut si profonde et si durable, que la manière de sentir et de vivre des hommes et des femmes d'Occident s'en trouva modifiée pour plusieurs siècles.

La Grande et la Petite Bretagne servant de cadre à ces romans, une question vient tout naturellement à l'esprit : dans quelle mesure les Bretons – créateurs incontestés du mythe arthurien – participèrent-ils aux développements littéraires qui devaient, par la suite, en découler.

Avant de répondre à cette question, peut-être convient-il de rappeler le point de départ de la légende.

L'histoire n'a retenu que bien peu de chose du roi Arthur, mais ce qu'elle nous apprend confirme du moins son existence : à la fin du Ve siècle, un roi de ce nom (Arthur en gallois, Arzur en breton) a incarné la résistance galloise à l'envahisseur saxon. Après avoir infligé aux Saxons (ou Saines) défaites sur défaites, ce champion de l'indépendance galloise périt les armes à la main dans un dernier combat. Toutefois son corps ne fut jamais retrouvé[6].

La légende devait tout naturellement prêter au héros disparu les plus hautes vertus de la race, amplifier ses exploits et, insensiblement, en faire un demi-dieu. Pour ses arrière-neveux des deux Bretagnes, le roi Arthur n'est pas mort. Réfugié dans l'île d'Avalon, il dort seulement d'un long sommeil. Son épée gît au fond d'un lac du pays de Galles : un jour, brandie par une main invisible, elle en émergera dans un soleil de gloire.

À ce signe, annonçant le réveil d'Arthur, Gallois et Bretons sauront reconnaître l'aube de leur propre libération. Tel est le point de départ du mythe arthurien.

Jamais, il faut l'avouer, peuple vaincu ne sut tirer de sa défaite une plus haute revanche spirituelle. Écartelés désormais entre la Grande et la Petite Bretagne – les Saxons ne leur ayant laissé d'autre choix que de se réfugier dans les régions les plus déshéritées de leur patrie d'origine (le pays de Galles) ou d'émigrer –, Bretons du

---

6. J. Loth, en marge de sa traduction en langue française des *Mabinogion* gallois (ouvrage cité, tome I, p. 244), rappelle que le nom d'Arthur est prononcé pour la première fois par Nennius dans son *Historia Britonum* qui daterait du IXe siècle. Les *Annales Cambriae*, dont la rédaction la plus ancienne parait être du Xe siècle, disent qu'Arthur porta la croix trois jours et trois nuits sur ses épaules à la bataille du mont Badon mentionnée également par Gildas et qui paraît avoir été une défaite très grave pour les Saxons. Arthur aurait péri avec son neveu et adversaire Médraut (le Mordret de la légende) en 557, à la bataille de Camlann. À travers l'*Historia regum Brittaniae* de Geoffroi de Monmouth, le personnage d'Arthur prend déjà ses dimensions légendaires. Arthur bat non seulement les Saxons et les Romains, après avoir soumis les Irlandais, mais il conquiert encore une bonne partie de l'Europe.

pays de Galles et Bretons d'Armorique se plurent à exalter leur grandeur passée. Leurs bardes firent d'Arthur – cet obscur petit roi de Logres – le souverain incontesté des deux Bretagnes, le fédérateur des royaumes celtes, et l'arbitre de la Chrétienté.

Vaincre un peuple par les armes est plus facile que de le réduire au silence. Les Saxons l'apprirent à leurs dépens : la version des vaincus s'accrédita.

Cinq siècles passèrent puis vinrent les Normands.

Alors que la domination saxonne était restée un événement purement insulaire, la conquête de la Grande Bretagne par les Normands en 1066 allait valoir à la littérature celtique l'audience du continent. Finalement, contre toute attente, ce fut en effet par la voix de poètes normands, ou aux gages des Normands, que les Gallois – et par incidence les Bretons d'Armorique – purent faire connaître en dehors de chez eux leurs propres thèmes nationaux.

Pareille fortune suppose que la poésie galloise jouissait encore, à l'époque de la Conquête, d'un singulier prestige. Sans doute les Normands, qui ne possédaient pas au même degré que les Celtes le sens du sacré, ne surent-ils pas toujours respecter la signification ésotérique des symboles qu'ils utilisaient de seconde main ; sans doute peut-on également leur reprocher d'avoir trop sacrifié aux mœurs « courtoises » du temps ; cependant leur version du cycle arthurien, si libre soit-elle, n'en est pas moins, quant au fonds, typiquement celtique.

Selon Joseph Loth[7], « le coup le plus rude qui ait été porté à la théorie contraire l'a été par la comparaison des

7. *Les Mabinogion*, ouvr. cité p. 72.

épopées irlandaises dont un bon nombre nous est conservé dans des manuscrits antérieurs à la rédaction de ces romans *(en langue française, anglaise, allemande, etc.)* et qui sont manifestement pures d'influences étrangères. On a trouvé dans ces *sagas* nombre d'épisodes et de thèmes identiques à ceux des romans dits "arthuriens" ou qui en étaient très rapprochés et remontaient évidemment à la souche vieille celtique ».

Denis de Rougemont lui-même, dont la thèse générale tendrait plutôt à exalter le rôle des troubadours de langue d'oc, n'en fait pas moins sienne cette citation d'Hubert : « Gaston Paris remarquait avec profondeur que le Roman de Tristan et d'Iseut rend un son particulier qui ne se trouve guère dans la littérature du Moyen Âge et il l'expliquait par l'origine celtique de ces poèmes. *C'est par Tristan et par Arthur que le plus clair et le plus précieux du génie celtique s'est incorporé à l'esprit européen*[8]. »

Il nous reste à voir comment les Normands, puis les Occitans, en vinrent à s'intéresser au message des bardes celtes.

Sur la manière dont furent transmis et recueillis ces lais et ces chants en langue galloise ou bretonne, trois thèses sont en présence. Loin de se contredire, ces thèses se complètent, car la rapide diffusion du message celtique ne saurait s'expliquer sans l'utilisation presque simultanée de ces trois voies de pénétration différentes.

Pour Joseph Bédier, dont on connaît l'admirable version en langue française moderne du *Roman de Tristan*

8. Denis de Rougemont, *L'Amour et l'Occident*, p. 11, Plon, 1939 et collection « 10-18 ».

et Iseut, la transmission du mythe arthurien aux trouvères de langue française se serait faite surtout oralement, par l'intermédiaire de bardes armoricains parlant à la fois le breton et le français. Les alliances nombreuses qui unissaient la noblesse bretonne de la Bretagne armoricaine à la noblesse normande, à l'époque de la conquête, rendent cette thèse des plus vraisemblables. Nous n'en retiendrons qu'un seul exemple, le plus illustre : Alain V, duc de Bretagne, et Guillaume le Conquérant étaient cousins germains ; le premier, un peu plus âgé, servant de tuteur au second.

« Par ces mariages, par ces alliances, précise Joseph Bédier, au Xᵉ, au XIᵉ siècle, un château breton était à demi normand, un château normand était à demi breton. Et, très anciennement, dans ces châteaux de Normandie, des Bretons bilingues ont fait entendre la rote armoricaine et par leurs lais, par toutes les traditions purement armoricaines dont ils étaient porteurs, ils ont provoqué le premier éveil des imaginations romanes vers les légendes de Bretagne.

« Faut-il rappeler une fois de plus les témoignages de Marie de France qui, vivant en Angleterre, nous dit et nous répète que vers 1170 encore, elle a entendu des Bretons chanter en vers français[9] ? Comme des éléments gallois se rencontrent dans ces mêmes lais de Marie de France et dans les divers romans arthuriens, l'indication la plus proche n'est-elle pas que les jongleurs armori-

9. Les premiers et les derniers vers du *Rossignol* de Marie de France sont dans toutes les mémoires : « Une aventure vous dirai – Dont les Bretons firent un lai – Le laustic l'appelle-t-on – Ainsi le nomment les Bretons – On dit rossignol en français et nightingale en anglais. » (*Eostig* est encore aujourd'hui le nom du rossignol en breton.)

cains, en activité dans les cours anglo-normandes, ont renoué connaissance avec les populations galloises dont ils étaient depuis si longtemps séparés. Ils apprennent des Gallois certaines de leurs légendes, reconnaissent la parenté de ces légendes avec les traditions dont ils sont eux-mêmes porteurs, combinent les unes avec les autres et, par leurs œuvres, la *matière de Bretagne* est le produit des légendes armoricaines et des légendes galloises…

« De là cette hypothèse : la légende arthurienne de Tristan qui vivait en Galles a été recueillie par des hommes qui parlaient à la fois le français et le breton.

« Ces hommes ne sont pas de purs êtres de raison, créés par le jeu de nos combinaisons logiques ; ils ont vécu et ce sont ces jongleurs bretons, originaires de la zone bilingue comprenant les diocèses de Dol, Saint-Malo, Saint-Brieuc, Vannes, que M. H. Zimmer nous a montrés colportant leurs lais dans les châteaux normands[10]. »

Selon Joseph Bédier, les Bretons d'Armorique n'auraient donc pas assumé seulement un rôle important dans la diffusion du message gallois sur le continent, mais en rajeunissant la légende arthurienne ils auraient largement contribué à lui donner sa forme définitive.

À en croire Joseph Loth, la diffusion des légendes arthuriennes en Angleterre aurait surtout été assurée par les Gallois.

Enfin, pour Denis de Rougemont, la part prépondérante que les troubadours de langue occitane auraient prise dans la rédaction définitive de l'épopée arthurienne

---

10. Joseph Bédier, introduction au *Roman de Tristan* par Thomas, p. 126, éd. Firmin-Didot, 1905 (texte de Thomas en langue archaïque, que l'on ne doit pas confondre avec *Le Roman de Tristan et Iseut* renouvelé par Joseph Bédier, publié par les éditions H. Piazza).

expliquerait la rapidité de sa propagation dans le midi de la France, déjà préparé par l'hérésie cathare aux exigences de l'amour courtois.

Sur le plan purement littéraire, ces digressions n'offrent d'ailleurs qu'un intérêt mineur. Ce qui importe vraiment c'est la haute qualité de cette œuvre commune et, malgré les transformations qu'elle dut fatalement subir au long des siècles, sa profonde unité d'intention.

Comment ne pas sentir la leçon de courage et de dépassement de soi-même qu'elle nous propose ? Et, dès lors, comment s'étonner du prestige qu'elle a si longtemps exercé sur les âmes ?

Mais, ici, il nous faut bien, non sans mélancolie, faire une constatation : suivant les tendances idéologiques des époques et des races, les versions, ou, si l'on préfère, les adaptations très libres qui en furent tirées connurent des destinées bien différentes.

Alors qu'en Angleterre, grâce en grande partie au talent d'écrivain de Thomas Malory (ancien combattant de la guerre des Deux-Roses) qui les traduisit pour la première fois en anglais, vers l'an 1470, les légendes de la Table ronde, cent fois rééditées, ne cessaient d'être étudiées, apprises et goûtées par tout un peuple demeuré fidèle à son passé, alors qu'en Allemagne, le mythe de Parsifal continuait à inspirer musiciens et poètes, en France, plus rien ne devait subsister après le XVe siècle de cette prodigieuse aventure spirituelle à laquelle tant de poètes de langue française, trouvères et troubadours, avaient collaboré.

Puisse cette nouvelle adaptation des romans du cycle arthurien redonner à la « matière de Bretagne » un intérêt d'actualité qu'elle n'aurait jamais dû perdre !

I

MERLIN L'ENCHANTEUR

Lorsque, au soir de la Passion, Notre-Seigneur s'avança jusqu'au seuil des Enfers pour en arracher Adam et Ève, et avec eux la multitude des justes qu'il avait rachetés de Son sang, l'Ennemi demeura tout d'abord muet de surprise et d'épouvante ; puis le déchaînement de sa rage ébranla les abîmes.

Ainsi les prophètes avaient dit vrai… Leurs promesses et leurs menaces se réalisaient. Les conséquences incalculables de la Rédemption apparurent au démon ; il pressentit dans un éclair le triomphe de Celui qui s'était fait homme pour le rachat des hommes : désormais l'eau du baptême laverait les descendants du premier couple de toute souillure ancienne et le signe du pardon leur rendrait, après chacune de leurs rechutes, l'amitié de leur Créateur.

Punition suprême de l'orgueil, non seulement Lucifer voyait sa vengeance lui échapper mais il risquait encore de perdre jusqu'au prestige qui entourait son nom.

Là où la force avait échoué, la ruse aurait-elle de meilleures chances ? La duplicité de sa nature inspira au prince de la nuit le plus sacrilège des artifices. Dieu s'était incarné. Afin de lutter contre le Fils de l'Homme, pourquoi le mauvais ange n'emprunterait-il pas, lui aussi, une apparence humaine ? Qui se méfierait d'un enfant ? Qui soupçonnerait un enfant d'être l'émissaire des ténèbres ? Qui s'aviserait de redouter ses entreprises ? Et quelle victoire sur le Fils de la Vierge si jamais cette créature née de la plus incroyable des impostures parvenait à séduire, pour les détourner du Salut, les âmes rachetées par l'Autre !

Cependant le Seigneur (que Sa bonté soit louée !) ne pouvait permettre à l'Ennemi d'aller aussi loin dans le mal sans consacrer son règne. L'enfant dont il avait rêvé naîtra, mais il ne lui ressemblera pas entièrement. Démon par l'intelligence, il se révélera comme le plus vulnérable des hommes par le cœur, et cette faiblesse même le sauvera. Fils d'un ange déchu et d'une femme, sa double hérédité le condamnera à une perpétuelle inquiétude : sollicité tour à tour par le bien et par le mal, par le Ciel et par l'Enfer, l'attirance de la lumière l'emportera en définitive, dans son âme, sur les prestiges des ténèbres.

Devenu le conseiller du roi Arthur et de ses chevaliers dans leur recherche du vrai Royaume, c'est lui qui leur révélera l'existence du Graal ; c'est à la suite de ses instances qu'ils se mettront en quête du Précieux Sang et c'est grâce à son aide prestigieuse qu'ils réussiront dans leur entreprise.

Ici commence l'histoire de leurs aventures. Puisse l'Esprit saint m'inspirer un récit fidèle de leurs fautes et de leurs repentirs, de leurs angoisses et de leurs joies.

II

LES ENFANCES DE MERLIN

Longtemps l'Ennemi parcourut le monde à la recherche de celle dont il ferait son épouse d'une nuit, sans trop savoir à quel choix s'arrêter. De sa décision allait dépendre le salut ou la damnation éternelle d'un nombre infini d'âmes, or la science du démon ne va pas au-delà du seuil des choses présentes et l'avenir lui est fermé.

Ses regards se fixèrent, enfin ! sur la Bretagne Bleue. Là vivait une jeune fille d'humble naissance mais parfaitement pure et belle. Cette jeune fille, qui n'avait plus ni père ni mère, demeurait dangereusement seule, cependant son confesseur la conseillait si bien qu'elle avait toujours suivi la voie droite.

Le démon lui envoya, pour la tenter, une vieille femme du voisinage dont il connaissait l'entière soumission.

« Votre jeunesse s'écoule bien tristement, lui dit cette femme. Votre beau corps engendré risque de se faner sans que nul en ait tiré de joie. N'avez-vous jamais songé au plaisir que deux amants se donnent l'un à l'autre ? Mourir sans avoir connu l'amour, c'est mourir doublement. »

L'heure de se dévêtir pour la nuit étant venue, la jeune fille ne put s'empêcher de regarder son corps, si bien que les propos de sa voisine lui revinrent en mémoire.

« Cette femme a peut-être raison ! » songea-t-elle, tout en tremblant devant l'image du péché. Mais le lendemain la pucelle avoua les pensées qui l'avaient troublée à son confesseur. Celui-ci ne pouvait s'y tromper : l'Esprit du Mal rôdait autour d'elle. Le saint ermite la mit en garde : « Le démon te tente ; repousse les pensées qu'il t'inspire mais en te défiant de la vivacité de ta nature car la colère est mauvaise conseillère. Prie le Seigneur et ne désespère pas. Fais le signe de la croix en te levant et en te couchant et conserve de la lumière, la nuit, dans la chambre où tu dors. Le prince du mensonge aime l'ombre et ne s'aventure guère dans la clarté. »

Or cette jeune fille, parfaitement sage, avait une sœur cadette qui lui faisait grande honte car elle menait une vie de dissipation et de débauche. Un soir, cette sœur entra de force dans son logis en joyeuse compagnie.

« Respecte, tout au moins, le foyer où nos parents vécurent, s'écria la pucelle.

— Cette maison nous appartient en commun, lui répliqua sa sœur, et je n'en sortirai que lorsqu'il me plaira d'en sortir. De quel droit blâmes-tu la légèreté de ma vie, ai-je jamais critiqué l'hypocrisie de la tienne ? Et pourtant je sais depuis longtemps, comme beaucoup d'autres, que ton confesseur t'aime de fol amour. »

Aveuglée par la colère, la jeune fille prit alors l'intruse par les épaules pour la chasser, mais elle avait compté sans les compagnons de plaisir de sa cadette. Aux cris poussés par cette dernière, les jeunes gens se jetèrent sur la pucelle et la battirent sauvagement. Après avoir réussi, non sans peine, à leur échapper, la malheureuse se réfugia dans sa chambre et s'y enferma afin d'y pleurer tout à son aise. L'Esprit du Mal en profita pour lui rappeler la tristesse de sa vie depuis la mort de son père et de sa mère, si bien qu'elle s'abandonna au désespoir et finit par s'endormir de chagrin sur son lit, dans les ténèbres, sans même avoir songé à se protéger du signe de la croix.

Le démon, voyant qu'elle avait oublié une à une toutes les recommandations de l'ermite, se réjouit à la pensée qu'il la tenait à sa merci. Il revêtit sa forme humaine, se glissa silencieusement auprès d'elle et la connut charnellement pendant qu'elle dormait.

« Seigneur ! Sainte Marie ! que m'est-il arrivé ? » s'écria la jeune fille à son réveil, tandis que le souvenir de la jouissance charnelle qu'elle avait éprouvée au cours de la nuit lui revenait à l'esprit. Elle courut à sa porte : celle-ci était encore fermée au verrou comme elle l'avait fermée. Ainsi comprit-elle, avec terreur, que seul le démon pouvait avoir abusé d'elle durant son sommeil.

Sans plus attendre, elle alla trouver son confesseur et lui fit part de sa détresse. Le saint ermite refusa tout d'abord de l'écouter, n'ayant jamais entendu dire qu'une fille pût perdre sa virginité sans savoir comment elle avait été déflorée. Mais elle pleura tant et tant qu'il finit par la croire et l'ayant crue il lui ordonna, en guise de pénitence, de mener jusqu'à la fin de ses jours une vie de jeûne et de prière afin d'éteindre en elle toute tentation mauvaise en dehors de celles qui pourraient la surprendre en dormant, car nul ne saurait se garder de ses rêves. Et elle le promit avec une contrition si vive et si profonde que le démon dut s'avouer à lui-même qu'elle lui échappait pour toujours.

Un temps vint, cependant, où son état ne put se cacher davantage. Lorsque l'un ou l'autre lui demandait quel était le père de son enfant, elle répondait avec douleur :

« Que je meure en mettant mon enfant au monde si un homme m'a jamais approchée.

— Pauvre fille, disaient les femmes du voisinage en se signant, sans doute aimez-vous mieux votre amant que vous-même puisque vous cherchez à l'épargner. Et pourtant, vous le savez bien, il vous faudra mourir si vous refusez de le dénoncer devant les juges. »

La coutume condamnait, en effet, toute femme qui avait eu un enfant en dehors du mariage à être brûlée vive ou à devenir fille publique si aucun homme ne consentait à l'épouser. C'était là une bien mauvaise coutume, de l'avis même des hommes sages de ce temps, mais ainsi le voulait alors la loi et la loi n'est pas toujours juste.

Les juges, ayant appris son état, la firent donc enfermer dans une tour. Cependant ils décidèrent d'attendre le terme de sa délivrance avant de la juger, car l'enfant, pensèrent-ils, n'ayant commis nulle faute, ne devait pas être puni pour le péché de sa mère. Deux femmes accompagnèrent l'infortunée pour l'assister lorsque son temps serait venu, puis toutes les ouvertures de la tour furent bouchées, hormis une étroite fenêtre par laquelle le geôlier passait chaque jour aux recluses, au moyen d'un panier suspendu à une corde, la nourriture dont elles avaient besoin.

L'enfant cependant tardait singulièrement. Lorsqu'il naquit enfin, au dernier jour du douzième mois, les deux femmes qui l'avaient aidé à venir au monde se signèrent d'étonnement et d'effroi car il était velu comme une bête.

« Seigneur, Seigneur ! pourquoi m'avez-vous punie dans cet innocent qu'aucun prêtre ne consentira jamais à baptiser ? » s'écria la jeune mère en pleurant sur son fils premier-né avec tant de vrai chagrin que nul au monde n'eût pu la contempler sans en être attendri.

Après avoir vainement cherché à la consoler par de douces paroles, les commères la laissèrent seule avec l'enfant.

« Mon fils, lui dit la pauvre femme, en se penchant sur ce petit être dont elle n'avait pas désiré la venue mais qui était pourtant né de sa chair, mon fils, puisque personne ne consentira jamais à verser sur ton front l'eau de la grâce, je te baptiserai moi-même de mes larmes... » Et, traçant sur l'enfant le signe de la croix, elle prononça les saintes paroles sans lesquelles il n'est pas de salut : « Je te baptise au nom du Père, du Fils et de l'Esprit saint. »

À peine eut-elle achevé ces mots que les apparences du jeune monstre se muèrent merveilleusement en celles d'un gentil nouveau-né :

« Désormais, lui dit celui-ci en riant, je serai toujours pour toi tel que tu me vois en cet instant. Ne crains rien car tu n'as pas péché ; tu ne mourras pas à cause de moi !

En l'entendant la jeune maman fut si surprise qu'elle desserra son étreinte et le laissa choir. Au joli sourire succédèrent alors les cris les plus perçants.

Les commères accoururent, s'imaginant sans doute que la pauvre mère, dans son désespoir, avait voulu tuer son enfant. La jeune femme, encore toute troublée, eut beau raconter son aventure, elles ne la crurent pas car le nouveau-né leur apparaissait toujours sous sa forme monstrueuse. Alors elles le prirent et l'interrogèrent mais elles ne purent en tirer un seul mot. À la fin, sur le conseil de sa propre mère, elles feignirent de le rudoyer tandis qu'elles murmuraient entre elles :

« Il vaudrait mieux que cet avorton ne fût jamais né. Comment croire, dirent-elles encore en s'adressant à la jeune femme, que votre beau corps puisse être brûlé pour une pareille créature ? Ce serait grande pitié.

— Taisez-vous ! Ma mère elle-même vous inspire vos paroles, s'écria le nourrisson. Laissez-la en paix car vous êtes plus pécheresses qu'elle ! Tant que je vivrai nul n'osera en faire justice, hormis Dieu. »

Remplies d'épouvante en l'entendant parler – et parler de la sorte –, elles reconnurent que le Seigneur avait manifesté Sa puissance et, dès cet instant, elles virent l'enfant sous ses nouvelles apparences, restaurées par la grâce du baptême, et tel qu'il apparaîtrait désormais à tous : plein de gentillesse et de charme. Cependant ce pouvoir d'illusion qu'il avait manifesté en naissant, il le conserverait toujours. Aussi le vit-on maintes fois par la suite, au cours de sa vie, emprunter toutes sortes de semblances d'hommes ou de bêtes selon son désir.

« Appelez-le Marzin*, lui dirent les femmes, il a bien mérité son nom. » Et c'est ainsi que fut tout d'abord appelé l'enfant dont la plupart des conteurs transformèrent plus tard le prénom en celui de Merlin.

Les commères laissèrent passer quelques jours puis elles dirent tristement à la jeune mère :

« Femme, il nous faut maintenant vous quitter. Votre fils est né ; vous-même avez repris des forces. Notre présence ici n'est plus nécessaire.

— Vous savez ce qui m'arrivera dès que vous serez sorties de cette tour.

— Nous le savons, lui répondirent-elles. Nous vous

---

*. *Marz* en breton signifie « merveille », « miracle ». Le nom de Marzin est encore répandu en Bretagne comme nom patronymique.

avons secourue de notre mieux jusqu'ici mais nous ne pouvons faire davantage. »

Lorsque le juge apprit la naissance de l'enfant, il s'empressa de faire venir la mère, en lui ordonnant d'amener avec elle le petit Merlin, car les commères n'avaient pu s'empêcher de raconter ce qu'elles avaient vu et entendu et il avait hâte de les confondre.

« Voici donc l'enfant du miracle ! dit-il à la jeune femme en la raillant. Est-il vrai qu'il parle ?

— Pourquoi ne vous adressez-vous pas à moi pour le savoir ? s'écria le nourrisson. Que reprochez-vous à ma mère ?... De vouloir cacher le nom de celui qui m'a engendré ? Si elle le tait, c'est qu'elle l'ignore, car elle n'a péché qu'en rêvant. Mais, vous-même, connaissez-vous le nom de votre propre père ? »

Tous ceux qui étaient là furent remplis d'étonnement et de crainte, nul n'ayant jamais entendu rapporter qu'un enfant si jeune pût parler ; mais le plus effrayé fut le juge car il aimait sa mère.

« Que veux-tu dire ?

— Seulement ceci : je connais mieux mon père que vous ne connaissez le vôtre. Et pourtant votre mère sait mieux qui vous a engendré que la mienne ne sait qui m'a conçu. »

De crainte que l'enfant ne parlât davantage en l'absence de celle qu'il accusait, le juge envoya chercher sa mère pour lui permettre de se défendre. Dès que cette dernière fut arrivée, il lui dit :

« Cet enfant assure que vous m'avez caché le nom de mon véritable père...

— Il ment ! s'écria la mère du juge, sans même s'étonner, dans son trouble, qu'un enfant aussi jeune ait pu l'accuser. Comment te permets-tu de me poser une telle question, toi mon propre fils ?

— Femme, ne vous mettez pas en colère, dit le nouveau-né, vous avez péché mais qui, dans cette salle, pourrait se prétendre sans reproche. Si vous m'en croyez, reprit-il en s'adressant au juge, vous laisserez aller ma mère et ne ferez aucune enquête sur la vôtre.

— Tu ne t'en tireras pas à si bon compte, lui répondit le juge. Si tu ne peux prouver ce que tu viens d'avancer, je te ferai brûler avec celle qui t'a donné le jour.

— Vous l'aurez voulu. Sachez-le donc, votre mère connut un clerc durant une longue absence de son époux…

— Faites-le taire, ne voyez-vous pas qu'il est possédé ! s'écria la dame en se signant. Beau fils, vas-tu croire les inventions de ce démon ?

— Nierez-vous également ceci : ayant connu charnellement le clerc en question, et redoutant les conséquences de cette faiblesse, vous avez supplié votre époux d'abréger son voyage, de manière à lui faire endosser sans trop d'invraisemblance la paternité du petit bâtard. »

En entendant cela, la dame éprouva une telle angoisse qu'elle dut s'asseoir. Alors son fils la regarda :

« Quel que soit mon père, je suis votre fils et je vous traiterai comme un fils doit traiter sa mère. Avouez donc la vérité.

— L'enfant a dit vrai, murmura-t-elle.

— Femme, tu peux t'en aller librement, dit alors le juge à la mère de Merlin, je ne saurais te condamner quand je ne condamne pas ma propre mère. Mais pour ton honneur, dis-moi la vérité sur la naissance de cet enfant afin que je puisse te disculper devant tous.

— Cette fois encore je répondrai pour elle, répliqua le petit Merlin. N'ayant jamais péché, sinon en rêve, elle ne pourrait vous révéler le nom de son amant d'une nuit. Je suis né d'un démon incube qui connut charnellement ma mère durant son sommeil, car, de tous les anges déchus, les démons de cette sorte sont les plus proches des hommes. Avec la permission de Dieu, je possède leur science infuse et leur mémoire, si bien que les choses passées et présentes me sont naturellement connues ; mais, de plus, à cause de la sainteté de ma mère et de sa pénitence, Notre-Seigneur a bien voulu m'accorder également la connaissance des choses à venir. En voulez-vous une preuve : votre mère contera, dès ce soir, au mauvais clerc dont vous êtes né les accusations portées contre lui au cours de cette audience. Sa peur sera si grande qu'il s'enfuira à l'instant même de la ville. Alors le diable guidera ses pas vers un étang où il se noiera. »

Ainsi en advint-il.

La mère de Merlin se réfugia, quant à elle, au fond d'un monastère et sa vie s'écoula désormais dans la prière et la pénitence, et lui-même vécut à ses côtés jusqu'à l'âge de sept ans.

III

UTER PENDRAGON

Il n'était pas alors d'usage qu'un garçon demeurât entre les mains des femmes au-delà de sa septième année.

La manière dont Merlin quitta sa mère fut cependant plus brusque et plus inattendue que la coutume elle-même ne l'eût exigé.

En ce temps-là régnait indûment sur le royaume de Logres, en Grande Bretagne, un roi nommé Vortigern, tandis que le propre héritier de son ancien suzerain, le petit Uter Pendragon, vivait en terre étrangère. Voyant approcher avec crainte le moment où l'enfant parviendrait à l'âge de tenir la lance et l'épée, Vortigern conçut le dessein d'élever, au centre de son meilleur château, une tour plus haute et plus puissante que nulle autre au monde.

Derrière les fortes murailles de cette tour, il se sentirait enfin, pensait-il, à l'abri des entreprises de l'orphelin.

La construction en fut confiée aux meilleurs maîtres d'œuvre du royaume et les travaux commencèrent rapidement, mais, au grand étonnement de tous, les assises de cette tour s'écroulèrent dès qu'elles eurent atteint la hauteur d'un homme. Trois fois les maçons s'appliquèrent à disposer leurs pierres avec le plus grand soin, et trois fois les murs qu'ils avaient élevés s'effondrèrent.

Vortigern, déconcerté, consulta les plus sages de ses clercs. Ayant longuement délibéré, ceux-ci lui conseillèrent de mélanger au mortier le sang d'un enfant de sept ans « né sans père ». Ainsi en fut-il décidé. Toutefois l'enfant restait à trouver…

Un jour, deux messagers que le roi avait envoyés à la découverte de cet enfant miraculeux passèrent près du couvent où s'était réfugiée la mère de Merlin. De jeunes garçons jouaient à la crosse dans un champ voisin et, tout naturellement, Merlin se trouvait parmi eux. Loin de le surprendre puisqu'il savait toute chose, la vue des envoyés du roi le fit sourire. L'un de ses compagnons de jeux passait à cet instant à sa portée avec la balle ; Merlin le frappa, comme par mégarde, du revers de sa crosse ; courroucé, le garçon l'invectiva en le traitant d'« enfant sans père ». Les messagers s'arrêtèrent et s'approchèrent des joueurs pour en savoir davantage, alors le jeune Merlin s'avança vers les deux hommes et leur dit en riant :

« Ne tardons pas, le roi Vortigern nous attend. Je suis celui dont votre maître réclame le sang avec tant d'impatience.

— Qui t'a dit cela ? lui demandent-ils, stupéfaits.

— Jurez-moi sur votre foi que vous ne me ferez aucun mal et je me rendrai volontiers avec vous jusqu'à la cour du roi afin de lui expliquer pourquoi sa tour ne tient pas. »

Déconcertés par cette preuve de ses dons de divination, les deux messagers s'efforcèrent de rassurer l'enfant ; et, vraiment, ils eussent préféré souffrir eux-mêmes mille tourments plutôt que de le tuer, car jamais créature née de femme ne leur avait paru si gentille et si raisonnable. Voyant la disposition de leur cœur, Merlin courut alors prendre congé de sa mère, puis, ses adieux faits, il les suivit de bonne grâce.

Ils chevauchèrent durant cinq longues semaines avant d'atteindre le château de Carduel où Vortigern tenait sa cour. Le roi se montra tout d'abord irrité à la vue de leur jeune protégé :

« Ce n'est pas ainsi que je vous avais ordonné de me l'amener ! » dit-il à ses émissaires. Mais il se radoucit lorsque ces derniers lui eurent conté ce qu'ils savaient de la sagesse de l'enfant.

« Roi Vortigern, dit le jeune Merlin, tu veux savoir pourquoi la tour s'écroule ? Je te le dirai bien volontiers. À l'emplacement même où tu fis creuser ses fondations gisent deux grandes pierres. Sous chacune de ces deux pierres dort un dragon aveugle. Quand le poids de la tour devient trop lourd, ces deux dragons se retournent dans leur sommeil et les murs s'écroulent. Fais-moi brûler si j'ai menti, mais, si j'ai dit vrai, fais pareillement brûler tes astrologues car ils prétendent tout savoir et ne savent rien. »

Le roi fit alors rassembler un grand nombre de serfs pour creuser la terre. Bientôt ils mirent au jour les deux dalles de pierre. Sous la première dalle gisait, immobile, un dragon blanc, si grand et si puissant que tous ceux qui étaient là se hâtèrent de reculer. Sous la seconde dalle reposait un dragon rouge, encore plus grand et plus terrifiant que le premier. Le roi n'eut pas besoin d'ordonner à la foule de leur laisser le champ libre. Déjà les deux monstres, arrachés brusquement à leur torpeur, s'apprêtaient à s'entre-déchirer des dents et des griffes. La bataille dura tout un jour et toute une nuit ; enfin, après avoir failli succomber à plusieurs reprises, le dragon blanc parvint à dominer le dragon rouge. Poussant un cri terrible, il vomit alors une longue flamme, qui consuma son rival, puis il se coucha à son tour et mourut.

Merlin dit au roi :

« Roi Vortigern, tu as compris pourquoi le travail de tes maçons s'écroulait. Désormais leurs fondations tiendront.

— Et maintenant, lui demanda Vortigern, me diras-tu aussi ce que signifie la bataille des deux dragons.

— Je le ferai volontiers si tu m'assures que tu me pardonneras ma réponse.

— Par ma foi, je m'y engage, affirma le roi.

— La bataille entre le dragon blanc et le dragon rouge préfigure celle qui se déroulera bientôt entre le jeune Uter Pendragon et toi-même. Le dragon blanc étant le champion de l'orphelin et le dragon rouge ton champion, tu peux en déduire quel sort sera le tien... Uter Pendragon débarquera à Winchester d'ici trois jours, pour te livrer bataille. La lutte sera longtemps indécise, cependant il te vaincra et te fera brûler. »

La prédiction de Merlin troubla l'âme inquiète de Vortigern. Saisi de crainte, celui-ci s'empressa d'envoyer une armée à Winchester, mais, lorsque les vaisseaux d'Uter Pendragon apparurent, au lieu de s'opposer par la force à leur accostage, ainsi qu'ils en avaient reçu l'ordre, les gens de Logres se précipitèrent pour haler jusqu'au rivage la barque sur laquelle se trouvait l'adolescent et, transportés de joie, ils reconnurent l'héritier de leur ancien maître pour leur vrai seigneur.

Vortigern, abandonné de la plupart de ses barons, s'enferma dans son château de Carduel. Il tint encore quelque temps contre l'armée d'Uter Pendragon, mais, un jour, celui-ci donna l'assaut à la forteresse. Au cours de l'action, le feu prit dans les salles basses du château et Vortigern périt dans les flammes comme Merlin l'avait prédit.

IV

LA NAISSANCE D'ARTHUR

Après la défaite de Vortigern, Merlin se retira dans la forêt de Northumberland. Cependant le roi Uter Pendragon, à la suite des merveilles qu'il avait entendu raconter à son sujet, fit bannir que quiconque retrouverait l'enfant devrait l'amener à Carduel en se gardant de lui faire le moindre mal.

Un jour où le roi avait chassé dans la forêt, quelques-uns de ses veneurs s'attardèrent à la lisière des bois. La nuit tombait. Tandis qu'ils cheminaient doucement, un vieil homme, portant une énorme hache sur l'épaule, les croisa. Il était courbé par l'âge, sa barbe lui descendait jusqu'aux genoux et son visage était tellement défait et ridé que ses paupières lui seraient retombées sur les yeux s'il n'avait pris soin de les tenir relevées par deux petites fourches de bois. La saleté repoussante de ses vêtements en lambeaux, le désordre de sa chevelure aux mèches emmêlées, achevaient de lui donner un aspect sauvage.

« Vous ne vous hâtez guère de servir votre seigneur, leur jeta-t-il en passant.

— De quoi te mêles-tu, bûcheron ?

— Si je cherchais Merlin, comme on vous a donné l'ordre de le faire, je saurais bien où le trouver. Mais vous feriez mieux de dire à votre maître que nul ne se saisira jamais de Merlin contre sa volonté, ni par ruse ni par force. Si le roi désire vraiment le voir, qu'il vienne en personne le visiter, sa demeure n'est pas loin d'ici. »

Là-dessus, l'homme sauvage leur tourna le dos et disparut sans leur laisser le temps de l'interroger davantage.

Les veneurs mirent le roi au courant de cette rencontre. Uter Pendragon avait le cœur simple et bien fait. Ces propos du vieil homme le firent souvenir des égards qu'il devait à Merlin. Loin de s'irriter de la leçon reçue, il en sourit et décida qu'il se mettrait lui-même, dès le lendemain, à la recherche de l'Enchanteur. Parvenu sur les lieux où ses veneurs avaient rencontré l'homme sauvage, le roi aperçut un petit berger contrefait qui gardait ses moutons.

« Que fais-tu là ? lui demanda-t-il.

— Tu le vois, je garde les moutons de mon maître.

— Et qui est ton maître ?

— Un homme auquel le roi doit rendre visite dans cette forêt, aujourd'hui même. S'il vient, je saurai bien le mener jusqu'à lui,

— Et si je te le demandais, me dirais-tu du moins où il demeure ?

— Ni pour or ni pour argent si vous n'êtes attendu de celui dont je parle, car on ne le trouve que lorsqu'il y consent.

— Je suis le roi, dit Uter Pendragon.

— Et moi je suis Merlin, dit le berger.

Ayant entendu ces derniers mots, les compagnons d'Uter Pendragon murmuraient entre eux que ce pauvre infirme n'avait rien de commun avec le gentil enfant qu'ils avaient vu à la cour de Vortigern quelques mois plus tôt. Mais à l'instant même, Merlin dépouilla ses apparences trompeuses et ce fut sous l'aspect d'un enfant rieur qu'il leur répondit :

— Vous avez la vue bien courte, chers seigneurs, me

reconnaissez-vous à présent ? »

Déjà Uter Pendragon le serrait dans ses bras en le remerciant de ce qu'il avait fait pour lui. Invité par le roi à se rendre à la cour, Merlin refusa, car la solitude de la forêt lui convenait mieux que la compagnie des hommes. Cependant il promit au roi de l'aider toujours, de tout son pouvoir. Il tint parole et son amitié ne se démentit jamais, comme on le vit bien lors du combat qu'Uter Pendragon dut soutenir, quelques mois plus tard, contre les Saines à Stonehenge, près de Salisbury. Alors que le jeune roi allait périr sous le poids d'une multitude d'ennemis, Merlin lui donna la victoire, puis il fit venir d'Irlande, par la seule vertu de sa science, d'énormes pierres, si longues et si larges que nul homme au monde n'eût réussi à les soulever ni par force ni par engins, et, les trouvant plus belles debout que gisantes, il les dressa toutes droites vers le ciel afin de perpétuer le souvenir des guerriers tués dans cette rencontre. Et chacun peut encore les voir là où il les mit.

Sa victoire sur les Saines grandit encore le renom du jeune Uter Pendragon. Le château de Carduel avait souffert du siège qu'il avait dû subir ; le roi l'ayant fait restaurer fit crier dans tout le royaume qu'il y tiendrait désormais sa cour trois fois l'an : à Noël, à la Pentecôte et à la Toussaint.

Ce fut à l'occasion de l'une de ces cours que le roi vit pour la première fois Ygerne, la femme du duc de Tintagel, son homme lige, et, tout aussitôt, son cœur ne lui appartint plus. La sagesse d'Ygerne égalait sa beauté. S'étant aperçue des sentiments du roi à son égard, la jeune femme s'efforça de le décourager. Lorsque la cour se sépara, c'est en vain qu'Uter Pendragon lui laissa entendre qu'elle emportait le meilleur de son cœur, elle feignit de ne pas comprendre.

À l'occasion de la cour suivante, ses avances ne furent pas mieux accueillies. Durant trois années, le roi soupira pour celle qu'il aimait, sans même oser lui faire le plus léger présent tant il la sentait sur ses gardes. Son trouble ne pouvait échapper à ses proches. Ulfin, généralement mieux inspiré car il avait la réputation d'être de bon conseil, lui fit, à la fin, cette remontrance :

« Sire, vous laisserez-vous mourir d'amour pour une femme, faute de savoir en obtenir la récompense qui vous est due ? Quelle femme saurait se défendre contre de belles paroles accompagnées de joyaux de haut prix ? Laissez-moi faire ! »

Avec la permission du roi, Ulfin s'entremit donc auprès d'Ygerne, mais cette dernière, indignée, le repoussa en disant qu'elle n'accepterait jamais nul cadeau d'un homme, en dehors de ceux qu'il plairait à son seigneur de lui offrir.

« Et pourtant celui qui vous envoie ces présents est votre droit seigneur, lui dit Ulfin, et il vous aime plus que lui-même.

— De quel seigneur voulez-vous parler ?

— Du maître à qui tout obéit ici. Ai-je besoin de vous rappeler son nom ?

— Vous n'en avez que trop dit. S'il plaît à Dieu, lui répondit Ygerne, je ne donnerai plus jamais au roi l'occasion de me rencontrer. »

Ainsi fit-elle. Autant, du moins, qu'il était en son pouvoir de le faire. Mais, le soir de la Pentecôte, le roi prit le duc de Tintagel par la main et le fit asseoir à ses côtés :

« Doux ami, lui dit-il, en lui montrant une coupe d'or, vous plairait-il que votre femme accepte cette coupe et la vide pour l'amour de moi ?

— Sire, grand merci ! » répondit le duc, ne pensant pas à mal.

Un des écuyers du roi, qui s'appelait Bretel, fut alors chargé de porter la coupe à Ygerne. S'agenouillant devant la jeune femme, Bretel s'acquitta de sa mission comme d'une chose toute naturelle puis, de retour auprès du roi, il lui rendit grâce de la part de la duchesse bien que celle-ci ne l'eût pas prié de le faire.

Lorsque le duc de Tintagel se retira dans son hôtel, le soir venu, ce fut pour trouver sa chère épouse en pleurs : « Ah ! disait-elle, je voudrais être morte ! » Mais il avait beau la prier de lui dire quelle peine tourmentait son cœur, elle ne pouvait se décider à lui en faire l'aveu.

« Le roi m'aime, lui dit-elle enfin. Ne le voyez-vous pas ? Ces fêtes auxquelles il nous convie tous les deux, il ne les donne que pour moi. Jusqu'ici je lui ai retourné tous les présents qu'il m'a fait parvenir, hormis cette coupe car vous-même m'avez demandé de l'accepter, mais l'impatience peut lui faire commettre les pires folies et je crains autant pour vous que pour moi-même. Nous ne sommes plus en sûreté sous son toit. Je vous en supplie, ramenez-moi à Tintagel !... Je vous le demande comme à mon cher et unique seigneur ! »

Sur quoi le duc, indigné de la duplicité du roi, donna l'ordre à ses chevaliers de quitter la ville avant l'aube, sans même emporter leurs bagages ; ce qui était faire à leur hôte un mortel affront. Ainsi se termina la dernière cour que le roi Uter Pendragon tint à Carduel cette année-là.

Lorsque, au matin, le roi apprit le départ d'Ygerne, il en eut tout d'abord grand deuil, puis il appela ses barons et leur demanda conseil.

« Quel vassal fit jamais pareille honte à son suzerain ?

— Sans doute, sire ! Ne vaudrait-il pas mieux, cependant, essayer d'un accommodement ? Envoyez deux messagers de bon conseil au duc de Tintagel pour l'inviter à revenir à votre cour en lui montrant l'injure qu'il vous a faite. »

Ainsi en fut-il décidé : deux messagers furent expédiés au duc, mais celui-ci les renvoya durement en leur jetant seulement au visage, en guise de réponse : « Le roi m'a forfait ! » Alors Uter Pendragon mit ses barons en demeure de l'aider à punir la folie de son homme lige. Le duc s'étant enfermé dans le plus fort de ses châteaux, Uter Pendragon n'avait pu se saisir de sa personne. Dès lors il ne lui restait plus qu'à l'assiéger, mais l'entreprise traînait tellement en longueur que le roi l'eût sans doute abandonnée si la crainte d'encourir le blâme de ses vassaux ne l'eût retenu. Il était d'autant plus las de ce siège qu'il avait appris depuis peu qu'Ygerne était demeurée en sûreté à Tintagel, gardée seulement par quelques vieux chevaliers car les fossés de Tintagel valaient une garnison ! À quoi lui servirait-il de triompher ici, en emportant de force ces hautes murailles, si, du même coup, Ygerne ne tombait pas en son pouvoir ? Un soir qu'il s'était retiré pensif et morne sous sa tente, Ulfin lui dit :

« Sire, pourquoi n'appelez-vous pas Merlin ?

— Hélas ! Merlin me désapprouve d'avoir jeté les yeux sur la femme de mon homme lige. Est-ce ma faute, pourtant, si mon cœur ne peut s'arracher d'Ygerne ? »

Comme il disait ces mots Merlin entra sous la tente. Le roi le serra dans ses bras :

« Beau doux ami, lui dit-il, vous savez ce que mon cœur désire, vous qui connaissez toute chose.

— Sire, je le sais, répondit Merlin, et je sais aussi que cette folie vous sera reprochée, cependant je vous ai juré de vous aider toujours et en toute occasion. Je le ferai cette fois encore, si vous me promettez de m'octroyer, à votre tour, le don que je vous demanderai.

— Ah ! Il n'est rien que vous ne puissiez me demander si j'ai l'amour d'Ygerne, s'écria le roi.

— Je vous rappellerai cette promesse, cher sire. Jurez-moi sur ces reliques des saints que vous la tiendrez fidèlement. »

Le roi le jura. Alors Merlin pria Ulfin de faire seller les trois meilleurs chevaux qu'il pourrait trouver et, sans plus attendre, Uter Pendragon, Merlin et Ulfin quittèrent secrètement le camp. Le lendemain soir, comme ils allaient atteindre Tintagel, Merlin les fit entrer dans un petit bois où croissaient des herbes dont il connaissait les vertus. Ayant trouvé les plantes qu'il cherchait, il en frotta le visage et les mains de ses compagnons.

Ulfin prit aussitôt l'apparence de Jourdain, l'un des plus fidèles serviteurs du duc, tandis que le roi devenait semblable au duc lui-même, ce dont ils s'émerveillèrent l'un et l'autre à l'envi.

Merlin, qui avait pris la figure de Bretel, s'avança le premier vers le guetteur pour lui demander, au nom de son seigneur, d'abaisser le pont-levis. L'homme le fit aussitôt, ayant bien cru reconnaître les trois arrivants.

La nuit était déjà sombre lorsque le faux duc se rendit à la chambre d'Ygerne. Celle-ci, heureusement surprise, l'accueillit avec joie et tendresse, le prenant pour son cher époux dont elle était privée depuis si longtemps. Ainsi, par ruse et par fraude, fut engendré l'enfant qui devait devenir plus tard le roi Arthur, ou Artus, l'un des meilleurs et des plus renommés des chevaliers de son siècle.

De crainte que le soleil ne dissipât les illusions de la nuit, le roi et ses compagnons quittèrent Tintagel de bon matin. Ils se lavèrent en passant la rivière et reprirent, dès lors, leur apparence naturelle. Tandis qu'ils chevauchaient, Merlin dit au roi :

« Sire, je vous avais promis d'exaucer votre désir le plus ardent, j'ai tenu ma promesse. De votre côté, vous m'aviez fait le serment de m'octroyer ce que je vous demanderais en échange. Cette nuit vous avez engendré un fils... faites-m'en don ! »

Le roi, tout surpris, regarda longuement Merlin, puis il lui dit : « Je n'ai qu'une parole. S'il est vrai qu'un fils doit naître de mes amours, d'avance il t'appartient. »

Comme ils allaient atteindre les premiers retranchements du camp, un écuyer vint à leur rencontre : en l'absence du roi, le duc de Tintagel avait fait une sortie malheureuse ; des gens de pied s'étaient précipités sur le prince désarçonné et, par méprise, l'avaient tué sans le reconnaître. Ainsi périt misérablement le duc de Tintagel pour avoir voulu défendre celle qu'il aimait contre les entreprises de son suzerain.

Tous en eurent grand deuil et les barons d'Uter Pendragon eux-mêmes pensèrent que la mort était un châtiment trop grave pour les torts qu'il avait pu avoir. Le roi leur ayant demandé conseil, ils furent d'avis de proposer aux héritiers du duc de Tintagel une réparation aussi équitable que possible.

C'est ainsi qu'Ygerne revint à Carduel.

Lorsqu'elle entra dans la grande salle du château, raidie dans sa douleur, et regardant droit devant elle sans voir personne, Uter Pendragon baissa la tête. L'artifice dont il avait usé pour surprendre la jeune femme l'avilissait à ses propres yeux et, maintenant que le duc était mort, son cœur lui reprochait une telle folie… Et pourtant, Ygerne avait été sienne !

Ulfin prit la parole pour son maître :

« Seigneurs, le duc s'était révolté contre son suzerain, cependant ce manquement à son devoir ne méritait pas la mort. Il laisse des orphelins, sa femme reste seule ; qui défendra sa terre et les droits de ses enfants ? C'est par le roi que le duc est mort, c'est par le roi que les siens se trouvent ruinés, il est juste que le roi répare une partie des dommages dont il est responsable. Qu'il épouse celle qui a souffert à cause de lui et jamais suzerain n'aura offert plus juste réparation à la femme de son homme lige. »

Tous les regards se tournèrent vers Ygerne. Comme celle-ci demeurait muette, tant la douleur la rendait insensible à ce qui se passait autour d'elle, ses parents les plus proches répondirent à Ulfin que la paix proposée par le roi leur semblait juste. Trente jours plus tard, les noces d'Uter Pendragon et d'Ygerne furent célébrées.

Cependant, lorsque la jeune femme comprit qu'elle attendait un enfant, elle se confessa en pleurant à son nouvel époux : un homme, lui dit-elle, était venu la visiter le soir même de la mort de son cher seigneur et cet homme ressemblait tellement au duc qu'elle l'avait pris pour lui.

« Douce amie, lui répondit le roi, ce serait une grande honte pour vous et pour moi si l'on apprenait que vous avez eu un enfant si tôt après notre mariage. Si vous y consentez, nous nous en séparerons : je connais quelqu'un qui l'élèvera bien. »

Lorsque l'enfant naquit, le roi le remit à Merlin comme il l'avait promis, et Merlin le confia, à son tour, à l'un des meilleurs chevaliers du royaume, Antor, dont la femme avait eu un fils quelques mois plus tôt. Ayant fait baptiser l'héritier d'Uter Pendragon et d'Ygerne sous le nom d'Arthur, Antor mit Keu, son propre fils, en nourrice afin que sa femme pût allaiter le nouveau-né ; et lorsque Arthur et Keu eurent atteint l'âge d'être confiés à des mains d'homme, il les éleva ensemble comme s'ils eussent été véritablement frères par le sang.

V

ARTHUR PROCLAMÉ ROI

Uter Pendragon mourut seize ans plus tard ; Ygerne l'avait elle-même précédé dans la tombe depuis quelques mois. Le royaume de Logres ne pouvait demeurer sans maître. Uter Pendragon ne laissant pas d'héritier connu, puisque la naissance du petit Arthur avait été tenue secrète, les barons demandèrent à Merlin de désigner celui qui devrait succéder à leur seigneur.

Merlin leur répondit d'attendre la fête de la naissance

du Christ. Ce jour-là Notre-Sire leur ferait connaître Sa volonté. Les barons se réunirent donc à Carduel, la veille de Noël ; parmi eux se trouvaient Antor ainsi que son fils Keu et son fils adoptif Arthur, l'un et l'autre tout jeunes écuyers. Comme la foule sortait de l'église, après avoir entendu la messe de minuit et la messe de l'aube, des cris d'étonnement retentirent : au milieu de la place s'élevait maintenant une grande pierre portant une enclume de fer dans laquelle une épée était fichée jusqu'à la garde.

L'archevêque, averti en hâte de ce miracle, s'étant approché de la pierre pour la bénir, s'aperçut qu'elle portait une inscription gravée en lettres d'or. Il la lut à haute voix :

CELUI QUI RETIRERA CETTE ÉPÉE DE L'ENCLUME
SERA LE ROI ÉLU PAR JÉSUS-CHRIST.

À peine avait-il achevé la lecture des paroles flamboyantes que les plus riches d'entre les barons se disputaient l'honneur de commencer les épreuves. Mais l'archevêque leur dit :

« Seigneurs, ne l'oubliez pas, Notre-Sire ne s'inquiète ni de richesse ni de noblesse, hormis de celle du cœur. Seul réussira celui qu'Il désignera Lui-même, et si cet homme n'a pas encore été conçu, l'épée demeurera enfoncée dans l'enclume jusqu'à ce qu'il soit né et qu'il ait atteint l'âge de l'en arracher. »

Ensuite il autorisa cent chevaliers, choisis parmi les plus valeureux et les plus sages, à tenter l'aventure, mais aucun ne parvint à tirer l'épée hors de l'enclume, ni même à l'ébranler si peu que ce fût. Après eux, tous ceux qui étaient là essayèrent, à leur tour, de mieux faire mais sans plus de succès.

Quelques jours plus tard – à l'occasion des étrennes – eut lieu, comme de coutume, un grand tournoi. Lorsque les chevaliers eurent assez jouté un contre un, ils se défièrent aux portes des remparts dans une mêlée si rude et si bruyante que toute la ville accourut pour la voir. Keu avait été armé chevalier la veille même.

« Un jeune chevalier ne trouve pas tous les jours pareille occasion de faire de belles armes ! se lamentait-il. Ah ! si seulement j'avais mon épée !

— Qu'à cela ne tienne, gentil frère, je vais vous la chercher, attendez-moi ici ! » lui répondit Arthur, en tournant bride aussitôt.

Déjà il se réjouissait du plaisir de son aîné, car jamais on ne vit adolescent plus aimable et plus prompt à rendre service ; mais une déception l'attendait à Carduel : la salle où Keu avait laissé son épée était fermée à clef, l'écuyer qui en avait la garde s'étant lui-même rendu sur les remparts pour voir la mêlée. Arthur n'avait plus qu'à en prendre son parti... Keu ne se battrait pas ce jour-là.

Comme il repassait par la place de l'église, ses regards furent attirés par l'enclume qui étincelait sous les rayons du soleil couchant. Se souvenant qu'il n'avait pas encore tenté l'épreuve, il s'en approcha puis, par jeu, sans même mettre pied à terre, se pencha vers l'épée merveilleuse pour la saisir. Miracle ! à peine l'a-t-il touchée que, d'elle-même, l'épée jaillit tout entière hors du bloc d'acier et vient se placer dans sa main.

Ayant caché l'arme sous un pan de son manteau, Arthur regagna en hâte le lieu où il avait laissé son frère :

« Je n'ai pas pu ramener ton épée mais je t'apporte celle de l'enclume », lui dit-il en toute innocence.

Keu prit l'épée, puis s'empressa d'aller trouver son père :

« Sire, je serai roi, voici l'épée de l'enclume ! »

Mais Antor, qui connaissait Keu et le jugeait à sa valeur bien qu'il fût son fils, ne le crut pas et lui fit avouer la vérité. Il appela ensuite Arthur et lui ordonna de remettre l'épée là où il l'avait prise, ce que le gentil valet accepta tout aussitôt de faire, tant son cœur était simple et franc. Étant retourné sur la place avec Antor, l'adolescent s'approcha donc à nouveau de la pierre et, aussi facilement que si l'enclume eût été de glaise, replongea l'épée dans son socle.

Le vieil homme l'embrassa :

« Beau fils, lui dit-il, si jamais Dieu vous donnait d'être roi, que feriez-vous pour moi ?

— Pourquoi me posez-vous cette question, cher sire ? Tout ce que j'aurais serait vôtre puisque vous êtes mon père.

— Certes je suis votre père par le cœur, car nul ne vous aime plus que moi. Cependant vous n'êtes pas mon fils par le sang. Vous m'avez été remis au berceau ; j'ai moi-même confié à une femme étrangère le soin d'élever mon propre fils tandis que sa mère vous nourrissait de son lait… et, ensuite, je vous ai toujours traité aussi doucement que j'ai pu.

— Quel chagrin est le mien ! dit Arthur. Qui m'aimera désormais si vous m'abandonnez. Où irai-je ? Que ferai-je de ma vie ? Ah ! Si Dieu veut que je sois roi, il n'est rien que vous ne puissiez me demander… Mais, je vous en supplie, laissez-moi continuer à vous appeler “mon père” aujourd'hui comme hier, et demain encore… et toujours !

— Cher fils, je ne vous demande qu'une récompense pour ce que j'ai fait pour vous : n'abandonnez jamais

Keu, votre frère adoptif. Qu'il soit votre sénéchal tant que vous vivrez, ne lui retirez pas cette charge quoi qu'il fasse. S'il est moins sage qu'il ne devrait l'être, s'il devient un jour assez fou pour vous trahir, dites-vous que c'est peut-être à cause de vous qu'il est ainsi : allaité par sa propre mère, sans doute eût-il été meilleur ! » Et Arthur jura sur les reliques des saints qu'il garderait Keu à jamais.

Lorsque tous les barons du royaume de Logres furent assemblés dans l'église pour les vêpres, Antor alla trouver l'archevêque et lui demanda d'autoriser son plus jeune fils à tenter l'épreuve. Une telle requête pouvait surprendre, l'adolescent n'étant pas encore chevalier ; elle lui fut pourtant accordée et ceux-là même qui en avaient souri furent saisis de stupeur lorsqu'ils virent le blond damoiseau s'approcher hardiment de l'enclume et en retirer l'épée sans nulle peine.

Ayant fait taire les cris d'admiration du menu peuple, l'archevêque s'apprêtait à entonner le Te Deum lorsqu'il entendit les barons murmurer qu'ils ne reconnaîtraient jamais comme leur seigneur le fils d'un simple chevalier qui n'était même pas leur égal par le sang. L'archevêque les réprimanda durement :

« Dieu, leur dit-il, sait mieux que quiconque la valeur de chacun de ses enfants ! »

Cependant il donna l'ordre à Arthur de remettre l'épée dans l'enclume, puis il permit aux barons de recommencer l'épreuve. Tous tentèrent à nouveau de s'emparer de l'épée, mais nul n'y réussit.

« La folie de ceux qui vont contre la volonté du Seigneur est manifeste ! s'écria l'archevêque.

— Certes ! nous ne songeons pas à nous dresser

contre Ses desseins, répondirent les barons – Dieu Lui-même nous garde d'une telle présomption ! –, mais nous ne pouvons croire qu'Il veuille nous imposer pour roi un prétendant de si petite naissance et qui, en outre, n'est encore qu'un enfant. Accordez-nous, du moins, un délai : laissez l'épée dans l'enclume jusqu'à la Chandeleur. »

L'archevêque y consentit, mais l'épreuve de la Chandeleur n'apporta nul changement : aucun des barons ne put arracher l'épée de son socle. L'archevêque se tournant vers Arthur, lui dit alors :

« Allez, cher fils, et si Notre-Seigneur veut vraiment que vous régniez sur le royaume de Logres, donnez-moi cette épée. »

Et Arthur de retirer tout aussitôt l'épée de l'enclume sans plus d'effort que la première fois. Quel signe plus clair les barons pouvaient-ils demander à Dieu ? Dans leur aveuglement, ils réclamèrent pourtant que l'épreuve fût renouvelée le jour de Pâques. Si elle tournait encore à leur confusion, il ne leur resterait plus qu'à reconnaître l'adolescent pour l'élu du Seigneur et à l'admettre comme leur maître à tous. Sept semaines plus tard, le jour même de Pâques, Arthur s'avança donc jusqu'à la pierre pour une ultime tentative, et tous ceux qui étaient là purent le voir s'agenouiller devant l'épée, la saisir entre ses deux mains jointes et, comme il l'avait déjà fait à trois reprises, la retirer de son socle sans la moindre peine. Ensuite il entra dans l'église et, après avoir dressé l'épée bien haut pour que chacun pût l'apercevoir, il la déposa sur le maître-autel devant le saint sacrement exposé. Alors l'archevêque s'avança vers lui en grande pompe et lui conféra l'onction sainte qui le sacrait roi, tandis que des acclamations sans fin montaient de l'église.

Le peuple de Logres criait sa joie !

Un grand silence se fit pourtant lorsque la foule se rua vers la place à la fin de la messe : la pierre et l'enclume avaient disparu et il n'en restait plus nulle trace.

Il convient de parler maintenant de la faute que le roi Arthur commit dans sa jeunesse.

Ceux qui connurent Arthur enfant, puis roi, affirment qu'il ne fit jamais aucune action mauvaise de sa pleine volonté. Son cœur, en effet, était simple et son esprit droit, et jamais chevalier plus loyal et plus brave ne ceignit l'épée. Et, cependant, dans le temps même où les barons du royaume de Logres se réunissaient à Carduel pour élire celui d'entre eux qui deviendrait leur seigneur, il se rendit coupable d'un grand péché.

C'est à regret que les conteurs narrent cette faiblesse du roi Arthur – dont nul ne se douta de son vivant –, car son repentir fut si profond qu'il effaça la vilenie de sa faute aux yeux mêmes de Dieu. Que celui qui n'a jamais succombé lui jette la première pierre ! Cet égarement d'un moment lui ayant coûté dans sa vieillesse de mortelles tribulations, il faut bien, pourtant, le rappeler.

Arthur dormait alors, selon l'usage, dans la propre chambre de son seigneur, le roi Lot d'Orcanie ; or la femme du roi Lot était encore très belle et très désirable, tandis qu'Arthur était déjà un grand adolescent, franc et rieur, que les dames commençaient à trouver fort plaisant. La reine elle-même – qui l'avait connu tout enfant – le cajolait innocemment, sous prétexte qu'elle avait des fils presque du même âge.

Une nuit, durant une courte absence du roi Lot, Arthur, s'autorisant de la tendresse que la reine lui montrait, eut la hardiesse de se glisser à ses côtés. La jeune femme ne le repoussa pas, de sorte que le Tentateur les fit bientôt tomber de l'imprudence dans le péché. De cette unique faiblesse, qu'il pleura si fort depuis lors, naquit Mordret, celui qui n'eût jamais dû naître.

L'adolescent n'apprit que plus tard, avec quel effroi ! – lorsque Antor lui révéla le nom de ses véritables parents – quels liens de sang l'unissaient par sa mère à la reine d'Orcanie… Celle-ci, étant elle-même fille du duc de Tintagel et d'Ygerne, se trouvait être sa demi-sœur. Mais, encore une fois, Arthur et la jeune femme l'ignoraient quand ils péchèrent ensemble.

Quelque temps après son sacre, le roi Arthur quitta Carduel pour Kerléon, où il pensait tenir sa première cour. Les principaux barons de la couronne de Logres y vinrent, accompagnés de leurs propres vassaux. Parmi ces barons se trouvaient, outre le roi Lot d'Orcanie, dix autres rois ou ducs couronnés du pays de Galles, d'Irlande et d'Écosse.

Seul le roi Marc de Cornouailles n'était pas parmi eux. Assiégé dans son château de Tintagel, qu'il avait hérité de son frère cadet le duc de Tintagel mort sans descendant mâle, Marc ne songeait pour l'instant qu'à défendre ses propres droits… Tintagel ! le château de rêve dont les hautes murailles abriteraient plus tard – beaucoup plus tard – les amours de Tristan et d'Iseult ! Mais, à l'époque où commence ce récit, ni Tristan ni la reine Iseult n'étaient encore nés et Marc lui-même ignorait les tourments d'un bel amour trahi.

À Kerléon, Arthur s'efforçait en toute loyauté d'oublier l'hostilité que ses barons lui avaient tout d'abord témoignée. Il leur offrit des présents magnifiques, mais, tout en recevant ses dons, ils repoussaient son amitié. Leur attitude se faisant de jour en jour plus hostile et plus arrogante, Arthur leur dit enfin :

« N'avez-vous accepté mon hospitalité qu'avec l'arrière-pensée de me défier ? En quoi vous ai-je manqué ? de quel tort me suis-je rendu coupable à votre égard ? » Et, comme ils se taisaient, il ajouta : « Si je me suis emparé de l'épée du sacre, c'est qu'aucun d'entre vous n'avait pu l'arracher de son socle avant moi, car je n'y pensais pas, seigneurs, je vous l'affirme, me sachant parfaitement indigne d'un tel honneur.

— Voilà, du moins, un aveu qui nous justifie ! Comment accepterions-nous de vous considérer comme notre maître quand vous reconnaissez vous-même votre indignité. Ce signe que vous invoquez pour excuse ne pouvait donc venir de Dieu ; nous l'avons toujours pensé et nous l'affirmerons toujours ! »

Arthur, irrité, leur répondit :

« Vous êtes mes hôtes et je vous respecterai tant que vous demeurerez sous mon toit, mais sachez qu'au-delà de ce pont-levis je vous traiterai comme un seigneur doit traiter ses vassaux rebelles ! »

Les barons se retirèrent alors non loin de Kerléon pour y dresser leurs tentes et, durant une semaine entière, Arthur et les onze rois s'observèrent à travers la plaine qui séparait leurs deux armées.

À l'aube du septième jour, les barons furent bien aise de voir arriver Merlin – souriant et enjoué comme il l'était le plus souvent –, car ils ne savaient comment sortir de l'impasse dans laquelle ils s'étaient engagés. Ayant demandé à Merlin d'où le nouveau roi, que l'archevêque voulait leur imposer, tenait ses droits sur la couronne de Logres, ils en obtinrent cette réponse :

« Beaux seigneurs, ses droits sur le royaume de Logres valent bien les vôtres sur vos propres fiefs. L'archevêque a sagement agi en reconnaissant le jeune Arthur comme votre maître à tous, car il n'est pas né d'Antor, comme vous l'avez cru jusqu'ici, mais d'un roi couronné plus fort et plus puissant qu'aucun de vos aïeux ne le fut jamais.

— Que voulez-vous dire ?

— Patientez encore jusqu'à ce soir, chers seigneurs, et vous saurez la vérité sur sa naissance ! »

À la tombée du jour, Merlin revint avec le jeune roi, Ulfin et Antor. Alors Merlin, ayant réuni autour de lui les barons de Logres, leur dit ce qu'il savait de la naissance d'Arthur.

Les barons demeurèrent tout d'abord muets de stupeur, à la pensée que le sang d'Uter Pendragon coulait dans les veines de l'adolescent, tant le prestige de leur ancien seigneur restait grand à leurs yeux. Mais bientôt, ils se ressaisirent :

« Cette seconde offense est pire que la première, dirent-ils à Merlin. Nous le croyions le fils légitime d'un franc chevalier nommé Antor – de petite noblesse, sans doute, mais de réputation sans tache – et voilà que vous nous apprenez comme une bonne nouvelle l'ignominie de sa naissance !... Ainsi donc vous seriez heureux de nous voir sous la dépendance d'un enfant trouvé ! Pour chercher à nous humilier de la sorte, il faut que votre mépris pour nous soit bien grand… Mais vous nous avez mal jugés, car nous n'accepterons jamais d'engager notre foi à un bâtard !

— La légitimité de sa naissance ne regarde que Dieu. Son sang est le meilleur du monde. Oubliez-vous ce signe par lequel le Seigneur l'a désigné ? Cette épée que nul d'entre vous ne pouvait arracher à l'enclume, il l'a prise loyalement et il est trop tard pour le contester : Notre-Sire lui-même s'est manifesté par ce miracle.

— Il a bien parlé, l'Enchanteur ! répliquèrent les barons. Il lui est vraiment trop facile de se prévaloir de ses propres sortilèges. Nous perdons notre temps à l'écouter. Dieu décidera par bataille de quel côté est le bon droit. »

Et, lui ayant tourné le dos, ils rentrèrent sous leurs tentes.

VI

LE RALLIEMENT DES VASSAUX REBELLES

Lorsque les petites gens de Logres virent Arthur s'enfermer derrière les fortes murailles de son château de Kerléon, beaucoup d'entre eux voulurent le suivre, car le menu peuple s'était réjoui en apprenant que le sang d'Uter Pendragon coulait dans les veines de l'adolescent. Cependant, en dehors de quelques chevaliers demeurés obstinément fidèles au fils de leur ancien maître, le nombre des hommes d'armes dont le jeune souverain pouvait disposer était dérisoire.

« Beau sire, lui dit Merlin, vous avez le droit pour vous mais vos grands vassaux sont les plus forts et si vous n'avez recours à la ruse vous périrez sous leurs coups. Vous êtes jeune et hardi et vous n'êtes pas d'humeur à les laisser s'avancer jusqu'aux portes de votre propre château sans relever leur défi. Les barons de Logres le savent ; ils en profiteront pour vous provoquer en terrain découvert avant que vous n'ayez eu le temps d'assurer vos arrières. Permettez-moi d'agir à ma guise et ils regretteront amèrement leur imprudence. »

Les vassaux rebelles donnèrent raison à Merlin. Dès l'apparition des premières lueurs de l'aube, leurs troupes se trouvaient rangées en bataille à petite distance des remparts de Kerléon. Après avoir béni la garnison du château, l'archevêque de Logres excommunia du haut des murailles ceux qui s'étaient révoltés contre le roi. Alors Merlin jeta un enchantement : les tentes et les pavillons des rebelles parurent prendre feu ; une épaisse fumée s'en éleva, chargée de flammes et d'étincelles que le vent emporta jusqu'à l'autre extrémité de la plaine. Aux cris de leurs gens, les barons se retournèrent. Surpris, décontenancés par cette menace nouvelle, ils ne surent trop quel parti prendre, si bien que le désordre se mit dans leurs rangs.

À cette vue Merlin sourit : « Ils sont à nous ! » Sur son ordre le pont-levis s'abaisse, laissant passer le roi et les siens. Leur petite troupe charge avec tant de hardiesse et d'impétuosité qu'elle achève de jeter la confusion dans l'armée ennemie. Cependant, le premier moment de surprise dissipé, les barons se ressaisissent. Le roi Nantre de Garlot, l'un des chevaliers les plus redoutables de son temps, se dit que la guerre serait finie s'il tuait Arthur. Dans cette pensée, il court droit au jeune roi, la lance basse, mais celui-ci, l'ayant vu venir, s'affermit sur ses étriers et lui fait front hardiment ; leurs deux chevaux volent l'un vers l'autre ; de sa lance de frêne, Arthur heurte son adversaire avec tant de force qu'il le jette à terre par-dessus la croupe de son destrier. Les gens du roi Nantre se précipitent pour aider leur seigneur à se remettre à cheval tandis que les hommes d'Arthur s'efforcent de les en empêcher. La mêlée devient générale.

Enfermé dans le cercle étincelant d'Escalibor, l'épée du prodige, Arthur fait de telles prouesses que ses ennemis eux-mêmes ne peuvent se retenir d'en être émerveillés. Certes Antor, son maître, l'avait élevé à rude école, mais tant de hardiesse ne s'enseigne pas ! Qui l'eût pris ce jour-là en eût tiré grand honneur, qui l'eût tué en eût été blâmé. Six barons l'assaillent maintenant à la fois, Arthur est renversé, à son tour de son cheval, mais Keu, Bretel, Antor et Ulfin arrivent à la rescousse ainsi que leur lignage. La foule du menu peuple se précipite dans la mêlée, armée de haches, de masses et de bâtons. Le roi Lot, séparé des siens, se mesure avec Keu et celui-ci l'assaille si rudement puis s'acharne sur lui avec tant de fureur qu'il le laisse tout pâmé ; les gens d'Orcanie lâchent pied, le croyant mort. Les barons commencent à regretter leur félonie : ils font encore front de leur mieux mais, déjà, leurs troupes les abandonnent.

Arthur, remonté par les siens, harcèle les fuyards. Ses armes sont rouges du sang de ses ennemis ; l'épée haute, il va frapper Idier d'Irlande, mais son cheval l'emporte toujours plus avant dans la mêlée. Les onze rois fuient maintenant sans vergogne ; ils sauveront leur vie à grand-peine, laissant sur le terrain leurs bagages et leur vaisselle d'or et d'argent.

Cette journée sanglante consacra le pouvoir du jeune roi mieux que le signe du Seigneur ne l'avait fait. Tel est l'aveuglement des hommes ! Arthur, cependant, ne devait jamais oublier qu'au-delà des apparences de la victoire il devait tout à Dieu.

Après avoir triomphé de ses vassaux, le roi Arthur tint sa cour à Carduel durant quelques semaines. Il en profita pour armer de nombreux chevaliers que sa générosité acheva de gagner à sa cause. Ses barons l'avaient reconnu pour leur maître et, désormais, ses droits sur le royaume de Logres ne seraient plus contestés. Mais déjà de plus hautes aventures l'attendaient ailleurs.

« Beau doux sire, lui dit Merlin, fortifiez vos châteaux et vos places et confiez-en la garde à des hommes sûrs. Puis quittez votre royaume pour vous engager au service du roi Léodagan de Carmélide comme simple chevalier. La guerre que ses voisins lui font est injuste. Ils menacent de l'assiéger dans sa ville de Carohaise, le roi Léodagan est vieux, ses alliés l'ont abandonné. Si nul ne le soutient du dehors il sera vaincu. Ne craignez rien pour votre terre : après vous avoir donné la victoire sur vos barons rebelles, Notre-Sire saura bien la garder. Allez sans crainte, car cette aventure doit vous apporter de grandes joies !

Comme le roi Arthur allait quitter Carduel pour le royaume de Carmélide, deux jeunes chevaliers, Ban de Bénoïc et Bohor de Gannes, lui demandèrent la permission de se joindre à son escorte. Frères par le sang, ils étaient l'un et l'autre rois en Petite Bretagne mais ils avaient de bons vassaux et ne redoutaient pas leurs intrigues pendant qu'ils seraient au loin. Arthur accepta leur offre et il fit bien, car jamais amitié ne fut plus désintéressée ni plus vive que celle qui lia par la suite les trois jeunes gens.

Tandis que le roi Arthur chevauchait avec les siens vers le royaume de Carmélide, ses barons connaissaient de nouvelles tribulations. Leur révolte ne leur avait pas porté chance. En leur absence, les Saines – plus connus par la suite, en dehors de la Grande Bretagne, sous le nom de Saxons – avaient fait pour la première fois de profondes incursions dans leurs domaines. Bien que réconciliés avec leur souverain, les barons n'osaient, par fierté, faire appel à son alliance, de sorte qu'ils se trouvaient dans une position des plus fausses.

Désespérant de vaincre leurs ennemis en rase campagne, ils avaient fortifié hâtivement les villes et les châteaux qui demeuraient encore en leur possession et s'y étaient enfermés… et, de là, ils regardaient les Saines ravager leurs terres. Cette attitude passive des barons avait encore accru l'insolence et la hardiesse des envahisseurs, si bien qu'il ne se passait guère de jours sans que ceux-ci ne se livrent à de nouvelles exactions : tantôt c'était un convoi de vivres dont ils avaient réussi à s'emparer, tantôt c'était quelque poste avancé qu'ils avaient enlevé ou quelque riche abbaye qu'ils avaient incendiée après avoir massacré les moines ou les nonnes qui s'y trouvaient. Si l'inaction devant le danger est cruelle pour tout homme de cœur, elle l'est plus particulièrement pour un adolescent. Galessin, le fils du roi Nantre de Garlot que le roi Arthur avait si rudement affronté devant Kerléon, ressentait plus qu'aucun autre cette humiliation, car Dieu ne lui avait pas seulement donné le plus joli visage qui se pût voir, mais il lui avait encore accordé tous les dons qui font un vrai chevalier. Un jour, n'y tenant plus, il ne put s'empêcher d'aller trouver sa mère. Celle-ci descendait elle-même, comme la reine d'Orcanie, du duc de Tintagel et se trouvait être, par conséquent, la demi-sœur du roi Arthur.

« Dame, lui dit-il, je ne suis plus un enfant, j'ai seize ans et je ne supporterai pas plus longtemps cette vie d'oisiveté tandis que le menu peuple des campagnes souffre et pleure. Tout en me gardant de juger mon père, je ne puis comprendre son inaction : il a fait sa paix avec son seigneur le roi Arthur, que n'a-t-il recours à son aide ! Seul le roi peut triompher des Saines. Dieu l'a marqué de son signe et lui a déjà permis de montrer sa prouesse. Pour moi, il est à la fois mon oncle et mon seigneur, j'irai le trouver hardiment et je le servirai si bien qu'il consentira, sans nul doute, à me faire chevalier et à me garder auprès de lui. Ensuite, sans même que j'aie à le solliciter, peut-être mon ralliement lui rappellera-t-il ses propres devoirs à l'égard de ses vassaux. »

Séduite par la générosité de l'adolescent, la reine de Garlot n'essaya pas de le retenir.

Avant de se mettre en route, Galessin envoya un message à son cousin Gauvain, lui-même fils du roi Lot d'Orcanie, pour lui demander de le rejoindre à la Neuve Ferté de Brocéliande. De là ils chemineraient ensemble vers le royaume de Logres où ils pensaient trouver Arthur, leur jeune seigneur.

Gauvain mit d'autant plus d'empressement à se rendre

à l'appel de Galessin qu'il nourrissait le même désir. Trois de ses frères seulement l'accompagnèrent – Agravain, Guerrehès et Gahériet –, Mordret, le benjamin, n'étant encore qu'un enfant au berceau. Quelques écuyers et quelques valets, aussi jeunes que leurs maîtres, les suivaient.

La pensée qu'ils avaient quitté leurs pères sans en avoir reçu congé ni bénédiction ne les tourmenta pas longtemps et ils chevauchèrent bientôt avec l'insouciance de leur âge en devisant joyeusement, non sans parfois se quereller car ils étaient aussi différents que possible les uns des autres par le caractère et l'esprit.

Bien qu'il fût à peine sorti de l'adolescence, Gauvain s'annonçait, dès cette époque, comme un rude compagnon. Brutal mais sans méchanceté, prompt à s'enflammer au moindre prétexte mais tout aussi prompt à reconnaître ses torts et, surtout, brave au-delà de toute mesure, il aurait pu faire un chevalier exemplaire si sa nature ne l'avait entraîné, parfois, plus loin que lui-même ne l'eût souhaité.

Malgré sa réputation, méritée, de bon jouteur, Agravain, au teint blanc et aux cheveux de laine, ne valait pas moralement son aîné. Orgueilleux, vindicatif, médisant, il ne connaissait ni la pitié ni l'amour, et sa langue était encore plus redoutable que son épée. Aussi les courtes querelles qui opposaient parfois les cinq jeunes gens naissaient-elles toujours par sa faute.

Guerrehès, son cadet, ne lui ressemblait en rien. Brave sans vaine ostentation, il s'efforçait de faire oublier qu'il avait le bras gauche un peu plus court que le bras droit, mais comme il ne parlait jamais de ses aventures sans contrainte, la plupart de ses exploits restaient ignorés.

Pour l'instant Gahériet, le préféré de Gauvain, n'était encore qu'un jouvenceau, presque un enfant, et cependant les dames commençaient à le regarder en soupirant tant il avait fière mine. Il s'en apercevrait bientôt et ne manquerait pas de les consoler généreusement, mais sans délaisser pour autant la vie de hautes aventures qu'un vrai chevalier doit préférer à toute autre.

Tels étaient les fils du roi Lot d'Orcanie. Quant à Mordret, leur demi-frère, né des amours coupables de leur mère et du roi Arthur, il n'en sera parlé que beaucoup plus tard et jamais en bien.

À peine Galessin et ses quatre cousins se trouvèrent-ils éloignés de quelques lieues de la forêt de Brocéliande qu'ils commencèrent à en regretter les frais ombrages. Redoutant d'être surpris par les Saines, car le pays n'était pas sûr, ils avaient conservé leurs coiffes de fer et leurs cottes de mailles et, maintenant, le franc soleil de mai les accablait. Leurs montures elles-mêmes étaient lasses ; sans doute rêvaient-elles comme leurs maîtres à la douceur d'une halte au bord du prochain gué. Là, hommes et bêtes pourraient se reposer à leur aise après s'être désaltérés tout leur saoul.

Comme ils parvenaient au carrefour de la Blanche-Étoile, ils croisèrent un groupe de paysans épouvantés. « Les Saines ! Fuyez, voilà les Saines ! » leur crièrent les pauvres gens en passant.

Les cinq adolescents n'en purent tirer davantage. Abandonnant à leurs valets les chevaux qu'ils montaient, ils achevèrent en hâte de s'armer et se firent amener leurs destriers. À peine s'étaient-ils hissés en selle qu'ils aperçurent la poussière d'un convoi s'avançant lentement vers eux.

Gauvain avait pris le commandement de leur petite troupe.

« Laissons-les s'approcher, dit-il à ses frères, le vent et la poussière les aveuglent, nous les surprendrons quand ils parviendront à notre hauteur. »

En hâte, tous se cachent, à droite et à gauche du chemin, n'attendant qu'un signe de Gauvain pour se précipiter sur les Saines. Les voici ! Gauvain s'élance et se jette sur le convoi. Galessin et ses cousins l'imitent, ils frappent, ils blessent, ils affolent chevaux et conducteurs, semant le désordre dans les attelages. Les Saines, surpris par l'attaque soudaine des enfants, lâchent pied et s'enfuient sous les huées de leurs jeunes vainqueurs. À quoi servirait-il à ces derniers de s'encombrer d'un tel butin. Les valets détachent deux ou trois chevaux blessés qui se débattaient dans les traits et leur rendent la liberté. Longtemps les braves bêtes suivront leurs nouveaux maîtres en hennissant, mais sans toutefois se laisser reprendre. Parmi les petites gens des campagnes qui les rencontreront, il se trouvera bien quelque fils de manant assez hardi pour les coiffer d'un licol…

Bien qu'elle se soit achevée par une victoire facile, cette première rencontre n'en inquiète pas moins les cinq jeunes gens. Ils songent au sort de leurs parents. Le remords se glisse dans leurs cœurs. Avaient-ils le droit d'abandonner ainsi leurs familles dans un pays infesté d'ennemis ?

Leur belle humeur les a quittés et leur quiétude. Désormais ils seront sur leurs gardes.

Comme ils traversaient un petit bois, ils virent venir à eux, au grand galop, un cavalier qui portait un fardeau en travers de sa selle. Le cheval, ruisselant de sueur, semblait avoir fourni une longue course et l'homme lui-même paraissait à bout de forces. Lorsque monture et cavalier les eurent rejoints, Gauvain et ses frères, stupéfaits, reconnurent dans le fugitif un ancien écuyer de leur père.

« Seigneurs, leur dit le vieil homme en leur tendant le berceau qu'il serrait dans ses bras, au nom de Dieu, prenez cet enfant, je n'en puis plus ! »

Dans le berceau dormait Mordret.

Lorsqu'il eut repris haleine, l'écuyer leur raconta en quelques mots rapides son aventure. Le roi Lot avait été attaqué par les Saines dans son propre château, mais il ne semblait pas être en danger immédiat tant les murailles de Glocédon étaient hautes et faciles à défendre. Cependant, le roi avait cru plus sage de profiter de la nuit pour faire sortir la reine et son fils dernier-né sous la garde d'une faible escorte, afin de leur épargner les épreuves d'un long siège. Malheureusement les fugitifs étaient tombés sur un parti de Saines qui les avait attaqués. La reine avait alors supplié le vieil écuyer de s'enfuir avec Mordret. Il avait eu la faiblesse de lui obéir et maintenant il se reprochait cette obéissance comme une trahison et ne pouvait se consoler d'avoir souillé ses cheveux blancs en abandonnant sa maîtresse.

L'homme n'avait pas terminé son récit qu'il s'écriait : « Seigneurs ! seigneurs ! la voilà ! »

De jeunes bouleaux croissaient au bord du sentier ; à travers leurs troncs légers, ils aperçurent dans la clairière toute proche deux cavaliers qui cherchaient à s'emparer d'une femme. À peine s'en saisissaient-ils pour la jeter sur le garrot de l'une ou l'autre de leurs montures qu'elle glissait de nouveau à terre ; alors ils la frappaient et s'efforçaient de la relever en la tirant par ses longues tresses, mais toujours elle cherchait à s'enfuir.

Sa voix parvint enfin jusqu'à eux, enrouée par l'angoisse :

« Non ! Tuez-moi plutôt, par pitié, tuez-moi ! Ah ! mes fils, si vous étiez là ! Gauvain ! Gauvain !

— Mère ! s'écrie alors Gauvain, mère, nous voici ! »

Il broche son cheval comme un fou, sans même prendre le temps de chausser ses étriers. Sa masse d'armes pend à l'arçon de sa selle, il la saisit et la fait tournoyer. Déjà il est sur les deux Saines et les frappe ; leur crâne éclate, leurs corps roulent à terre privés de vie ; Gauvain voudrait frapper encore mais ses frères ont sauté de cheval avant lui ; ils le repoussent sauvagement. Ah ! que ne peuvent-ils tuer une seconde fois les agresseurs de leur mère ! Ils s'acharnent sur les deux cadavres, Agravain le cruel leur coupe les mains, Guerrehès et Gahériet eux-mêmes les transpercent à plusieurs reprises de leurs épées. Brusquement, les quatre adolescents se souviennent du danger que leur mère a couru ; alors, comme des enfants qu'ils sont encore, ils délaissent ces vaines représailles pour la consoler et, en sanglotant, ils se jettent dans ses bras. Gauvain, le rude Gauvain lui-même, ne peut retenir ses larmes tandis que la reine se pâme à trois reprises d'émotion et de joie.

Revenue à elle, la jeune femme remercie le Ciel de l'avoir entendue ; elle bénit ses chers fils qui ont été l'instrument de sa délivrance et, tout aussitôt, elle s'informe de son dernier-né. Où est le petit Mordret ? À cet instant elle aperçoit l'enfant : elle le serre sur son cœur et lui fait mille caresses, mais bientôt elle se lamente de nouveau en songeant au sort incertain du roi Lot, son époux.

Gauvain et ses frères partagent l'inquiétude de la reine. À quoi leur servirait-il cependant de revenir en arrière ? Ils ne sont pas assez fous pour s'imaginer que leur petite troupe pourrait à elle seule décider l'armée des Saines à s'éloigner de Glocédon. Les murailles de Glocédon sont assez hautes et assez fortes pour défier un long siège et ils savent que les vivres ne manquent pas dans les vastes greniers du château. Le péril n'est donc pas immédiat ; plus que jamais, ils pensent que seul le roi Arthur peut mettre fin aux exactions des Saines. Ils renverront à leur père son vieil écuyer. Peut-être celui-ci parviendra-t-il à donner de leurs nouvelles aux assiégés. Le plan de Gauvain paraît sage à ses frères ; ils mettront, tout d'abord, leur mère et le petit Mordret en sûreté – le monastère de Logres, qui se trouve presque sur leur chemin, leur apparaît tout naturellement comme le meilleur refuge possible –, ensuite ils se rendront à Carduel dans l'espoir de convaincre le roi Arthur qu'il ne peut abandonner son homme lige en péril. De toute manière, avec ou sans l'appui de leur seigneur, ils seront de retour avant deux mois.

Au moment où ils forment ces projets, le roi Arthur a déjà quitté le royaume de Logres sur les conseils de Merlin et s'achemine vers la terre de Carmélide. Mais comment Gauvain et ses frères le sauraient-ils ?

VII

ARTHUR ET GUENIÈVRE

Après avoir franchi maintes collines et traversé maintes plaines, souvent coupées de gués mouvants qu'ils avaient dû passer au péril de leur vie, Arthur et ses quarante compagnons atteignirent enfin la Carmélide. Le jour même où ils parvenaient devant Carohaise, le roi Léodagan rassemblait ses barons en conseil pour leur communiquer les derniers rapports de ses espions. Les mouvements des armées ennemies ne pouvaient laisser subsister aucun doute sur les intentions des envahisseurs : d'ici quelques jours, ceux-ci assiégeraient Carohaise avec l'ensemble de leurs forces.

Arthur et ses chevaliers se présentèrent devant le roi Léodagan en se tenant tous par la main. Puis Ban de Bénoïc, leur aîné, prit la parole et s'exprima ainsi :

« Sire, nous avons quitté notre propre pays pour vous secourir. Nous ne mettons à notre alliance qu'une condition : nul ne devra chercher à savoir qui nous sommes ; à ce prix notre sang vous appartient. Cette unique réserve vous convient-elle ? »

Comment le vieux roi ne les eût-il pas remerciés de leur offre avec la plus vive reconnaissance ! Sans doute l'aide que les étrangers lui apportaient était-elle bien faible, mais, dans la situation désespérée où se trouvait la Carmélide, pareil secours n'en représentait pas moins une dernière chance de salut.

À ce signe du Ciel, les couards eux-mêmes allaient reprendre quelque assurance !

Une semaine ne s'était pas écoulée depuis l'arrivée d'Arthur que de lourdes colonnes de fumée, montant à l'horizon, annonçaient l'approche des premières bandes ennemies. Les portes de la ville furent alors fermées et enchaînées, tandis que les hommes en âge de combattre se précipitaient à leurs postes. Le soir même, les armées alliées campaient en vue de Carohaise et quelques coureurs du duc Frolle plantaient leurs javelots dans la porte maîtresse de la dernière place forte du roi Léodagan, en signe de défi.

Le duc Frolle menait les Allemands, le roi Claudas était à la tête des hommes de la Terre Déserte et Ponce Antoine commandait ceux de Romanie.

Nombreux et forts comme ils le sont, comment les alliés ne se croiraient-ils pas sûrs de la victoire. Mais ils ont compté sans Merlin. Celui-ci a pénétré dans la ville au cours de la nuit ; sur ses conseils, le roi décide que les assiégés n'attendront pas davantage avant d'accepter la bataille. Dès l'aube, les chevaliers d'Arthur se pressent, tout armés, dans les ruelles avoisinant les remparts. Merlin commande aux portes de s'ouvrir et, d'elles-mêmes, celles-ci s'écartent à deux battants pour lui livrer passage, puis se referment de leur propre mouvement, à peine le dernier cheval de son escorte a-t-il franchi leur seuil. Les Bretons, commandés par Arthur, se groupent autour de l'enseigne de Merlin, qui figure un petit dragon à queue fourchue vomissant des flammes. Le vieux roi Léodagan et son sénéchal Cléodalis rangent ensuite leurs gens en deux corps de bataille, un peu en arrière des chevaliers d'Arthur.

Le duc Frolle, le roi Claudas et Ponce Antoine se hâtent, à leur tour, de disposer leurs troupes. Avant la fin de cette journée, la plupart de ceux qui s'avancent dans la plaine seront morts ! Les deux armées s'observent encore. Merlin saisit alors le sifflet d'or qui ne le quitte jamais et en tire un son strident. Le vent répond à son appel en balayant vers la plaine un immense tourbillon de poussière. Les chevaliers d'Arthur se jettent, lances baissées, sur leurs ennemis aveuglés dont ils font grand carnage. Ces derniers se regroupent rapidement, mais le roi Léodagan et Cléodalis arrivent à la rescousse avec leurs hommes. La bataille devient générale et, jusqu'à midi, la victoire demeure incertaine. D'un bout à l'autre de la plaine, l'étendard de Merlin vole. Le dragon qui l'orne semble lancer de véritables flammes. Lorsque les gens de Carmélide faiblissent, la seule vue de l'enseigne merveilleuse les rassure et leur redonne courage.

Enfin ! Un peu après midi, les hasards de la mêlée rapprochent Arthur de Ponce Antoine. Le roi connaît la réputation de prouesse du Romain. Si l'occasion de l'affronter seul à seul pouvait s'offrir à lui, certes ! il la saisirait. Que l'un ou l'autre périsse et la bataille serait bien près d'être gagnée par le parti du survivant !

De loin il défie son ennemi. C'est en vain que Ban de Bénoïc, prétextant qu'il est plus âgé, plus fort et plus grand que son ami, supplie le jeune roi de le laisser aller à sa place :

« Folie n'est pas prouesse, vous êtes encore trop jeune pour affronter un pareil champion ! Mes chances de l'emporter sur lui sont plus grandes que les vôtres. Pour une fois, cédez-moi le pas ! »

Mais Arthur lui répond :

« Comment saurai-je ce que je vaux si je n'affronte les meilleurs ? »

Là-dessus, il broche si rudement son cheval que le sang gicle. Monture et cavalier volent vers le prince de Romanie qui déjà courait à leur rencontre. La lance d'Arthur ne laisse pas à Ponce Antoine le temps de se reconnaître, elle troue l'écu du Romain, déchire son haubert et le transperce lui-même de part en part pour ressortir entre les deux épaules. Renversé sur la croupe de son cheval affolé, le mort franchira toute la mêlée, bras pendants, tête ballante, objet d'épouvante et de dérision jusqu'au moment où son destrier s'arrêtera en tremblant des quatre membres devant les fossés de la cité. Alors un écuyer d'Arthur, se souvenant que ce mort était preux, l'arrachera de sa selle et l'étendra sous les remparts en attendant que les gens de Romanie viennent le rechercher.

Ban et Bohor font de leur côté mille prouesses ; grands et larges d'épaules comme ils sont, ils manient la masse d'armes mieux que personne et frappent sur leurs ennemis comme charpentiers sur poutres. De leur côté, Ulfin et Bretel se prodiguent sans compter, mais, de l'aveu de ses ennemis eux-mêmes, c'est encore Arthur qui accomplit ce jour-là le plus de prodiges. Les dames et les pucelles, accourues en foule pour assister à la bataille du haut des remparts, n'ont pas été les dernières à s'en apercevoir. Chaque fois qu'elles le voient s'enfoncer trop avant dans la mêlée, elles joignent les mains et elles pleurent de pitié pour le rude travail d'armes qu'il souffre, si jeune encore, et si petit en comparaison de ses rudes adversaires. Guenièvre, surtout, la fille du roi Léodagan, supplie Notre-Dame de prendre le chevalier étranger sous sa protection et chacune de ses larmes est une prière.

Tandis que Ponce Antoine connaissait une mort pitoyable, le roi Claudas de la Terre Déserte, désarçonné par le roi Ban de Bénoïc, son ennemi mortel, manquait périr dans la mêlée. Ah ! que ne fut-il tué ce jour-là, bien des maux eussent été épargnés au royaume de Bénoïc et au roi Ban lui-même... Les gens de Claudas le dégagèrent à grand-peine, mais, de tous côtés, ceux de Romanie, démoralisés par la perte de leur propre seigneur, se débandaient. La rage au cœur, Claudas et ses chevaliers durent les suivre, pressés par les survivants de la petite escorte du roi Arthur.

Seul le duc Frolle d'Allemagne et sa troupe résistent encore. Nul combattant n'était plus redoutable dans la mêlée que Frolle. D'une stature gigantesque, le duc passait pour l'homme le plus fort de son temps. Sa masse de cuivre au poing, il essaie désespérément de regrouper les fuyards. Mais bientôt il s'aperçoit que ses alliés l'ont abandonné. Alors il fait ce qu'un chevalier ne doit jamais faire : il laisse là ses gens en les traitant de lâches et de mauvais, et il cherche à sauver sa vie afin de tirer plus tard vengeance de ses ennemis.

Arthur, l'ayant vu s'éloigner au galop, se met à sa poursuite. Quel cheval pourrait rivaliser de vitesse avec Lanrei, le destrier d'Arthur ? Celui-ci rejoint le fuyard dans un étroit vallon, à l'autre extrémité du champ de bataille. Le soleil se couche et l'ombre recouvre maintenant la plaine jonchée de cadavres ; seul le sommet des collines rougeoie encore.

« Félon ! lui crie Arthur, félon qui laisse périr les siens sans les secourir. Vois, je suis seul ! Lâche, arrête-toi ou tu es un homme mort ! »

Furieux, le duc Frolle se retourne, il s'aperçoit avec une rage accrue que l'insulteur n'est guère plus qu'un enfant. Il tourne bride, fait face à son ennemi, tire hors du fourreau l'épée qu'il avait rengainée. C'est Marmiadoise, l'épée même dont se servit Hercule lorsqu'il mena Jason à la conquête de la Toison d'or. Arthur, surpris par l'éclat de la merveilleuse lame, fait un pas en arrière pour se protéger de son flamboiement redoutable. Le géant se méprend. S'imaginant que l'enfant a compris sa folie, il lui crie :

« J'ignore qui tu es mais pour ta hardiesse je te ferai grâce. Donne-moi tes armes et je te laisserai aller. »

Arthur réplique :

« Je suis le fils d'Uter Pendragon. Toi-même, rends-toi à merci, ou tu es un homme mort !

— Ainsi tu es le petit roi Arthur ! Je le jure devant Dieu, je ne connaîtrai plus le goût du pain ni du vin tant que je te saurai vivant. »

Il se jette sur l'adolescent : ce dernier, l'évitant de justesse, l'atteint sous l'œil droit. Le sang coule. Frolle blêmit de fureur et revient sur Arthur, l'épée haute. Leurs destriers se heurtent si rudement qu'ils glissent sur le terrain détrempé par la pluie et s'abattent, entraînant les deux chevaliers dans leur chute. Arthur, plus jeune et plus vif que son adversaire, se relève le premier mais, avant qu'il n'ait eu le temps de profiter de son avantage, le duc est déjà sur pied. Cependant Frolle a cru voir deux ombres accourir du fond de la nuit… D'autres les suivent sans doute ? Il ne s'est pas trompé : Ban et Bohor, inquiets de la disparition d'Arthur, se sont mis à sa recherche. Craignant d'être accablé par le nombre de ses ennemis, le duc Frolle essaie fébrilement de se remettre

quitter la jeune fille du regard. Puis il lui rendit la coupe en la priant de s'asseoir à ses côtés, car il ne voulait pas qu'elle demeurât plus longtemps à genoux devant lui.

Les tables ôtées, Ban de Bénoïc s'approcha du roi Léodagan et lui dit à l'oreille qu'il ne comprenait pas que sa fille, belle comme elle l'était, ne fût pas encore mariée. Il songeait à Arthur, son ami.

« Hélas, lui répondit le bon roi, où aurais-je pris le temps de lui chercher un époux ? Voici sept ans que Claudas de la Terre Déserte me fait la guerre. Mais certes, si Dieu mettait sur sa route un chevalier digne d'elle, je ne regarderais qu'à sa valeur et non à son rang. »

Merlin sourit en entendant le roi parler ainsi, et il fit signe à Ban qu'il en avait assez dit pour cette fois.

Quelques jours plus tard, alors qu'il se promenait dans le verger du château en compagnie d'Arthur, de Bohor et de Ban, le roi Léodagan ne put se retenir de leur dire :

« Beaux seigneurs, je vous dois la vie et, plus que la vie, la joie sans prix d'avoir conservé mon honneur. Or j'ignore encore comment vous appeler. Ne me direz-vous pas qui vous êtes alors qu'il n'est rien que je désire autant au monde ? »

Et, comme ils se taisaient – en regardant Merlin qui les avait rejoints – car ils ne savaient que répondre.

« Sire, dit Merlin, en désignant Arthur, voici notre vrai seigneur. Tout roi couronné que vous êtes, il vous vaut bien et la femme qu'il prendra pour épouse n'aura pas à rougir de son rang ni de sa lignée. Mais il est encore bien jeune pour songer au mariage.

— Il n'y paraît guère au combat ! répondit le vieux roi

Léodagan. N'ai-je pas la fille la plus belle qui soit ? Ma terre lui reviendra après moi. Si je la proposais pour femme à votre maître, en récompense du haut service qu'il m'a rendu, serait-elle refusée ?

— Certes, je l'accepterais de grand cœur ! » s'écria le roi Arthur sans attendre la réponse de Merlin.

Le roi Léodagan, ayant appelé Guenièvre, mit la main de la jeune fille dans la main d'Arthur, puis il fit venir l'évêque de Carohaise afin qu'il bénisse leurs fiançailles.

« Et maintenant, dit Merlin, sachez que vous avez donné votre fille au propre fils d'Uter Pendragon, Arthur, roi des deux Bretagnes, votre suzerain. »

En entendant ces mots le bon roi Léodagan crut défaillir de joie. Ainsi, en donnant sa fille au meilleur des chevaliers, il avait du même coup placé sa terre sous la sauvegarde directe de son propre suzerain. Notre-Sire peut désormais disposer de sa vie selon Sa volonté, il mourra comblé !

Comme Léodagan demandait à Merlin, quelques jours plus tard, quand aurait lieu la célébration du mariage, Merlin lui dit qu'avant d'épouser Guenièvre le roi Arthur devrait faire face, dans son propre pays, à une situation plus grave encore que celle où se trouvait la Carmélide à la veille de la bataille de Carohaise.

« Les Saines menacent les marches du royaume de Logres ! Déjà ils se sont livrés en Orcanie et en Écosse aux pires exactions. Le roi doit soutenir ses hommes liges. N'est-ce pas là son premier devoir ? »

Léodagan ne pouvait qu'en convenir : lui-même confierait au roi Arthur le commandement d'une petite troupe afin de décider les vassaux du roi Ban et du roi Bohor à se joindre à leurs seigneurs.

Au matin, Guenièvre vint aider son fiancé à s'armer. Comme elle s'agenouillait pour boucler ses éperons, après lui avoir ceint l'épée au côté, Merlin dit au roi Arthur :

« Que n'achève-t-elle ce qu'elle a si bien commencé ! Vous voilà fait de nouveau chevalier, et cette fois par une fille de roi… Il ne vous manque plus que l'accolade ! »

Guenièvre sourit du propos de Merlin.

« Je ne m'en ferai pas prier davantage ! » dit-elle, en se relevant vivement. Alors ils s'étreignirent et ils échangèrent un baiser dont ils ne devaient pas oublier de longtemps la douceur. Puis Arthur se fit amener son cheval et, après avoir serré une dernière fois sa chère fiancée dans ses bras, il franchit le pont-levis, à la tête des gens d'armes de son escorte chevauchant lances basses et gonfalons roulés…

Ainsi quitta-t-il Carohaise, non sans se retourner maintes fois.

Arthur et les siens approchaient maintenant du terme de leur voyage. Un soir où ils se reposaient à l'ombre des grands arbres qui marquent l'orée de la forêt de Logres, tout heureux de pouvoir s'étendre sur l'herbe verte après une longue journée de chaleur, ils virent venir à eux une troupe de damoiseaux, beaux et richement vêtus. Celui qui semblait en être le chef demanda à un écuyer qui passait où était le roi.

« Il est assis sous ce chêne que vous voyez là-bas, lui fut-il répondu. Vous le reconnaîtrez facilement, c'est le plus jeune d'entre nous. »

Dès que les damoiseaux furent parvenus devant le roi, ils s'agenouillèrent :

« Sire, dit l'aîné de leur petite troupe, je viens vers vous, avec mes frères, mon cousin et ces quelques compagnons qui sont là, comme vers notre vrai seigneur, dans l'espoir de recevoir de vous l'ordre de chevalerie. Ensuite, si vous le voulez bien, nous vous servirons à jamais loyalement en fidèles hommes liges. »

Arthur, lui ayant demandé le nom de son père, entendit l'adolescent lui répondre :

« Sire, je m'appelle Gauvain et je suis fils du roi Lot d'Orcanie. Ces trois-là sont mes frères Agravain, Guerrehès et Gahériet, et celui-ci est notre cousin Galessin, le fils du roi Nantre de Garlot. Ceux que vous voyez là-bas ne sont pas de notre lignage mais ils nous ont rejoints en cours de route dans la pensée de vous servir de leur pleine volonté. Voici les deux Yvain, l'un et l'autre fils du roi Urien de Gorre ; Keu d'Estraux et Kaherdin, tous deux comtes ; Dodinel le Chasseur Sauvage, l'un des chasseurs les plus fins et les plus ardents de Bretagne, dont le père, le roi Belinant, règne sur la Norgalles. Ce dernier, enfin, au visage souriant, si fier et si bien pris dans sa taille, est Sagremor, le propre neveu de l'empereur de Constantinople, qui a traversé la mer pour recevoir ses armes de votre main. Ah ! s'il le veut, nous serons compagnons à jamais, lui et moi, car je ne connais personne de meilleur ni de plus hardi.

« Certains nous blâmeront peut-être d'avoir abandonné nos familles, alors qu'elles se trouvaient dans une situation périlleuse – car les Saines ont envahi les marches de votre royaume et menacent vos vassaux, sire, le saviez-vous ? –, mais nous n'avons pas cru forfaire à l'honneur en les quittant pour vous, qui êtes leur protecteur naturel, de par Dieu.

— Votre conduite vous a été inspirée par le Ciel, répondit Arthur, car c'est pour chasser les Saines que j'ai regagné moi-même si hâtivement le royaume de Logres. Je ferai tout ce qui est en mon pouvoir pour que vous ne regrettiez pas de m'avoir donné votre foi ! »

Deux jours plus tard, ils entraient dans la ville de Logres d'où le roi comptait diriger et hâter les préparatifs de la guerre sans merci qu'il allait mener contre les Saines. Le soir même de son arrivée, Arthur commanda à ses neveux et à leurs compagnons de se rendre à l'église cathédrale de Logres. Le roi Ban et le roi Bohor tinrent à passer la veillée avec eux.

La messe dite, à l'aube, le roi Arthur pendit au flanc gauche de Gauvain l'épée qu'il venait de conquérir sur le duc Frolle, Marmiadoise, l'épée de lumière, puis il lui chaussa l'éperon droit tandis que le roi Ban lui chaussait l'éperon gauche, enfin il lui donna l'accolade. Il adouba ensuite ses quatre autres neveux et leurs compagnons et leur distribua des épées, sauf à Sagremor qui voulut conserver la bonne lame que son oncle l'empereur Adrian de Constantinople lui avait donnée. Enfin, chacun des nouveaux chevaliers adouba, à son tour, les gens de sa maison. Cependant, après le festin qui suivit, le roi ne permit pas la moindre joute, pensant, avec raison, que la Chrétienté aurait bientôt besoin des forces de tous ses enfants.

VIII

LA FONTAINE DE BARENTON

Tandis qu'Arthur quittait Carohaise pour Logres, Merlin se rendait dans la péninsule armoricaine afin d'adjurer les principaux rois et ducs couronnés de Petite Bretagne de rejoindre leur seigneur dans la plaine de Salisbury où devait avoir lieu le rassemblement de l'armée chrétienne. La terreur que les Saxons inspiraient eût sans doute suffi à persuader les plus indépendants des barons bretons de la nécessité de s'unir pour écraser l'ennemi commun, mais leur intérêt personnel n'était pas seul en cause : la Chrétienté tout entière se trouvait menacée. Tous répondirent qu'ils étaient prêts à verser leur sang pour sa défense. Désormais ils n'auraient plus qu'un emblème : une croix vermeille brodée sur la soie blanche de leurs étendards. À ce signe ils se reconnaîtraient.

Ayant ainsi tenu sa promesse, Merlin reprit, à petites étapes, le chemin de la mer.

À l'époque où se place ce récit, Merlin venait d'entrer dans sa trentième année. Haut de taille, beau de visage, courtois et hardi à la fois et d'une merveilleuse égalité d'humeur, auréolé en outre du prestige de ses dons, il n'aurait pas manqué de compagnes de plaisir si la crainte de perdre l'amitié de Dieu ne l'avait incité à se défier des femmes. Ainsi s'était-il gardé jusque-là de tout péché charnel. Une frêle jeune fille, presque une enfant, devait être cependant l'occasion de sa chute.

Le hasard de ses chevauchées en Petite Bretagne l'ayant amené à l'orée de la forêt de Brocéliande, il n'eut pas la force d'âme de s'en détourner. Il savait pourtant, lui qui savait toute chose, qu'il y rencontrerait Viviane – Viviane, celle qui le perdrait s'il commettait la folie de l'aimer –, mais la prescience de l'avenir n'est jamais qu'une invitation à la prudence... Or, ce jour-là, son cœur gouvernait son esprit.

Depuis longtemps le désir de connaître sa belle ennemie le tourmentait. L'occasion de la rencontrer s'offrait à lui. Que risquait-il ? Prévenu contre Viviane comme il l'était, comment pourrait-il s'en éprendre ? Sa curiosité une fois satisfaite, il retrouverait, sans aucun doute, la paix de l'âme.

Ainsi Merlin s'efforçait-il de se justifier à ses propres yeux avant même d'avoir succombé.

Le Val sans Retour, au fond duquel se cachait le manoir de Dyonas, le père de Viviane, était tout proche, mais la jeune fille n'y demeurait guère, préférant à toute autre compagnie celle de ses propres rêves.

De ce val partait un chemin, presque un sentier, que les petites gens de la forêt désignaient en tremblant sous le nom de « chemin de Folles-Pensées », et non sans raison, la claire fontaine qu'il desservait passant alors pour enchantée. Le nom de cette fontaine n'a d'ailleurs pas changé, on l'appelle encore de nos jours la fontaine de Barenton et, bien que les grands arbres, peuplés d'oiseaux de toutes sortes, qui l'entouraient autrefois aient disparu, ses enchantements durent toujours.

Éprise de solitude comme elle l'était, Viviane eût pu difficilement souhaiter un asile plus accueillant et plus secret. Elle s'y rendait souvent en l'absence de son père. Sachant que la jeune fille se trouvait à Barenton ce matin-là, Merlin se garda bien de détourner son cheval du chemin qui pouvait le mener jusqu'à elle. Une hâte joyeuse l'entraînait vers son destin : les regrets ne viendraient qu'ensuite.

Au moment où il la surprit, Viviane était assise au bord de l'eau, un livre ouvert sur les genoux. L'approche du cavalier, écartant au passage les menues branches du sentier, ne lui fit même pas lever la tête. Elle semblait lire mais, en cachette, elle l'observait dans le miroir de la fontaine.

Merlin sourit de sa ruse innocente. Viviane était encore plus belle qu'il ne l'imaginait. Déjà il oubliait ses préventions anciennes pour ne plus songer qu'à la douceur de l'heure présente.

« Gentille pucelle, lui dit-il, en faisant avancer son cheval de quelques pas, qui êtes-vous et que faites-vous là ? Celui qui vous a enseigné à lire dans ce grand livre devait être bien savant ! »

Elle referma son livre, le déposa près d'elle, sur la dalle de pierre qui lui servait de siège, et, souriante, lui répondit le plus doucement du monde :

« Pourquoi m'interrogez-vous, ô mon maître ! vous qui savez toute chose ? Je m'appelle Viviane, mon père demeure dans ce manoir. Il m'a appris le peu que je sais… et maintenant j'attends vos enseignements. »

Merlin descendit de cheval et s'approcha de la jeune fille. Celle-ci, le regardant cette fois les yeux dans les yeux, lui sourit de nouveau sans nulle crainte. Ses pieds nus effleuraient la surface de la fontaine et, par jeu, elle en frappait l'eau ; si bien que quelques gouttelettes rejaillirent jusqu'au visage de Merlin. Il les essuya du revers de la main, comme si elles eussent été des larmes. Mais quel avertissement ou quel présage eût encore pu l'atteindre et le sauver alors que sa merveilleuse connaissance des choses à venir n'avait pas su le détourner d'une telle rencontre ?

Et Merlin sourit à son tour.

« Vous avez eu un bon maître, lui dit-il. Pourquoi en cherchez-vous un autre ? »

Toujours aussi ingénument elle répondit :

« Un père ne saurait tout apprendre à sa fille. »

Feignait-elle seulement l'innocence ou son âme était-elle vraiment aussi simple que l'eau de la fontaine dans laquelle son corps se mirait ?...

« Enfant, avez-vous songé au sens que je pourrais donner à vos paroles ? »

Mais elle, sans baisser les paupières, lui répliqua :

« Leur sens est clair pour moi. »

Il la touchait presque, une douce chaleur se répandait dans ses veines, dilatant son cœur. Tremblant, il lui dit dans un souffle :

« Par quelle leçon aimeriez-vous que je commence mes enseignements ? »

Le visage de Viviane avait gardé cette même expression, à la fois naïve et fervente, qui ne livrait rien de son âme.

« Par celle que vous voudrez, cher seigneur, à condition toutefois qu'elle ne comporte pas en elle-même son salaire... »

Merlin sourit de sa finesse.

« Et, cette leçon-là mise à part, que me donnerez-vous

en échange de ma peine ?

— Vous suffirait-il que je sois à jamais votre amie sans qu'il m'en advienne aucun mal ?

— Qu'il en soit ainsi, dit Merlin, en s'efforçant de maîtriser son trouble.

— Mais, tout d'abord, cher sire, que savez-vous faire ?

— Je sais marcher sur l'eau, commander à la flamme et au vent, faire courir une rivière où jamais nul n'en vit, et mille et mille autres jeux plus légers ou plus lourds. Ainsi je puis encore, sans davantage de peine, donner l'apparence d'une personne vivante à une écharpe de brume, ou soulever un château et le transporter dans les airs avec l'armée qui l'assiège et la garnison qui le défend…

« À l'instant même, ici, devant cette fontaine, vous plairait-il d'assister à une fête donnée pour vous seule et que vous seriez seule à voir ? »

Viviane ayant battu des mains en signe d'assentiment, Merlin traça un cercle autour de la fontaine, à l'aide d'une baguette de coudrier qu'à sa demande la jeune fille avait cueillie dans le taillis voisin, puis il se rassit à côté de son amie. Au bout de quelques instants la forêt parut s'animer et Viviane en vit sortir une foule de chevaliers et de dames, d'écuyers et de demoiselles qui marchaient en se tenant par la main tout en chantant avec une merveilleuse douceur. S'étant rangée au-delà du cercle dessiné par Merlin, leur troupe joyeuse se mit à exécuter des danses d'une grâce et d'une légèreté sans pareilles, tandis que des cornemuses invisibles scandaient leurs pas.

Non loin de là s'était formée dans les airs la semblance d'un château entouré d'un verger rempli de fleurs et de fruits odorants. Viviane ne songeait plus à interroger son maître, la nouveauté d'un tel spectacle la ravissait : la fête dura depuis none jusqu'à vêpres. Aux danses et aux chants succéda un déjeuner sur l'herbe que les dames et les demoiselles prolongèrent en devisant gaiement entre elles pendant que leurs compagnons allaient jouer à la quintaine dans les jardins du château.

Lorsque le crépuscule survint, chevaliers, écuyers, dames et pucelles se retirèrent, en dansant, vers le cœur de la forêt. Viviane les vit s'évanouir dans la pénombre, couple après couple, à mesure qu'ils pénétraient sous l'abri des arbres. Puis le château s'estompa dans la brume et disparut à son tour ; mais le verger demeura, à la prière de la jeune fille qui l'appela le « refuge de Toutes Joies » et ce nom est toujours le sien.

« Belle, il me faut partir, dit Merlin.

— Comment cela, doux ami ? Ne m'enseignerez-vous aucun de vos jeux avant de me quitter ?

— Il me faudrait plus de loisir que je n'en ai ce soir. Mais je ne tarderai pas à revenir... Alors je vous apprendrai les plus beaux de mes enchantements si vous me jurez d'être à moi sans y mettre cette fois aucune condition. »

Mais Viviane, toujours souriante, lui répondit :

« Je me garderai bien, cher sire, de vous faire hâtivement une telle promesse. Ne suis-je pas déjà votre amie par le cœur. Apprenez-moi ce que je désire tant savoir. Ma joie sera votre plus douce récompense en attendant qu'un jour, peut-être... »

Et Merlin, doublement imprudent, eut la faiblesse de lui jurer qu'il lui enseignerait tous ses secrets pourvu qu'ensuite elle fût sienne.

IX

LA VICTOIRE DE CLARENCE

Sa mission en Petite Bretagne achevée, Merlin vint retrouver le roi Arthur à Logres, ainsi qu'il s'y était engagé. Avant la fin du mois, les vassaux de Ban et de Bohor, auxquels devaient se joindre les autres rois et princes de Petite Bretagne, seraient au rendez-vous qui leur avait été fixé dans la plaine de Salisbury, proche de la ville de Clarence assiégée par les Saines. Cette fois il ne s'agirait plus d'une simple rencontre entre gens d'armes, mais de l'affrontement de deux armées pareillement décidées à vaincre. La bataille de Clarence serait celle de la dernière chance. De deux choses l'une : ou les Saines, qui s'étaient massés devant la ville avec l'ensemble de leurs forces, seraient rejetés à la mer, ou la Chrétienté elle-même périrait.

Il avait été convenu que le rassemblement de l'armée chrétienne se ferait dans le plus grand secret, à l'autre extrémité de la plaine et sous le couvert de la forêt, la veille seulement du jour choisi pour la bataille, afin que l'effet de surprise fût total.

Le trente juillet, au crépuscule, les Bretons et leurs alliés se regroupaient peu à peu dans les hautes herbes et les taillis qui bordaient la forêt. De loin, leurs masses sombres se confondaient avec la lisière des bois. Le nombre des cavaliers et des gens de pied qui formaient cette armée était incalculable, car il y avait là, réunis pour la première fois sous le commandement d'un seul des leurs, les meilleurs hommes de guerre de Grande et de Petite Bretagne ; les uns, tels les vassaux du roi Ban et du roi Bohor, requis directement par Merlin en l'absence de leurs seigneurs, les autres accourus d'Irlande, d'Écosse, de Cornouailles, du pays de Galles, de l'île de Man, à la demande d'Arthur ou de ses émissaires.

Le roi Lot d'Orcanie, dont les Saines s'étaient finalement détournés, désespérant sans doute de s'en saisir jamais, n'avait pas été le dernier à se rendre à cet ultime rendez-vous de l'honneur. Arthur avait eu la joie d'apercevoir ses gonfalons au moment où lui-même débou chait dans la plaine. À cette aide matérielle, sur laquelle le jeune roi savait pouvoir compter, s'ajoutait l'appui moral que lui apportait la présence de quelques chevaliers étrangers ralliés à sa cause par pure amitié, tels Galehaut, le fils de la géante des îles Lointaines, Organ, le frère cadet du roi de Bénidorn, et Sagremor, le propre neveu de l'empereur de Constantinople.

Et tous avaient pris pour signe de reconnaissance, ainsi qu'ils l'avaient promis, la croix du Salut brodée en soie vermeille sur leurs enseignes blanches… Mais sur l'enseigne d'Arthur le petit dragon vert de Merlin accompagnait la croix.

Nombreuse comme elle l'était et toute hérissée de milliers de lances, l'armée chrétienne ressemblait à un bois mouvant fleuri de pointes d'acier. Lorsque l'obscurité la rendit invisible elle s'ébranla. Après avoir chevauché une partie de la nuit, son avant-garde parvint devant le camp des Saines un peu avant l'aube. Une pluie fine et drue se mit alors à tomber, enveloppant hommes et chevaux comme d'un voile, de sorte que les veilleurs ennemis ne les virent pas venir.

Les assaillants sont là cependant, à quelques pas du camp… Au signal d'Arthur, les Bretons se précipitent sur les Saines encore endormis, en poussant de grandes clameurs. Surpris en plein sommeil dans leurs tentes qui s'abattent sur eux avant qu'ils n'aient pu retrouver et saisir leurs armes, déconcertés par la huée assourdissante des chevaliers d'Arthur, les païens n'offrent tout d'abord qu'une faible résistance. Des milliers d'entre eux périssent sous les sabots des chevaux dont le poitrail se teint de sang. Mais le camp des Saines est si étendu que les alliés doivent renoncer à l'investir tout entier. De proche en proche, l'alarme gagne ; les Saines parviennent à se regrouper au son de leurs cors et de leurs buccins, tandis que les Bretons, ne pouvant plus se reconnaître à leurs enseignes détrempées par la pluie qui pendent comme des loques, se rallient à leur tour à grands cris.

À quoi leur servirait-il de prolonger ce premier engagement ? L'effet de surprise est passé ! Déjà Merlin leur fait prendre position entre le camp des Saines et la ville de Clarence, puis il appelle les chefs de l'armée chrétienne.

« Beaux seigneurs, leur dit-il, les barons de Logres ont fait leur paix avec le roi Arthur, mais beaucoup de ceux qui sont ici ne l'ont pas encore reconnu comme leur légitime souverain. Acceptez Arthur pour roi des deux Bretagnes et, à ce titre, rendez-lui l'hommage lige. Sans un chef unique vous périrez tous. »

Sans doute y en eut-il plus d'un auquel ces paroles ne plurent guère. Nul n'y contredit cependant et tous vinrent, les uns après les autres, rendre hommage au jeune roi et en recevoir leurs fiefs.

Le soleil se levait maintenant, radieux. Ses rayons avivaient la peinture des écus et faisaient flamboyer l'acier des heaumes fraîchement lavés par la pluie. Rassurés par le calme qui régnait à nouveau sur la plaine, les oiseaux chantaient matines à leur manière, tandis que les chevaux, plongés dans l'herbe jusqu'au ventre, en happaient ici et là quelques brins à la dérobée malgré les efforts que leurs cavaliers pouvaient faire pour les en empêcher.

Lorsqu'ils reconnurent les croix vermeilles qui ornaient les enseignes de l'armée d'Arthur, les gens de Clarence tressaillirent de joie. Ainsi le Ciel leur accordait, enfin, le secours qu'ils en attendaient vainement depuis si longtemps. S'étant armés en hâte, ils se joignirent alors à l'armée chrétienne dont ils renforcèrent les deux ailes. Avant peu, les meilleurs d'entre eux rivaliseront d'intrépidité avec leurs libérateurs.

Voyant que les Saines s'apprêtaient à charger, Merlin, qui montait un grand cheval pie à crinière blanche, s'élança le premier à leur rencontre en criant : « Devancez-les, francs chevaliers ! Courez-leur sus ! Le moment de montrer votre prouesse est venu ! »

C'est alors qu'Arthur, dont les lèvres gardaient encore le goût du baiser de Guenièvre, justifia pleinement le renom que ses faits d'armes devant Carohaise lui avaient valu. Ses nouveaux vassaux l'attendaient à ce signe, aussi le virent-ils sans surprise se jeter hardiment au beau milieu des Saines, avec quelques-uns de ses meilleurs compagnons. Déjà, telle une nef de guerre, leur petite troupe vêtue de fer s'avançait irrésistiblement dans la presse du combat, tandis que derrière elle déferlait, en guise de sillage, une double vague de chevaux démontés que leurs cavaliers, plus ou moins grièvement navrés, s'efforçaient désespérément de maîtriser pour se remettre en selle.

Et si violente était la bataille que le vent en apportait des échos terrifiants jusqu'à Clarence où, tour à tour, les femmes se signaient de terreur ou criaient leur espoir.

Ce fut ce jour-là que messire Gauvain tua le roi Isore et lui prit son cheval Krenkalet*, plus vigoureux malgré sa petite taille que le plus vigoureux des grands destriers et si résistant à la fatigue que nul ne vit jamais la sueur mouiller ses flancs. Et ce fut aussi au cours de cette bataille que les ennemis du fils aîné du roi Lot éprouvèrent pour la première fois, à leurs dépens, l'excellence du don que le saint ermite qui l'avait baptisé lui avait octroyé : à l'aube, Gauvain avait la force d'un homme ordinaire, mais de l'aube à midi – qui était l'heure où, enfant, il avait reçu l'eau de la grâce – sa force augmentait d'une manière prodigieuse ; à partir de midi, elle décroissait jusqu'à redevenir avec le soir ce qu'elle était naturellement.

Ce fut ce même jour, enfin, que le roi Marc de Cornouailles fut blessé au visage en secourant le roi Arthur au moment où celui-ci, une jambe prise sous son cheval mort, allait succomber sous le nombre de ses ennemis… Ce qu'Arthur n'oublia jamais, ainsi que le prouva l'amitié qu'il témoigna, depuis lors, au roi de Cornouailles.

Si Gauvain et ses frères ainsi que Ban et Bohor, Sagremor et Galehaut, et Keu lui-même – généralement plus hardi en paroles qu'en actions – se dépensèrent sans ménagement et firent merveille, sans doute fut-ce le doux Galessin qui accomplit dans la plaine de Clarence la

---

*. Krenkalet : *kren*, petit, court, et *kalet*, dur, en breton, dont la langue française fit, dit-on, « gringalet », au sens bien différent…

plus rude besogne : autour de lui les mécréants tombaient comme blé mûr sous la faucille, si grièvement navrés que bien peu d'entre eux purent témoigner plus tard de sa prouesse... Vers le soir son bliaud en lambeaux semblait sortir d'un bain de pourpre, d'où lui vint le surnom de Rouge Moissonneur.

Après avoir résisté tout le jour à l'armée chrétienne, les païens lui cédèrent enfin le champ de bataille et se dispersèrent dans la plaine : ils avaient perdu presque tous leurs rois, sauf Muragalan, Sorabare et Rion le Cruel, dont le manteau s'ornait de plus de cent barbes prélevées à vif, chair et toison, sur les joues de ses ennemis vaincus.

Craignant d'être pris à revers, et coupés de la mer qui les avait amenés, les Saines survivants profitèrent de la tombée de la nuit pour tenter de regagner leurs vaisseaux. Poursuivis et harcelés par les Bretons, beaucoup d'entre eux périrent noyés. Les autres, à peine embarqués, tranchèrent les amarres qui les retenaient encore au rivage et cinglèrent vers le large, toutes voiles hautes, sans même chercher à savoir où le vent les mènerait.

Tandis que ses compagnons s'en revenaient vers Clarence, Sagremor se sentit pris d'une grande langueur. Il avait eu très chaud durant la bataille, et maintenant qu'il avait enlevé son heaume, la fraîcheur de la nuit le faisait frissonner.

« Sire, murmura-t-il tout bas à monseigneur Yvain, toujours secourable, je sens que le cœur va me manquer. Cela m'arrive parfois lorsque je suis à jeun et que j'ai pris froid. Faites-moi étendre sur une litière. Dès que j'aurai mangé et bu, mon malaise cessera. »

Messire Gauvain, qui passait par là, aida Yvain à transporter son ami jusqu'à Clarence où Merlin lui fit boire du vin chaud afin qu'il se remît. Peu après, en effet, il dormait.

Pendant ce temps, les autres chevaliers s'étaient déjà attablés car ils avaient grand faim. Keu le sénéchal, dont l'esprit s'exerçait volontiers aux dépens de son prochain, ayant appris les raisons de l'absence de Sagremor, ne put se retenir de le tourner en dérision :

« Sagremor, mort de jeûne... voilà un surnom tout trouvé. »

Gauvain se leva, ne pouvant supporter d'entendre railler son ami :

« Taisez-vous, Keu, s'écria-t-il, car nul chevalier n'a le cœur plus noble que Sagremor et nul n'est plus brave l'épée à la main. S'il était là, vous n'oseriez ouvrir la bouche ! Or sachez que quiconque l'insultera en son absence m'insultera moi-même.

— Je continuerai s'il me plaît de le faire, répondit Keu. J'en ai plaisanté de meilleurs que lui et que vous ! »

Gauvain va s'élancer mais, avant qu'il n'ait quitté sa place, son frère Gahériet s'est jeté sur Keu et lui a donné un tel soufflet qu'il l'a abattu à ses pieds.

« Manant, est-ce ainsi que l'on parle à plus haut que soi ? Si vous ne vous trouviez ici sous la protection du roi, je vous jetterais par cette fenêtre. »

Keu, encore tout étourdi du coup reçu, veut se précipiter sur Gahériet, mais Yvain et Merlin le retiennent, tandis que Gauvain, dans un esprit d'apaisement, ordonne à Gahériet de quitter la salle, ce qu'il fait sur-le-champ. Mais, au même moment, voici que Sagremor reparaît, tout heureux de rejoindre enfin ses amis. Surpris par un pareil tumulte, il en demande la cause. Sans lui répondre, Merlin le fait s'asseoir pour détourner son attention. Malheureusement le roi n'entend pas que les choses en restent là :

« Nul affront ne doit demeurer impuni. Je veux que mon frère Keu rende à Gahériet le soufflet qu'il en a reçu.

— Sire, objecte messire Gauvain avec sagesse, laissez donc passer cette soirée ; demain nous réussirons bien à les réconcilier mais, à l'avenir, défendez à votre sénéchal de railler des hommes qui le valent bien et qui, en outre, vous aident plus que lui-même à conserver votre royaume.

— De qui s'agissait-il ? » demande Sagremor.

Merlin dut alors lui répéter la mauvaise plaisanterie de Keu, mais le bon chevalier ne fit qu'en rire. Cependant le roi s'entêtait à son tour, disant qu'il n'y aurait pas de bonne paix tant que son frère de lait n'aurait pas rendu à Gahériet ce qu'il avait si brutalement reçu.

Gauvain, par nature, ne pouvait supporter d'être humilié injustement, si bien qu'il répliqua cette fois au roi, sur le même ton :

« Avez-vous perdu la raison pour croire que nous vous donnerions, mes frères et moi, pareille occasion de nous abaisser. Votre barbe passera du blond au gris et du gris au blanc avant que vous n'ayez obtenu de nous une telle rançon. Nous reprenons notre hommage et nous vous rendons vos dons et vos charges. Et tous ceux qui nous aiment nous suivront… Et si vous désirez jouter contre Gahériet et moi-même au côté de votre sénéchal, dites-le, nous vous attendrons dans la plaine ! »

Sagremor, ayant été la cause involontaire de cette dispute ne pouvait délaisser son ami. D'un bond il fut debout.

« Ah ! Keu, je veux te dire devant le roi que je te trancherai la tête si nous nous rencontrons un jour ailleurs que dans cette cour. Et sache bien que, si je le fais, ce sera moins pour tirer vengeance de tes insultes que pour te punir de m'avoir obligé à délaisser une compagnie telle que celle-ci ! »

Là-dessus Gauvain et Sagremor quittèrent la salle, suivis par Agravain et Guerrehès, tandis que tous les autres chevaliers montraient par leur mine sombre qu'ils désapprouvaient le roi.

Merlin n'avait pas pour habitude de ménager ses conseils ; il s'approcha d'Arthur.

« Sire, vous avez commis une sottise en laissant partir vos amis. Perdrez-vous à jamais votre réputation d'équité pour couvrir les folies de Keu ? Le serment que vous avez fait à Antor ne doit pas vous rendre aveugle à son égard. De quel droit le fils d'un petit vassal se permet-il d'insulter vos barons ? Commandez-lui d'aller s'excuser auprès de Sagremor et de vos neveux et priez ces derniers d'oublier ce qui s'est passé. »

Arthur avait le cœur droit. Il consentit après un court débat à reconnaître ses torts. Keu, plus léger que foncièrement méchant, s'agenouilla devant monseigneur Gauvain et lui tendit son gage ; et Gauvain, aussi prompt à l'oubli qu'à la colère, lui pardonna son étourderie. Le roi Arthur ayant ensuite demandé à son neveu de rester, celui-ci, pour toute réponse, courut l'embrasser.

Alors tout fut vraiment pardonné et oublié et nulle ombre ne demeura plus entre les jeunes barons et leur seigneur.

Le lendemain, le roi fit distribuer équitablement aux gens d'armes les plus pauvres de son armée le riche butin d'or et d'argent qu'il avait gagné sur les Saines, puis il donna à ses chevaliers les tentes, les armes et les destriers abandonnés par l'ennemi en se réservant d'offrir lui-même à ses barons et à ses alliés couronnés quelques-uns des bijoux de grand prix que les hasards de la guerre avaient fait tomber entre ses mains. Cependant, les plus riches joyaux et les plus beaux tissus, il les réserva pour les abbayes de son royaume afin qu'ils fussent désormais employés à glorifier Dieu.

Si bien qu'en le quittant, quelques jours plus tard, après lui avoir à nouveau juré fidélité, ses grands vassaux ne pouvaient que louer sa modération, tout en se réjouissant de ses largesses.

Sa victoire sur les Saines ou Saxons affermissait encore le pouvoir d'Arthur à l'égard de ses barons et confirmait sa souveraineté sur les deux Bretagnes. Le jeune roi ne s'attarda pas à Clarence, sachant avec quelle impatience Guenièvre l'attendait... Après avoir fait Galessin duc de Clarence, il reprit en hâte le chemin de la Carmélide, en compagnie du roi Ban et du roi Bohor. Léodagan, qui s'était porté à leur rencontre, les accueillit avec joie puis il ordonna d'ouvrir toutes grandes les portes de Carohaise, afin que les trois rois fissent leur entrée, à ses côtés, dans sa bonne ville jonchée de fleurs.

Un mois plus tard, le mariage d'Arthur et de Guenièvre était célébré.

Le roi Léodagan traita magnifiquement ses hôtes. Durant une longue semaine, le menu peuple de Carmélide put se réjouir et festoyer sous les tentes qui avaient été dressées au milieu de la grande place de Carohaise, tandis que chevaliers, dames et demoiselles prenaient leurs ébats dans les salles mêmes du château, qu'égayaient de riches courtines.

Cependant, perdus dans leurs rêves, les jeunes époux n'avaient guère souci des honneurs qui leur étaient rendus… Ils vivaient durant tout le jour dans l'attente de la nuit suivante, songeant sans cesse à l'instant où ils se retrouveraient sans témoins. Alors ils goûteraient de nouveau les joies merveilleuses de l'amour puis ils s'endormiraient dans les bras l'un de l'autre et l'aube les trouverait encore tendrement enlacés.

Hélas ! De même que toute journée, si ensoleillée soit-elle, doit s'achever, toute fête doit prendre fin. Après avoir séjourné durant quelques jours à Carohaise, Ban et Bohor pensèrent qu'ils ne pouvaient prolonger davantage leur absence hors de leurs royaumes. Ayant pris congé, à grand regret, du roi Arthur, les deux rois regagnèrent la nef qui les avait amenés au pays de Logres quelques mois plus tôt. La mer était belle, le vent favorable, avec l'aide de Dieu ils reverraient bientôt la Petite Bretagne.

Ils ne se doutaient pas qu'ils quittaient leur ami pour toujours.

X

LE CHÂTEAU DES MARES

Au moment où Ban et Bohor donnaient l'ordre de lever l'ancre, leurs regards se portèrent en même temps sur un jeune marinier qui les contemplait en souriant sans prendre part à la manœuvre. Surpris, Ban ne put s'empêcher de lui dire :

« À quoi penses-tu, l'ami ? Tu ferais mieux d'aider tes camarades à tirer sur les chaînes au lieu de nous regarder de la sorte.

— Je vous regarde comme vous me regardez vous-mêmes, chers seigneurs, et pourtant vous ignorez qui je suis alors que je sais qui vous êtes. »

La réponse leur parut plaisante et ils ne purent s'empêcher d'en rire. L'adolescent en fit autant et, du coup, ils reconnurent Merlin qui retrouva aussitôt sa forme naturelle.

« Si j'ai quitté le roi Arthur sans en prendre congé, leur dit-il, c'est dans l'espoir qu'en ce moment je ne lui manquerai guère. Sans doute ne s'apercevra-t-il pas davantage de mon absence qu'il ne s'attristera de votre départ, du moins sur-le-champ, chers seigneurs, car il nous aime bien, vous et moi… Mais l'amitié elle-même se tait, pour un temps, lorsque l'amour commande. D'autres que lui, et de plus sages, l'ont prouvé et, sans nul doute, le prouveront encore. »

Il n'en dit pas davantage et les deux rois n'osèrent pas l'interroger sur le motif de son voyage en Petite Bretagne… À leur place, qui se fût permis de questionner le sage Merlin ?

La pensée qu'ils auraient Merlin pour compagnon de traversée remplit de joie Ban et Bohor. Mais, après avoir donné libre cours à la fantaisie de sa nature, leur ami ne devait plus faire montre de cette humeur enjouée qui rendait généralement son commerce si agréable. Son abattement n'était pas sans raison : Ban et Bohor, pour lesquels Merlin ressentait une profonde affection, courraient bientôt un grand péril, et, lorsque sa pensée se tournait vers Viviane, il ne pouvait s'empêcher de l'associer douloureusement aux épreuves qui menaçaient les deux jeunes gens. Toutefois sa belle ennemie exerçait déjà sur son cœur un attrait si vif qu'il ne parvenait plus à s'en détacher.

Au cours de ce voyage, le roi Ban devait être le héros d'une aventure qu'il nous faut bien narrer bien qu'elle ne soit guère à l'honneur de Merlin. Après avoir abordé en Petite Bretagne, au port d'Aleth, plus connu depuis lors sous le nom de Saint-Malo, Merlin et les deux rois convinrent qu'ils feraient route ensemble jusqu'à Rennes. Là, Merlin prendrait la route de Brocéliande, tandis que les deux frères se dirigeraient vers leurs royaumes de Gannes et de Bénoïc. Or, un peu avant d'arriver à Rennes, maîtres et serviteurs éprouvèrent le besoin de se reposer – la journée avait été chaude, leurs montures ne les portaient plus qu'avec peine, la nuit approchait –, si bien qu'il leur parut nécessaire d'écourter l'étape.

« Je connais un château où nous serons certainement reçus, leur dit Merlin, généralement mieux avisé, c'est le château des Mares.

— Nous logerons donc ce soir au château des Mares, répondit Ban. Plaise à Dieu que nous y trouvions gentil accueil ! » ajouta-t-il en toute innocence.

Après avoir chevauché encore durant une demi-lieue, ils arrivèrent devant un marais entourant un château aux murs crénelés dont le donjon se dressait si haut dans le ciel qu'à peine une flèche eût-elle pu en atteindre le sommet. Seule une étroite chaussée le reliait à la terre. À l'entrée de la chaussée s'élevait un immense pin. À la branche la plus basse de ce pin, suspendu par une chaîne d'argent, un cor d'ivoire, d'une blancheur de neige, se balançait.

« Quelle est la signification de ce cor ? demanda Bohor.

— C'est le cor d'Agravadain, le bon chevalier auquel ce château appartient. Ce cor sert à l'appeler. Sonnez-en car il serait discourtois de pénétrer sur ses terres sans lui en demander la permission. »

Bohor s'empara du cor et en sonna si hardiment que son appel, après avoir couru sur l'eau, atteignit la poterne du château et, d'écho en écho, pénétra dans la salle où se tenait Agravadain.

« Mes armes ! » s'écria celui-ci. Mais, tandis qu'il se faisait vêtir en hâte de son haubert, le cor sonna de nouveau par deux fois tant Bohor craignait de n'avoir pas été entendu.

À peine Bohor achevait-il de sonner du cor pour la troisième fois qu'un chevalier habillé de fer, l'écu au col et la lance au poing, accourait au galop de l'autre bout de la longue chaussée. C'était Agravadain.

« Quelle sorte de gens êtes-vous, pour vous montrer aussi pressés ? leur demanda-t-il brusquement.

— Sire, répondit Bohor, tenant encore à la main le cor d'ivoire qu'il avait détaché du pin, nous sommes des chevaliers et nous venons vous demander l'hospitalité pour la nuit.

— À qui appartenez-vous ?

— Au roi Arthur.

— C'est aussi mon seigneur. Je n'en connais pas de meilleur… Soyez les bienvenus ! »

Et tout aussitôt il les pria de le suivre, ce qu'ils firent avec précaution, l'un après l'autre, car le chemin qu'ils devaient emprunter était si étroit que deux cavaliers n'eussent pu y chevaucher de front.

Au château des Mares les attendait le meilleur des accueils, si bien que le vœu imprudent du roi Ban se réalisa au-delà de ses propres intentions.

Agravadain avait une fille. Lorsque le moment de souper fut venu, Merlin, ayant remarqué l'émoi que le roi Ban de Bénoïc avait ressenti à la vue de la gentille pucelle, inspira à leur hôte la pensée de placer sa fille auprès du jeune roi. Alors Merlin emprunta l'apparence d'un beau valet et s'agenouilla devant le roi Ban pour trancher à sa place, suivant la coutume. Les gens d'Agravadain le prirent pour un écuyer de l'étranger, et les écuyers des deux rois pensèrent qu'il appartenait au château, si bien que nul ne s'en occupa autrement que pour l'admirer ; et il est bien vrai qu'il méritait de l'être tant il était gentil de visage et de corps, avec ses cheveux blonds, ses yeux verts, sa taille bien prise dans son riche justaucorps mi-parti blanc et vermeil… Mais la fille d'Agravadain ne se souciait guère de l'adolescent. Assise au côté du roi Ban, elle n'avait de regards que pour lui et Merlin pouvait la voir pâlir et rougir tour à tour car tantôt elle souhaitait se trouver toute nue entre les bras du bel étranger et tantôt elle se demandait avec effroi comment une telle pensée avait pu lui venir. Et, de son côté, le roi Ban, qui l'avait désirée dès le premier instant où il l'avait vue, se reprochait déjà de trahir en esprit à la fois sa chère femme épousée et celui dont il était l'hôte.

Les tables enlevées, Agravadain et ses convives s'approchèrent des fenêtres : la lune montait lentement à l'horizon, allongeant démesurément l'ombre des haies de saules et d'aunes, en bordure des marais. La nuit pleine d'appels étouffés, de frôlements et de plaintes, commençait. Les hommes devisèrent, pendant un long moment, de la bataille de Clarence et des promesses du nouveau règne, tandis que leurs compagnes s'entretenaient entre elles des fêtes qui avaient accompagné le mariage d'Arthur et de Guenièvre ; mais l'esprit du roi Ban et de la pucelle était ailleurs… Enfin chacun s'en fut dans sa chambre, précédé par un valet tenant une torche allumée. Merlin accompagnait Ban.

Lorsque tous furent couchés, Merlin, tourmenté lui-même par l'amour qu'il ressentait pour Viviane, prit en pitié les deux jeunes gens et jeta un enchantement sur le château des Mares et, tout aussitôt, ses hôtes s'endormirent d'un sommeil si pesant qu'ils n'eussent pas entendu le ciel tonner, à l'exception toutefois de Ban et de la fille d'Agravadain que leur passion tenait éveillés. Ban et Bohor couchaient dans la plus belle chambre du château, la seule à vrai dire qui pût convenir à leur rang, or cette chambre était toute proche de celle de la jeune fille.

Merlin s'en fut doucement vers le lit de celle-ci et lui dit à l'oreille : « Venez, belle, vers celui qui vous désire tant ! »

La pucelle se leva et le suivit sans dire un mot, à peine vêtue, telle qu'elle était… Alors Ban, lui tendant les bras l'accueillit à ses côtés, en dépit de lui-même car il craignait Dieu ; et toute la nuit ils s'aimèrent sans nulle honte comme s'ils se fussent toujours connus, mais seul Merlin, qui leur avait enlevé la volonté de résister à leur désir, était coupable. Ce ne fut qu'au moment où ils se séparèrent, à l'aube, que les deux amants prirent vraiment conscience de ce qu'ils avaient fait ensemble. Sans doute n'avaient-ils pas péché de leur pleine volonté et pourtant le souvenir qu'ils garderaient de leur faiblesse serait bien proche du repentir…

« Belle », lui dit Ban de Bénoïc, en guise d'adieu, au moment où il allait quitter le château des Mares, sans doute pour toujours, « belle, vous garderez mon amour avec cet anneau. »

Elle prit la bague, ornée d'un saphir sur lequel étaient gravées deux colombes, et la passa tristement à son doigt. Puis, sentant bien dans son cœur que d'autres chaînes retenaient ailleurs celui qu'elle aimait, elle lui répondit tristement :

« Cher seigneur, si jamais un enfant devait naître de notre égarement, j'aimerais que ce fût un fils. Ainsi vous retrouverais-je en lui comme dans un clair miroir. Peut-être me donnerait-il des joies plus longues, sinon plus douces, que celles dont vous m'avez comblée, car jamais amours ne s'éloignèrent aussi hâtivement. »

Alors, sans tourner la tête, elle remonta dans sa chambre avec ses filles d'honneur et ses chambrières, tandis que les deux rois prenaient congé de leur hôte.

Ce fils que la jeune femme redoutait et désirait tout à la fois lui fut accordé par le Ciel. Elle l'éleva en fils de roi et il devint un parfait chevalier qui s'illustra plus tard, parmi les compagnons d'Arthur, sous le nom d'Hector des Mares.

Ainsi qu'ils en avaient convenu, Merlin et les deux rois se séparèrent aux approches de Rennes : Ban regagna Bénoïc où sa jeune épouse lui fit un accueil à la fois si tendre et si confiant que ses remords s'en trouvèrent avivés ; Bohor se dirigea vers le royaume de Gannes ; Merlin, enfin, s'enfonça dans la forêt de Brocéliande, où l'attendait son amie.

XI

LES AMOURS DE MERLIN ET DE VIVIANE

En débouchant du chemin de Folles-Pensées, Merlin éprouva tout d'abord une vive déception : la clairière de Barenton était vide. Et cependant il se croyait bien sûr d'y rencontrer Viviane. Pour la première fois de sa vie, ses dons de divination l'avaient-ils trahi ?

Au moment où il allait se retourner pour chercher à nouveau son amie du regard, il eut l'impression qu'une ombre légère prenait place à côté de la sienne dans la clarté mouvante que le soleil, tamisé par les branches des hautes cimes, projetait sur l'herbe.

L'ombre s'avança, le dépassa, puis, tout à coup, une main jaillit dans la lumière et saisit les rênes de son cheval. Merlin se pencha sur l'encolure et vit enfin, tendu vers lui, le clair visage dont il avait faim et soif depuis si longtemps.

Il se pencha encore et leurs lèvres s'épousèrent,

« Vous voilà enfin, cher seigneur, lui dit celle qu'il aimait, en s'arrachant à la douceur de leur premier baiser, je vous ai guetté soir et matin jusqu'à cette heure bénie où je vous retrouve enfin... Puisse-t-elle durer toujours ! »

Tout en parlant, ses mains agiles attachaient le cheval de son ami :

« Déjà, pour moi, la vie sans vous n'est plus la vie. Ah ! combien j'avais hâte de vous revoir et pourtant mon cœur me disait bien que vous reviendriez. Mais, cher sire, cette fois je vous tiens et vous ne repartirez que lorsque je voudrai bien vous le permettre ! »

Merlin sauta à terre légèrement, puis il regarda en souriant le nœud qu'elle avait fait aux rênes de sa bride et, tout aussitôt, la boucle se défit d'elle-même.

« Ce n'est pas ainsi que l'on retient Merlin prisonnier, répliqua-t-il. La force et la finesse n'y suffisent pas. »

Viviane, dont les yeux clairs soutenaient toujours son regard, ne cilla pas. Dissimulant son dépit de s'être trahie aussi vite, elle murmura seulement :

« Ah ! cher sire, voulez-vous laisser entendre qu'il y faut plus d'amour ?

— Sans doute, répondit Merlin, car c'est par l'amour que l'homme se laisse entraîner aux pires folies.

— Alors, au nom de l'amour que j'ai pour vous, mon doux maître, je vous supplie de vivre ici durant le temps qu'il vous plaira de passer à mes côtés, si court soit-il, comme si vous aviez l'intention d'y demeurer toujours.

— Certes, je le ferai ! » dit Merlin, et il ajouta en flattant son cheval pie, qui le suivait en s'ébrouant comme un jeune faon : « Laissez-moi seulement débrider et desseller mon cheval ; lorsque j'aurai besoin de ses services il le saura bien ! »

Et durant toute cette première journée, ils se turent ou ne parlèrent que pour s'assurer tour à tour, ainsi que tous les amants du monde ont coutume de le faire, qu'ils s'aimaient et s'aimeraient toujours. Et Viviane s'abstint de l'interroger. Cependant, lorsque vint le soir, elle ne put se retenir de lui dire :

« Ma mère m'a laissé entendre, cher sire, qu'il existe un talisman capable de protéger les jeunes pucelles de tout danger, si bien que celles qui le portent ne peuvent être prises que de leur propre volonté. Vivant pour ainsi dire seule au milieu des bois, je cours à tout instant le risque d'une mauvaise rencontre... »

Merlin soupira :

« Lorsque je vous quitterai, je vous enseignerai un moyen sûr de vous garder de tout mal.

— Ah ! pourquoi ne me le dites-vous pas sur-le-champ ? Ainsi sont les hommes, toujours marchandant leur temps et leurs largesses, alors que nous autres femmes, nous avons la naïveté de nous livrer à eux sans réserve au risque de nous perdre... Et nous nous perdons bien souvent, car, après nous avoir tenues dans leurs bras une seule fois, ils nous laissent sans nul souci des peines infinies que peuvent nous valoir, par la suite, la courte joie de leurs étreintes. Certes ! si vous m'aimiez comme je vous aime, vous comprendriez quelle terreur j'éprouve à la pensée qu'un autre puisse me prendre.

— Ainsi donc je vous enseignerai à vous garder des hommes, de tous les hommes, bien que vous n'en ayez guère besoin ! » dit doucement Merlin.

Il se leva de la couche de mousse sur laquelle ils s'étaient étendus, cueillit un brin de saule bien feuillu et bien vert, qui croissait près de la fontaine, et l'incisa en manière d'anneau, puis il fit doucement tourner la bague ainsi formée comme il l'eût fait autour d'un doigt. Le rameau était encore plein de sève car l'été se trouvait dans toute sa force, aussi l'écorce céda-t-elle volontiers.

Il demanda ensuite à Viviane la permission de suspendre cette bague à son cou au moyen d'un menu fil de lin qu'il détacha de la ceinture de son amie. Elle crut tout d'abord qu'il se riait d'elle, mais les yeux de Merlin disaient assez qu'il ne voulait pas la tromper.

« Tant que vous porterez au cou cet anneau fragile, nul homme n'aura pouvoir sur vous sans votre propre consentement. Mais son charme cessera dès que vous aurez cessé vous-même d'estimer à son plus haut prix cette vertu qui vous est si chère aujourd'hui. »

Viviane, qui s'était promis dès son plus jeune âge de rester vierge afin de se consacrer plus complètement aux sciences interdites, retint la leçon de Merlin. Il est, en effet, des sortilèges que seule une pucelle peut accomplir, il n'en est pas qui soient uniquement réservés aux mères et aux épouses. Ainsi Viviane se mit-elle à ruser avec l'amour lui-même, car Merlin ne pouvait la laisser insensible. Sa présence la troublait, mais, dès que son ami s'attardait trop longtemps auprès d'elle ou resserrait dangereusement son étreinte, elle l'éloignait doucement, ne lui permettant jamais d'aller au-delà de leurs premières caresses.

Mais, en se gouvernant aussi sagement, elle agissait moins par vertu que par calcul, c'est pourquoi Dieu, qui sonde les cœurs et n'est jamais dupe des apparences, s'est détourné d'elle, car, s'Il pardonne beaucoup à ceux qui ont la faiblesse, et le tort, de succomber à l'appel de leurs sens, Il ne peut souffrir la duplicité qui lentement tue la vie de l'âme en interdisant au coupable tout retour sur lui-même.

Dès lors, Merlin ne connut plus ni joie ni paix. Tourmenté par le désir, il pécha jusque dans son sommeil par la faute de son amie qui, sans cesse, durant le jour, lui avait laissé espérer qu'elle lui céderait, et sans cesse s'était dérobée. Étendu auprès de Viviane, il rêvait qu'elle se donnait à lui sans réserve, mais toujours, au matin, il la retrouvait paisiblement endormie, le frêle anneau d'écorce intact entre ses deux jeunes seins. Alors, il regrettait le temps où il était encore libre et passait pour sage. Et parfois il abandonnait Viviane pour une longue course en forêt, durant laquelle de proie sans défense il devenait chasseur et le plus habile des chasseurs car son javelot de frêne ou sa flèche de coudrier ne manquait jamais la bête qu'il poursuivait... Cependant, lorsqu'un chevreuil ou un daim qu'il n'avait fait que blesser tombait entre ses mains, Merlin, se reprochant sa propre cruauté, ne pouvait s'empêcher de le panser. Et Viviane souriait des fugues de l'Enchanteur, sachant bien qu'il reviendrait le soir s'étendre contre son flanc dans une attente toujours déçue.

Le temps travaillait pour elle. Chaque jour elle apprenait quelque nouveau sortilège. Un moment viendrait où Merlin lui livrerait ses derniers secrets, alors elle saurait bien le retrancher de sa vie... Ainsi pensait-elle secrètement.

Il lui arrivait cependant d'accompagner son ami dans ses longues chevauchées et non sans plaisir. C'est ainsi que, un soir où les hasards de leur promenade les avaient ramenés auprès de la fontaine de Barenton, Viviane se fit une joie malicieuse de demander à celui qui lui avait déjà tant appris s'il savait pourquoi l'eau de la fontaine se mettait à bouillonner dès qu'un être vivant, homme ou bête, s'en approchait, et, sur sa réponse négative – Merlin ne devait-il pas, lui aussi, feindre quelquefois l'ignorance ? –, elle lui conta l'histoire du chevalier noir qui gardait, dans les temps anciens, la fontaine de Barenton.

« J'ai ouï dire, par mon père, qu'un chevalier aux armes noires interdisait l'approche de la fontaine de Barenton dont l'eau bouillonnante semble chercher sans cesse une issue vers le ciel, au risque de provoquer la colère des sept vents, et, de fait, cette eau merveilleusement légère passe pour posséder le pouvoir de déchaîner la tempête.

« En ce temps-là, un bassin d'argent, pourvu d'une longue chaîne, se trouvait attaché à la dalle que vous apercevez à vos pieds. Un jour où le champion de la fontaine avait relâché sa surveillance, un jeune chevalier gallois, nommé Owein, s'aventura jusqu'à Barenton. La soif le tourmentait, le bassin d'argent s'offrait à lui sur la dalle proche de la source. La pensée de s'en saisir pour étancher sa soif lui vint tout naturellement à l'esprit. S'étant penché sur la fontaine, Owein remplit d'eau le bassin d'argent et but de cette eau tout son saoul. Sa soif étanchée, il jeta ensuite sur la dalle de pierre, sans même y songer, les quelques gouttes d'eau qui demeuraient encore au fond du vase… À l'instant même, un coup de tonnerre assourdissant lui fit comprendre qu'il avait dû enfreindre, sans le savoir, quelque interdiction magique. Des rafales de pluie et de grêle, s'opposant en giclées furieuses, succédèrent à l'orage, tandis que les arbres qui environnaient la clairière se trouvaient dépouillés de leurs feuilles comme par enchantement.

« Enfin, tout aussi soudainement, la colère du ciel

s'apaisa et des chants d'oiseaux d'une douceur déchirante montèrent des taillis saccagés. Le bruit d'une chevauchée sauvage devait bientôt les faire taire : le chevalier noir accourait. Owein n'eut que le temps de se remettre en selle, déjà son adversaire fondait sur lui.

« Je ne vous raconterai pas, cher sire, la bataille des deux champions, telle que mon père me l'a décrite, car il n'appartient pas aux femmes de parler des rudes travaux des hommes : Owein triompha.

« On assure que l'épouse du vaincu, après avoir tout d'abord maudit celui qui l'avait rendue veuve, se laissa toucher par sa jeunesse et son courage, et lui pardonna si parfaitement le tort qu'il lui avait causé qu'elle s'oublia jusqu'à l'aimer.

« Quoi qu'il en soit de la véracité de ces dires, une chose demeure certaine : les aventures qu'Owein connut ensuite dans la forêt de Brocéliande sont trop nombreuses pour que je songe à vous les narrer, cher seigneur. Qu'il vous suffise de savoir que c'est ce même Owein que les vieilles gens de ce pays ont surnommé le Chevalier au lion, en souvenir d'un certain lion qui terrorisait la forêt de Brocéliande et qu'il apprivoisa de telle manière que ce fauve lui fut, par la suite, aussi fidèle qu'un chien.

« Mais Owein ne devint jamais gardien de Barenton : à la mort du chevalier noir, les enchantements de la fontaine cessèrent. J'ai essayé moi-même, à maintes reprises, ajouta timidement Viviane, de refaire le geste du Chevalier au lion, mais sans succès.

— Cette eau n'a pourtant rien perdu de son pouvoir, répondit Merlin. Il suffit de la solliciter par les mots qui conviennent. »

Il se pencha sur la fontaine et y puisa un peu d'eau dans le creux de ses deux mains jointes. Viviane l'observait avec une curiosité pleine d'effroi. Mais déjà Merlin s'était ravisé et laissait l'eau s'écouler doucement entre ses paumes desserrées, en se gardant bien d'en répandre sur la pierre.

« Ce sera pour une autre fois ! lui dit-il. L'époque de la moisson est proche et les effets de ce sortilège sont redoutés des riverains de la forêt. Je m'en voudrais de ruiner ces pauvres gens par vanité. »

Et, de fait, il refusa longtemps de livrer à Viviane les mots clefs qui déchaînent et apaisent l'orage, la pluie et la grêle, tant il craignait qu'elle n'en abusât. Et cette appréhension n'était pas sans motif car les quatre éléments qui composent l'univers – la terre, l'eau, le feu et l'air – sont choses saintes, et celui qui les profanerait par jeu prouverait par là qu'il ne mérite pas les pouvoirs qu'il détient.

Un autre soir, comme ils passaient devant le lac de Diane, Merlin saisit cette occasion pour demander, à son tour, à la jeune fille si elle savait pourquoi l'on nommait ainsi ce minuscule étang. À la prière de sa bien-aimée, il lui en conta l'histoire.

« Diane, dont les Anciens firent ensuite une de leurs déesses mensongères, vécut en vérité au temps de Virgile, plusieurs siècles avant que Notre-Sire ne se soit incarné pour sauver les hommes. Elle aima, par-dessus toute chose, la vie libre et sauvage que chasseurs et bêtes de proie mènent dans les bois. Au long de son existence aventureuse, elle chassa dans toutes les forêts de Gaule et de Bretagne mais n'en trouva aucune qui lui plût autant que celle de Brocéliande.

« Maîtresse d'un jeune chevalier nommé Faunus, qu'elle avait connu en courant les bois, elle le trahit bientôt pour un certain Félix, pauvre et de petit lignage, dont elle était devenue follement éprise. Faunus ayant été blessé par un sanglier, Diane le fit descendre dans le creux d'une fontaine qui, à cette époque de l'année, se trouvait asséchée. L'eau de cette fontaine passait pour guérisseuse. Diane parvint à convaincre le blessé que les herbes des alentours possédaient les mêmes vertus : “Descendez au fond de la fontaine, lui dit-elle, et allongez-vous, ces herbes dont je vais vous recouvrir agiront sur vous comme un charme. Avant ce soir vos plaies seront cicatrisées.”

« Le malheureux lui obéit. La margelle de la fontaine menaçait ruine. Diane en fit basculer les dalles, ensevelissant Faunus sous leur poids. Puis, par les vides qui demeuraient encore entre les pierres, la cruelle versa du plomb fondu dont l'ardeur consuma entièrement les restes misérables de son amant.

« Après avoir fait périr Faunus, Diane ne put s'empêcher de raconter à Félix la manière dont elle s'en était délivrée.

« “Mauvaise ! s'écria Félix, comment pourrais-je vous aimer alors que chacun devrait vous haïr pour votre abominable cruauté.”

« Alors, saisissant la belle chasseresse par ses longues tresses, il lui trancha la tête puis il jeta son corps mutilé dans ce lac qui porte encore son nom. »

Mais de ce drame très ancien il ne restait plus que l'apparence d'un lac paisible dans le plus admirable des sites.

« Malgré les tristes souvenirs qui s'attachent à ces lieux, j'aimerais y vivre », dit doucement Viviane.

À peine avait-elle exprimé ce vœu que le lac avait disparu. À sa place s'étendait un grand parc agrémenté du plus merveilleux des manoirs.

« Voici donc désormais votre demeure, répliqua Merlin. Pour vous et pour tous ceux que vous daignerez y accueillir de bonne grâce, l'ancien lac demeurera invisible, mais, pour tous les autres, il conservera son apparence et ses vertus de lac… Malheur à quiconque tenterait d'y entrer de vive force car il s'y noierait. »

Cette demeure secrète au fond de ce mirage de lac plut tellement à Viviane qu'elle ne put jamais se résoudre par la suite à la quitter. Dès lors elle s'appela elle-même, en souriant, la Dame du lac et le nom lui en resta.

Ainsi Merlin et Viviane trouvaient-ils parfois autour d'eux, dans la douceur de longues promenades à travers les bois sacrés de Brocéliande, quelque apaisement à leurs tourments. Parfois aussi, lorsqu'ils étaient las de se fuir ou de s'affronter en vaines querelles, ils s'abandonnaient à leur commune passion du savoir. Assis l'un près de l'autre, ils devisaient alors, durant de longues heures, des lois mystérieuses de l'univers, et Viviane se faisait expliquer le mécanisme surprenant qui règle la destinée des hommes sur le mouvement des astres, puis, encouragée par Merlin, heureux de retrouver pour un moment son rôle de maître en face de la plus fine et de la plus charmante des disciples, elle mettait tout par écrit dans son grand livre, sans peine ni faute, étant parfaitement instruite dans les sept arts.

Un clair matin elle s'enhardit jusqu'à lui dépeindre l'image qu'elle se formait des choses, à l'écouter. Puis elle lui demanda en souriant, d'un pâle sourire : « Cher maître, est-ce bien ainsi ? »

Et vraiment, à travers le tableau qu'elle avait esquissé de la succession des jours et des nuits, du rythme des saisons alternativement douces et cruelles, de la respiration même de la mer, tantôt haute et tantôt basse, apparaissait si clairement, comme en filigrane d'or, le nom des trois forces maîtresses de la Création, Amour, Vie et Mort, que Merlin ne put qu'approuver et se taire pensivement, car la mort elle-même, dans le plan de Dieu, n'est que la promesse d'une proche résurrection.

Mais la curiosité de Viviane ne s'appliquait pas toujours à des fins aussi hautes. Et durant cet automne elle obtint de Merlin la révélation de tant de merveilleux secrets touchant son art qu'il fut, dès lors, tenu pour fou et qu'il l'est encore. Et toujours elle écrivait ses enseignements sous sa propre dictée, lui ravissant ainsi, un à un, ses pouvoirs, sans plus de remords qu'elle n'en eût éprouvé à dépouiller un rameau chargé de beaux fruits.

Cependant ce premier séjour de Merlin auprès de son amie touchait à sa fin. L'heure où il ne pourrait plus s'en détacher n'était pas encore arrivée. Une mission lui restait à remplir auprès du roi Arthur, mais nul délai ne le pressait.

Ayant appris, au début de l'hiver, que l'empereur et roi de Romanie désirait ardemment le voir, Merlin en profita pour s'arracher aux sortilèges de Brocéliande et se mit en route pour Rome, heureux sans doute, à son insu, d'échapper pour un temps à l'emprise de Viviane.

XII

MERLIN À LA COUR DE ROMANIE

Merlin a laissé derrière lui ses tourments ; il a retrouvé son humeur enjouée d'autrefois. Le ciel lui-même semble s'accorder avec son nouvel état d'âme : au moment où il quittait Brocéliande pour se diriger à longues chevauchées vers le pays du soleil, l'hiver se traînait encore au cours des mois noirs ; maintenant le temps ne cesse de s'adoucir de jour en jour. Le climat et les lieux diffèrent, il est vrai, plus encore que l'époque : aux chaînes sauvages des monts Apennins, aux plaines de la Lombardie et de la Toscane, vont bientôt succéder les douces vallées de l'Ombrie. Rome est proche.

Tout intéresse Merlin, tout semble fait pour le distraire de ses blessures anciennes. Sa curiosité sans cesse en éveil trouve à chaque instant quelque aliment nouveau. Certes, il n'est pas guéri de son amour insensé pour Viviane, mais il s'efforce de l'oublier et, en attendant de retomber peut-être dans ses errements passés, il se croit libre.

À Rome, cependant, l'empereur et roi ne partageait pas la belle sérénité du voyageur. Depuis la mort de Ponce Antoine, tué par le roi Arthur devant Carohaise, rien ne réussissait plus au Romain. Son armée, privée du meilleur de ses chefs, avait dû abandonner successivement les rares points d'appui que l'Empire possédait encore en pays de Galles, en Irlande et en Écosse. Presque chaque jour, quelque fâcheuse nouvelle de ses lointaines possessions venait attrister le maître de Rome, et voilà que des inquiétudes d'ordre privé s'ajoutaient maintenant aux soucis que lui donnait déjà la conduite de ses États.

Le roi de Romanie avait, en effet, pris pour épouse l'une des plus belles femmes de son temps. Or, une nuit où il dormait à ses côtés, il y avait de cela quelques semaines, l'empereur avait été visité par un rêve si singulier qu'il occupait désormais toutes ses pensées. Il avait vu en songe une truie sauvage dont les soies traînaient jusqu'à terre ; un cercle d'or couronnait sa tête, douze jeunes loups l'accompagnaient en folâtrant innocemment autour d'elle. Un bois longeait le chemin qu'elle suivait. Brusquement la bête couronnée y pénétra. Lorsqu'elle fut parvenue au plus profond des taillis, loin de tout regard, alors, l'un après l'autre, les douze louveteaux la rejoignirent pour jouer avec elle à un jeu auquel les loups et les sangliers n'ont pas coutume de se livrer ensemble…

À l'angoisse qu'il ressentit dans son cœur, l'empereur crut comprendre que ce songe concernait son plus proche entourage. Il eut cependant la prudence de n'en point parler.

« Ah ! qui m'expliquera le sens de ce rêve ? songea-t-il aussitôt. Seul Merlin dont j'ai si souvent entendu vanter la sagesse saurait m'éclairer, mais par quelle voie pourrais-je l'atteindre et, en admettant qu'il consente à venir en personne jusqu'à Rome pour me conseiller, comment oserais-je me fier à la sincérité de ses avis ? Merlin n'est-il pas l'homme d'Arthur, mon plus grand ennemi ? Certes, je ne commettrai pas l'imprudence insensée de me livrer à celui qui doit tant me haïr… »

Toutefois, il souhaitait si fortement, dans le secret de son esprit, la venue de Merlin que celui-ci entendit son appel et s'y rendit. Il n'était pas dans le caractère de Merlin de garder une longue rancune à ses ennemis : le désir de l'empereur et roi le flattait secrètement. Une fois de plus, le conseiller du roi Arthur donnerait une preuve éclatante de sa clairvoyance, mais il le ferait d'une manière si singulière que son obligé lui en garderait, par la suite, plus de rancune que de reconnaissance.

Ainsi le voulait le destin de l'Enchanteur : victime de la dualité de sa nature, Merlin oscillait sans cesse entre le bien et le mal, la sagesse et la déraison. Le plus souvent, les forces de la lumière l'emportaient dans son cœur sur celles des ténèbres, mais, parfois, son prodigieux savoir lui devenait une source de terrifiantes tentations ; alors, pour éviter d'y succomber, il se rejetait vers les joies de l'enfance et imaginait mille folies qui le détournaient d'offenser Dieu plus gravement. Il se trouvait dans cet état d'esprit lorsqu'il parvint en vue de Rome.

Ce jour-là, l'empereur était particulièrement sombre. Les inquiétudes qui l'avaient assailli depuis quelques semaines le tourmentaient plus que jamais. Assis devant une table garnie des mets les plus savoureux il n'y goûtait pas. Mais voici que grandit une étrange rumeur, faite de cris d'appel et de huées, comme si quelque chasse se fût déroulée à travers la ville. L'empereur se lève ; son écuyer, accouru en hâte, lui rapporte en effet qu'un cerf blanc d'une taille gigantesque se fait chasser de rue en rue, poursuivi par tout le menu peuple. Là-dessus, les portes de la salle où se trouve l'empereur s'ouvrent et un cerf blanc, magnifique, apparaît. Jetant à terre table et vaisselle, la bête de chasse traverse toute la salle. Parvenue aux pieds du maître de Rome, elle s'agenouille :

« Sire, lui dit-elle dans un souffle, laissez là vos pensées. Nul secours ne peut vous en venir, car personne au monde ne saurait vous expliquer le rêve qui vous tourmente, hormis l'homme sauvage. »

D'un bond, le cerf quitte la salle, bien que les portes en aient été refermées derrière lui, puis il s'enfuit de nouveau à travers la ville, toujours chassé à grands cris. Des faubourgs il regagne les champs pour disparaître, enfin, en terrain découvert, comme par miracle.

Lorsque l'empereur apprit que le cerf n'avait pu être rejoint il en fut plus courroucé qu'il ne l'avait jamais été de sa vie et il fit publier sur-le-champ qu'il donnerait la moitié de ses terres, outre la main de sa fille, à quiconque lui ramènerait soit le cerf, soit l'homme sauvage ; à condition toutefois que le vainqueur fût de lignée honorable.

Aussitôt une foule de petits seigneurs et de jeunes chevaliers s'empressèrent de courir les bois de Romanie à la recherche de la bête et de l'homme, mais nul n'en découvrit la moindre trace. Or le roi de Romanie avait pour sénéchal un singulier damoiseau qui n'avait de damoiseau que le titre, étant fille et non garçon, contrairement à ce que pensait son entourage. Cette jeune pucelle, dont le père était le duc d'Allemagne, s'était présentée à la cour du roi de Romanie l'année précédente habillée en écuyer. Comme elle était grande, droite et déliée comme un bel adolescent et de grande adresse au jeu des armes, personne ne la soupçonna d'être autre chose que ce qu'elle désirait paraître. Ayant accompli mille prouesses, elle fut armée chevalier par l'empereur qui en fit, quelques mois plus tard, son sénéchal. Et, à vrai dire, nul sénéchal n'eut jamais visage plus franc et plus ouvert et ne remplit son rôle de meilleure grâce.

Grisandole, tel était le nom d'emprunt de cette pucelle, voyant que nul ne réussissait à se saisir du cerf ni de l'homme, se mit donc en route à son tour. Après avoir erré huit jours dans la forêt, elle rencontra enfin le cerf au détour d'un sentier.

« Grisandole, lui dit-il, tu chasses la folie, l'homme sauvage ne se laissera jamais prendre par la force, mais je te révélerai sa faiblesse : nul être au monde n'est plus gourmand que lui. Fais-toi accompagner par quatre hommes décidés, remplis un lourd chariot des meilleures provisions que tu pourras trouver dans la ville de Rome : du lait, du miel, du pain chaud. Lorsque vous serez parvenus à cette clairière, dont on aperçoit d'ici la bordure, vous allumerez un feu de branchages et vous ferez rôtir à sa flamme un ou deux beaux quartiers de porc ; puis vous guetterez, cachés dans les fourrés. Alors vous verrez l'homme sauvage. Quant à vous en emparer, cela ne tiendra qu'à son bon vouloir. »

Grisandole suivit les conseils du cerf. Le lendemain, elle revint avec un lourd chariot, rempli de provisions de toutes sortes, puis, toujours selon les avis qui lui avaient été donnés, elle fit rôtir quelques quartiers de porc dont le fumet ne tarda pas à se répandre dans cette partie de la forêt. Enfin, elle dressa une table bien garnie à l'intérieur même du chariot qu'elle avait pris soin de tapisser de branchages feuillus afin d'en dissimuler les parois.

Ces préparatifs achevés, Grisandole et ses quatre compagnons se retirèrent dans les fourrés et attendirent.

Au bout d'un moment, l'homme sauvage se montra. De frayeur, la jeune fille et ses compagnons faillirent en perdre le sens tant son aspect leur parut monstrueux. Et il est vrai qu'au premier regard il ressemblait davantage à un ours qu'à un homme : prodigieusement velu, autant que ses haillons permettaient d'en juger, son corps donnait une impression de force bestiale bien propre à glacer d'effroi l'âme la plus intrépide. Sa face, ou tout au moins ce que sa barbe en laissait voir, était encadrée par des oreilles si longues et si vastes qu'elles lui recouvraient entièrement les épaules, ses lèvres entrouvertes laissaient couler un filet de bave, enfin ses yeux globuleux et saillants – toujours prêts, semblait-t-il, à s'échapper de leurs orbites pour rouler sur ses joues – avaient une fixité terrifiante.

Une massue de chêne lui servait de bâton.

En dépit de sa stupidité apparente l'homme sauvage s'avançait dans un silence de rêve, tandis qu'à ses côtés trottinait, aussi attentive que lui-même à ne faire aucun bruit, une harde nombreuse de biches, de daims et de cerfs, ainsi que toutes sortes de menus rongeurs au pelage roux, noir ou gris.

L'homme sauvage s'arrête, il jette deux ou trois pierres dans les fourrés. Une nuée d'oiseaux s'envole en pépiant. Leur présence le rassure : là où le chasseur se cache il n'est pas d'oiseaux. Il s'avance alors, hume à nouveau la bonne odeur de la viande grillée et pénètre dans le chariot en multipliant les précautions, comme s'il redoutait quelque piège. Mais à peine est-il dans la cage que celle-ci se referme sur lui. Le voici pris cette fois et bien pris, tel un loup dans une fosse. C'est en vain qu'il frappe de sa massue les parois du chariot. Ses barreaux sont en fer et résistent. L'homme pousse des rugissements de rage. Grisandole et ses compagnons s'approchent alors du chariot piège ; ils y attellent en hâte six vigoureux chevaux et s'en retournent vers Rome, assez peu rassurés sur leur propre sort, tant l'homme sauvage leur semble encore redoutable. Sa fureur apaisée, il s'est pourtant tapi dans un coin de la cage ; longtemps il y demeure coi. Mais, à la grande stupeur de Grisandole, voici qu'il se met à rire tout à coup, si haut et si fort que la jeune fille ne peut s'empêcher de lui demander doucement, au nom de Dieu, la cause d'une joie si soudaine.

« Créature mensongère, lui dit-il, forme trompeuse, apparence abusive dont l'essence demeure inchangée, guêpe qui se prétend bourdon, mouche plus piquante que taon, anguille plus venimeuse que serpent et plus cinglante que mèche de fouet, je ne te dirai rien avant d'avoir été conduit devant l'empereur. »

Arrivé dans les faubourgs de Rome, l'homme sauvage se reprend à rire puis, sans être interrogé cette fois par la pucelle qui eût bien préféré qu'il ne parlât plus, il lui dit encore :

« Image fausse et décevante dont le nom est synonyme de péché, par qui les hommes sont affolés sans nul remède, fourreau plus redoutable que lame d'épée, fontaine qui assoiffe quiconque s'en approche au lieu de le désaltérer, source de toute perversité, je sais ton secret mais je ne le révélerai qu'en présence de ton maître. »

Lorsqu'il apprit la découverte et l'enlèvement de l'homme sauvage, l'empereur et roi ordonna tout d'abord de l'enchaîner, mais, le prisonnier ayant déclaré qu'il ne parlerait pas sous la contrainte, ses gardes durent se résigner à le laisser descendre librement de sa cage. Invité par l'empereur à s'asseoir à ses côtés devant toute la cour, l'homme sauvage accepta cet honneur le plus naturellement du monde.

« Sire, dit-il avant même d'avoir jeté un regard sur l'assemblée, il manque l'impératrice et ses douze pucelles. Faites-les chercher ! Lorsqu'elles seront là je vous expliquerai ce que vous désirez tant savoir. »

À la vue des douze suivantes de la reine, il se mit à rire doucement, puis, apercevant Grisandole, il rit de plus belle ; enfin, se tournant vers l'empereur et l'impératrice, il rit aux éclats, et cette fois si fort et d'une manière si inconvenante que l'empereur lui demanda s'il était fou.

« Sire, répondit-il, je n'oserai jamais vous dire pourquoi j'ai ri, si vous ne me jurez tout d'abord, devant tous ceux qui sont ici, que je pourrai me retirer librement, et sans qu'il me soit fait nul mal, lorsque j'aurai parlé. »

L'empereur l'ayant rassuré sous la foi du serment, le vieil homme commença par lui révéler le sens du rêve qui le tourmentait depuis si longtemps :

« Sire, la truie sauvage de votre rêve et les douze louveteaux, dont les ébats et les jeux vous ont tellement surpris, figuraient votre propre épouse et ses douze suivantes. Faites dévêtir ces jeunes pucelles et vous verrez si elles sont bâties ou non pour servir leur maîtresse. »

L'empereur et roi donna l'ordre de dévêtir sans plus attendre les douze demoiselles et chacun put alors constater, par ses propres yeux, qu'elles n'avaient de pucelles que le nom, la nature les ayant fort généreusement pourvues de ce qui fait la différence entre les filles et les garçons. L'empereur demeura tout d'abord muet de saisissement. Ayant retrouvé l'usage de la parole, il pria ses barons de fixer eux-mêmes, en toute justice, le sort de l'impératrice et de ses fausses servantes, et tous exprimèrent le même avis : la femme avait mille fois mérité de périr par le feu et les garçons devraient s'estimer heureux si leurs juges se contentaient de les faire pendre. Et, sur-le-champ, l'empereur ordonna de tout préparer pour le supplice des coupables.

« Vous savez maintenant pourquoi j'ai ri en regardant l'impératrice et ses douze pucelles », dit encore l'homme sauvage lorsque le tumulte que cette première révélation avait provoqué fut apaisé, « et maintenant il me reste encore à vous apprendre pour quelles raisons j'avais également ri lorsque votre sénéchal était entré à son tour dans cette salle. J'avais ri devant Grisandole en songeant qu'une femme était parvenue à triompher là où les chevaliers les plus braves de votre royaume avaient tous échoué ridiculement. Ainsi l'homme sauvage aura été pris par une femme… En effet, votre sénéchal, cher sire, n'est pas plus damoiseau que les ribauds de l'impératrice n'étaient filles… Cependant, vous lui pardonnerez cette fraude en raison de l'innocence de ses intentions, car Grisandole, rendue à sa véritable nature, ne vous apparaîtra pas seulement comme la plus belle des femmes de votre terre mais encore comme la meilleure et la plus pucelle.

— Si Grisandole est une femme, répliqua l'empereur, comment pourrais-je tenir le serment que j'avais fait publiquement d'accorder la main de ma fille et de donner la moitié de mon royaume à celui qui vous amènerait devant moi ?

— Très facilement, beau sire, du moins quant à la

seconde partie de votre promesse : épousez votre sénéchal, vous ne sauriez mieux faire. Après un tel conseil, comment la belle Grisandole me tiendrait-elle rancune de mes railleries ? »

Là-dessus, l'homme sauvage demanda la permission de se retirer, mais avant de quitter la salle il traça au-dessus de la porte, en caractères hébreux, les lignes suivantes :

Cette inscription apprendra aux Romains à se défier des apparences. Le cerf vénérable qu'ils chassèrent à travers les rues de Rome et l'homme sauvage qu'ils crurent fou n'étaient, en effet, que la semblance trompeuse d'une seule et même personne : Merlin, le conseiller du roi Arthur, premier prince de la terre.

Ne sachant pas l'hébreu, aucun des clercs du palais impérial ne put déchiffrer ce dernier message de Merlin, mais, quelque temps plus tard, un émissaire de la cour de Constantinople aperçut l'inscription et s'empressa de la traduire à l'empereur. Et, à l'instant même où celui-ci en connut le sens, les lettres qui la composaient disparurent à jamais.

Cette nouvelle preuve de la puissance du roi des deux Bretagnes fut ressentie par l'empereur de Romanie comme un affront. Sa haine à l'égard des Bretons s'en accrut encore et il jura d'en tirer vengeance dans l'avenir… Car, pour l'instant, il ne pouvait songer à faire poursuivre le faux homme des bois : sans doute Merlin avait-il déjà quitté la Romanie et, dans le cas contraire, on savait maintenant à Rome qu'il réussirait, comme en se jouant, à brouiller ses traces.

XIII

LES TRIBULATIONS DU GRAAL

Merlin ne peut s'empêcher de sourire à la pensée qu'il va revoir, enfin, le roi Arthur et la reine Guenièvre, messire Gauvain et ses frères, Agravain, Guerrehès et Gahériet, leur cousin Galessin le Rouge Moissonneur, Sagremor et les deux Yvain, Kaherdin et Dodinel le Chasseur Sauvage, et tant d'autres bons compagnons qui lui sont également chers... et Keu lui-même. De nouveau ils le feront juge de leurs querelles et, le plus souvent, il parviendra à les apaiser, car le roi et les siens, en dépit de la violence de leurs passions, s'efforcent de tenir loyalement leurs serments de chevalerie.

Merlin espère bien atteindre, dès ce soir, le château de Carduel. C'est, en effet, à Carduel qu'Arthur tiendra sa cour cette année. Presque tous ses vassaux s'y trouvent déjà réunis. La plupart ont amené leur épouse, quelques-uns n'ont pas craint d'y venir avec leur amie ; tous se promettent une grande joie de ces fêtes durant lesquelles, pour la première fois de leur règne, Arthur et Guenièvre recevront leurs hôtes la couronne au front.

La nuit est déjà tombée – une fraîche nuit d'avril lavée par la pluie et toute scintillante d'étoiles – lorsqu'un harpiste aveugle se présente devant les fossés de Carduel. Comment refuser l'hospitalité au pauvre hère qu'un destin si cruel a privé de la lumière de Dieu ? Le portier abaisse en grommelant le pont-levis et fait entrer le barde errant.

L'aveugle, s'aidant de son bâton de houx pour se guider, se rend tout droit à la salle où se tiennent Arthur et sa cour : il franchit la porte ; chevaliers et dames lui font place ; il s'avance encore de quelques pas, salue le roi et le prie de lui accorder la permission de chanter un lai ou deux… La noblesse de son maintien, la beauté de son visage plaident en sa faveur. Le roi Arthur consent de grand cœur à l'entendre. L'étranger accorde sa harpe et prélude, puis il chante.

Tout d'abord, le vieil homme célèbre les amours d'Arthur et de Guenièvre. Il dit la bravoure et la sagesse du roi ainsi que la grâce et la beauté de celle qu'il a choisie pour en faire, à la fois, son épouse très aimée et la reine des deux Bretagnes. Il annonce, enfin, le retour à un merveilleux état d'innocence où tout ne serait plus qu'enchantement de l'âme et plaisir de l'esprit. Alors, par surcroît, la nature tout entière s'associerait à ce nouvel âge d'or : ce qui semblait mort renaîtrait de ses cendres et ce qui n'était qu'affaibli par le temps retrouverait sève et vigueur, au point que tel sarment de vigne, en apparence desséché, fournirait le plus délicieux des vins et que tel églantier sauvage n'ayant jamais porté de greffon donnerait des roses incomparables… Et le mal se changerait en bien et la tristesse en joie parce que la convoitise et la haine auraient fait place à l'amour.

Et la terre ne connaîtrait plus d'hiver, ni d'été, ni d'automne mais un éternel printemps de louange et d'adoration en l'honneur du Créateur.

Ceux qui l'écoutent savent qu'il ne s'agit que d'un conte, et cependant ils ne peuvent s'empêcher d'en être profondément touchés. Les étoiles pâlissent dans le ciel, l'aube va naître, l'aveugle joue et chante encore...

« Sire, dit-il soudain, n'ai-je pas abusé de la permission que vous m'aviez accordée ? Je n'ai chanté qu'un seul poème, il est vrai, mais il était long ! »

Tous s'étonnent de la fuite du temps. Ils semblent s'éveiller d'un songe. Le son de la harpe, allié à la voix grave et pure du chanteur, leur a fait oublier les menus plaisirs et les afflictions dont leur vie journalière est tissée. Leur cœur s'est dilaté de tendresse comme sous la caresse d'une lumière surnaturelle. Et maintenant, ne sachant par quels mots exprimer le sentiment de vide qu'ils éprouvent, ils se taisent.

Le roi se rend compte que nulle récompense ne peut payer à son prix un tel message. Voulant honorer le vieux barde, il lui demande cependant de fixer lui-même son salaire.

« Sire, je ne chante que pour mon plaisir et celui des autres. Je n'ai besoin de rien, sinon de quelques brassées de paille en guise de couche, d'un peu d'eau et d'un morceau de pain, mais, si vous désirez me donner une dernière joie, vous me laisserez porter votre enseigne lors de votre prochaine bataille... et je mourrai comblé ! »

Quel chef de guerre confia jamais son enseigne à un aveugle ? Le roi, qui ne s'attendait pas à une telle demande, ne sait trop que répondre. Mais, tandis qu'il hésite dans la crainte de peiner l'infirme par un refus, le beau vieillard se transforme en un tout jeune garçon, aux cheveux blonds ébouriffés et aux yeux couleur de mer, qui lui dit en riant :

« Ne me reconnaîtrez-vous donc jamais sous les fausses apparences qu'il me plaît quelquefois d'emprunter ? »

Aussitôt, dames et chevaliers s'écrient que seul Merlin a pu les abuser ainsi et, du même coup, leurs yeux se dessillent et Merlin leur apparaît effectivement sous sa forme naturelle. Ils se ressaisissent rapidement, mais un peu du charme que l'Enchanteur a versé dans leurs âmes y demeure et, malgré leurs protestations et leurs rires, ils ne peuvent se défendre d'éprouver un poignant regret à la pensée qu'il s'agissait seulement d'un leurre.

Et pourtant Merlin n'a pas voulu les décevoir. Il se justifie :

« Sans doute ne verrez-vous jamais fleurir, ici-bas, cet âge d'or dont je vous ai donné la nostalgie, car l'homme s'est condamné lui-même, par le péché, à la souffrance et à la mort ; mais, grâce aux mérites infinis de Celui qui racheta la faute de nos premiers parents au prix de Son propre sang, vous pouvez espérer connaître un jour, dans l'Autre Monde, des joies infiniment plus hautes que celles de l'Éden.

« Si je suis revenu aujourd'hui parmi vous, ce n'est pas, en effet, pour vous donner d'inutiles regrets, mais pour vous proposer, au nom de Notre-Sire Lui-même, une entreprise dont peut dépendre votre salut.

« Je ne mets en doute ni votre foi ni votre bonne volonté : les luttes que vous avez soutenues pour la défense de la Chrétienté étaient nécessaires ; mais ces victoires que vous avez obtenues sur les ennemis de Dieu, ne les avez-vous pas finalement exploitées à votre avantage ? Or, je vous en avertis, si vous ne poursuivez pas, désormais, un but purement surnaturel, vous finirez par perdre cet esprit de chevalerie qui fut, et qui demeure, votre seule justification.

« Vous avez entendu parler du Saint-Graal. Vous savez que l'on nomme ainsi le calice dont Jésus-Christ se servit le jour de la Cène pour instituer le sacrement de l'Eucharistie. Nul n'a pu vous en dire davantage, car les Saintes Écritures elles-mêmes sont muettes à son sujet.

« Égaré depuis des siècles, ce vase du Saint-Graal doit être recherché et retrouvé avant que cette génération ne passe. TELLE EST LA VOLONTÉ DE NOTRE-SIRE.

« Ai-je besoin de le dire ? ceux qui prendront part à cette recherche pleine de périls devront tout d'abord se renoncer à eux-mêmes, mais les souffrances qu'ils endureront ne seront jamais vaines et leurs plus cruelles humiliations leur seront comptées dans l'Au-Delà comme autant de victoires. Et ce n'est que juste, car, aux yeux du monde, un seul triomphera.

« Grâce aux lumières dont je suis redevable à Dieu, je connais le nom de celui qui mettra fin aux aventures merveilleuses de cette quête en redécouvrant le Graal. Cependant je n'ai pas le droit de le désigner, aujourd'hui, autrement qu'en l'appelant le Meilleur Chevalier du monde, afin que chacun d'entre vous puisse conserver jusqu'au dernier instant l'espoir de triompher, si indigne qu'il soit en apparence de cette faveur sans prix.

« Qu'il vous suffise de savoir que le Meilleur Chevalier du monde ne devra pas seulement être brave, mais le plus brave, désintéressé, mais le plus désintéressé, secourable, mais le plus secourable, pur enfin, mais le plus pur, c'est-à-dire, encore une fois, véritablement LE MEILLEUR. Mais ne l'ai-je pas ainsi trop clairement dépeint ?

« Et maintenant écoutez tous attentivement l'histoire du Saint-Graal, depuis son origine jusqu'au jour douloureux où sa trace s'est perdue, car cette histoire est la plus belle de toutes celles qu'une oreille d'homme ait jamais entendue.

« Au temps où Notre-Sire fut mis à mort, la Judée était gouvernée par un procureur romain du nom de Pilate ; or l'un des meilleurs chevaliers de ce Pilate, Joseph d'Arimathie, comptait lui-même parmi les disciples du Christ.

« Lorsque Joseph d'Arimathie apprit la mort de Jésus, il en fut très attristé ; s'étant rendu chez Pilate, il lui dit ceci :

« "Sire, je vous ai servi longtemps sans aucune solde. Ne serait-il pas juste que vous m'en teniez compte ?"

« Pilate, qui estimait Joseph au-dessus de tous les autres chevaliers de sa maison pour son courage et sa droiture, en convint bien volontiers. Joseph d'Arimathie reprit donc :

« "Je n'ai pas à vous le cacher, car vous avez toujours été bon pour moi : ce Jésus de Nazareth que les Juifs ont crucifié si cruellement et si injustement était mon ami. Donnez-moi son corps !

« — Je pensais que vous me demanderiez davantage, répondit Pilate. Enterrez votre ami comme vous l'entendrez !" Puis, se ravisant, il ajouta :

« "Puisque cet homme vous était si cher, prenez le vase dans lequel il a bu pour la dernière fois ; mes soldats l'ont saisi chez Simon ; je vous en fais don au nom de l'amitié que vous lui portiez."

« Et, tout aussitôt, Joseph reconnut le vase que lui tendait Pilate comme étant celui dont Notre-Sire s'était servi en guise de coupe pour instituer le sacrement de Son précieux sang, le soir de la Cène. Ayant remercié Pilate, Joseph se rendit alors avec ses deux fils au lieu même où Jésus avait été mis en croix.

« Tout d'abord, les Juifs qui gardaient les corps des suppliciés s'opposèrent à ce que Joseph s'emparât de celui de Jésus.

« “Ses disciples, dirent-ils, ont assuré qu'il ressusciterait, mais nous saurons bien l'en empêcher. Qu'il bouge et nous le transpercerons à nouveau de nos lances et, s'il tente mille fois de ressusciter, nous le tuerons mille fois !”

« Cependant, devant l'ordre écrit de Pilate, ils durent céder.

« Joseph d'Arimathie, s'apercevant que les plaies du Sauveur saignaient encore, recueillit le sang qui coulait de Son côté ainsi que de Ses mains et de Ses pieds dans le vase que Pilate lui avait donné ; puis, ayant enveloppé le corps du Christ dans un linceul tout neuf, le bon chevalier le transporta secrètement dans le sépulcre qu'il s'était fait construire, au flanc de la montagne, en prévision de sa propre mort.

« Lorsque, trois jours plus tard, les Juifs apprirent que Jésus était en effet ressuscité comme il l'avait prédit, ils tinrent conseil. Ne pouvant plus s'en prendre au maître, ils jurèrent de se venger sur le disciple :

« “Faisons-le disparaître, se dirent-ils entre eux, afin que nul n'en entende plus jamais parler !” Ayant pris Joseph, ils le murèrent, en effet, dans un pilier de la maison de Caïphe dont le centre était creux malgré son apparence massive.

« À la nouvelle de la disparition de Joseph, Pilate mena tout d'abord grand deuil car il perdait avec lui l'un de ses meilleurs et de ses plus dévoués chevaliers, puis il y songea moins souvent et, enfin, il l'oublia. Mais Celui pour qui Joseph souffrait eut plus longue mémoire ; il vint à lui à travers le pilier et ne le quitta plus. Lorsque Joseph vit la clarté dans laquelle se tenait Notre-Sire, il s'émerveilla :

« “Qui êtes-vous ? s'écria-t-il. Une telle clarté vous enveloppe que je ne puis vous voir !

« — Je suis Jésus, le fils de la Vierge, lui répondit la clarté. Né moi-même d'une femme afin qu'une femme sauve ce qui avait été perdu par une femme, je ne suis pas seulement ton Dieu mais aussi ton Ami.”

« Ayant ainsi rassuré Joseph, Notre-Sire lui montra la précieuse écuelle ; et pourtant le bon chevalier croyait l'avoir cachée de telle manière que personne ne pût la découvrir.

« “Au nom du Père, du Fils et de l'Esprit saint, dit la clarté, conserve l'écuelle du Graal avec le plus grand soin et recommande à ceux qui viendront après toi de l'entourer des mêmes égards. Je t'accorderai pour récompense de participer au divin sacrifice jusqu'à la fin des temps, car jamais prêtre consacré ne versera l'eau et le vin dans le calice sans que les anges n'évoquent le nom de l'humble vase qui te servit à recueillir les dernières gouttes de mon sang. La patène leur rappellera, en outre, la pierre dont tu recouvris mon sépulcre et le corporal les fera souvenir du linceul avec lequel tu enveloppas mon corps supplicié. Ne crains rien, car tu ne mourras pas dans cette étroite prison, tu en sortiras bientôt sans qu'il te soit fait aucun mal. D'ici là, derrière cette clarté qui doit chasser toute crainte de ton cœur, je te tiendrai compagnie.”

« Si ce miracle a été passé sous silence dans les Saints Évangiles, c'est parce que ceux-ci relatent seulement les faits dont les apôtres ont été personnellement les témoins, mais il n'en est pas moins certain, ayant été consigné au livre du Graal ou Gréal, qui est le nom donné par Notre-Sire Lui-même au vase du premier sacrifice.

« Ainsi Joseph d'Arimathie demeura-t-il emmuré dans ce fort pilier pendant près de trente années, au cours desquelles il ne ressentit ni faim ni soif, ni langueur ni ennui, ni crainte, car la clarté lui tenait lieu de nourriture et de réconfort ; et le temps lui parut même si court qu'il crut, lorsque l'empereur Vespasien le fit délivrer à la suite de sa propre conversion à la foi chrétienne, n'avoir pas vécu plus de trois journées dans cette misérable cellule. Et il est bien vrai que sa claustration prit fin un dimanche de Pâques, mais trente ans seulement après la résurrection du Christ... Ce qui explique la surprise et l'émerveillement de ses anciens amis, et plus encore des membres de sa famille, sans excepter sa propre épouse, en le retrouvant aussi jeune, après cette longue absence, que si ces trente années n'eussent pas compté pour lui.

« Tel fut le premier miracle du Saint-Graal.

« Mais la nuit même de sa délivrance, Joseph entendit une voix qui lui commandait de quitter le pays sur-le-champ, avec tous les siens, sans rien emporter d'autre que l'écuelle du Précieux Sang. Ainsi commencèrent les tribulations du Graal. »

Merlin conta ensuite comment le roi sarrasin Évalac le Méconnu se convertit à la vraie foi et fut baptisé sous le nom de Mordrain après avoir fait brûler l'idole dont il était devenu amoureux charnellement, et non sans quelque apparence de raison car l'auteur de cette idole avait su lui donner une ressemblance de femme si merveilleusement fidèle qu'on l'eût crue vivante. Ainsi fut converti le pays de Sarras à la loi du Christ.

« Le temps me manque, continua Merlin, pour vous narrer par le menu les merveilles survenues au pays de Sarras après la conversion de Mordrain à la vraie foi. Sachez seulement que Mordrain avait un beau-frère, du nom de Nascien, qui s'était lui-même fait baptiser. Or une nuit où Nascien, de passage dans la cité de Sarras, dormait profondément, une grande main vermeille l'arracha de son lit et l'emporta dans les airs pour le déposer au cœur même de l'île Tournoyante. De cette île, la plupart de ceux qui en ont parlé jusqu'ici ne savaient presque rien, mais moi je vous dirai de quoi elle était faite : lorsque, au commencement de toutes choses, Dieu créa le monde, il prit soin de bien séparer les quatre éléments qui devaient constituer l'univers : la terre, l'eau, l'air et le feu. Toutefois, une infime partie de ces quatre éléments lui échappa et se mélangea pour former une sorte d'écume incandescente. Trop lourde pour s'élever dans les airs, trop légère pour retomber sur la terre, cette écume impure demeura en suspens à la surface des eaux et là, sous l'effet du mouvement des astres, se mit à tournoyer sans fin, d'où le nom d'île Tournoyante que les Anciens lui donnèrent.

« C'est dans cette île informe et toujours prête à se détruire elle-même que Nascien se trouva transporté par Celui qui peut tout. Lorsqu'il comprit en quel lieu de désolation la main de Dieu l'avait placé, le malheureux en conçut tout d'abord une immense frayeur. Voyant bien que nul être vivant, ni homme ni bête, ne pouvait vivre sur pareille terre, il se mit à genoux et, tourné vers l'orient, pria Notre-Sire de l'arracher à sa position misérable. Au même instant lui apparaissait, montant de l'horizon, une nef merveilleusement riche. Bientôt le bel esquif accostait l'île.

« Nascien entra sans nulle crainte dans cette nef, après s'être protégé du signe de la croix. À sa grande surprise, nulle créature vivante ne s'y trouvait. Sur un lit de parade, il vit seulement, à demi dégainée, une épée qui lui parut la plus belle et la plus précieuse du monde, à cela près que ses renges, ou attaches, d'ailleurs trop faibles pour permettre de la suspendre à la ceinture, étaient faits de vulgaire chanvre. Des lettres gravées sur son fourreau justifiaient ce choix étrange :

“Ces faibles et viles attaches, disaient ces lettres, *devront être changées, un jour, pour de plus belles par la main d'une jeune vierge. Seul*, ajoutait l'inscription, *le Meilleur Chevalier du monde pourra tirer sans risque cette épée de son fourreau. Et quiconque tenterait de le faire, en dehors de lui, y perdrait la vie.”*

« Autour du lit avaient été placés trois fuseaux de bois : le premier plus blanc que neige fraîchement tombée, le second vermeil comme du sang, et le troisième d'un vert aussi éclatant que celui de l'émeraude.

« Or, continua Merlin, avant d'en finir avec l'aventure de Nascien, il me faut bien vous dire l'origine de cette nef et sa destination ainsi que le sens de l'épée et des trois fuseaux qui se trouvaient à son bord.

« Lorsque Ève, la pécheresse, prêtant l'oreille aux conseils de l'Ennemi, cueillit le fruit défendu, elle arracha, en même temps que la pomme, le rameau qui portait celle-ci. Ayant goûté au fruit, Adam et Ève s'aperçurent qu'ils étaient nus et, tout aussitôt, notre premier père se cacha de ses mains, tandis que sa compagne s'efforçait de se protéger au moyen du rameau. Mais leur faute n'avait pu échapper à Celui dont les ténèbres elles-mêmes ne sauraient tromper la vigilance. D'ailleurs leur propre honte les accusait.

« Au moment où elle fut chassée du Paradis terrestre en compagnie d'Adam, Ève tenait à la main le rameau feuillu. Ce rameau étant le seul objet qu'ils aient pu emporter avec eux, Adam et Ève décidèrent de le garder précieusement en souvenir de l'Éden et, comme ils ne possédaient ni coffre ni huche où ils eussent pu le mettre, Ève le piqua en terre. Par la volonté du Créateur et en signe de Son pardon, ce rameau s'enracina, si bien qu'en peu de temps il devint un grand et bel arbre, blanc d'écorce et blanc de feuilles. Et ainsi était-il pour signifier, d'une part, qu'Ève n'avait pas encore perdu sa virginité lorsqu'elle le planta et, d'autre part, qu'un jour à venir toute trace de la colère de Dieu serait effacée.

« Réconfortés par la vue de ce bel arbre couleur de neige, Adam et Ève en repiquèrent des branches qui se transformèrent, à leur tour, en arbres pareillement immaculés. Puis ces arbres formèrent bientôt un bois, de plus en plus vaste et touffu, sous lequel ils prirent l'habitude de venir se reposer chaque fois qu'ils pouvaient s'accorder quelque loisir entre leurs rudes travaux.

« Or, un matin où ils se trouvaient étendus sous l'un de ces arbres, une voix d'en haut leur ordonna de s'unir charnellement tandis que de profondes ténèbres les enveloppaient afin qu'aucun être vivant ne fût témoin de leur première étreinte. Ainsi engendrèrent-ils Abel, leur fils aîné.

« Lorsque l'obscurité se dissipa, Adam et Ève remarquèrent avec surprise que le bel arbre sous lequel ils s'étaient unis, en grand amour de leur Créateur, de blanc qu'il semblait être autrefois était devenu vert. Dès le printemps suivant, cet arbre, dont les racines avaient été fertilisées par leurs douces effusions, porta des fleurs et des fruits, ce qu'il n'avait encore jamais fait. Et tous les arbres issus, par la suite, des fruits de cet arbre vert furent également verdoyants et féconds, tandis que les rameaux arrachés autrefois à l'arbre immaculé n'avaient jamais donné que des arbres blancs et stériles.

« Hélas ! ce fut aussi au pied de cet arbre de vie, sous lequel il avait été engendré, qu'Abel reçut la mort de la main de son frère Caïn. Alors il arriva une grande merveille : dès que le sang d'Abel eut rejailli sur son écorce, l'arbre tout entier devint couleur de sang. Mais cet arbre rouge demeura unique : aucun de ses rameaux ne prit jamais racine.

« Ce bois, constitué d'arbres blancs et verts avec, en son centre, un seul arbre vermeil, traversa le Déluge sans dommage et il était encore dans toute sa force et sa beauté au temps du roi Salomon. Lorsque celui-ci édifia le temple auquel son nom reste attaché, il fit abattre et façonner les plus beaux arbres de ce bois afin d'en tirer les colonnes de la maison de Dieu. Cependant, ce grand roi eut soin d'épargner l'arbre rougi par le sang du premier juste, sachant que d'autres fins plus hautes l'attendaient : ce fut en effet sur cet arbre que les Juifs, quatre mille ans plus tard, crucifièrent Notre-Sire Jésus, le Rédempteur du monde, par qui toute faute ancienne devait être effacée.

« Salomon, qui avait reçu de Dieu toutes lumières et toutes grâces, ne sut pas cependant se garder des entreprises de la plus redoutable de Ses créatures, parce que la plus faible en apparence ; j'entends bien désigner ainsi la femme… Mais il ne faut pas s'en étonner, ajouta Merlin en soupirant, car, lorsqu'une femme jeune et jolie met les charmes qu'elle tient de sa nature au service de la ruse, nul homme ne saurait lui résister. Ainsi en fut-il de Salomon, ce qui explique le ton désabusé de certains passages de ses paraboles et, plus particulièrement, de celui-ci : "J'ai fait le tour du monde et j'ai cherché de mon mieux, je n'ai jamais pu découvrir une femme vraiment bonne."

« D'ailleurs, à l'instant même où il achevait d'écrire ces lignes injustes, le roi poète s'entendait réprimander en ces termes par la plus redoutable des voix :

« "Salomon, ne méprise pas ainsi les femmes. Sans doute le chagrin fut-il apporté à l'homme par sa première compagne, mais sache qu'une autre femme, issue de ta propre lignée, vaudra au monde une joie infiniment plus haute que celle de l'Éden en réparant, et bien au-delà, le mal causé par la désobéissance de son aïeule."

« Après avoir entrouvert devant Salomon émerveillé les portes d'ombre qui lui masquaient jusqu'à ce jour le mystère de l'Incarnation, la voix reprit : "Un fils naîtra de cette bienheureuse Vierge mais ce fils, le Messie ou Rédempteur si souvent annoncé par les prophètes, ne marquera pas la fin de ton lignage. Le dernier rejeton de ta race sera un chevalier dont la valeur dépassera celle des autres chevaliers de tous les temps, comme la clarté du soleil éclipse celle de la lune et la fait oublier. C'est pourquoi on l'appellera le Meilleur Chevalier du monde."

« Salomon éprouva une grande joie de cette révélation et son cœur se dilata de tendresse, mais cette joie se mua bientôt en chagrin à la pensée qu'il ne connaîtrait jamais ce chevalier si preux qui serait la dernière fleur de l'arbre de David. Du moins eût-il aimé lui faire savoir qu'il avait pressenti sa venue... S'en étant ouvert à sa bien-aimée, celle-ci, dont l'esprit était merveilleusement subtil et avisé, lui conseilla de faire construire une nef qui pût durer quatre mille ans, sinon davantage. Dans cette nef il déposerait l'épée de son ancêtre le roi David, ainsi que trois fuseaux provenant des trois variétés différentes de l'arbre de vie : blanche, verte et vermeille.

« La nef fut bientôt prête. Lorsque l'épée eut été placée à son bord, cette femme l'agrémenta d'attaches de chanvre trop faibles pour en porter le poids, afin qu'une autre femme fût amenée, plus tard, à changer ces faibles et viles attaches pour de meilleures, comme la Vierge elle-même changerait bientôt en grâces et en bénédictions l'œuvre fautive de la première pécheresse.

« Après avoir fait graver, sur l'acier, le texte interdisant à tout chevalier qui ne serait pas le meilleur du monde de porter la main sur l'épée pour la dégainer, Salomon ne put s'empêcher d'ajouter cet ultime avertissement :

« *"Ô chevalier, le dernier de mon sang, si tu veux vivre en paix avec Dieu et avec toi-même, garde-toi, par-dessus tout, des femmes, car ni science ni prouesse ne sauraient préserver de la honte quiconque les écoute et leur cède."*

« Enfin la nef fut mise à la mer, toutes voiles hautes, et bientôt la brise l'emporta vers le large. Et personne au monde ne la revit avant Nascien.

« Tandis que Nascien s'oubliait dans la contemplation de l'épée, un grand vent s'éleva qui éloigna rapidement la nef de l'île Tournoyante ; puis une véritable tempête souleva l'océan. Cette tempête devait durer huit jours et huit nuits. Pendant ces huit jours et ces huit nuits, Nascien ne vit ni la clarté du jour ni celle des étoiles. À tout autre ce voyage dans les ténèbres, sous les rafales d'une pluie diluvienne, eût semblé interminable, mais Nascien, ayant mis sa foi en Dieu, ne cessa de L'adorer dans son cœur durant cette longue épreuve, si bien qu'il ne sentit ni la faim, ni la soif, ni la peur.

« Au neuvième jour, comme la mer était devenue douce et paisible, il s'endormit. Alors un homme vêtu de rouge lui apparut en songe et cet homme l'appela :

« "Nascien ! Nascien ! N'essaie pas de revenir en arrière. Laisse cette nef te mener vers la terre que j'ai choisie pour toi et pour ta descendance. Tu ne reviendras jamais du pays d'Occident. Quand trois cents ans se seront écoulés, le dernier homme de ta lignée remontera dans cette nef, imaginée et construite par ton ancêtre Salomon, afin de rapporter à Sarras le vase du Saint-Graal dont Joseph d'Arimathie est aujourd'hui le dépositaire."

« Lorsque la clarté du jour éveilla le dormeur, il s'aperçut avec surprise que la nef était maintenant toute proche d'un rivage qu'il ne connaissait pas. Une belle terre s'étendait devant lui ; or cette terre n'était autre que celle de Grande Bretagne sur laquelle Joseph d'Arimathie avait lui-même pris pied quelques jours plus tôt.

« Un petit groupe d'hommes et de femmes se tenait près du rivage. Quelle joie fut la sienne lorsqu'il reconnut dans ces naufragés Joseph et sa famille ! Dès qu'il le put, Nascien se hasarda sur le sable tandis que la nef merveilleuse virait de bord et, d'elle-même, cinglait à nouveau vers le large.

« Depuis lors nul ne l'a jamais revue... Et nul ne la reverra, chers seigneurs, avant la venue du Meilleur Chevalier du monde. »

Merlin dit encore comment Joseph d'Arimathie convertit successivement à la vraie foi les royaumes de Northumberland et de Norgalles, après avoir couru mille dangers qu'il serait trop long de rapporter ici. Il narra ensuite la trahison du roi Grudel et son châtiment ainsi que la faute et la punition du roi Mordrain, qui n'avait pas tardé à rejoindre son beau-frère Nascien en Grande Bretagne, sur l'avis de Notre-Sire Lui-même :

« Depuis quelque temps déjà, le roi Mordrain ne pouvait trouver le sommeil tant le désir de voir de ses propres yeux le Précieux Sang que la sainte écuelle passait pour contenir le tourmentait. Mais une nuit cette tentation devint si vive et si poignante qu'il ne sut y résister.

« Le Graal était conservé sous une tente, non loin de là. Un linge le recouvrait. Tremblant d'être surpris, Mordrain pénétra sous la tente et, tout aussitôt, il eut l'impression d'être environné de mille froissements d'ailes, comme si tous les oiseaux du ciel se fussent trouvés réunis dans cette étroite enceinte ; et l'air, saturé par ces invisibles présences, était si dense qu'à peine put-il se frayer un chemin jusqu'au vase merveilleux.

« Le Saint-Graal était maintenant devant lui. La pensée qu'il allait pouvoir contempler, enfin ! le Sang du Christ chassa toute crainte de son cœur. Il tendit la main mais il n'eut pas le temps de retirer le linge sous lequel était cachée la sainte écuelle qu'un ange armé, au visage ardent comme la foudre, le repoussait et, l'ayant terrassé rudement, lui perçait les deux cuisses de sa lance.

« "Roi Mordrain, lui cria l'ange, tu es trop hardi, car jamais homme vivant ne contemplera face à face les merveilles du Précieux Sang hormis celui que l'on appellera le Meilleur Chevalier du monde."

« Lorsque les ténèbres l'eurent de nouveau enveloppé, Mordrain s'efforça vainement de se relever ; il ne devait jamais guérir de ses blessures, d'où lui vint plus tard le surnom de “Roi méhaigné”.

Puis Merlin expliqua comment fut dressée la première table du Saint-Graal :

« Quelques-uns de ses compagnons s'étant abandonnés à la luxure, Joseph d'Arimathie en conçut un vif chagrin. Un jour où il pleurait plus amèrement encore que de coutume sur leurs péchés, l'Esprit saint lui inspira la pensée de dresser une table qui rappellerait perpétuellement aux fugitifs celle de la Cène. Au milieu de cette table il déposerait, recouverte par un linge, la sainte écuelle du Graal, et tous ceux qui seraient en état de grâce pourraient s'asseoir autour du Graal et les mets qu'ils désireraient se présenteraient d'eux-mêmes devant leur place et ils se trouveraient rassasiés. Toutefois, un siège demeurerait toujours libre, à la droite de Joseph d'Arimathie, en souvenir de Notre-Sire et nul ne devrait s'y asseoir jusqu'à l'heure où le Sauveur en personne, ou son messager, viendrait l'occuper.

« Joseph s'empressa d'exécuter les ordres de l'Esprit saint, puis il prit place, en compagnie des siens, autour de la table du Graal et la plupart de ses disciples l'imitèrent. Et, tout aussitôt, les uns et les autres éprouvèrent une merveilleuse douceur et leur faim s'apaisa d'elle-même sans que nul ne se fût montré pour les servir. Cependant le petit nombre de ceux qui étaient restés à l'écart, soit par honte naturelle de leur faute, soit qu'une grâce surnaturelle leur eût interdit de commettre le sacrilège de s'en approcher, n'en continuèrent pas moins à être tourmentés par la faim.

« Ainsi Joseph connut-il le nom des coupables.

« Tous n'acceptèrent pas d'un cœur contrit cette humiliation. Un chevalier nommé Moïse, plus hardi que les autres car son âme appartenait déjà au prince des ténèbres, protesta de son innocence et pour la prouver s'assit, par défi, sur le siège périlleux laissé vide par Notre-Sire au soir de la Cène... Mais à peine l'eut-il fait que la terre l'engloutit.

« Alors tous ceux qui n'avaient pu s'approcher de la table du Graal commencèrent à s'apitoyer sur leur propre sort : "Devrons-nous mourir de faim en punition d'une seule faute ?" s'écrièrent-ils en donnant tous les signes de la plus vive angoisse, et non sans motif car le désert au milieu duquel l'Esprit saint les avait entraînés ne leur offrait par ailleurs aucune nourriture. Cependant, Alain, le dernier fils de Joseph d'Arimathie, que ces malheureux tenaient encore pour un enfant, l'ayant vu naître au cours de leur récent exode, leur dit de ne pas désespérer. Un étang se trouvait non loin de là. Alain y jeta son filet. Un seul poisson se laissa prendre, mais il se multiplia de telle sorte que tous purent en manger à leur faim. C'est depuis lors qu'Alain, le benjamin des enfants de Joseph, fut nommé le Riche Pêcheur. Ayant épousé par la suite une fille de Nascien, Alain fit souche et devint le fondateur de la dynastie des Rois pêcheurs... Ces Rois pêcheurs dont vous prétendez tous descendre, chers seigneurs, ajouta Merlin.

« C'est peu de temps après ces aventures, poursuivit-il, qu'eut lieu le meurtre des douze frères de Chanaan. Vous en avez sans doute entendu parler car leurs tombes se voient encore au royaume d'Écosse. Un soir où Joseph d'Arimathie et les siens se trouvaient, une fois de plus, réunis autour de la table du Saint-Graal, Siméon et Chanaan ne purent s'y asseoir, étant l'un et l'autre souillés par le péché de luxure qu'ils avaient commis ensemble le matin même. Se sentant désignés à tous les regards par cette exclusion, ils en conçurent un sentiment d'amère jalousie. La pensée qu'ils pourraient se venger impunément de leurs compagnons plus favorisés, lorsque viendrait la nuit, leur vint à l'esprit. Loin de chasser cette tentation ils l'accueillirent : le soir même, ils pénétraient ensemble sous la tente où dormaient les frères de Chanaan. Tandis que Siméon, moins déterminé dans le mal, ne faisait que blesser, grièvement il est vrai, son cousin Pierron, Chanaan profitait des ténèbres pour égorger ses onze autres frères. Chanaan, condamné à être brûlé vif, fut supplicié le lendemain ainsi que Siméon, auquel une main de feu épargna, toutefois, les affres de l'agonie.

« Le bûcher de Chanaan flambe toujours, entouré des épées de ses douze frères, dressées toutes droites vers le ciel. Sur la tombe de Siméon fut élevée une chapelle expiatoire qui existe encore de nos jours.

« Joseph d'Arimathie devait s'endormir dans la paix du Christ peu de temps après cette dernière épreuve. Son fils aîné, Josephé, qui lui avait succédé comme évêque de Grande Bretagne, le suivit dans la tombe quelques années plus tard. Mais le roi Mordrain, si incroyable que soit ce miracle, vit toujours, éternel moribond, dans l'étroite cellule où Joseph d'Arimathie lui-même l'a laissé.

« À côté du roi gît l'épée flamboyante que l'ange brandit pour le blesser. Au-dessus de sa tête est suspendu l'écu sur lequel Josephé mourant dessina, au moyen de son propre sang, une croix vermeille dont les couleurs sont encore aussi fraîches et doivent demeurer à jamais aussi vives qu'à l'instant même où la main défaillante du premier évêque des deux Bretagnes la traça, afin de rappeler à quiconque en douterait combien notre foi dans la résurrection du Christ est justifiée.

« Dernier survivant des gardiens du Graal, mais gardien bien peu redoutable, le roi Mordrain n'attend pour trépasser que la venue du Meilleur Chevalier du monde. Mais si Mordrain sait bien que seul l'élu de Notre-Sire peut le guérir de la blessure de l'ange, il sait également qu'aussitôt guéri il mourra.

« Ah ! chers seigneurs, ce blanc chevalier, le meilleur du monde, qui doit mettre fin aux tribulations du Saint-Graal en le rendant à la vénération de la Chrétienté, puisse-t-il ne pas tarder ! »

Le jour s'achevait. Merlin n'avait plus rien d'essentiel à dire à ceux qui l'écoutaient, du moins pour l'instant, car l'heure où il dresserait la seconde table du Graal n'était pas encore venue. Il avait amené les rudes compagnons d'Arthur, et le roi lui-même, à désirer l'avènement des Temps aventureux, mais il laisserait encore s'écouler plusieurs mois avant de leur indiquer plus clairement quelles voies ils devraient suivre pour conduire à son terme cette quête surnaturelle dont ils attendaient une joie si haute.

XIV

MERLIN DRESSE LA TABLE RONDE

« Je dresserai la table ronde pour l'anniversaire de la naissance du Christ », songeait Merlin. Noël approchait, mais tous les hôtes du roi Arthur ne se préparaient pas avec une égale ferveur à sa célébration. Un scandale dont Morgane fut l'héroïne ne devait pas tarder à le prouver.

Sans doute n'est-il pas superflu de rappeler ici quels liens de parenté unissaient le roi Arthur à la jolie Morgane : dernière-née des trois filles qu'Ygerne avait eues de son premier mariage avec le duc de Tintagel, Morgane, sœur benjamine de la reine d'Orcanie et de la reine de Garlot, se trouvait être, comme celles-ci, la demi-sœur d'Arthur. À peine plus âgée que le roi, Morgane n'avait pas encore atteint sa vingtième année au moment où cette mésaventure lui arriva. Il convient d'ailleurs de le préciser, en dépit de la légèreté de ses mœurs, qui devait lui valoir par la suite une réputation si fâcheuse, Morgane n'était pas foncièrement perverse. Si l'ardeur de ses passions la détournait trop souvent de la voie droite, elle savait pourtant se montrer aussi généreuse et bonne envers ses amis qu'elle pouvait être vindicative et cruelle à l'égard de ses ennemis.

Cette dernière disposition d'esprit la faisait d'autant plus redouter qu'on la disait magicienne, et non sans raison car Merlin lui avait enseigné, presque au berceau, maints sortilèges. En amour, cependant, les charmes dont la nature l'avait comblée suffisaient à expliquer ses conquêtes innombrables.

Le scandale auquel nous faisions allusion à l'instant la brouilla définitivement avec la reine Guenièvre : celle-ci, l'ayant surprise entre les bras d'un jeune chevalier nommé Guyomarc'h, n'eut pas la sagesse de se taire. Toute la cour apprit de sa bouche la confusion des deux amants et ne se priva pas d'en rire. Morgane, la jolie pécheresse, fut si mortifiée de l'indiscrétion de sa belle-sœur qu'elle la poursuivit, depuis lors, d'une haine qui ne devait s'éteindre qu'avec sa vie.

Merlin essaya de réconcilier les deux femmes, mais ses efforts furent vains. D'ailleurs le sage Merlin paraissait lui-même avoir changé. Son humeur enjouée l'avait abandonné. Il se disait las pour ne pas s'avouer désabusé. Ses amis, surpris, le voyaient remettre de jour en jour les travaux les plus simples. À vrai dire, son esprit s'était détaché du lieu où il se trouvait et son imagination, traversant la mer, le transportait mille fois en l'espace d'un seul jour jusqu'au cœur de cette forêt de Petite Bretagne où devait s'achever son destin.

Merlin n'oubliait pas, cependant, la promesse qu'il avait faite, quelques mois plus tôt, au roi Arthur. Il attendait seulement son heure.

Le jour même de Noël, à peine achevée la messe de l'aube, Merlin demanda au roi et à la reine de réunir tous leurs hôtes dans la grande salle de Carduel, car nulle occasion ne lui semblait plus favorable pour les entretenir à nouveau de la quête du Graal.

Lorsque chacun se fut placé selon son rang, Merlin prit la parole en ces termes :

« Je vous l'ai déjà laissé entendre, ce vase du Saint-Graal doublement précieux pour chacun d'entre nous puisqu'il fut sanctifié à deux reprises par le sang de Notre-Sire – la première fois lors de la Cène, la seconde fois au soir de sa Passion –, ce vase n'est qu'égaré et, un jour, il sera retrouvé, chers seigneurs, par celui que j'ai déjà désigné sous le nom de Meilleur Chevalier du monde. Mais, afin de réserver cette quête du Saint-Graal à ceux qui en sont vraiment dignes, et à ceux-là seulement, Dieu m'a inspiré de dresser ici même, dans cette salle, une nouvelle table rappelant celle de la Cène, la première étant la table dont Jésus, Notre-Sire, se servit pour instituer le sacrement de Son précieux corps et la seconde celle que Joseph d'Arimathie dressa dans le désert. Ainsi cette table sera-t-elle la troisième après celle de la Cène. La signification de ce chiffre vous apparaîtra pleinement si vous songez que Dieu est aussi Trinité. Ne vous scandalisez pas de sa forme : j'ai voulu qu'elle fût ronde afin de permettre à tous ceux qui s'y assoiront de le faire sans nulle préséance ; le roi comme le plus pauvre de ses chevaliers. Mais pourtant, à la droite de monseigneur le roi, une place devra toujours demeurer vide en mémoire de notre maître à tous, Jésus-Christ, et seul aura le droit de l'occuper un jour le Meilleur Chevalier du monde. Et quiconque ne serait pas celui-là, sachez que la terre l'engloutirait s'il s'aventurait à usurper cette place périlleuse, comme elle engloutit Moïse l'Orgueilleux, au temps de Joseph d'Arimathie.

— Certes ! sa grâce aidant, je ne laisserai aucun de ceux qui sont ici offenser Notre-Sire par ma faute ! » s'écria Arthur.

Il n'avait pas achevé ces mots qu'une table apparaissait au milieu de la salle. Comme Merlin l'avait annoncé, cette table était ronde, cent cinquante sièges de bois l'entouraient. La plupart d'entre eux portaient en lettres flamboyantes les noms de ceux qui devaient les occuper, mais sur le siège placé à la droite de celui du roi il n'y avait nulle inscription.

« Sire, dit Merlin, faites lire à haute voix les noms des preux que Dieu lui-même autorise à s'asseoir autour de la table ronde. Ceux-là seuls pourront entreprendre la quête du Graal lorsque le temps sera venu. Les autres, cependant, ne devront pas désespérer, car plusieurs sièges, qui les attendent peut-être, demeureront vides aujourd'hui. »

Quand les noms figurant sur les sièges eurent été lus, Arthur et les chevaliers qui avaient été désignés de cette manière vinrent prendre place autour de la table, en veillant toutefois à laisser libre le siège périlleux. Parmi les élus figuraient messire Gauvain et ses frères, Keu, Sagremor, Galessin et ceux de leur lignage que le roi avait faits chevaliers au début de son règne, sans parler des trente-neuf preux qui l'avaient suivi en Carmélide... Et, dès qu'ils furent assis, tous les nouveaux compagnons de la Table ronde se sentirent pénétrés par un ineffable sentiment de douceur et d'amitié. Mais, selon les prévisions de Merlin, de nombreuses places restèrent vides.

Le roi, s'étant aperçu que les noms de Ban et de Bohor n'étaient marqués sur aucun des sièges, s'en étonna fort.

« Cher sire, lui dit Merlin, seuls figurent sur ces sièges les noms de ceux qui sont ici aujourd'hui. Le roi Ban et le roi Bohor ayant dû rester en Petite Bretagne, en raison des menaces que leur voisin, le roi Claudas de la Terre Déserte, fait actuellement peser sur leurs terres, ne soyez pas surpris de cette omission. »

Dans la crainte d'attrister le roi, il n'en dit pas davantage et cependant il le savait, Ban et Bohor, les bons chevaliers, ne connaîtraient jamais la joie de prendre place autour de la table ronde.

« Beaux seigneurs, reprit Merlin, chaque fois que vous entendrez parler d'un chevalier de haut mérite, vous devrez l'accueillir à cette table. Ainsi ferez-vous jusqu'au moment où le nombre des compagnons de la Table ronde atteindra cent cinquante. Alors, seulement, la quête du Saint-Graal pourra commencer. Mais prenez garde de bien choisir ceux que vous élirez, car un seul mauvais homme vous couvrirait tous de honte. »

Messire Gauvain, ayant consulté ses pairs, prit à son tour la parole :

« Au nom des chevaliers de la Table ronde, je fais vœu que jamais dame ni pucelle ne cherchera secours dans cette enceinte sans y trouver l'aide qu'elle aura requise. Je jure aussi que jamais homme, fût-il de l'état le plus humble, ne nous suppliera de lui faire obtenir justice sans recevoir notre appui. » Il ajouta : « S'il arrivait que l'un de nous disparût, alors, tour à tour, ses compagnons délaisseraient tout ce qu'ils ont de plus cher au monde pour le rechercher, et leur quête ne devrait pas durer moins d'un an et un jour. »

Tous les chevaliers qui se trouvaient assis autour de la table ronde prirent à leur compte le serment de messire Gauvain et jurèrent sur les saintes reliques de le tenir fidèlement. Alors la reine elle-même, s'adressant à son neveu, lui dit avec une égale spontanéité :

« Beau neveu, si j'étais à votre place, avec la permission du roi mon seigneur, je prierais sur-le-champ quatre clercs de noter par écrit, au jour le jour, toutes les aventures des compagnons de la Table ronde, afin qu'après leur mort le souvenir de leur prouesse demeure à jamais.

— Qu'il en soit ainsi ! » approuva le roi. Et tout aussitôt il renchérit : « Je fais à mon tour le serment de ne jamais toucher à aucune nourriture, lors d'une cérémonie ou d'une fête où je devrais porter couronne, avant qu'une aventure notable ne soit arrivée en cette cour. »

Lorsqu'elles entendirent le roi et les plus preux de ses barons prendre de tels engagements, leurs épouses et leurs amies se réjouirent hautement à la pensée du bien et de l'honneur qui ne manqueraient pas d'en résulter pour le royaume de Logres, et leurs gens se réjouirent avec eux.

Déjà, les carrefours de Grande et de Petite Bretagne se couvraient d'étranges inscriptions rappelant, en lettres de feu, la prédiction de Merlin :

Voici le commencement des hautes aventures. Celui qui doit les mener à leur terme méritera le titre de Meilleur Chevalier du monde, car il sera aussi chaste que preux. Par lui le lion merveilleux sera pris.

Quelques-uns furent assez hardis pour essayer d'effacer ces lettres, mais ils n'y parvinrent pas jusqu'au jour où, les temps étant accomplis, elles disparurent d'elles-mêmes.

Estimant qu'il avait rempli l'essentiel de sa mission surnaturelle en fondant l'ordre de la Table ronde, Merlin tourna de nouveau ses regards vers la Petite Bretagne. Il eût aimé attendre le printemps, puis l'été, puis l'automne et, sans doute, laisser encore s'écouler un autre hiver suivi d'un autre printemps ; mais une force plus puissante que sa volonté l'appelait ailleurs et le poussait à brusquer ses adieux.

« Sire, dit-il un soir au roi Arthur, il m'est impossible de rester davantage. Je partirai demain à l'aube. »

Tous savaient maintenant quel attrait Brocéliande exerçait sur son cœur, mais nul n'eût été assez hardi pour en sourire. L'insistance du roi et de la reine eût, sans doute, été vaine car leur ami semblait bien décidé à partir le lendemain. Mais le lendemain il était encore là.

À trois reprises, il se fit violence pour s'arracher à ses hôtes, mais à trois reprises également il se ravisa. Enfin une semaine entière se passa sans que nul ne le vît. Le roi, comprenant qu'il avait dû cette fois quitter définitivement le pays de Logres, s'efforça de protéger le secret de son ami en interdisant de le rechercher. Les compagnons de la Table ronde lui obéirent, mais d'un cœur dolent car le départ de Merlin leur apparaissait comme un abandon. De quel droit Merlin les quittait-il au moment même où il venait de leur confier la plus haute, la plus belle mais aussi la plus déconcertante des missions ?

La quête du Graal leur apparaissait comme la montée d'un escalier vertigineux, taillé à même le roc, au flanc d'un abîme. Sans doute ceux qui tenteraient une telle entreprise auraient-ils à lutter contre la crainte des ténèbres et l'attirance du vide, c'est-à-dire contre eux-mêmes. En outre, à chaque palier sinon à chaque marche, ils devraient vaincre quelque ennemi terrifiant, homme, bête ou démon. Cependant, chaque marche gravie, chaque palier emporté de haute lutte, les rapprocherait de la cime d'où ils pourraient contempler enfin, perdu dans les nuées, le calice de Lumière.

Mais en quel lieu situer cet escalier miraculeux ? Qui pourrait leur dire, sinon Merlin, vers quel horizon cheminer pour le découvrir. Ils s'imaginaient qu'une fois sa première marche aperçue et franchie la voie périlleuse leur apparaîtrait toute tracée, et déjà ils souffraient davantage de leur inaction sans objet qu'ils ne l'eussent fait des pires blessures.

XV

LA PRISON AÉRIENNE

À mesure qu'il s'enfonçait dans les bois sacrés de Brocéliande, Merlin sentait croître son désir et son angoisse ; cependant il n'eut pas à se rendre jusqu'à la fontaine de Barenton pour retrouver son amie. Viviane l'attendait à l'orée du Val sans Retour. D'aussi loin qu'elle le vit, elle accourut, plus fraîche et plus belle que jamais, et plus limpide en apparence.

« Cher sire, vous voilà enfin ! »

Ainsi commença leur dernière saison d'amour. Lorsqu'elle s'achèvera, Merlin, de plus en plus faible, de plus en plus fou, aura livré à sa bien-aimée ses derniers secrets. Viviane en sait maintenant autant que son maître et pourtant elle demeure insatisfaite, car ces forces vives qu'un seul mot clef suffit à réveiller, une autre formule magique peut tout aussi bien les retourner contre celui, ou contre celle, qui pensait les avoir soumises. Viviane y songe sans cesse : pour quiconque s'adonne aux sciences interdites, tout rival est un ennemi, or Viviane se connaît, tout au moins, un rival : Merlin, son propre maître.

Ah ! si jamais l'occasion de réduire à l'impuissance l'homme à qui elle doit tant se présentait à elle, la perfide ne manquerait pas d'en profiter sans nul scrupule.

Un jour où son ami lui semblait particulièrement vulnérable, elle lui dit, comme en se jouant :

« Cher seigneur, souvent mon père m'épie et, pour vous rejoindre, je dois tromper sa surveillance. Ne pourriez-vous m'apprendre un moyen de le retenir prisonnier à son insu dans des liens invisibles ?

« L'aube venue, je le délivrerais, s'empressa-t-elle d'ajouter.

— Enchaîner un homme sans qu'il s'en doute n'est guère possible, lui répondit Merlin, à moins de savoir profiter de son sommeil. »

Et, dans sa folie, il lui enseigna le rituel qu'elle devrait suivre pour lier et délier celui dont elle voudrait se défaire de cette manière.

Un soir où il s'était endormi, la tête appuyée sur l'épaule de sa bien-aimée, celle-ci pensa qu'elle ne retrouverait jamais une occasion plus belle de le mettre hors d'état de nuire.

Avec mille précautions, elle reposa la tête du beau dormeur sur l'herbe verte, puis, lentement, se releva pour enfermer celui qui avait été si longtemps son maître dans le cercle invisible qu'il lui avait appris, lui-même, à tracer. Mais, réveillé sans doute par la fraîcheur de l'herbe, Merlin entrouvrit les paupières et la vit. Malgré son aveuglement, comment n'eût-il pas compris son dessein ? Assurément ce n'était pas afin de le contempler plus à son aise que son amie s'était arrachée de ses bras tandis que le sommeil le livrait à elle sans défense…

Cependant Viviane, se voyant surprise, se jeta vivement à ses pieds :

« Ah ! cher seigneur, vous voici enfin réveillé ! Vous dormiez d'un sommeil si profond que vous me faisiez presque peur ! »

Et, pour une fois, elle disait vrai : le réveil de Merlin l'avait délivrée. Elle tremblait encore à la pensée de la faute qu'elle avait failli commettre. La vue de son ami étendu devant elle, si fort et si beau dans son sommeil, l'avait émue au-delà de ce qu'elle pouvait supporter : cette image risquait d'empoisonner inutilement sa victoire.

Ce n'était pas cet homme endormi, son ami, qu'elle voulait enchaîner mais son « maître », son rival en sortilèges, l'homme aux mille visages et aux ressources innombrables.

Le lendemain elle lui dit :

« Beau doux sire, vous vous êtes toujours montré à moi sous vos apparences véritables et, certes, je ne saurais m'en plaindre car il n'est femme au monde qui ne m'envie d'avoir sans cesse à mes côtés un amant tel que vous... »

Merlin la regarda tristement ; il avait compris que son heure était proche.

« Vous aimant comme je vous aime, lui répliqua-t-il, pouvais-je me montrer à vous autrement que sous mon vrai visage ?

— On assure que, parmi les mille semblances que vous empruntez parfois, vous affectionnez particulièrement celle d'un vieillard accablé d'années. »

Pour toute réponse l'Enchanteur ferma les yeux, son teint prit la couleur de la pierre, ses joues se couvrirent d'une barbe moussue, ses paupières se plissèrent, son regard perdit l'éclat de la jeunesse, les veines de ses mains parurent se nouer sous le fin tissu de sa peau dont l'apparence rappelait maintenant, à s'y méprendre, celle du parchemin. Sans doute le vieil homme qui se tenait devant elle conservait-il encore quelques traces de son ancienne beauté – il était tel que Merlin serait devenu tout naturellement au soir de sa vie –, mais déjà l'horreur qu'inspirait à Viviane pareille déchéance effaçait à jamais dans son esprit l'image du jeune amant qu'elle avait été, plus d'une fois, si dangereusement tentée d'aimer.

La page d'amour était tournée.

La faiblesse et l'aveuglement de celui qui se livrait à elle si humblement durcit Viviane dans sa résolution. Elle se surprit à le haïr pour la trahison qu'il allait l'inciter à commettre.

Merlin connut ses pensées. Deux larmes roulèrent sur ses joues flétries ; deux larmes toutes pareilles à ces fines gouttelettes d'eau qu'en riant Viviane lui avait jetées au visage le jour de leur première rencontre devant la fontaine de Barenton ; mais, alors, il s'agissait seulement d'un simulacre et non de vraies larmes. Aujourd'hui il laisserait au vent le soin d'effacer les traces de sa peine. Après avoir emprunté si souvent, par jeu, les apparences de la vieillesse, il se sentait soudainement accablé par la plus mortelle des lassitudes. Sa claire lucidité d'esprit l'abandonnait, il s'appesantissait étrangement.

« Achève ce que tu as si bien commencé ! » lui dit-il sourdement, comme à travers les brumes du sommeil.

En la voyant dénouer sa ceinture de lin, d'autres se fussent mépris sur le sens de son geste... Mais il la connaissait ! Et il était las, et d'elle et de lui et de ce triste combat qu'il livrait à son âme depuis tant de journées stériles et de nuits. Ses paupières se fermèrent. Elle crut qu'il dormait.

Alors, vive et légère, heureuse d'être enfin délivrée du reproche de son regard, Viviane courut autour du vieil homme assoupi. Et, tandis que sa ceinture de lin flottait derrière elle comme une écharpe dans le vent de sa course, les assises de la prison d'air montaient du sol en fines spirales... Et Viviane tournait toujours autour de Merlin et toujours montaient les murs aériens qui devaient le retenir prisonnier à jamais.

Désormais, libérée, seule dépositaire de secrets merveilleux, elle serait toute-puissante. Merlin ne quitterait plus l'invisible prison dans laquelle Viviane venait de l'enfermer.

Déjà Merlin, qui n'avait pas cessé de la surveiller confusément à travers ses paupières mi-closes, jouait la surprise du dormeur qui s'éveille. À quoi bon feindre plus longtemps ? Tout n'était-il pas accompli ?

« Ah ! mon âme, gémit-il, te voici prisonnière pour toujours ! Viviane, vous m'avez trompé... Et, maintenant, que deviendrai-je si vous ne restez avec moi ?

— Beau doux ami, comment avez-vous pu croire à pareille trahison ? Si je vous retiens malgré vous dans cette prison d'amour, c'est seulement afin d'être mieux assurée que vous ne me quitterez plus jamais. »

Ainsi disait-elle pour l'apaiser, car elle se sentait tout effrayée de ce qu'elle venait de faire... Comme si Merlin pouvait encore se soustraire au sortilège qui le tenait enchaîné. Or le « sage Merlin » n'avait rien su garder pour lui qu'elle-même ne possédât. En vain cherchait-il maintenant à se dresser sur son séant ; le charme était plus fort que sa volonté. Il ferma les yeux. Seule sa voix trahissait encore la force de la jeunesse :

« Viviane ! Viviane ! ne me laissez pas ! »

Mais déjà Viviane, mesurant enfin, à la détresse de l'Enchanteur, toute l'étendue de son propre pouvoir, s'enfuyait pour ne plus entendre la voix désespérée de celui qu'elle venait de trahir si cruellement.

Plus tard, prise peut-être de remords, il pourra lui arriver de passer quelques instants auprès du vieil enfant qui fut son maître, mais, de lassitude, elle s'en éloignera tout aussi rapidement, tandis que les gémissements du reclus, répétés par les mille échos de la forêt, la poursuivront.

Et toujours, jusqu'à la fin des temps, ils vivront leur double passion, renouant et abandonnant tour à tour leur dialogue impossible. Lui l'appelant ; elle cherchant à le raisonner comme on raisonne un enfant malade. Merlin la priera et la suppliera de se souvenir de leurs premières étreintes : elle lui avait alors promis qu'un jour elle serait pleinement sienne ; mais, dans son désespoir, il ira jusqu'à lui proposer de la relever de cette promesse, pourvu qu'elle consente à lui tenir quelquefois compagnie dans sa prison. Cependant, Viviane, redoutant la vengeance éventuelle de l'Enchanteur si elle exauçait son désir, se gardera bien de pénétrer dans le cercle interdit.

Et, lorsqu'elle sera trop lasse de l'entendre, alors elle s'éloignera encore davantage du prisonnier d'amour et elle s'enfermera dans son château du Lac, toutes fenêtres closes, pour ne plus entendre l'écho de ses reproches et de ses plaintes.

« Arthur, cher compagnon, et vous chevaliers des deux Bretagnes, et vous aussi, petites gens des campagnes et des cités, que j'ai si souvent secourus, ne viendrez-vous pas délivrer celui qui vous a tant aimés ? »

Hélas ! Merlin peut bien se lamenter, il s'est retranché volontairement de ses amis et ceux-là mêmes qui lui montraient le plus d'affection, lorsqu'il était libre, passent maintenant à côté de lui sans se douter qu'ils l'ont frôlé.

D'ailleurs, il le sait mieux que personne au monde, nul ne peut lui venir en aide. Ah ! s'il cessait d'aimer Viviane, sans doute retrouverait-il sa liberté. La prison d'air ou, si l'on préfère, la tour invisible dans laquelle Viviane le tient enfermé est née de son seul consentement ; il suffirait qu'il la récuse pour qu'elle s'évanouisse dans l'éther car il n'a d'autre geôlier que sa propre passion et il n'est prisonnier que de son cœur… Mais il l'est bien !

Viviane croyait régner sans partage : elle règne seule, mais elle a payé si cher ses pouvoirs qu'elle en demeure inconsolable. Victime, à son tour, de leur commune folie, Elle est prisonnière de la crainte qu'Il lui inspire encore, comme Il est prisonnier de son amour pour Elle. De même que Merlin ne peut plus rien pour Elle, Viviane ne peut plus rien pour Lui et ses regrets tardifs ne font qu'aviver leurs tourments.

XVI

LA MORT DU ROI BAN

La disparition de Merlin devait priver le roi Arthur et les siens du plus sûr, du plus efficace des alliés. Assistés par leur ami, le roi Ban et le roi Bohor auraient pu sans doute se soustraire à la triste destinée qui les menaçait.

De retour à Bénoïc, le roi Ban s'était efforcé d'oublier son égarement d'une nuit au château des Mares. Vers la fin de l'hiver, la reine Hélène, sa douce femme épousée, avait comblé ses désirs les plus chers en lui donnant un fils, le petit Lancelot. Maintenant qu'il se sentait en paix avec son âme, l'avenir apparaissait au jeune roi comme un parc bien tracé dont aucune tempête ne troublerait plus jamais la sage ordonnance.

Et pourtant une ombre s'étendait déjà sur son bonheur : le roi Claudas, son plus proche voisin, le haïssait. Claudas reprochait tout d'abord au roi Ban d'avoir soutenu les prétentions d'Arthur dans sa lutte contre les vassaux rebelles. Et il faut bien admettre que le fils d'Uter Pendragon, réduit à ses seules forces, n'eût jamais pu se faire reconnaître par les autres rois et ducs couronnés de Grande et de Petite Bretagne pour leur légitime souverain. Si Claudas apparaissait aujourd'hui comme le dernier des grands vassaux insoumis, il le devait à Ban. Mais un autre grief, plus personnel, s'ajoutait à ce grief d'ordre politique : le roi de la Terre Déserte n'avait pas oublié la rude leçon que Ban lui avait infligée l'épée à la main devant Carohaise. Cette dernière humiliation n'était pas faite pour apaiser leur mésentente. À partir de ce jour la rancune du roi Claudas à l'égard de Ban s'était changée en haine.

Au cours du printemps qui avait suivi la disparition de Merlin, Claudas, encouragé secrètement par l'empereur de Romanie, s'était emparé par surprise des postes fortifiés qui commandaient la frontière orientale de Bénoïc, afin d'isoler Ban de son frère Bohor, son allié naturel ; puis il s'était fait ouvrir à prix d'or les portes de la ville de Redon que Ban avait dû abandonner à ses propres ressources pour se mettre en campagne ; enfin, par d'habiles contremarches, il avait amené le roi Ban à se replier sur Trèbe, la seule place importante qui lui restât.

Telle était la situation dans laquelle se trouvaient les deux rois au moment où ce récit commence.

Quand la mi-août fut venue, ayant perdu l'espoir de repousser Claudas sans une aide extérieure, Ban dit à sa femme :

« Bohor, malgré toute son affection, ne peut rien pour moi ; il est prisonnier dans son royaume comme je le suis dans le mien : les troupes de Claudas sont plus nombreuses et mieux armées que celles dont je dispose, car l'or de Rome les soutient. Seul Arthur est assez fort pour me secourir efficacement, mais si j'envoie un messager en Grande Bretagne, peut-être le roi Arthur ne lui accordera-t-il pas aussi rapidement qu'à moi-même cette aide dont j'ai un besoin immédiat ; je serai donc mon propre émissaire. Préparez-vous à me suivre avec notre enfant car je ne commettrai pas la folie de vous laisser seule dans une place assiégée, fût-elle la mieux gardée du monde. N'emportez rien qui ne soit absolument nécessaire : notre voyage ne durera guère plus d'un mois, or, avec l'aide de Dieu, Trèbe doit pouvoir soutenir un siège infiniment plus long. »

Le roi Ban disait vrai : nul château ne semblait moins vulnérable que celui de Trèbe. Les marais qui l'entouraient de trois côtés étaient si vastes et si profonds qu'aucune armée au monde n'eût osé s'y aventurer. Défiant toute surprise, Trèbe ne pouvait être réduite à merci que par la famine ou la trahison.

Sa décision prise, Ban confia la garde du château de Trèbe à son sénéchal, en l'adjurant de le défendre comme le cœur de sa poitrine et vraiment Trèbe, dernière place forte de Bénoïc, était aussi chère au roi Ban que sa propre vie, ainsi qu'il le prouva par la suite.

Dès le lendemain, un peu avant l'aube, Ban quittait secrètement la place assiégée, par une étroite chaussée qui permettait de gagner la terre ferme sans trop de risques ; la reine Hélène l'accompagnait. Un écuyer portait le berceau dans lequel dormait leur enfant. Trois chevaux les attendaient en bordure des marais.

La forêt de Brocéliande, qui délimitait au nord le royaume de Bénoïc, n'était qu'à quelques lieues de Trèbe. Dès qu'ils l'auraient atteinte, les fugitifs seraient à l'abri de toutes les poursuites.

La vue du Val sans Retour devait inspirer au roi Ban la pensée d'y faire une courte halte. Le soleil dardait ses premiers rayons, aucun nuage ne ternissait l'azur du ciel ; la journée s'annonçait comme devant être magnifique.

Tandis que la reine Hélène se reposait au bord du lac de Diane sous la garde vigilante de son écuyer, le roi ne put résister à la tentation de gravir la colline toute proche afin de jeter un regard d'adieu sur les marches de son cher royaume. De là-haut, il dominerait la plaine et, par ce temps exceptionnellement dégagé, il aurait même quelques chances d'apercevoir une dernière fois, aux confins de la forêt, la tache claire de son château.

Le roi Ban s'est retourné, il lui a semblé entendre derrière lui une voix étouffée qui criait : « Ban ! roi Ban ! ne monte pas sur cette colline ! Tu n'as rien à y gagner. Retourne auprès de la reine et du berceau dans lequel dort ton fils ! »

Qui peut l'appeler ainsi ? Le roi a cru reconnaître la voix de Merlin. Il arrête son cheval, écoute mais n'entend plus rien. Merlin, son ami, n'aurait pas manqué de renouveler son avertissement si cette voix avait été la sienne.

Ban continue sa route. À peine est-il parvenu sur la hauteur qu'il aperçoit, à l'horizon, une épaisse fumée et des flammes. La vue d'un grand pin qu'il connaît bien achève de le convaincre. Sa crainte se change en certitude : cette fumée, ces flammes, montent bien de la direction de Trèbe. Ce château qui brûle au loin, de l'autre côté de la plaine, ne peut être que le sien. Profitant de l'absence de son vrai seigneur, Alleaume, le propre sénéchal de Ban, s'est empressé de livrer la place à Claudas... Trèbe est en feu, Trèbe se consume ! Avec les murailles de son plus fort château, Ban voit s'écrouler ses derniers espoirs de recouvrer jamais sa terre.

Ah ! s'il tenait le traître, quelle joie Ban éprouverait à lui passer son épée à travers le corps ! Le chagrin qui l'angoisse est tel que sa raison s'égare : que n'a-t-il le pouvoir de franchir d'un bond la distance qui le sépare de Trèbe !

Le roi jette son cheval en avant et, dans un geste de mortel défi, le presse de sauter. Pense-t-il qu'au dernier instant l'action du mors suffira pour retenir la bête sur le bord de l'abîme ? Emporté par son élan jusqu'à l'extrême pointe du roc, le cheval glisse des quatre fers sur l'herbe rase et sèche, arrachant à la pierre dénudée une gerbe d'étincelles.

Ban pousse un cri : cheval et cavalier ont basculé dans le vide et tombent en tournoyant pour s'écraser cent pieds plus bas.

Le roi Ban gît maintenant au fond du ravin, les reins brisés. Revoyant sa vie dans un éclair, il supplie alors Notre-Sire d'avoir pitié de son âme, car nul prêtre ne l'entendra en confession. Du moins, avant de mourir, voudrait-il faire savoir aux siens qu'il a offert à Dieu son dernier souffle de vie. À portée de sa main croissent trois jeunes pousses de fougère ; le roi les arrache à tâtons et les place sur sa poitrine en hommage à la Sainte-Trinité, puis il étend les bras en croix et incline la tête vers l'orient. Enfin, ne pouvant retenir plus longtemps son âme, il expire.

Tout d'abord, la reine Hélène ne s'est pas inquiétée de l'absence du roi. N'avait-elle pas, pour la distraire, la compagnie de son petit enfant ?

« Ah ! lui disait-elle en le serrant sur son cœur, si Dieu permet que tu vives assez pour atteindre ta vingtième année, tu seras le plus beau des beaux. Béni soit Dieu qui m'a donné un pareil fils ! »

Mais soudain, répercuté par le ravin tout proche, un bruit de chute se fait entendre, suivi d'un éboulis de pierrailles. Plus agile que la reine, l'écuyer est déjà au bord de la clairière donnant sur le ravin.

La reine entend le grand cri que le valet ne peut s'empêcher de pousser en apercevant, au fond du gouffre, le corps inanimé de son maître. Affolée, elle pose l'enfant sur l'herbe et accourt. Un sentier, à demi envahi par les fougères et les ronces, permet d'atteindre le lieu où gît le roi Ban. Qui dira jamais la douleur de la reine Hélène lorsqu'elle comprend que son cher seigneur n'est plus ?

Elle appelle la mort et supplie Dieu de la prendre en pitié. Chétive, à quoi lui servirait-il de vivre, maintenant qu'elle a perdu ce qu'elle aimait le mieux sur terre ? Rien ne peut plus l'atteindre, ni joie ni peine ; nul lien ne la retient plus ici-bas... Elle est seule !

Qu'a-t-elle pensé ? Que Dieu lui pardonne son égarement ! Au milieu de sa désolation, le souvenir du petit Lancelot, son cher fils, lui est revenu à l'esprit dans un éclair. Où est-il ? Qu'en a-t-elle fait dans sa hâte ? Comment a-t-elle pu l'abandonner au bord de cet étang désert, ne fût-ce qu'un instant ?

La reine refait en courant le chemin qui mène au lac de Diane. Plus d'une fois le pied lui manque, elle trébuche dans les ronces, tombe et se relève. Enfin, les vêtements en désordre, tout échevelée, le visage en sang, la voici sur les bords du lac.

Le spectacle qui s'offre à sa vue fige la reine Hélène de surprise : une jeune fille merveilleusement belle tient l'enfant dans ses bras. Bien que la matinée soit encore fraîche, elle n'a pas craint de le démailloter. Et ce petit enfant tout nu qui lui sourit innocemment, elle le serre contre ses jeunes seins, et, se penchant sur lui, le couvre de mille baisers menus, sur le front, sur les yeux, sur la bouche, avec une passion d'amante plus que de mère.

« Au nom du Ciel, laissez-le ! s'écrie la reine, cet enfant n'est pas le vôtre et il aurait plus de raisons de pleurer que de rire car il vient de perdre son père ! »

En voyant la reine accourir, la jeune pucelle se lève vivement et, sans lâcher l'enfant qu'elle presse toujours sur sa poitrine, fait trois pas rapides vers le lac, joint les pieds et s'élance sous les eaux.

Ban et Bohor avaient toujours été liés par la plus tendre affection. Lorsque la mort de Ban lui fut annoncée, le roi Bohor se remettait à grand-peine d'une blessure reçue quelques semaines plus tôt alors qu'il tentait, une fois de plus, de se porter au secours de son frère, en dépit de la surveillance que Claudas exerçait sur les marches de leurs deux royaumes. L'annonce de la mort tragique du roi Ban l'éprouva si violemment que ses plaies se rouvrirent et qu'une fièvre se déclara qui l'emporta trois jours plus tard. Ainsi périt le roi Bohor dans la fleur de sa jeunesse, en partie des suites de ses blessures mais davantage encore de la peine que lui causa la mort de son frère très aimé.

Le roi Bohor laissait deux enfants : un fils, Lionel, qui n'avait pas trois ans, et un autre fils, plus jeune encore, également nommé Bohor comme son père. Après avoir ceint la couronne de Bénoïc, Claudas devait se rendre maître du royaume de Gannes. Il chercha à n'y manquer pas. Un chevalier nommé Pharien, redoutant les périls auxquels allaient se trouver exposés les héritiers de son maître, réussit à persuader la reine de lui confier les enfants afin qu'il les élevât secrètement.

À la pensée qu'elle devrait, dans leur propre intérêt, abandonner ses chers fils à des mains étrangères, la pauvre femme mena tout d'abord grand deuil, mais les raisons que Pharien avançait pour la décider étaient de celles qu'une mère finit toujours par admettre. Elle se résigna donc, non sans larmes, à cette épreuve qui lui brisait le cœur une seconde fois.

Sa sœur, la reine Hélène, s'était retirée chez les nonnes de l'abbaye de Paimpont ; l'infortunée la rejoignit et se fit recevoir dans le même monastère.

La douceur que les deux femmes éprouvèrent à s'entretenir de leurs joies passées ne fut pas sans apporter quelque apaisement à leur douleur présente, mais Notre-Sire devait, par la suite, les favoriser d'une grâce infiniment plus haute en prenant les orphelins sous Sa propre sauvegarde.

XVII

GAUVAIN ET LE CHEVALIER NAIN

Tout d'abord, le roi Arthur ne se soucia guère du silence de Merlin. Ce dernier l'avait habitué à de fréquentes absences. Cependant, avec la fuite des jours, puis des mois, puis des saisons, son inquiétude grandit. Une année s'était maintenant écoulée depuis le départ de l'Enchanteur.

Certains de ses anciens compagnons parlaient déjà de se mettre à sa recherche. En prenant place autour de la table ronde, n'avaient-ils pas fait le serment de s'entraider ? Gauvain supplia le roi Arthur de l'autoriser à tenter le premier sa chance.

Quelques jours plus tard, par un matin de mars, humide et froid, il quittait Carduel.

« Beau neveu, avait soupiré Arthur en le laissant aller, puissiez-vous ramener ici celui qui nous manque tant, mais je crains fort qu'il ne revienne jamais parmi nous… Si Merlin vivait encore, aurait-il laissé périr Ban et Bohor sans chercher à leur porter secours ?

« Ah ! roi Ban, roi Bohor, qui m'avez servi si loyalement dès l'aube de mon règne, que n'ai-je su à temps votre détresse !

« J'aurais donné volontiers ma vie pour sauver la vôtre ; mais, maintenant que vous n'êtes plus, que dois-je faire ? Seul Merlin aurait pu me conseiller. Lancelot, l'enfant de Ban, n'est sans doute plus de ce monde, bien que les eaux du lac de Diane n'aient jamais rendu son corps ; par contre, Claudas n'aura de cesse qu'il n'ait retrouvé Lionel et le petit Bohor. Ils lui serviront d'otages et, si le misérable apprend que je cherche à lui nuire, il les tuera.

— Sire, patientez durant quelques mois ! lui avait répondu Gauvain. D'ici un an et un jour au plus tard, s'il plaît à Dieu, je serai de retour avec ou sans Merlin. De toute manière, je vous rapporterai des nouvelles sûres des enfants de Ban et de Bohor ; en outre vous saurez comment le royaume de Gannes et le royaume de Bénoïc supportent le joug du roi Claudas. À trop vous hâter vous risqueriez de tout perdre. Songez que vous êtes comptable devant Dieu de la vie du plus humble de vos vassaux. Vos bonnes intentions ne suffiraient pas à vous justifier à Ses yeux si Claudas, vaincu et réduit au désespoir, se vengeait, avant de périr, sur des orphelins sans défense. »

Arthur dut reconnaître que messire Gauvain avait raison. Il attendrait donc… Mais le jour où il serait certain qu'une intervention du dehors ne pourrait plus nuire aux enfants des deux rois, il fondrait sur l'usurpateur et, s'en saisissant comme d'une proie, il le livrerait à la justice de ses pairs, en attendant que Notre-Sire Lui-même le punisse dans l'Au-Delà ; car celui qui a renié sa foi n'est pas digne de mourir en bataille.

Messire Gauvain avait à peine quitté Carduel qu'une demoiselle pénétrait à son tour dans la salle où se trouvait le roi. Elle était grande et belle, fière sans être arrogante et vêtue magnifiquement. Et pourtant, ce que l'on remarquait tout d'abord en la voyant, ce n'était malheureusement pas sa personne mais le singulier petit être qu'elle tenait dans ses bras, telle une jeune mère son nourrisson : un nain contrefait, bossu par-devant, bossu par-derrière, avec des bras courts et des jambes brèves et, sur ce corps de nabot, une tête dont le masque aux yeux brûlants d'intelligence était plus qu'à demi dévoré par une énorme barbe rouge.

« Sire, dit la demoiselle, en s'adressant au roi, je viens vers vous de loin, afin de vous réclamer un don.

— Demoiselle, répondit Arthur, s'il est une chose au monde que je puisse faire pour vous, sans qu'il en coûte à mon honneur, je la ferai bien volontiers.

— Sire, je vous prie et requiers d'armer chevalier ce damoiseau, mon ami, que je porte dans mes bras. Il est de gentil lignage, et nul ne fut jamais plus preux ni plus hardi. Il ne tenait qu'à lui d'être adoubé par le roi Pellès, mais il s'est promis de ne devoir ses armes qu'à vous-même. »

Avant que le roi n'ait eu le temps d'ouvrir la bouche pour répondre à la pucelle, Keu le sénéchal, toujours moqueur, ne put s'empêcher de s'écrier :

« Gardez-le bien, demoiselle, et serrez-le fort, de crainte que les chambrières de madame la reine ne vous l'enlèvent ! »

Mais la demoiselle, tout à son projet, préféra ignorer les propos du sénéchal et ceux qui étaient là ne s'en soucièrent pas davantage, car, au même moment, entrait dans la cour un groupe de cavaliers qui ne pouvaient manquer d'attirer tous les regards. Trois écuyers montés sur de beaux et bons chevaux de service le composaient : le premier écuyer portait l'épée et l'écu de son maître, un écu noir à trois léopards d'or couronnés d'azur ; le second tenait en laisse un destrier, tout caparaçonné de fer, petit mais fort bien découplé, dont le frein était d'or et les rênes de soie ; le troisième, enfin, menait par la bride un cheval de somme chargé d'un coffre.

Déjà, après avoir attaché leurs chevaux, les trois valets s'affairaient autour du coffre et en sortaient un minuscule haubert, des chausses de mailles en argent fin et un heaume en vermeil. Tandis que, de son côté, la demoiselle tirait de son aumônière deux éperons d'or, mignons à ravir.

Keu, ayant vu ces bijoux d'éperons, voulut les prendre afin d'en chausser le nain, car il réclamait maintenant, à grands cris, l'honneur de l'armer chevalier. Mais la demoiselle ne l'entendait pas ainsi :

« S'il plaît à Dieu, nul ne portera la main sur mon ami sinon le roi Arthur : seul un roi peut adouber un si noble et si haut baron. »

Arthur n'avait plus qu'à s'exécuter, ce qu'il fit de bonne grâce. S'étant mis à genoux devant le nain, il lui chaussa l'éperon du pied droit, tandis que la demoiselle lui chaussait celui du pied gauche. Ensuite il revêtit le petit homme de son haubert, lui ceignit l'épée au côté et l'accola en lui disant, suivant la coutume :

« Dieu vous fasse prud'homme !

— Sire, lui demanda encore la demoiselle, que rien n'étonnait, priez-le en outre d'être mon chevalier. »

Le roi ne pouvait refuser cette dernière grâce à la

pucelle après les preuves de bonne volonté qu'il lui avait déjà données.

« Je serai donc votre chevalier, demoiselle, dit le nain, puisque le roi me le demande. »

Là-dessus, il approcha son destrier du montoir et, grâce aux mains secourables de son amie, se hissa en selle ; puis la demoiselle en fit autant, aidée à son tour par l'un des deux écuyers, fort gêné lui-même par l'impatience de son roussin. Enfin le cortège put se mettre en route après avoir salué une dernière fois le roi Arthur.

Faut-il préciser que le nouveau chevalier – qui portait, ainsi qu'il se doit, l'écu au col et la lance au poing – ouvrait la marche ?

Comme ils allaient atteindre l'orée de la forêt de Logres, la pucelle et son ami virent venir à leur rencontre un chevalier richement armé dont le palefroi pie allait l'amble merveilleusement,

« Voici enfin ma douce amie ! s'écria l'étranger du plus loin qu'il aperçut la demoiselle au nain. Dieu soit loué pour m'avoir fait trouver celle que je cherchais depuis si longtemps ! Par avance elle est mienne.

— Sire, répondit le nain le plus doucement qu'il put, ne vous montrez pas aussi assuré. Cette demoiselle ne vous appartient pas encore !

— Il suffit que je l'aime, répliqua le chevalier aux belles armes, comment saurait-elle me résister ? »

Déjà le fat s'approche de la pucelle. Quiconque eût supporté de voir son amie traitée d'une manière aussi discourtoise sans en demander compte à l'offenseur n'eût, certes ! pas été digne du nom de chevalier. Avant que l'étranger ne soit parvenu à la hauteur de la jeune fille, le petit homme a pris du champ. Vite, il assure sa lance et se cache derrière son écu, de telle sorte qu'il ne montre plus qu'un seul œil et, tout aussitôt, piquant des éperons à travers les trous qu'il a fait pratiquer dans les quartiers de sa selle afin que ses courtes jambes pussent atteindre les flancs de sa monture, il court sus à son adversaire, de toute la vitesse de son destrier, en lui criant de se garder. Mais quel jouteur n'eût cru déchoir en se mesurant avec un tel néant ? Sans même croiser sa lance, le chevalier aux belles armes oppose seulement son écu au coup qui le menace. Il va payer cher son imprudence : la lance le heurte si rudement qu'elle le jette à terre l'épaule déboîtée. « Grâce ! grâce ! » commence à crier le blessé, mais le minuscule champion se garde bien de l'écouter. Après avoir fait passer et repasser son cheval sur le cavalier désarçonné, et de si rude manière que celui-ci, tout froissé, manque de se pâmer de douleur, il demande à la demoiselle de le mettre à terre, puis, courant au gisant, il commence à délacer le heaume de l'infortuné dans l'intention bien arrêtée de lui couper le cou s'il ne se rend à merci.

« Grâce ! crie à nouveau le chevalier aux belles armes. Je m'avoue vaincu !

— Sache que je ne te laisserai la vie que si tu me jures de te rendre sans délai à la cour d'Arthur, comme son prisonnier, en précisant bien que c'est le nain qu'il vient d'adouber qui t'a vaincu. »

Le chevalier ayant juré sur sa foi tout ce que son vainqueur exigeait qu'il promît – et qui se fût comporté autrement à sa place ? –, le nain se tourna dignement vers son amie et la pria de l'aider à se remettre en selle ; ce qu'elle fit cette fois du haut de sa mule mais non sans peine. Puis ils s'en furent de compagnie avertir les écuyers du blessé que leur maître avait besoin d'eux... Enfin, le plus naturellement du monde, ils reprirent leur route.

Le chevalier navré tint parole ; dès le soir, il se présentait au roi Arthur, couché sur une litière improvisée.

« Sire, dit-il au roi, je me livre à vous par fidélité à la parole donnée, mais je ne le fais pas sans honte car j'ai été vaincu, les armes à la main, par la plus ridicule des créatures qui jamais tînt une lance.

— Racontez-moi comment la chose est arrivée, dit le roi.

— Je m'en retournais à travers bois, ce matin même, vers mon château de Kornizel, lorsque je vis venir à moi la belle Bianne de Clamadieu, en compagnie d'un affreux nabot, dont, hélas ! elle est l'amie. Ayant aimé moi-même cette Bianne pendant de longues années, sans nul succès, je n'ai pu me retenir de la railler aussi cruellement qu'un homme éconduit peut le faire... Mais le petit chevalier qui l'accompagnait s'est institué tout aussitôt son défenseur et, d'un seul coup de lance (qu'il est vrai je n'ai pas pris la peine de parer), ce nabot m'a mis dans l'état où vous me voyez.

— Ainsi vous êtes mon prisonnier, dit le roi en souriant. Ces dames se feront une joie d'adoucir votre captivité, toutefois je ne vous libérerai qu'après avoir appris de votre bouche le nom du vainqueur.

— Sire, c'est le fils du roi d'Estrangore. Ne l'avez-vous pas adoubé de votre propre main, ce matin même ?

— Comment Notre-Sire a-t-il permis qu'un pareil avorton pût naître du meilleur des hommes ?

— Il y a deux ans, cet avorton était encore un damoiseau plein de grâce mais, depuis lors, une pucelle qu'il ne voulait pas épouser l'enchanta et, par ses maléfices, le réduisit peu à peu à l'état où il se trouve aujourd'hui. Je n'en sais pas plus.

— S'il est vrai qu'une demoiselle lui fit tout le mal qu'elle put, dit pensivement le roi, il faut reconnaître qu'une autre demoiselle lui est aujourd'hui bien douce !

— Hélas…, répondit en soupirant le pauvre chevalier. Et maintenant, sire, puis-je vous demander, en grâce, la permission d'aller cacher ma honte loin d'ici ?

— Allez ! doux ami, dit le roi avec bonté, et que Dieu vous rende la santé ! »

Les écuyers, ayant replacé leur maître sur sa litière, le ramenèrent chez lui en ce piteux équipage.

Après avoir quitté la cour du noble roi Arthur au moment même où le chevalier d'Estrangore y entrait sur les bras de son amie, Gauvain se dirigea vers la forêt de Logres qu'il devait, de toute manière, traverser pour gagner la côte. De là il s'embarquerait pour la Petite Bretagne où il croyait savoir que Merlin avait été vu pour la dernière fois.

Certains conteurs assurent que messire Gauvain, qui cheminait pensivement en songeant aux difficultés de sa mission, rencontra une demoiselle qu'il eut le tort, absorbé comme il l'était dans ses propres pensées, de ne pas saluer.

Pour se venger, la demoiselle lui aurait souhaité de ressembler au premier homme qu'il rencontrerait. Malheureusement pour lui, sa route devait croiser celle du nain d'Estrangore regagnant son château après avoir vaincu le chevalier aux belles armes de la manière que l'on sait. De sorte que l'infortuné Gauvain serait devenu, pour un temps, semblable à cet avorton.

Mais cet épisode semble avoir été imaginé comme à plaisir. La vie de messire Gauvain est déjà si riche en aventures qu'il convient de s'en tenir à celles qui sont vraiment prouvées.

Ayant été drossé par la tempête jusqu'à la pointe extrême du pays de Léon, en Petite Bretagne, Gauvain en profita pour rendre visite à tous les vassaux du roi Arthur qui eussent pu entendre parler de Merlin. Ainsi parcourut-il toute la côte ouest et sud-ouest de la Bretagne depuis la presqu'île de Crozon jusqu'à la presqu'île de Rhuys, que Merlin affectionnait particulièrement car l'opulente forêt de chênes verts qui la couvrait en ce temps-là lui rappelait d'autres grands bois chers à son cœur…

Enfin, sur la foi des informations qu'il avait reçues et qui toutes concordaient, messire Gauvain, finissant par où il aurait dû commencer, remonta vers l'intérieur des terres. Si bien qu'un soir, après plus de huit mois de vaines recherches, le bon chevalier s'engageait sous le couvert de Brocéliande.

Parvenu au Val sans Retour, Gauvain eut l'impression qu'une masse vaporeuse lui barrait la route, telle une muraille à la fois opaque et translucide, dense et fluide. De lui-même, son cheval s'arrêta en renâclant, puis recula comme s'il eût aperçu quelque être ou quelque objet invisible pour son maître.

« Gauvain ! dit alors une voix sans timbre, je suis la voix de ton ami ; celui que l'on appelait, il n'y a pas si longtemps, le sage Merlin. Retourne vers Arthur et dis-lui qu'il ne me verra plus jamais en ce monde car je ne puis sortir de la prison aérienne dans laquelle me tient enfermé celle à qui j'ai tout appris de ce que je savais moi-même… et qui m'a trahi.

« En ce qui concerne les enfants de Ban et de Bohor, dis au roi Arthur qu'il ne craigne rien : Lancelot, le fils du roi Ban, est en lieu sûr, et j'ai de bonnes raisons pour te dire que le manoir dans lequel il a trouvé refuge n'est pas loin d'ici. Quant aux héritiers du roi Bohor, Lionel et son frère le petit Bohor, sache que le roi Claudas, si cruel soit-il, ne nourrit aucun mauvais dessein contre eux, du moins pour l'instant.

« Tu reviendras parfois dans cette forêt, entraîné par ta passion pour la chasse. Un jour je te parlerai de nouveau à travers cette muraille aérienne qui me sépare du monde visible, mais ne recherche pas cette occasion ; elle se présentera d'elle-même lorsque tu y penseras le moins. Alors je t'annoncerai des événements qui surprendront le monde païen mais non la Chrétienté, car ces événements ne feront que confirmer la toute-puissance de Notre-Sire et ils seront une source de grâce pour les deux Bretagnes. »

Gauvain s'avança vers le lieu d'où semblait partir la voix, mais au moment même où il pensait pénétrer dans la prison aérienne, ses murailles parurent se dissoudre dans l'espace tandis qu'un souffle glacial le frappait au visage. Tremblant, il appela son ami :

« Merlin ! Merlin ! »

La brume qui flottait devant ses yeux, quelques instants plus tôt, s'était dissipée. Le soleil luisait haut et clair à travers les branches et, là où il avait cru apercevoir la masse indécise d'une tour, il ne vit plus qu'un buisson fleuri d'où s'envolèrent bientôt, en pépiant, une multitude d'oiseaux comme si nulle présence humaine n'eût, jusque-là, hanté ces lieux. Alors, comprenant qu'il n'en saurait jamais davantage, Gauvain s'éloigna tristement. Il ne lui restait plus qu'à retourner d'où il venait...

Arthur l'attendait avec impatience : un peu moins d'un an après avoir quitté Carduel, messire Gauvain se retrouvait devant le roi avec le sentiment d'avoir rempli l'essentiel de sa mission. Dans quelques semaines, Galessin et ses trois cousins, Agravain, Guerrehès et Gahériet, regagneraient à leur tour la résidence d'été du roi Arthur ; mais le récit de leur quête n'apporterait nulle précision nouvelle.

Personne n'en saurait davantage sur la disparition de l'Enchanteur.

À la pensée qu'il ne reverrait plus Merlin son ami, auquel il devait tant, le roi Arthur éprouva un vif chagrin. Les nouvelles que Gauvain lui avait données au sujet des enfants de Ban et de Bohor pouvaient seules adoucir sa peine ; toutefois, plusieurs années allaient s'écouler avant que l'occasion d'intervenir en faveur des trois orphelins ne s'offre au roi.

XVIII

LA CHASSE DU ROI ARTHUR

La mort de Ban et de Bohor marqua tristement cette année-là. Cependant, le deuil qui suit la disparition d'un être cher ne peut durer éternellement. Ainsi en fut-il du deuil des deux rois. Après avoir tout d'abord respecté le chagrin d'Arthur, ses familiers ne tardèrent pas à lui rappeler les obligations qu'il conservait à l'égard des vivants.

La chasse avait toujours été le délassement favori du jeune prince et de ses barons ; mais cette fois, il n'allait pas s'agir d'un délassement... Un matin, on vint avertir le roi Arthur que Tourc'h, le sanglier blanc dont le nom seul faisait trembler les petites gens des deux Bretagnes, s'était rendu coupable d'un nouveau meurtre aux environs mêmes de Carduel.

La veille au soir, il avait tout d'abord attaqué des lavandières rentrant paisiblement chez elles après une dure journée de travail, mais la promptitude de leur fuite les avait sauvées. Alertés par les cris de ces femmes, quelques manants armés de fourches et de crocs étaient parvenus à cerner le sanglier ; celui-ci, pour se dégager, les avait chargés à leur tour et, rendu furieux par ses blessures, s'était acharné contre un jeune berger qui se trouvait, par malheur, sur son passage. L'enfant était mort à l'aube et la mère avait parcouru trois lieues pieds nus, à travers la forêt, pour venir supplier le roi de faire bonne justice de la bête.

Arthur promit à la pauvre mère de tenter l'impossible pour s'emparer de Tourc'h, mais tenir une telle promesse n'était pas aussi facile qu'il pouvait sembler, car, de tous les fauves que le roi et ses veneurs avaient déjà eu l'occasion d'affronter au cours de leurs chasses innombrables, nul ne s'était acquis une réputation de ruse comparable à celle de Tourc'h, le sanglier à la crinière d'argent. Et pourtant, fidèle à l'instinct des bêtes sauvages qui veut qu'un animal traqué emprunte généralement les mêmes sentiers et cherche asile dans les mêmes lieux, Tourc'h s'en tenait le plus souvent à quelques itinéraires éprouvés, mais, parvenu à l'extrême limite de ses forces, il avait toujours réussi jusque-là, grâce à sa prodigieuse finesse, à dépister ses poursuivants. Le choix de ses retraites dépendait de la région où les chiens l'avaient découvert. Certes, nulle terre au monde ne lui était plus familière que celle de Grande Bretagne – les landes et les bois d'Écosse, d'Irlande, du pays de Galles lui offraient tour à tour un abri relativement sûr – et pourtant, aux heures de péril, c'est en Petite Bretagne, au cœur même des forêts mystérieuses de la péninsule armoricaine, qu'il se réfugiait le plus volontiers.

C'est pourquoi, lorsqu'ils avaient surpris Tourc'h à l'extrême pointe de la Cornouailles insulaire, le roi et ses compagnons, sachant pour l'avoir appris à leurs dépens que les flots eux-mêmes ne l'arrêteraient pas, se jetaient sans plus attendre dans quelque barque rapide et gagnaient la haute mer afin d'interdire au fugitif toute retraite vers le large. Mais Tourc'h excellait à se rendre invisible : il nageait tout d'abord dans la direction du soleil pour aveugler ceux qui cherchaient à le suivre et ne mettait le cap sur la Petite Bretagne qu'après un long détour. Si les ténèbres survenaient assez tôt, la mince traînée de lumière que la bête enchantée laissait derrière elle guidait, du moins, les mariniers d'Arthur. Rivalisant de célérité avec leur proie, ceux-ci s'efforçaient alors désespérément de la rejoindre avant la côte, mais toujours vainement…

Dès que Tourc'h avait touché la rive opposée, la grande chasse d'Arthur à travers les forêts armoricaines commençait.

Aux halliers de la forêt du Gâvre, trop distante de la mer, Tourc'h préférait les hautes frondaisons de Brocéliande. Lorsqu'il avait abordé en Bretagne par la côte nord, il cherchait donc, le plus souvent, à gagner directement le couvert de Paimpont. Le prodigieux effort qu'il avait déjà fourni semblait devoir le mettre à la merci des chiens ; déjà ces derniers le chassaient à vue, avec de grands abois, tandis que leurs maîtres les excitaient de la voix et du geste. Mais le même miracle toujours se renouvelait : aux abords des étangs Bleus de Paimpont le fugitif retrouvait toute sa vigueur ; loin de succomber à la tentation mortelle de s'y baigner, il s'en détournait en hâte pour se réfugier finalement au plus creux du Val sans Retour. Là, chaque fois, la chasse du roi lancée à sa poursuite perdait sa trace après l'avoir vu s'évanouir dans la brume. Et si la nuit surprenait veneurs et limiers dans cette partie de la forêt, les mirages du Val sans Retour les retenaient prisonniers jusqu'à l'aube.

Mais ce n'était là que l'une des feintes les plus innocentes de leur vieil ennemi, car celui-ci choisissait généralement la mauvaise saison pour accomplir ses courses les plus longues et les plus dures à travers la Petite Bretagne. L'hiver, quand le froid avait glacé la terre, rendant le sol glissant aux fers des chevaux, Tourc'h, vers la fin de quelque périlleuse poursuite, ralentissait son allure au point de se laisser gagner par les chiens – une longue expérience lui avait appris que la meute, livrée à son seul instinct, n'oserait pas l'attaquer : Kavall lui-même, le limier favori d'Arthur, s'en serait bien gardé – puis, enveloppé de leur douce chaleur, il prolongeait indéfiniment sa course et se faisait un jeu de traverser toute la Bretagne, de la Cornouaille armoricaine au Léon, en passant par le Trégor, tandis que ses persécuteurs, tourmentés à leur tour par la morsure du froid, souffraient derrière lui mille passions et manquaient à tout instant de se rompre les os.

Avec quel dépit – et quel soulagement – Arthur voyait enfin le sanglier magique franchir les premiers contreforts des montagnes d'Arrée pour disparaître dans les marais du Yeun où la tradition celtique place l'entrée de l'enfer. Le nom seul du Yeun mettrait, du moins, les chasseurs à l'abri de tout blâme, car nul n'oserait leur reprocher de n'avoir pas poursuivi leur proie au-delà de cette frontière redoutable qui sépare le monde des vivants de celui des morts, pour ne pas dire des réprouvés !

Cependant toutes les courses de Tourc'h ne se terminaient pas dans une région aussi hostile. À la saison des amours, le vieux mâle abordait parfois en Bretagne plus au sud, afin de rejoindre Gwiz, la grande laie sauvage aux soies de neige qui devait donner son nom à la presqu'île de Rhuys. Et quand ils étaient las de s'être fait chasser dans les bois d'yeuses toujours verts de Kerlévenan et de Truscat, sur les rives du golfe du Morbihan, Tourc'h et Gwiz se réfugiaient dans l'un ou l'autre des minuscules îlots du golfe, Kistinnig, Izenac'h ou Gavrinis, pour la plus grande humiliation de leurs poursuivants car ceux-ci ne renonçaient généralement à les atteindre, à travers les chenaux sinueux, qu'après s'être enlisés dans la vase jusqu'au poitrail de leurs montures.

Alors Arthur et ses compagnons, recrus de fatigue et déçus, reprenaient le chemin de la plage où les attendaient leurs vaisseaux. Souvent, après avoir franchi le petit pont de pierres sèches construit par les mercenaires de Romanie sur l'ancienne voie qui reliait Surzur à Sarzeau au temps où Rome prétendait asservir la Bretagne, le roi faisait halte devant la fontaine de Kerlis, proche des bois de Kohanno, afin de s'y désaltérer. Et, si l'heure n'était pas trop tardive, tandis que les valets s'occupaient de soigner chevaux et chiens blessés, le maître d'équipage et ses veneurs devisaient longuement de la chasse ; à les en croire, ils sauraient bien déjouer à l'avenir les feintes de Tourc'h, le sanglier enchanté, et lui couper toute retraite. À son défaut, ils prendraient Gwiz, sa femelle. Mais toujours Tourc'h et Gwiz se dérobaient, et c'est en vain qu'Arthur se promettait de les tuer de sa propre main lorsqu'il les atteindrait.

Parfois, aussi, ils prenaient tous ensemble la résolution d'abandonner un jeu qui ne leur avait apporté jusque-là que fatigue et déception, mais les uns et les autres savaient bien que, à l'instant même où la présence de Tourc'h leur serait de nouveau signalée dans la forêt de Logres, le sanglier aurait toute la meute sur ses traces. Et si, par malheur, Tourc'h devait encore leur échapper lors de la chasse suivante, ils savaient également que le dernier de leurs valets de chiens n'hésiterait pas davantage à le poursuivre une autre fois avec plus d'ardeur que jamais ; car le roi et les siens eussent renoncé plus volontiers à toutes leurs autres chasses plutôt qu'à celle-là, en raison même des périls qu'elle offrait.

Et pourtant, le moment où Gwiz devait se faire prendre était proche : la première chasse que le roi Arthur entreprit après la mort de Ban et de Bohor pour se défaire de Tourc'h fut fatale à la truie sauvage dont le nom seul avait, durant tant d'années, terrifié la presqu'île de Rhuys. Arthur avait, ce jour-là, mené la chasse jusqu'au Mont. Là, Tourc'h, le vieux mâle, était parvenu à brouiller ses traces ; les chiens de tête, prenant le change, l'avaient alors abandonné pour suivre sa femelle. Moins résistante et surtout moins rusée que Tourc'h, Gwiz s'était laissé acculer à la pointe de l'anse rocheuse qui ferme, à l'est, la baie de Suscinio. La meute, livrée à elle-même, l'entourait, prête à la déchirer ; il pleuvait, le vent soufflait en tempête comme rarement il lui arrive de souffler au cœur de l'été ; la mer était démontée. Par trois fois, Gwiz se jeta dans les flots pour chercher à fuir ainsi qu'elle l'avait fait si souvent ; mais, par trois fois aussi, les vagues la rejetèrent toute meurtrie sur les roches aiguës. Alors, la voyant défaillante, épuisée, à leur merci, les chiens la coiffèrent sauvagement, mêlant leurs abois furieux à ses derniers râles, tandis que son sang rougissait l'herbe rase de la dune.

Lorsqu'Arthur et les siens arrivèrent pour la servir, Gwiz était morte. Seule sa tête était encore intacte. La meute n'avait pas attendu la permission des valets de chiens pour commencer la curée. Ayant fait trancher cette tête si longtemps convoitée, Arthur la rapporta comme un trophée en pays de Galles. Sur son ordre, la hure de la grande laie fut ensuite clouée contre la porte maîtresse du château de Carduel, moins pour satisfaire la vanité du roi que pour rendre hommage à son ennemie vaincue.

C'est depuis lors que la pointe rocheuse sur laquelle Gwiz expira s'appelle Penvins ou Pennwiz, c'est-à-dire, en breton, la « tête de la truie sauvage ». Ultime souvenir de la courageuse défense de la grande laie blanche qui défia si longtemps Arthur et dont la tête seule fut respectée par les chiens.

Quant à Tourc'h, rendu plus farouche encore par la solitude à laquelle la mort de Gwiz l'avait condamné, sa fin reste mystérieuse. Selon quelques conteurs, il aurait été tué par le roi Arthur dans une lande proche de Quimper, sur le lieu même où s'élève aujourd'hui le village de Tourch. Cependant la tradition la plus sûre affirme que le sanglier fabuleux ne fut jamais pris. Arthur, après l'avoir chassé tout au long de son règne, le chasserait encore si l'on devait en croire certaines vieilles gens des deux Bretagnes qui pensent reconnaître, dans le grondement lointain de l'orage, un écho de la chevauchée du roi.

Quoi qu'il en soit de cette survivance éventuelle du vieux solitaire, le jour qui venait de voir la fin de Gwiz allait apporter une autre aventure au roi Arthur : au moment même où les chiens s'emparaient de la femelle de Tourc'h, un messager du roi Rion des Îles se présentait à Carduel.

Comment l'aurait-on oublié ? Ce roi Rion, qu'Arthur avait vaincu devant Clarence, devait son surnom de « Cruel » aux traitements indignes qu'il ne rougissait pas d'infliger à ses prisonniers. Non content d'enchaîner à ses galères les captifs que le sort des armes lui livrait, qu'ils fussent gens de pied, chevaliers ou princes couronnés, il se faisait en outre une joie perverse de scalper de sa propre main les plus illustres d'entre ces infortunés… afin d'agrémenter son manteau royal de leur chevelure et de leur barbe.

La barbe du souverain des deux Bretagnes lui manquant, le roi Rion des Îles l'envoyait querir.

Dès son retour à Carduel, Arthur, prévenu de la présence du messager, se rendit à la salle où l'homme l'attendait. Le malheureux tremblait de tous ses membres tant il redoutait la colère de son hôte lorsque celui-ci aurait été informé des exigences du roi païen. Mais la requête de Rion, loin d'irriter Arthur, le mit en joie et, vraiment, il y avait bien longtemps que le jeune souverain n'avait ri d'aussi bon cœur !

S'étant enfin repris, Arthur répondit au messager du roi des Îles :

« Ton maître est trop piètre barbier pour que je consente à m'abandonner volontairement à ses soins. N'était-il pas devant Clarence lorsque je m'y trouvais moi-même ? L'occasion de me raser de vive force s'offrait à lui ; redoutant sans doute le tranchant de ma propre lame, le couard s'est bien gardé d'émettre une pareille prétention. Cependant si Rion le Cruel cherche aujourd'hui un nouveau prétexte pour jouter contre le roi Arthur, qu'il vienne ici hardiment ! Je l'accueillerai comme un chevalier doit accueillir un hôte de marque, fût-il son ennemi ; puis, à l'heure de son choix, nous mettrons l'épée à la main… et l'un de nous tranchera la tête de l'autre. »

Les barons approuvèrent bruyamment le roi. Le messager, trop heureux de s'en tirer à si bon compte, n'insista pas, et Arthur n'entendit plus parler de Rion jusqu'au jour où il apprit que Galessin le Rouge Moissonneur, défié à son tour par le roi des Îles, lui avait tranché la tête avec la barbe, mettant ainsi un terme à la plus insensée des coutumes païennes.

Toutefois, ni sa passion pour la chasse ni même son amour pour Guenièvre, sa chère femme épousée, ne pouvaient faire oublier au roi Arthur les devoirs de sa charge. La pensée que les enfants de Ban et de Bohor menaient une existence de proscrits ne cessait de le tourmenter. Son impuissance à les secourir lui apparaissait comme une faute. Tant qu'il n'aurait pas vengé la mémoire de ses amis et fait triompher les droits de leurs fils, Arthur ne connaîtrait plus ni vrai repos ni vraie joie.

XIX

LES ENFANCES DE LANCELOT DU LAC

Et pourtant, une fois de plus, Merlin avait dit vrai : les enfants du roi Ban et du roi Bohor ne couraient pour le moment aucun péril. Lionel et son jeune frère, prénommé Bohor comme leur père, avaient trouvé refuge chez Pharien à l'insu du roi Claudas, tandis que Lancelot, entraîné sous l'écran du lac par sa ravisseuse, bénéficiait du plus sûr et du plus secret des asiles.

Lorsque Viviane, la Dame du lac, découvrit l'enfant sur le bord de l'étang de Diane, elle ne se doutait pas de la place que ce petit être innocent et désarmé, ignorant jusqu'au soupçon du mal, allait prendre dans sa vie… Il sourit et une vague de tendresse la submergea.

Nulle créature humaine n'est foncièrement bonne, ni foncièrement mauvaise, parfaitement sage ni tout à fait folle. Merlin, regardé jusque-là comme le plus sage des hommes, n'avait-il pas commis finalement les pires folies ? Viviane pouvait bien, pour une fois, céder à une impulsion généreuse. Ce don de soi, pur, désintéressé, unique, qu'elle refusa toujours à son amant, elle l'avait octroyé, en échange d'un sourire, à ce petit enfant qui n'était même pas né de sa chair.

Le péché dont Viviane se rendit coupable, en s'emparant si cruellement du fils du roi Ban et de la reine Hélène, semble de ceux que Dieu Lui-même ne saurait pardonner. Comment croire cependant qu'Il ne lui tint pas compte, dans Sa miséricorde, de ce don joyeux qu'elle fit de sa jeunesse à l'orphelin ? Car, s'étant donnée sans calcul, Viviane ne songea pas à se reprendre mais s'efforça d'élever cet enfant dérobé comme si elle eût été, vraiment, sa propre mère.

Depuis que Viviane avait décidé d'y demeurer, le château du Lac s'était agrandi. De riches dépendances le complétaient maintenant. Toutefois, selon la volonté de Merlin, parc et château demeuraient toujours invisibles de l'extérieur ; du moins pour quiconque n'en était pas l'hôte, car, peu à peu, une petite cour composée de beaux damoiseaux et de gentilles pucelles bien enseignées s'était formée autour de la « Dame du lac », comme Viviane elle-même se faisait appeler.

Tel était le refuge enchanté vers lequel avait été entraîné Lancelot. Celui-ci devait y passer toute son enfance. Cependant Viviane, après l'avoir enlevé de la manière que l'on sait, s'était tue sur ses origines ; certains de ses serviteurs traitaient donc l'enfant de « Beau Trouvé » tandis que les autres le saluaient tendrement du titre de « Fils de roi », imitant en ceci leur maîtresse qui aimait lui donner ce surnom.

Le petit Lancelot était naturellement si beau et si fort qu'à trois ans il en portait cinq. Lorsque l'orphelin eut atteint sa septième année, Viviane le remit entre les mains d'un maître, afin que celui-ci lui apprît tout ce qu'un vrai chevalier doit savoir, depuis les arts et les menus passe-temps auxquels les dames prennent part avec tant de plaisir au cours des longues soirées d'hiver jusqu'à ces rudes jeux d'armes qui seuls peuvent préparer un jeune valet à son futur rôle de chevalier ; car seuls l'effort, le risque et la douleur sont capables de former la chair et le cœur en vue d'une fin si haute.

Quant aux vertus de l'âme, il les possédait de naissance à un tel degré que nul maître n'eut jamais à lui enseigner ces trois qualités qui devraient distinguer du commun tout vrai chevalier : le désintéressement, la franchise et la fidélité à la parole donnée.

Dès que Lancelot eut dix ans accomplis, Viviane lui fit confectionner des armes à sa taille : un arc, des flèches, des javelots. À partir de ce moment, le jeune veneur fut autorisé à chasser dans les environs du lac mais toujours sous la surveillance de son maître.

Les jours où il savait que Lancelot devait chevaucher ainsi en dehors du parc, Merlin, s'efforçant de maîtriser son chagrin, cessait d'appeler Viviane, de peur d'éveiller la curiosité de l'enfant et de troubler son cœur. Quel captif, cependant, n'oublie, par instants, ses résolutions les plus sages ? Lorsque pareille faiblesse advenait au prisonnier de la geôle aérienne, Lancelot, de retour au manoir du Lac, ne manquait pas d'interroger sa dame, qui soudain pâlissait de l'entendre :

« Quelle est donc, lui demandait-il, cette longue plainte apportée par la brise du soir jusqu'au Val sans Retour ? Alors Viviane, pour faire taire le petit valet, lui répondait seulement :

« Vous vous trompez, cette voix si curieusement

humaine n'est autre que celle du vent dans les hautes ramures de Brocéliande. »

Un jour où Viviane l'avait autorisé à chasser dans la forêt en compagnie de son maître et de quelques veneurs, il advint que l'enfant distança et perdit ses compagnons moins bien montés. Ayant tué, d'une seule flèche, le chevreuil que les chiens poursuivaient, le petit chasseur l'attacha prestement à sa selle et fit demi-tour, non sans penser qu'il était bien heureux d'avoir un si bon cheval pour le porter, car cette équipée l'avait fort éloigné du domaine du Lac. Au bout d'une lieue, Lancelot croisa un cavalier dont la monture blessée ne semblait plus pouvoir mettre un pied devant l'autre. L'homme, un tout jeune damoiseau pauvrement vêtu, s'efforçait d'encourager le malheureux roussin, mais, devant l'insuccès de ses efforts, il ne pouvait retenir ses sanglots. Ayant peine à croire qu'un garçon de bonne race pût pleurer pour un motif aussi futile que la blessure d'un cheval, l'orphelin du Lac lui demanda la cause de son chagrin.

« Non, lui répondit le damoiseau, ce n'est pas sur mon cheval que je pleure, bien que je sois navré de le voir en si triste état. Ce qui m'afflige ainsi, c'est la pensée de ne pouvoir tenir un engagement d'honneur. En effet, j'avais assigné devant le roi Claudas le meurtrier d'un mien parent ; je devais soutenir mon droit par bataille, et maintenant, que dira-t-on en constatant que je n'ai pas été fidèle à ma parole ?... Car, avec cette pauvre bête épuisée, comment pourrais-je être à Gannes pour demain ?

— Si vous aviez un bon cheval, vous serait-il possible d'atteindre la cour du roi Claudas avant l'heure convenue ?

— Oui, sire, sans aucun doute, répliqua l'adolescent, quand bien même je devrais accomplir à pied le tiers du chemin.

— Au nom de Dieu, échangeons nos montures ! Je ne laisserai pas soupçonner de couardise un futur chevalier, faute d'un cheval pour le porter jusqu'au lieu de sa bataille... »

Et, tout aussitôt, Lancelot saute à terre, fait l'échange des selles et, après avoir attaché sur le misérable roussin le chevreuil qu'il a tué, continue sa route à pied sans s'attarder à écouter les remerciements du damoiseau. Tout homme de bon sens, à la vue de l'enfant tirant et poussant tour à tour le bidet blessé, l'eût sans nul doute blâmé pour avoir fait un tel marché de dupe... Et, cependant, jamais Lancelot ne s'était senti aussi joyeux, tant il était sûr d'avoir bien agi.

Ses aventures n'étaient pas terminées ! Un peu avant d'arriver au Val sans Retour, alors qu'il s'apprêtait à quitter la route de Tréhorenteuc pour celle qui mène au lac de Diane, Lancelot fit encore la rencontre d'un vavasseur de la forêt. Surpris de trouver un tout jeune enfant seul en cet équipage, l'homme lui demanda tout d'abord d'où il était et comment il s'était procuré le chevreuil qui pendait à l'arçon de sa selle.

« J'habite au manoir du chevalier Dyonas, dit le petit veneur – c'était la réponse que Viviane lui avait recommandé de faire à quiconque l'interrogerait. Quant à ce chevreuil, certes je l'ai tué moi-même, mais, si tel est votre désir, je vous en donnerai volontiers une part.

— Mille mercis ! lui répondit le vavasseur, je me garderai bien de refuser une offre faite de si grand cœur. Je dois marier ma fille demain et je rentrais tout attristé de ne rapporter aucune pièce de gibier pour mes invités. »

Étant descendu de cheval afin de découper le chevreuil, le vavasseur demanda courtoisement à Lancelot quel morceau de venaison il pourrait emporter.

« Sire, êtes-vous chevalier ? interrogea l'enfant.

— Je le suis.

— Alors prenez tout, s'écria Lancelot, car ce chevreuil ne saurait être mieux employé qu'aux noces d'une fille de chevalier.

— Beau doux enfant ! Puisse le Ciel vous rendre votre don ! Si vous passez jamais devant le manoir de Tréhorenteuc, entrez sans crainte, vous y serez le bienvenu. »

Puis il ne put se retenir d'ajouter, en le dévisageant longuement :

« Si je l'osais, je vous poserais bien une question…

— Je vous répondrai, cher sire, du moins si je le puis.

— Vous ressemblez, trait pour trait, à un seigneur que j'ai bien connu car il fut mon maître. Ne seriez-vous pas son fils ? Comment vous appelle-t-on ?

— Dites-moi plutôt comment se nommait lui-même le seigneur auquel je ressemble si fort.

— Le roi Ban de Bénoïc. Tout ce pays était à lui jusqu'à la lisière de la forêt. Son fils a disparu. Si vous êtes l'héritier du roi Ban, vous pouvez me le dire sans crainte car il n'est rien que je ne sois prêt à faire pour le fils de mon maître.

— Bien que l'on m'appelle souvent "Fils de roi" je ne sais si je le suis vraiment, dit pensivement Lancelot, mais mon cœur n'en serait pas surpris. »

Sentant que l'enfant ne lui en dirait pas davantage, le vavasseur n'insista pas.

« Ami, lui dit-il seulement, quel que soit le nom de votre père, vous sortez assurément d'un bon lignage. Voici deux des plus fins limiers qui soient au monde. Prenez-en un ! »

Lancelot s'empressa d'accepter le don du vavasseur.

« Donnez-moi le meilleur des deux ! » fit-il naïvement et, saisissant la chaîne que son nouvel ami lui tendait, il s'en fut ravi. Au bout d'un quart de lieue, Lancelot retrouva enfin son maître en compagnie des deux valets de chiens qui auraient dû le suivre cet après-midi-là.

« Nous vous cherchons depuis près de deux heures, lui dit l'écuyer auquel incombait la charge de l'instruire. Qu'avez-vous fait de votre cheval ?

— Je l'ai perdu.

— Et ce roussin blessé, où l'avez-vous pris ?

— Il m'a été donné par celui qui le montait.

— Vous tenez un lévrier en laisse, comment vous l'êtes-vous procuré ? Par la foi que vous me devez, vous me direz tout ! »

Alors l'enfant lui raconta par le menu ses aventures, car il n'eût menti pour rien au monde.

« Comment ! s'écria son maître, vous avez donné une chose qui vous avait été confiée, sans la permission de celle à qui tout appartient ici ! Par la sainte croix du Christ, vous vous en souviendrez ! »

Et il le souffleta si rudement que l'enfant chancela. Mais, au lieu de pleurer comme la plupart des enfants de son âge l'eussent fait à sa place, Lancelot se contenta de répéter qu'il avait bien agi. D'ailleurs son nouveau lévrier valait bien le cheval échangé ; quant au chevreuil, la bête ne pouvait qu'être sienne ayant été tuée de sa propre main.

Quel maître aurait pu en supporter davantage ? Déjà l'écuyer lève son fouet de chasse pour punir l'insolent plus rudement encore, mais, au même instant, la vue du lévrier se blottissant dans les jambes du petit veneur comme s'il avait à se faire pardonner quelque tort, détourne son attention. La colère de l'écuyer retombe sur l'innocent animal. La mèche du fouet atteint celui-ci au flanc. De peur plus encore que de mal le chien se met à hurler. Furieux, Lancelot, qui tenait jusque-là son lévrier en laisse, le libère et, saisissant le petit arc dont Viviane lui avait fait cadeau, il en frappe son maître au visage de toutes ses forces. L'arc se brise, il frappe et frappe encore. Les deux valets cherchent vainement à le retenir : vif et léger comme il l'est, nul ne saurait s'en saisir. Lancelot en profite pour s'enfuir, l'arc est en morceaux mais quelques flèches demeurent encore dans son carquois. Une à une, il les lance vers ceux qui le poursuivent, à la manière de menus javelots ; et son geste est si sûr et son œil si juste que, pour un peu, les malheureux valets n'eussent pu les éviter. Ayant appris à se défier de la violence de leur jeune maître, ils renoncent à le mettre à la raison. L'enfant reviendra au manoir quand il lui plaira, ils ne risqueront pas leur vie pour un forcené…

S'étant réfugié de nouveau dans la forêt, Lancelot trouve bientôt une harde nombreuse de biches. Sa main cherche, d'instinct, l'arc de bois dur qui, d'ordinaire, est toujours suspendu à son cou, mais, brusquement, la pensée qu'il l'a brisé sur le front de son maître lui revient à l'esprit.

« Méchant, qui m'a puni injustement ! s'écrie Lancelot dans sa colère. Avec le merveilleux limier que je possède maintenant, je n'aurais pas manqué de rapporter plus de venaison que je n'en ai donné. »

L'envie de rentrer au château du Lac pour y montrer son nouveau chien l'incite à faire demi-tour. Et pourtant, il sait bien qu'à peine descendu de cheval sa dame lui demandera de se justifier. Si Lancelot est trop fier pour dénoncer quiconque, sa défense n'en est pas moins toute prête.

Viviane accueillit en effet le coupable avec un visage sévère. Déjà son maître, tout ensanglanté, l'avait précédé pour s'en plaindre.

« Fils de roi, lui dit-elle, en feignant la plus vive irritation, comment avez-vous pu frapper celui que je vous avais donné pour maître ?

— Si ce maître avait été un bon maître, lui répliqua Lancelot, se fût-il vengé de mes propres torts sur cet innocent animal ? N'écoutant que sa méchanceté, il a voulu tuer sous mes yeux ce gentil lévrier simplement parce que je l'aimais. Voilà l'homme auquel je devrais, à vous en croire, obéissance et respect !... Mais dites-lui bien de se garder, car, il peut en être certain, partout où je le rencontrerai, sauf ici, je m'efforcerai à mon tour de le tuer ! »

La fierté d'un tel langage, inattendue de la part d'un enfant, devait combler de joie la jeune femme. Affectant toujours d'être courroucée, elle reprit pourtant :

« Ainsi, vous avez donné de mon bien sans ma permission ?

— Dame, lui répondit l'enfant, tant que je serai ici, et gouverné par un écuyer, sans doute devrai-je observer plus d'une convenance qui me coûtera. Cela, je le sais ! Mais, sachez-le aussi, le jour où vous m'aurez lassé, je partirai, car nul cœur d'homme ne peut s'épanouir s'il reste trop longtemps en tutelle.

— Vous n'avez pas répondu à ma question, dit plus doucement Viviane.

— À quoi me sert-il donc d'être fils de roi, si je ne puis donner librement le peu que j'ai ?

— Croyez-vous donc être vraiment fils de roi parce que je vous appelle quelquefois ainsi, par tendresse ?

— Si je ne le suis pas, j'en ai peine, dit Lancelot, car mon cœur oserait bien l'être. »

Viviane le prit alors par la main et, l'ayant attiré à l'écart, l'étreignit et le baisa si tendrement qu'à la voir agir de la sorte nul n'eût pu croire qu'elle n'était pas sa mère.

« Beau fils, lui dit Viviane, ne soyez plus triste ! À l'avenir je vous laisserai disposer de mon bien aussi généreusement que s'il était le vôtre et vous n'aurez de comptes à rendre qu'à vous-même et à Dieu car vous m'avez prouvé que votre cœur était vraiment d'un roi. »

XX

LES FILS DU ROI BOHOR

Cet incident devait toutefois convaincre Viviane de l'inquiétante précocité de l'enfant. Songeant depuis longtemps déjà à lui donner des compagnons de son âge, ses regards se tournèrent tout naturellement vers Lionel et le petit Bohor, les propres cousins de Lancelot. Elle s'informa de leur sort et apprit ainsi les intrigues de

Claudas. Ce dernier avait tout d'abord feint d'ignorer la disparition des fils du roi de Gannes. Lorsqu'il connut enfin, par l'indiscrétion d'un serviteur, le lieu où les deux orphelins avaient trouvé refuge, le misérable fit venir Pharien.

« Pharien, lui dit-il, ne le niez pas, les enfants sont chez vous. Livrez-les-moi ! Ne craignez rien en ce qui vous concerne, car votre fidélité aux fils de vos anciens maîtres ne peut que vous honorer à mes propres yeux ; quant à vos protégés, soyez sûr qu'il n'est pas dans mes intentions de souiller mes cheveux blancs en persécutant des orphelins sans défense. Le roi Bohor était, il est vrai, mon ennemi, mais je n'ai pas d'héritiers directs… Après ma mort, pourquoi la terre de Gannes, qui fut à leur père, ne retournerait-elle pas à ces enfants ? »

Et, comme Pharien semblait encore hésiter, ne sachant plus où était l'intérêt véritable de ses pupilles, Claudas ajouta :

« Je suis prêt à le jurer sur les reliques des Sept Saints de Bretagne, je ne leur ferai aucun mal. Remettez-les-moi de bonne grâce et vous resterez auprès d'eux. »

Le roi Claudas était bien le plus déconcertant des hommes : hautain sans fierté véritable, généralement économe pour ne pas dire ladre, ne se fiant qu'aux petites gens car il ne pouvait croire qu'un homme riche pût être honnête, mais généreux jusqu'à la démesure chaque fois que son intérêt l'exigeait ; cynique en amour tout en tenant à une certaine réputation de courtoisie ; là-dessus, le plus redoutable des jouteurs lorsqu'il ne pouvait éviter de se battre.

Quant à sa foi, lui-même ne s'y fût pas fié…

Ayant promis à Pharien que les héritiers de Bohor seraient bien traités, Claudas tint tout d'abord parole à sa manière : les enfants ne furent pas séparés de leur père adoptif et le roi veilla lui-même à ce qu'ils fussent élevés en futurs chevaliers ; puis, un jour, sans motif apparent, il les fit reléguer dans une tour ressemblant fort à une prison.

Ainsi grandirent-ils dans l'ombre de l'usurpateur, tantôt choyés, tantôt rudoyés, toujours menacés, sans que personne pût prévoir quel sort serait le leur lorsqu'ils atteindraient l'âge d'homme.

Après avoir longuement réfléchi aux dangers que le caractère secret de Claudas risquait de faire courir aux fils du roi Bohor, Viviane décida d'envoyer une ambassade à Gannes, dans le but de soustraire les deux enfants à la tutelle du roi de la Terre Déserte.

Mais qui chargerait-elle de cette mission ? Finalement, Viviane choisit Saraïde. De toutes les demoiselles de son entourage. Saraïde n'était-elle pas sa préférée ? Et il est vrai qu'elle était merveilleusement belle et sage. Docile aux enseignements de sa maîtresse, elle était devenue, en outre, fort habile clergesse.

S'étant introduite à la cour du roi Claudas sous un nom supposé, Saraïde avait longuement représenté au roi le tort qu'il se faisait aux yeux du monde en traitant les orphelins de Bohor d'une manière aussi discourtoise :

« Vous n'avez pas tenu les engagements que vous aviez pris sous serment. Leur place doit être à votre droite, si vraiment, comme vous l'assurez, vous ne nourrissez aucun mauvais dessein à leur égard. Que penseront vos pairs lorsqu'ils apprendront que vous n'avez pas craint de vous parjurer ? »

Sans doute Saraïde ne dit-elle pas les choses exactement sous cette forme, mais elle sut si bien se faire entendre que Claudas, piqué au vif, lui répondit :

« Je ferai taire les méchantes langues. Désormais Lionel et le petit Bohor prendront part à la vie de la cour et figureront dans toutes les grandes fêtes du royaume. Dès demain vous les verrez à ma table. »

Saraïde pouvait croire que les enfants accueilleraient d'un cœur reconnaissant les avances de Claudas. Une maladresse de leur précepteur allait anéantir ces efforts de médiation.

Le lendemain devait être célébrée la fête de Sainte-Magdeleine. Or Claudas avait imposé la coutume de donner à cette fête un grand éclat car elle coïncidait avec le jour anniversaire de son sacre. Songeant qu'à cette occasion l'usurpateur tiendrait sa cour avec honneur, Pharien n'avait pu retenir ses larmes.

Interrogé par les enfants sur la cause de son chagrin, Pharien leur avait répondu imprudemment : « Je pleure à la pensée qu'un autre tient sa cour dans une cité qui devrait être la vôtre ! »

Lionel et Bohor avaient à cette époque l'un douze ans, l'autre dix ans. Vigoureux et sains comme de jeunes pousses de frêne, ils faisaient tous les deux la fierté de leur maître. L'aîné, Lionel, était déjà un beau valet plein de grâce et de hardiesse. Son nom lui était venu d'une tache vermeille en semblance de lion qu'il portait sur la poitrine. Plus tard, la violence de sa nature le ferait surnommer Cœur sans Frein et jamais surnom ne paraîtrait plus mérité.

Déjà Lionel avait cessé d'écouter Pharien.

« Avec quelle joie je reverrai le roi Claudas…

— Que voulez-vous dire ?

— Qu'il ose encore nous visiter, sous prétexte de voir si nous ne manquons de rien, comme des chiens à l'attache… Qu'il reparaisse ici, le meurtrier de mon père, et l'on verra quel sang coule dans mes veines !

— Et que ferez-vous ?

— Je le tuerai.

— Vous n'en seriez guère plus avancé, lui avait répondu Pharien, ses gardes vous abattraient à leur tour sans même vous laisser le temps d'ouvrir la bouche pour les gagner à votre cause. Vous n'êtes encore qu'un enfant ; patientez pendant quelques années. Alors je vous aiderai de tout mon pouvoir à faire valoir vos droits sur votre héritage, fût-ce par la force. Mais, jusque-là, si vous ne voulez pas vous perdre ainsi que votre frère, sachez vous taire. »

L'enfant prit le conseil à la lettre et se tut. Le soir, il n'avait pas encore desserré les dents. Son frère lui proposa vainement de prélever sa part sur le maigre repas qui leur était servi, comme de coutume, dans une seule écuelle. Les prières et les menaces de Pharien se heurtèrent à la même résistance opiniâtre : il préférerait mille fois mourir de faim. Lorsque, le jour suivant, le roi Claudas envoya son propre sénéchal querir les enfants pour les mener en grand honneur jusqu'à la salle du banquet, Pharien, redoutant les excès auxquels Lionel pourrait se laisser entraîner, dit à voix basse à l'orphelin :

« Jurez-moi que vous ne causerez nul esclandre.

— Je ne jurerai rien que je ne veuille tenir.

— Remettez, du moins, ce couteau où vous l'avez pris. »

Lionel, qui craignait d'attirer sur lui l'attention du sénéchal, dut s'exécuter. Cependant ce ne fut pas sans murmurer à l'adresse de Pharien :

« Méchant ! Je le vois bien maintenant, vous êtes mon pire ennemi, car vous m'enlevez la seule joie que je pouvais encore espérer. »

Deux palefrois richement harnachés attendaient Lionel et Bohor au pied de la tour. Le sénéchal, après avoir mis les enfants en selle, les conduisit au palais. En voyant passer les fils de leur ancien maître, plus d'un habitant de la cité de Gannes ne pouvait s'empêcher de prier Dieu pour les héritiers de leur vrai seigneur. Le petit Bohor souriait à ceux qui le saluaient, mais Lionel, sombre et tendu, regardait grandir le palais où régnait Claudas.

Quand les enfants et leur maître entrèrent dans la salle du festin, le roi avait déjà pris place devant la table richement parée. Il portait la robe de son sacre ; à sa droite reposaient, sur un support d'argent, son sceptre et sa couronne ; à sa gauche se trouvait une épée de parade. Ayant accueilli les enfants par des paroles de bienvenue, Claudas se tourna vers Lionel, dont il admirait toujours, malgré lui, l'aisance souveraine et la fierté, et lui tendit sa coupe. Mais l'enfant ne vit même pas son geste car il n'avait d'yeux que pour l'épée. Alors la pucelle Saraïde, qui se tenait auprès du roi, se leva, plaça sur la tête des deux petits princes un chapeau de roses rouges qu'elle avait préparé à leur intention, puis elle prit très doucement à deux mains les joues de Lionel et murmura en lui tournant le visage vers la coupe :

« Buvez, maintenant, beau fils de roi !

— Je boirai, répondit Lionel, comme s'éveillant d'un songe, mais un autre paiera le vin ! »

Là-dessus, l'enfant arrache la coupe des mains du roi surpris.

« Jette-la ! Brise-la ! » lui crie le petit Bohor.

Lionel a mieux en tête : il élève la coupe et, de toutes ses forces, en frappe le roi Claudas au visage, si rudement que le bord tranchant du métal lui ouvre l'arcade sourcilière, puis il jette la couronne à terre et, d'un coup de talon, l'écrase et en fait voler les pierres précieuses.

Dorin, le neveu de Claudas, s'élance au secours de son oncle qui gît sur le sol, tout couvert de sang et de vin. De son côté, Lionel prend l'épée du roi tandis que le petit Bohor s'empare de son sceptre et bientôt l'un et l'autre s'escriment de telle sorte que tous reculent devant eux. En vain Dorin cherche-t-il à s'opposer à leur fuite ; au moment même où il pense se saisir de Bohor, l'épée de Lionel le frappe en plein cœur. La résistance de Dorin a cependant retardé la retraite des enfants. Claudas a pu se relever. Le roi a empoigné l'épée que Dorin mourant vient d'abandonner à ses pieds et maintenant, le fer levé, il marche en titubant vers les enfants, son manteau, souillé de vin, enroulé autour de son bras gauche en guise d'écu, le visage ensanglanté, terrible à voir ; à la fois menacé et menaçant au milieu de tant de gens qui le haïssent et qui, sans nul doute, souhaiteraient sa mort. Il va rejoindre les petits princes, lorsque Saraïde s'interpose entre les fugitifs et leur poursuivant. Claudas hésite. Frappera-t-il, dans sa colère, une femme désarmée ? Ah ! s'il le fait, le misérable sera déshonoré pour toujours, car pareille lâcheté passerait toutes ses infamies anciennes ! Sa main retient le coup qu'il destinait aux enfants de Bohor, mais trop tard : la pointe effilée atteint Saraïde au sourcil et, toute sa vie, elle en sera marquée.

« Roi ! s'écrie-t-elle, j'ai payé chèrement ma venue en votre cour. Vous m'avez blessée pour votre plus grande honte. Soyez méprisé à jamais dans votre honneur d'homme ! »

Ses yeux lancent des éclairs. À cet instant, les deux lévriers blancs dont elle s'était fait accompagner se précipitent sur le roi. Claudas sent chavirer sa raison : dans ces deux formes blanches prêtes à le déchirer, il croit reconnaître les enfants qui l'ont frappé quelques instants plus tôt. Cette fois il les tuera ! Du bras gauche Claudas pare de son mieux l'attaque des deux lévriers, puis il cherche à les transpercer de son épée ; une folie meurtrière le jette en avant ; encore un pas et ils seront à sa merci. Mais les chiens se dérobent. Le roi les poursuit en vain. Au moment où il pense les atteindre les deux lévriers disparaissent dans la foule des convives affolés.

Pendant ce temps, les enfants ont pu fuir. Pharien et Lambègue, son neveu, ont réussi à les rejoindre. Il faut bien dire qu'aucun de ceux qui étaient là, hormis Dorin qui a payé son courage de sa vie, n'a songé à les arrêter ; la plupart d'entre eux leur seraient plutôt venus en aide s'ils l'avaient osé.

Trois chevaux, tout sellés, se trouvent dans la cour. Saraïde les détache hâtivement. Pharien et Lambègue prennent chacun en croupe l'un des deux enfants. Ainsi peuvent-ils s'enfuir tous les cinq. Lorsque le roi Claudas se ressaisira enfin, la pucelle, les enfants et leurs maîtres seront déjà loin.

À leur tour, les deux fils du roi Bohor trouveront un refuge au château du Lac. Lancelot, Lionel et le petit Bohor seront élevés ensemble et, malgré la violence naturelle de Lionel et la vivacité de Lancelot, jamais les sentiments d'affection qui naîtront de cette longue intimité ne se démentiront.

Et maintenant il est temps que vous sachiez quel fut le sort du roi Claudas.

Lorsque Arthur apprit la délivrance des enfants de Bohor, il ne put retenir une exclamation de joie sauvage : désormais, aucune force au monde ne saurait désarmer son bras ! Le roi Arthur traversa la mer avec une petite troupe hâtivement réunie. Sa venue souleva les anciens vassaux de Ban et de Bohor. Il marcha sur la cité de Gannes, la reprit à Claudas par surprise, s'empara du misérable et le livra pieds et poings liés à ses pairs qui le condamnèrent à être brûlé comme traître à son suzerain et infidèle à ses vœux de chevalier.

Puis il ordonna que ses cendres fussent jetées au vent.

Cependant, au grand chagrin d'Arthur, les héritiers de Ban et de Bohor ne seront pas retrouvés de sitôt. Du moins, lorsqu'ils reparaîtront, leurs terres, que le roi Arthur lui-même aura prises sous sa propre sauvegarde, leur seront-elles rendues intactes.

En attendant, un autre orphelin, à peine plus âgé que les enfants du Lac, commençait son étonnante carrière : Tristan le Loonois, le neveu du roi Marc de Cornouailles.

Issu du roi Rivalen et de la reine Blanchefleur, sœur cadette de l'infortuné duc de Tintagel, Tristan pouvait s'enorgueillir d'avoir avec le roi Arthur des alliances communes : les fils du roi Lot d'Orcanie, bien qu'ils fussent ses aînés, se trouvaient être ses neveux à la mode de Bretagne.

Déjà, par sa victoire sur le Morc'hold d'Irlande, Tristan s'était révélé, malgré son extrême jeunesse, comme l'un des chevaliers les plus preux de son siècle. Mais des aventures plus périlleuses encore, du moins pour son âme, en feraient bientôt un héros d'une autre sorte, et le temps approchait où son nom, inséparable de celui d'Iseult, symboliserait à jamais toutes les folies, toutes les ardeurs et toutes les angoisses de l'amour.

XXI

LES ADIEUX AU DOMAINE DU LAC

La mort du roi Claudas ne devait rien changer à l'existence, à la fois exaltante et paisible, que les orphelins menaient à l'abri du mirage du Lac. Il serait faux de laisser croire que les trois enfants n'eurent jamais l'occasion de s'affronter. Ce conte l'a déjà dit, leurs caractères étaient trop différents pour que pareille tentation ne leur vînt pas ; cependant Lancelot l'emportait si naturellement sur ses deux cousins que Lionel lui-même, malgré sa susceptibilité ombrageuse, s'accoutuma bientôt à lui céder le pas en toute chose ; en quoi il eut plus de mérite que le doux Bohor.

Un jour où Lionel se lamentait sur la perte de son propre royaume, Lancelot le réprimanda en ces termes :

« Beau cousin, comment pouvez-vous pleurer pour quelques arpents de terre, alors qu'il en reste encore tant sous le soleil qui n'attendent qu'un maître ? C'était votre héritage, dites-vous, dans ce cas, priez Notre-Sire de vous donner la force de le reconquérir un jour ; mais d'ici là, ayez tout au moins la fierté de vous taire ! »

Et Lionel au Cœur sans Frein se tut.

Et tous ceux qui entendirent Lancelot le tancer de la sorte s'émerveillèrent qu'un enfant si jeune pût déjà parler avec autant de sens et de courage, mais Viviane s'étonna surtout qu'il eût appelé Lionel « cousin ». L'ayant pris à part, elle lui dit :

« Beau Trouvé, vous avez été bien hardi d'appeler Lionel "cousin". »

Lancelot lui répondit :

« Dame, le mot m'est venu sur les lèvres sans que j'y songe.

— Comment avez-vous pu croire que vous aviez un tel droit ? Ne savez-vous pas quel sang coule dans ses veines ?

— Il est de sang royal… et il pleure parce que sa terre lui a été prise ! Je ne sais si je suis ou non de haut lignage, mais, en admettant que les hommes soient tous sortis d'un premier couple unique, il ne peut exister devant Dieu qu'une noblesse : celle de la prouesse. Et de cette noblesse-là, j'espère me montrer digne. »

De telles paroles ravissaient le cœur ambitieux de Viviane ; toutefois celle-ci savait que la maturité précoce de l'enfant signifiait qu'elle devrait bientôt s'en séparer. Et, après s'être réjouie dans son orgueil, la jeune femme s'attristait dans sa tendresse en se représentant l'image de sa propre vie dans la solitude ; Lancelot la quitterait, à plus ou moins brève échéance, ainsi que Lionel et Bohor. Alors elle resterait seule avec ses pensées ; et toute sa science et tous ses chers sortilèges ne la consoleraient pas d'avoir perdu le soleil et la joie de son cœur.

Quelques années passèrent encore, toutes pleines de menus plaisirs et de menues peines. De belles années pour celle qui bientôt vivrait de leur seul souvenir ! Le terme que Viviane s'était fixé approchait : Lancelot allait avoir dix-huit ans. Sa mère adoptive savait qu'elle commettrait un péché mortel en le retenant plus longtemps à ses côtés maintenant qu'il avait atteint l'âge d'être fait chevalier.

Cependant, elle remettait de semaine en semaine, pour ne pas dire de mois en mois, l'instant des adieux. Un incident la décida toutefois à fixer définitivement le départ de l'adolescent.

Le mois de septembre touchait à sa fin mais il avait fait ce jour-là une chaleur accablante. Lancelot, après avoir chassé durant toute la matinée, s'était étendu sous un chêne afin de laisser passer les heures les plus pénibles de la canicule ; ensuite, ne sachant trop qu'imaginer pour se divertir, il avait cueilli quelques branches de lierre, les avait tressées en couronne et s'en était ceint le front. Lorsqu'il se décida enfin à regagner le domaine du Lac, le soleil était déjà bas sur l'horizon.

Viviane venait presque toujours l'attendre aux abords du parc, et pour rien au monde elle n'eût manqué à cette habitude sans l'en prévenir... L'apercevant à contre-jour, dans l'éblouissement du couchant, la jeune femme eut cette fois du mal à le reconnaître tant son accoutrement le changeait : vêtu seulement d'une cotte de daim, les bras nus, les jambes nues, le front couronné de feuillage, son carquois à la ceinture et son arc au cou, Lancelot faisait davantage songer à un homme des bois qu'au bel enfant dont elle se montrait si maternellement fière.

Et pourtant, il n'avait jamais eu l'air plus royal que sous ce déguisement...

Telle fut bien l'impression de Viviane ! À le voir si bien découplé, si fort et si hardi, comment n'eût-elle pas compris que le moment d'abandonner ces amusements puérils pour d'autres jeux, tout à la fois plus dangereux et plus nobles, était enfin venu pour lui ?

À la pensée que l'heure de se séparer de l'adolescent ne pouvait tarder davantage, Viviane sentit son cœur s'arrêter dans sa poitrine. Brusquement, elle mit son visage dans ses mains, se détourna et s'enfuit.

Lancelot demeura tout d'abord stupéfait car jamais sa dame ne lui avait fait pareil accueil. Mais, le premier instant de surprise passé, il se ressaisit. Ayant vivement sauté à terre, l'adolescent franchit en courant le porche du manoir et se précipita dans la chambre où la jeune femme s'était réfugiée. Mais elle, sans même vouloir le regarder, lui faisait signe de s'éloigner :

« Laissez-moi ! Ne voyez-vous pas que le cœur me manque ? »

Alors, la vivacité de son sang l'emportant sur son respect pour sa dame, Lancelot la quitta brusquement :

« C'est bien ! Je m'en irai loin d'ici. Je sais où porter mon épée. »

Lancelot n'a pas coutume de proférer de vaines menaces. Déjà il traverse la cour, pénètre dans l'écurie où l'on vient d'amener son cheval et réclame sa selle et sa bride à un valet qui passe, mais Viviane l'a suivi.

« Fils de roi, lui dit-elle, pardonnez-moi le triste accueil que je vous ai fait. Arrêtez ! et je vous dirai d'où vient mon deuil. Ne vous tourmentez pas davantage car de ce deuil doit sortir votre joie : le moment est venu pour vous de ceindre l'épée, je n'ai plus le droit de vous retenir ici... Nous allons donc devoir nous quitter, beau doux fils ; voilà pourquoi je pleure ! »

Lui ayant expliqué la cause de sa peine, Viviane le pria de s'asseoir à côté d'elle afin de l'enseigner une dernière fois, puis elle reprit :

« L'arrière-saison s'avance. Vous partirez au début du printemps prochain. Cependant, je ne vous laisserai pas aller vers celui qui doit vous armer chevalier sans vous mettre en garde contre les entraînements de vos propres passions, car le véritable chevalier, ne l'oubliez jamais, a plus de devoirs que de droits.

« Tous devraient le savoir, mais beaucoup l'ignorent ou feignent de l'ignorer : les premiers chevaliers ne furent pas choisis pour tels à cause de leur naissance... Vous me l'avez vous-même rappelé, tous les hommes descendent d'un même couple unique.

« Lorsque, au plus lointain des âges, l'envie et la convoitise commencèrent à menacer le monde souillé par le péché, les plus faibles songèrent, d'eux-mêmes, à se choisir des défenseurs. Pour remplir cet office, leurs regards se portèrent sur les plus forts, les plus braves et les plus loyaux. En ce temps-là, nul n'eût osé monter un destrier avant d'avoir été reçu dans l'ordre de la chevalerie. Mais la chevalerie n'était pas accordée pour le plaisir, car le chevalier ne devait pas seulement s'engager, sur son honneur, à se montrer débonnaire pour les faibles, pitoyable pour les humbles, secourable pour les opprimés et à leur servir, au besoin, d'arbitre impartial dans leurs différends, mais il devait encore jurer de se tenir constamment prêt à verser son sang pour faire régner la justice, empêcher les exactions et mettre un terme aux entreprises des voleurs et des meurtriers.

« Enfin, il devait faire serment de protéger la sainte Église et ses pasteurs, car ceux qui ont tout abandonné pour suivre les préceptes du Christ, tendant la joue gauche lorsqu'ils ont été frappés sur la droite, ne doivent pas, pour autant, être livrés sans défense au bon plaisir de leurs ennemis.

« D'ailleurs, les armes du chevalier lui rappellent, de nos jours encore, ces devoirs : l'écu de fer dont il se couvre, le haubert qui l'enveloppe et le met à l'abri des blessures signifient que le chevalier est lui-même tenu de s'interposer entre la sainte Église et ses ennemis pour la protéger de toute atteinte. Son heaume est comme un poste de guet d'où ses regards doivent sans cesse surveiller l'horizon afin de déceler, avant tout autre, l'approche de l'ennemi. Sa longue lance est encore là pour le faire souvenir de la distance qu'il lui convient de garder en face du Mal. Enfin si l'épée qui lui a été donnée en signe de son élévation comme étant la plus noble des armes possède deux tranchants, il ne doit pas davantage oublier que l'un de ces tranchants est destiné aux ennemis de la foi et l'autre aux meurtriers et aux rebelles ; de même que la pointe acérée par laquelle sa lame se termine est signe et symbole de préséance et de contrainte, car tous et toutes sont tenus à une pleine obéissance à l'égard du chevalier ; or, il faut bien l'avouer, rien ne perce plus cruellement le cœur que d'obéir contre sa volonté.

« Quant au cheval qui le porte, il figure le menu peuple. Tel un serviteur placé sous la dépendance de son maître, le cheval se meut au gré de son cavalier. Si le cavalier est en droit d'exiger de sa monture qu'elle le serve fidèlement dans la mesure de ses forces, il a par contre le devoir de veiller sur elle, de la ménager, de panser de son mieux ses blessures, et, enfin, de la protéger, fût-ce au prix de son propre sang.

« Ainsi en va-t-il du véritable chevalier à l'égard des petites gens.

« J'ajoute que, de nos jours encore, la chevalerie n'est pas seulement réservée aux nobles de naissance : fût-il fils de manant, quiconque a le cœur assez haut placé pour faire honneur à l'ordre peut et doit être fait chevalier. Par contre, tout fils de chevalier dont la valeur ne répondrait pas aux exigences de l'ordre devrait en être exclu comme indigne de ceindre l'épée.

« Telles sont les dures servitudes et la grandeur de l'état de chevalerie. Tels sont les devoirs du chevalier.

— Dame, lui répondit Lancelot, s'il plaît à Dieu de me prêter Son assistance, le désir de bien faire ne me manquera pas.

— Puissiez-vous dire vrai ! répliqua Viviane. Si je pleurais, c'est en songeant qu'en raison même de votre bonne volonté je n'avais pas le droit de retarder davantage le moment où vous me quitteriez pour être fait chevalier. Vous n'aurez pas attendu en vain, car vous serez armé par le meilleur et le plus preux des rois, le roi Arthur lui-même. »

Viviane passa l'hiver suivant à préparer le trousseau du futur chevalier. Sur son ordre, armuriers, selliers et lingères confectionnèrent le plus bel équipement et les plus riches vêtements de cour qui se pussent voir. Viviane avait tout mis en œuvre pour que l'adolescent fît honneur à son rang et à sa lignée, mais, maintenant que l'heure de le laisser aller avait sonné, elle éprouvait à son égard une impression d'étrange contrainte : la jeune femme avait presque hâte de le savoir au loin, tant elle redoutait l'instant des adieux.

Et pourtant d'autres adieux suivraient ceux-là. Au départ de Lancelot succéderait bientôt un autre départ. Bien que son cœur saignât à la pensée de ce nouvel arrachement, la Dame du lac savait qu'elle n'avait pas davantage le droit de retenir Lionel et Bohor dont les âges se rapprochaient sensiblement de celui de leur cousin.

« Lancelot partira le premier, mais vous le rejoindrez d'ici quelques mois, promit-elle à Lionel et à Bohor. Tenez-moi compagnie durant les fêtes de Pâques. Il m'en coûterait trop de vous laisser partir tous les trois ensemble. »

Ainsi fut-il convenu. Ensuite sa solitude serait complète.

Lancelot quitta donc le domaine du Lac au début du mois de mars. Viviane ne voulut pas l'accompagner au-delà des limites du parc : « Je vous laisserai devant le chêne sous lequel j'avais coutume de vous attendre », lui dit-elle doucement. Pour Lancelot, cet arbre ressemblait à tous les autres arbres, mais, pour la Dame du lac, il évoquait en outre de poignants souvenirs, car c'était à son ombre qu'elle avait découvert l'enfant de Ban et de la reine Hélène imprudemment abandonné par sa propre mère sur les bords de l'étang de Diane.

Parvenue à la hauteur du chêne, Viviane fit ses adieux à l'adolescent :

« Que Notre-Sire vous ait en Sa sainte garde, Fils de roi ! » Et, tout aussitôt, elle ajouta d'une voix altérée, comme si, brusquement, quelque obscur péril se fût présenté à son esprit : « L'avenir m'est fermé en ce qui vous concerne. Je sais seulement, car chacun peut s'en apercevoir, que Dieu vous a donné le cœur d'un vrai chevalier. Ah ! puissiez-vous répondre à Sa grâce en méritant le titre de Meilleur Chevalier du monde… Ce serait ma récompense ! »

Déjà Viviane s'arrachait à son étreinte. Ainsi le quitta-t-elle.

Alors Lancelot, qui s'était efforcé jusque-là de maîtriser sa propre peine, de peur d'ajouter à l'angoisse de la Dame du lac, s'abandonna pour la dernière fois de sa vie à un désespoir enfantin. La plus jeune des chambrières de Viviane s'était attardée ; Lancelot courut à elle, la baisa comme il eût fait d'une sœur et lui dit à travers ses sanglots : « Assure bien ta maîtresse… », mais, ne pouvant achever sa phrase, il se détourna brusquement. Un valet tenait son cheval, à quelques pas de là. Le Beau Trouvé lui prit les rênes des mains et, d'un bond, se mit en selle. Puis il s'en fut la tête haute en fixant, à travers ses larmes, les confins de la forêt.

Les eaux du lac se refermèrent sur le domaine où s'était écoulée son enfance.

XXII

LA DERNIÈRE PRÉDICTION DE MERLIN

Tandis que Lancelot et ses deux cousins Lionel et Bohor grandissaient à l'ombre du mirage du lac, les occasions de montrer sa prouesse n'avaient pas manqué au roi Arthur. Les luttes incessantes que le jeune roi avait menées durant cette longue période de près de vingt années l'avaient contraint à passer fréquemment de Grande en Petite Bretagne. Il avait dû réprimer maints soulèvements et punir maintes exactions. Parfois le poids de son épée avait pu paraître lourd, mais Arthur l'avait toujours jeté dans le bon plateau de la balance... Celui, du moins, qui méritait à ses yeux de l'emporter, en toute justice.

Fortifié, sinon endurci, par tant de rudes aventures, le roi Arthur était maintenant bien différent du gracieux adolescent, à peine sorti de l'enfance, dont la hardiesse émerveillait les anciens vassaux d'Uter Pendragon. Il avait aujourd'hui trente-cinq ans. Ses victoires, souvent achetées au prix de son propre sang, en avaient fait non seulement le souverain incontesté des deux Bretagnes mais encore l'arbitre de la Chrétienté.

Les témoins de cet âge d'or de la Celtie chrétienne devaient, d'ailleurs, en laisser une description si fraîche et si charmante que leurs arrière-neveux n'y songeraient plus sans nostalgie.

Si l'on en croit les vieilles chroniques, la plus entière sécurité régnait, en effet, dès cette époque, sur les deux Bretagnes ; au point que dames et pucelles pouvaient déjà errer seules à leur guise, d'un bout à l'autre des terres du roi, de jour comme de nuit, sans courir le moindre péril. Arthur, en effet, n'eût pas toléré qu'une femme, fût-elle la fille ou l'épouse du plus humble de ses vassaux, fût prise malgré elle ; et les chevaliers de la Table ronde, dont plusieurs se montraient pourtant singulièrement ardents au plaisir lorsque leur inclination était partagée, ne l'eussent pas davantage souffert.

Ainsi le règne de la douceur et de la beauté s'établit-il dans le monde.

Traitées avec une merveilleuse délicatesse par leurs amants, célébrées à l'envi par les artistes, les musiciens et les poètes dont elles aimaient à s'entourer pour charmer leurs loisirs, les femmes allaient bientôt devenir les inspiratrices de toutes les hautes aventures de ce temps. Si bien qu'Arthur dirait lui-même de son royaume qu'il était davantage celui des dames et des demoiselles que le sien propre. Et il est bien vrai que les femmes le régentaient alors en souveraines maîtresses, mais en mettant, toutefois, tant de grâce à faire accepter leur pouvoir par leurs rudes compagnons que ceux-ci, au lieu de s'alarmer de ce nouvel état de choses, s'en émerveillaient naïvement.

Malheureusement, cette pacification armée qui avait permis aux plus hautes et aux plus délicates vertus de l'âme de s'épanouir n'avait pas été imposée aux méchants sans contrepartie. Le roi le savait mieux que quiconque et il n'y pensait pas sans mélancolie : la mort avait déjà prélevé un lourd tribut sur le petit groupe de ses premiers compagnons, dont quelques-uns ne l'avaient pas reconnu sans peine pour leur seigneur.

Trois de ses grands vassaux lui avaient prouvé la sincérité de leur ralliement par le sacrifice de leur propre vie. Le roi Nantre de Garlot s'était fait tuer au cours d'une ultime campagne, entreprise à l'instigation d'Arthur, pour chasser hors de Grande Bretagne les dernières légions de l'empereur de Romanie. Le roi Lot d'Orcanie était tombé en défendant les frontières de la Petite Bretagne, menacées par une nouvelle incursion des Saines.

Enfin, le roi Idier d'Irlande, le propre père d'Iseult la Blonde, avait trouvé tout récemment une fin digne de sa réputation de chevalerie alors qu'il se portait au secours d'un autre grand vassal d'Arthur, le roi d'Écosse.

Le roi Nantre de Garlot, le roi Lot d'Orcanie, le roi d'Irlande n'étaient plus jeunes, mais d'autres qui eussent pu être leurs fils n'en avaient pas moins succombé l'épée à la main, tel Guyomarc'h, l'amant de Morgane, mortellement blessé en cherchant à délivrer la fille du roi Hoël d'Armorique, Hélène, que le sire du Mont-Saint-Michel, un chevalier à la stature de géant, gardait prisonnière. Arthur, il est vrai, avait bien vengé par la suite Guyomarc'h sur la personne de son meurtrier, mais il l'avait fait trop tardivement pour soustraire l'infortunée princesse à la plus cruelle des morts : ayant tenté de s'enfuir à travers la grève, Hélène s'était en effet laissé surprendre par le flot montant et avait péri enlisée en face de la pointe rocheuse qui, de nos jours encore, porte le nom de Tombe-Hélène ou Tombelaine.

Mort également de mort violente, en défendant l'abbaye de Saint-Clet, en Petite Bretagne, ce chevalier du Prémorvan dont les vieux conteurs ont seulement retenu qu'il versa son sang dans cet ultime combat avec tant de folle générosité que, par une grâce insigne du Ciel, et afin de rappeler aux générations futures les mérites de son sacrifice, les roses héraldiques de son écu, de blanches qu'elles étaient jusque-là, devinrent vermeilles et le restèrent.

Mort l'aîné des deux Yvain ; mort aussi, fort probablement, ou, du moins, enfermé jusqu'à la fin de ses jours au fond de quelque geôle sarrasine, Dodinel le Chasseur Sauvage, dont nul n'avait plus rien su depuis le jour de son départ pour les Lieux saints. Sans parler du roi Ban et du roi Bohor, disparus prématurément, tous les deux, au début du nouveau règne.

Mort enfin, de mort naturelle, Antor, le père adoptif d'Arthur, ainsi qu'Ulfin et Bretel dont l'expérience avait tout d'abord été si précieuse à l'adolescent. Certes, Girflet, le fils de Do, avait remplacé Bretel avec un égal dévouement dans sa charge de premier écuyer du roi, mais le départ de ces vieux serviteurs d'Uter Pendragon n'en avait pas moins creusé un vide sensible dans l'entourage immédiat du jeune souverain.

À ces deuils s'étaient ajoutés pour Arthur d'autres sujets de tristesse : malgré leurs serments d'amitié et leurs vœux d'entraide, certains de ses compagnons s'étaient séparés de leurs pairs avec éclat. D'autres, qui eussent mérité de siéger autour de la table du Graal, avaient décliné cet honneur sous un prétexte ou sous un autre. Tristan lui-même, en qui le roi Arthur avait tout d'abord cru reconnaître l'élu de Notre-Sire, s'était dérobé. Quel motif lui avait inspiré cette décision ? Était-ce la crainte d'attiser la haine des barons cornouaillais, qui le jalousaient déjà férocement pour son élévation trop rapide ? Était-ce l'horreur de son péché, en supposant qu'il eût vraiment commis la faute d'aimer charnellement la propre épouse du roi Marc son oncle, ainsi que le laissaient entendre ses ennemis ? Plus simplement, s'estimait-il encore trop jeune pour figurer en si haute compagnie ?

Dieu seul eût pu le dire.

Et cependant, malgré ces morts, ces abandons et ces

refus, le nombre des compagnons de la Table ronde n'avait pas cessé de croître. Il dépassait maintenant cent cinquante. Le roi Arthur ne pouvait plus se dissimuler que l'heure approchait où les chevaliers du Graal devraient se consacrer entièrement, sous peine de forfaiture, à la quête du Précieux Sang. Lui-même se sentait las de ces luttes purement terrestres qui avaient occupé toute sa jeunesse. La première tâche qu'il s'était imposée se trouvant achevée, Arthur ne nourrissait plus qu'une ambition, après tant de grâces reçues du Ciel depuis le début de son règne : assister à l'apothéose du Graal retrouvé.

En retenant plus longtemps ses compagnons au service des intérêts temporels du royaume il pécherait ; et Dieu, au jour du Grand Jugement, le rendrait responsable de leur inaction, pour ne pas dire de leur défection.

Mais Notre-Sire se souvenait-Il encore de ceux qui L'avaient si longtemps abandonné après s'être proclamés Ses chevaliers ? Telle était la question que le roi Arthur se posait tristement, et ses compagnons avec lui, car eux aussi songeaient avec angoisse à la quête du Graal.

Les conditions fixées jadis par Merlin étant remplies, quelques-uns des meilleurs chevaliers de la Table ronde, parmi lesquels Gauvain, s'étaient déjà efforcés à plusieurs reprises de découvrir le refuge du calice de Lumière, mais les péchés charnels dont ils étaient couverts comme d'une lèpre les avaient égarés hors de la vraie voie.

Ils devaient d'ailleurs bien s'avouer, lorsqu'ils se regardaient les uns les autres à la dérobée, qu'aucun d'entre eux ne méritait pleinement ce titre de Meilleur Chevalier du monde, réservé par les prédictions au blanc champion de Jésus-Christ.

Merlin ne leur avait-il révélé l'existence du Graal et ses tribulations depuis la mort de Notre-Sire jusqu'au jour où sa trace s'était perdue que pour les confondre et les amener à désespérer de leur salut ? Ils ne pouvaient se résoudre à le croire. À l'exemple du roi Arthur, les anciens compagnons de l'Enchanteur lui gardaient toute leur confiance et ne cessaient de tourner leurs regards vers celui qui seul eût pu les éclairer ; et ils déploraient amèrement son absence.

Un jour où Gauvain chassait dans la forêt de Brocéliande, songeant moins au cerf que ses chiens poursuivaient qu'à Merlin son ami, dont nul n'avait eu de nouvelles depuis tant d'années, il entendit une voix qui gémissait :

« Cessez de m'appeler, comme vous le faites sans trêve, toi et tes compagnons, car vos regrets ne font qu'augmenter mon désespoir. Aucun d'entre vous ne peut me délivrer : les liens qui me retiennent prisonnier dans cette forêt ne se dénoueront qu'avec la fin des temps ! Ne m'attendez pas pour commencer la quête du Saint-Graal ! Je ne chevaucherai plus jamais à vos côtés, mais je puis encore vous conseiller et vous aider de mes avertissements : avant qu'une année ne s'écoule, un jeune chevalier viendra qui aura pour nom Lancelot ; vous le prendrez tout d'abord pour le Meilleur Chevalier du monde car il mettra fin aux enchantements de la Douloureuse Garde. En réalité il ne fera qu'annoncer la venue du véritable champion de Dieu, Galaad, le pur, le saint, son propre fils. C'est dire que plusieurs années passeront encore avant l'accomplissement des Temps aventureux.

« Tu vivras cependant assez longtemps, Gauvain, pour assister à la victoire du fils de Lancelot, et Arthur lui-même aura la joie de voir la découverte du Saint-Graal, mais, de peur que tu ne révèles trop tôt cette prédiction, tu en oublieras pour un temps ce qui ne doit être su que plus tard. Alors seulement, retrouvant le souvenir de cette rencontre, tu témoigneras qu'une fois de plus j'avais dit vrai, et tous s'émerveilleront des pouvoirs sans prix dont Notre-Sire, hélas ! m'avait comblé…

« Va ! Et dis au roi Arthur, sans parler plus clairement, qu'avant la fin de cette année la quête du Saint-Graal sera reprise par celui que vous attendez depuis si longtemps. »

Gauvain continua son chemin, l'âme troublée. De retour à Kerléon où se trouvait Arthur, il dit au roi, seul à seul :

« J'ai entendu la voix de Merlin. Il nous supplie de l'abandonner à son destin, car nos recherches ne font que rendre plus étroite sa captivité et plus misérable sa condition. Il nous demande en outre de reprendre, pour la mener jusqu'à son terme, la quête du Saint-Graal. Si j'ai bien compris le sens de ses paroles, avant qu'une année ne s'achève, un chevalier, dont je n'ai pas retenu le nom, mettra fin aux enchantements de la Douloureuse Garde.

« Nous le reconnaîtrons sans doute à ce signe, mais je n'en suis pas sûr, comme étant le Meilleur Chevalier du monde. »

Ainsi que l'Enchanteur l'avait voulu, messire Gauvain n'en dit pas davantage. Pour un temps, les noms de Lancelot et de Galaad s'étaient effacés de son esprit et il ne se souvenait plus que de l'essentiel de son message : *la quête du Saint-Graal devait être reprise et menée, cette fois, jusqu'à son terme.*

XXIII

LE PROCÈS DE LA REINE ISEULT

Arthur s'imposa un délai d'une semaine avant de mettre les compagnons de la Table ronde au courant des confidences de Gauvain, car il lui répugnait de mêler la quête surnaturelle du Précieux Sang aux obligations de son métier de roi.

Le matin même, en effet, à la prière du roi Marc de Cornouailles, Arthur avait accepté d'assister aux épreuves qui devaient confirmer l'innocence ou la culpabilité de ceux que les méchants accusaient depuis si longtemps de s'aimer de fol amour : Iseult, la propre épouse de Marc, et Tristan son neveu.

Afin de donner plus de solennité à ce jugement de Dieu, hauts dignitaires, bourgeois et petites gens des deux royaumes étaient conviés par le roi Marc à s'y rendre en foule. Les dames et les demoiselles qui se trouvaient à Kerléon ce jour-là ne furent pas cependant les dernières à dénoncer le danger d'une audience aussi large, le menu peuple n'étant déjà que trop enclin à se scandaliser des fautes de ses maîtres.

« La décision du roi Marc ne doit pas vous surprendre, leur répliqua le roi Arthur, non sans impatience. En donnant aux épreuves de ce jugement de Dieu tout l'éclat possible, Marc ne fait que répondre au désir de la reine, attaquée dans sa réputation depuis si longtemps et lasse de l'être. Tant que le scandale était resté d'ordre privé, j'avais pu feindre de l'ignorer, mais, en mettant la reine en accusation devant la foule de ses vassaux, le roi de Cornouailles m'oblige à sortir de cette réserve. Je présiderai donc en personne le lit de justice qui doit se réunir d'ici une semaine, à la frontière de la Cornouailles et du pays de Galles, sur la parcelle de terre appelée la Blanche Lande, afin de me porter garant que le procès se déroulera sans nulle fraude. Là se bornera mon rôle.

« La reine Iseult doit subir l'épreuve du fer rouge. Si cette épreuve tourne à son avantage, le roi Marc la reprendra auprès de lui ; sinon elle sera brûlée vive. »

Et comme, à leur tour, quelques-uns des chevaliers présents commençaient à murmurer entre eux sans retenue, le roi ajouta :

« D'ici là, je souhaite que Dieu vous inspire de surveiller vos langues, car, sachez-le bien, je ne souffrirai pas qu'un tel procès, placé sous le signe de Dieu, vous soit une occasion de tourner en dérision le meilleur et le plus malheureux des rois. »

Tous les regards s'étant portés comme d'habitude sur Keu, celui-ci rougit et se tut. Lorsque le roi se fut retiré, les dames reprirent cependant leur bavardage là où elles l'avaient laissé. Seule la reine Guenièvre demeura silencieuse.

L'existence de la reine, durant ces vingt dernières années, avait été bien différente de celle du roi. Tandis qu'Arthur et ses compagnons menaient cette vie de luttes, à la fois périlleuse et exaltante, que les chroniqueurs du temps ont décrite si complaisamment, Guenièvre et ses suivantes consumaient leur jeunesse dans l'attente de trop brèves retrouvailles. S'efforçant de vivre à l'écart des intrigues amoureuses de sa petite cour, formée des plus jolies pucelles et dames des deux Bretagnes, la reine n'en ressentait que plus vivement l'échec de sa vie de femme : unie au roi Arthur depuis seize ans déjà, Guenièvre était jusque-là demeurée stérile et, malgré sa jeunesse – à peine avait-elle dépassé la trentaine –, elle n'espérait plus donner d'héritiers à son époux.

Cette épreuve, dont certains proches parents d'Arthur ne manquaient pas de se réjouir secrètement, achevait de l'isoler de son entourage… Et pourtant elle était faite pour aimer et être aimée, et c'est bien à tort que sa retenue était trop souvent prise pour de la froideur : Guenièvre se défiait seulement de sa faiblesse, car plus qu'une autre elle devait se garder.

Les grâces dont la nature l'avait comblée ne manquaient pas d'attirer tous les regards. À cette époque de sa vie, qui correspondait au plein épanouissement de sa beauté, nulle femme au monde ne pouvait, en effet, lui être comparée : ni Viviane, au regard de source, ni Morgane, la demi-sœur d'Arthur, qui passait cependant pour la femme la plus recherchée des deux Bretagnes, ni Saraïde la jolie clergesse, ni la reine Hélène, la douce, la simple, ni même la blonde Iseult, si charmante et qui fut tant aimée.

Miraculeusement belle, bienveillante et pourtant lointaine, tempérant d'un sourire mélancolique la fierté de son maintien, Guenièvre méritait pleinement son titre de reine.

Iseult, Tristan... les tribulations des deux amants occupent bien souvent la pensée de la reine, et plus particulièrement ce soir où tous en parlent... Guenièvre n'a encore jamais vu Iseult ; par contre elle a connu Tristan alors qu'il n'était encore qu'un enfant. Depuis elle l'a rencontré maintes fois, soit à Kerléon, soit à Carduel, soit même à Tintagel. Elle se souvient encore avec attendrissement de ces douces veillées d'automne durant lesquelles l'orphelin harpait si bien. Une merveilleuse affection unissait, en ce temps-là, l'oncle et le neveu. Lorsque Tristan avait dû quitter la Cornouailles hâtivement, afin de se soustraire au courroux du roi Marc, ne s'était-il pas réfugié tout d'abord à la cour d'Arthur ? Si Tristan se fût senti coupable, l'eût-il fait ? Mais Carduel ne pouvait être qu'une courte étape dans sa vie errante. Certains prétendaient qu'il avait ensuite gagné en barque la Petite Bretagne ; d'autres affirmaient que l'amant de la blonde Iseult n'avait pas quitté la forêt du Morois où il s'était longtemps caché en compagnie de son amie ; toutefois, aucune nouvelle sûre n'était venue confirmer ces vagues rumeurs. À vrai dire sa trace semblait perdue. Cette disparition inexplicable avait encore accru le prestige du proscrit dont l'existence aventureuse ne cessait d'inspirer maints poèmes émaillés de discrètes allusions au motif de son exil.

Avant la fin de cette semaine, hélas ! les amours périlleuses de Tristan et d'Iseult seraient arrachées à ce halo de mystère dont les trouvères les entouraient, pour affronter la lumière du plus indiscret des procès. Alors, Dieu aidant, la vérité éclaterait au grand jour.

Ainsi songeait ce soir-là Guenièvre, tout en plaignant

secrètement les deux amants qu'elle voulait encore croire innocents.

Ces journées d'attente allaient lui paraître bien longues.

Dans quelques heures, le sort d'Iseult sera fixé. Tout en chevauchant vers la Blanche Lande, le roi Arthur, imitant en cela la reine Guenièvre, ne peut s'empêcher de se remémorer l'histoire de celle que Dieu va juger à travers la plus redoutable des épreuves.

Sans doute les apparences donnent-elles tort à la jolie reine et à son ami. Tristan et Iseult ne peuvent nier qu'ils s'aiment tendrement. Leur désespoir lorsqu'ils sont éloignés l'un de l'autre, leur trouble lorsqu'ils se trouvent réunis témoignent contre eux ; mais les félons qui les épient ont cherché vainement à les confondre. Hormis leur Créateur, pour qui rien ne demeure caché, nul ne saurait dire jusqu'où la reine et son ami se sont laissés entraîner par la passion.

Les meilleurs alliés de la reine eux-mêmes en sont arrivés à souhaiter l'arbitrage de Dieu. Seule, pensent-ils, la caution du Ciel pourrait désormais réhabiliter la jeune femme dans l'estime de ses sujets. Le roi Marc a fini par le comprendre : en se dérobant plus longtemps à cette épreuve de vérité, il paraîtrait se faire le complice du crime dont Tristan et Iseult sont accusés.

Il est vrai qu'Andret, Gondoïne, Denoalen, les trois dénonciateurs, ont toujours fait preuve à l'égard de Tristan d'une telle mauvaise foi que le roi a bien quelque raison de se défier de leur témoignage.

Du temps où le roi Marc refusait, contre toute sagesse, de prendre femme, ils accusaient déjà l'orphelin d'être son mauvais génie. Selon les trois barons, ce serait lui qui aurait inspiré au roi Marc la pensée de vieillir sans enfants ; ainsi eût-il hérité tout naturellement de ses terres. Lorsque, en guise de réponse, Tristan s'était fait l'ambassadeur d'amour du roi, s'aventurant jusqu'au cœur de l'Irlande au péril de sa vie, afin d'en ramener celle que Marc devait épouser, Iseult la Blonde aux cheveux d'or, ils avaient attribué son succès à quelque alliance avec l'auteur du Mal.

Pour eux, la victoire du jeune chevalier sur le Morc'hold d'Irlande, sa longue errance à bord d'un vaisseau sans voiles ni rames, puis, à la suite de ce voyage qu'il entreprit mourant, sa guérison miraculeuse, enfin la folle témérité dont il fit montre dans sa lutte victorieuse contre le dragon qui dévastait l'île Verte, étaient autant de preuves de ses pouvoirs de magicien.

Lorsque le roi Marc eut épousé Iseult, leur haine ne désarma pas pour autant. Sans doute Marc avait-il consenti, enfin ! à se marier, mais à la suite de quelles intrigues ? Qui donc avait choisi la fiancée, sinon Tristan lui-même ? Iseult était sa créature ; elle lui devait d'être reine. À travers celle qui ne pouvait rien lui refuser, Tristan n'en gouvernerait pas moins sûrement le cœur du roi… Tels étaient les propos des félons au lendemain du mariage du roi Marc.

Maintenant, ils osaient aller plus loin encore. Tristan, assuraient-ils, avait séduit la jeune fille au cours de la traversée qui devait les amener en Cornouailles. Iseult n'était plus vierge au moment où elle entra dans le lit de son époux.

Hélas ! ils disaient vrai : Tristan et Iseult avaient eu la faiblesse de s'aimer charnellement sur le navire qui les emportait vers le roi Marc ; mais les méchants ne devaient jamais rien savoir du drame dont ils avaient été les victimes... Une fatalité plus forte que leur propre volonté les avait poussés dans les bras l'un de l'autre. Elle seule pouvait expliquer leur folie, sinon la justifier.

Au moment où Iseult la Blonde allait quitter pour toujours la terre d'Irlande, sa mère avait composé secrètement un breuvage dont la vertu était si forte que ceux qui le goûteraient ensemble s'aimeraient de tous leurs sens et de toutes leurs pensées, d'un merveilleux amour, durant leur vie entière et, au-delà même de ce monde... À JAMAIS.

Ce breuvage magique, ce philtre d'amour éternel, la reine d'Irlande le destinait à Iseult et à Marc. Pourquoi fallut-il que Brangien la Fidèle gardât si mal ce vin herbé qu'elle devait offrir aux deux époux le soir de leurs noces ?

Un caprice de la mer fut l'artisan du destin. Au cours de la traversée entreprise par Tristan pour gagner la Cornouailles, le vent tomba en effet brusquement. Nul souffle d'air ne gonflait plus les voiles. Équipage et passagers furent bientôt las de cette accalmie ; une île était proche, Brangien commit l'imprudence de s'y rendre avec la plupart de ceux qui formaient la cour de sa jeune maîtresse. Iseult resta donc seule à bord en compagnie de Tristan, d'une petite servante et de quelques mariniers.

Une chaleur étouffante montait de la mer immobile.

Tristan et Iseult, torturés par la soif, demandèrent à la jeune servante de leur apporter quelque breuvage qui pût les rafraîchir. Après avoir cherché longtemps dans les réserves du navire, l'enfant finit par découvrir le philtre que la mère d'Iseult avait confié à Brangien.

Ils burent ensemble de ce vin. Mais, encore une fois, Marc lui-même n'apprit qu'après la fin tragique des deux amants l'existence du philtre d'amour auquel l'un et l'autre goûtèrent par méprise et dont les vertus étaient si grisantes qu'elles devaient leur enlever toute conscience et toute volonté.

Les félons qui poursuivaient Tristan et Iseult de leur haine ne les accusaient donc pas seulement sans preuve mais ils les condamnaient à tort. Si Notre-Sire, dont le jugement compte seul pour l'éternité, daigna par la suite faire montre à leur égard d'une si grande mansuétude, comment croire que ce fut sans raison ? Connaissant la vanité de leurs efforts pour se dérober à l'emprise de la fatalité qui les avait poussés dans les bras l'un de l'autre en dépit de leur propre vouloir, Il ne pouvait que les prendre en pitié.

Dans la droiture de son cœur, le roi Arthur ne se résignait pas à croire Tristan coupable. Non ! pensait-il, Tristan n'avait pu oublier sa foi de chevalier jusqu'à séduire la fiancée de son propre seigneur. Et pourtant Arthur n'était pas sans savoir jusqu'où peut entraîner l'égarement d'un instant...

Le roi Arthur apercevait maintenant la Blanche Lande, toute fleurie de bannières, de tentes et de pavillons. Redoutant d'accomplir deux fois au cours d'une même journée la distance qui séparait Kerléon de la Blanche Lande, Guenièvre se trouvait sur le lieu du jugement depuis la veille. Son pavillon se dressait à côté de l'estrade destinée au roi et à sa suite. Le soleil luisait haut et clair. La rosée faisait scintiller de mille feux chaque brin d'herbe et chaque branche. Les chevaux s'ébrouaient sur un tapis de pierres précieuses. Sans laisser le roi Arthur indifférent, ce spectacle, qui l'eût ravi en d'autres occasions, ne pouvait le détourner cette fois de ses pensées. Songeant avec angoisse à la longue épreuve de Marc, il suppliait Dieu de faire entendre Son verdict de telle manière que toute équivoque fût enfin dissipée.

Le roi Marc s'était déjà transporté en personne sur la rive galloise afin de saluer le roi Arthur avant tout autre. Dès qu'il aperçut le roi des deux Bretagnes, Marc vint à sa rencontre et s'inclina devant lui, comme un homme lige doit le faire devant son seigneur, puis il se retira lentement à l'écart afin de bien marquer que leur amitié n'avait rien à voir dans ce haut débat : Dieu seul devait se prononcer.

C'est avec joie qu'Arthur avait retrouvé Guenièvre. Le visage de la jeune femme s'était éclairé d'un léger sourire à la vue de son époux. Leur calme entente rendait plus sensible le douloureux isolement du roi Marc. Une estrade avait été dressée face à la rivière. Côte à côte, la reine Guenièvre et le roi Arthur en gravirent les marches, tandis que les oriflammes de Cornouailles et du pays de Galles s'inclinaient sur leur passage.

Marc n'avait pas été le seul à passer l'eau. Plusieurs barques allaient et venaient sans cesse d'un bord à l'autre. Mais les gens de Cornouailles étaient nombreux. Ici et là se formaient des groupes de mécontents. Parmi ceux-ci les trois barons félons, Andret, Gondoïne et Denoalen, se faisaient remarquer par leur impatience. Las d'attendre le bon vouloir des mariniers, ils allaient et venaient de long en large en se concertant, dans l'espoir, semblait-il, de découvrir un gué.

Au bord de l'eau, un miséreux était assis. Enveloppé dans une vieille cape sur laquelle étaient cousues des médailles d'étain semblables à celles que les pèlerins ont coutume de ramener des Lieux saints, il tendait la main en demandant l'aumône d'une voix dolente.

Le manège des trois hommes ne pouvait lui échapper. Brusquement, il se lève et les appelle à grands cris :

« Seigneurs, seigneurs ! Remontez un peu la rivière jusqu'aux saules que vous voyez là-bas, et vous trouverez le plus sûr des gués. Vous pouvez vous fier à moi, je ne connais que trop bien cette rivière pour avoir failli m'y noyer dans ma jeunesse ! Prenez le gué en face des saules ! »

Les félons se réjouissent. L'avis leur semble sage. Ils contraignent leurs chevaux à s'avancer dans le lit de la rivière. C'est en vain que les pauvres bêtes renâclent, leurs maîtres n'en ont nul souci. Encore quelques pas et chevaux et cavaliers se trouveront sur l'autre rive.

Tout à coup, le cheval qui portait Denoalen s'enfonce jusqu'au poitrail, Gondoïne et Andret voudraient bien faire demi-tour, mais, au même instant, leurs propres montures perdent pied. Les misérables se voient déjà noyés. Coûte que coûte, ils doivent maintenant atteindre le bord opposé. Et, tandis que les trois couards se débattent de leur mieux contre le courant qui les entraîne, moitié nageant, moitié portés par leurs chevaux, tous ceux qui, des deux côtés de la rivière, ont suivi leur tentative hasardeuse s'esclaffent et rient à leurs dépens... Seul le pèlerin semble les plaindre. Il se lamente maintenant avec de grands gestes, en prenant tout le monde à témoin de sa méprise... Hélas ! hélas ! comment eût-il pensé que la rivière pût être aussi profonde en ce temps de l'année ?

« Retournez en arrière, chers seigneurs, n'avancez pas davantage, vous allez vous noyer ! Au nom du Ciel, retournez en arrière ! »

Ruisselants, leurs beaux vêtements souillés, Andret, Gondoïne et Denoalen ont enfin réussi à gagner la rive galloise. C'est en vain que, hors d'eux-mêmes, et encore tout essoufflés par l'effort qu'ils ont dû fournir pour s'arracher au flot et à la vase, les barons crient à leurs écuyers de s'emparer de celui qui les a trompés si grossièrement ; l'homme leur échappe en proclamant de plus belle la pureté de ses intentions :

« Ah ! chers seigneurs, si j'avais pu prévoir pareille mésaventure… »

Mais nul ne l'écoute plus, car une barque s'avance, remontant lentement le courant :

« La reine ! la reine Iseult ! »

La barque racle le fond de la rivière ; cependant plusieurs toises séparent encore la proue du sable sec. Iseult s'est levée. Tous les regards sont fixés sur la reine. « Dieu qu'elle est belle ! »

Jamais la jeune femme n'avait paru plus émouvante qu'en cet instant où elle se présentait, à la fois craintive et confiante, armée de sa seule faiblesse, devant la foule de ses propres sujets. Hier encore tous la chérissaient. Dans le secret de leur cœur, quels sentiments ces gens du menu peuple nourrissaient-ils, aujourd'hui, à l'égard de celle dont on avait, depuis lors, tant médit ? Chez la plupart d'entre eux, vieux ou jeunes, la pitié l'emportait, sans nul doute, sur la haine ; mais ce n'était pas à la pitié de ses vassaux qu'Iseult désirait faire appel, à l'heure même où, se réclamant d'une justice infiniment plus haute que la justice des hommes, elle entendait prouver son innocence.

La compassion qu'elle croyait lire sur le visage des humbles accourus sur la dune pour la saluer la réconfortait pourtant dans sa détresse...

La reine semble hésiter. De la rive, on peut la voir s'adresser par signes au pèlerin. Sans doute lui demande-t-elle de s'approcher afin de l'aider à gagner la terre ferme. Nul ne s'en étonne. Qui reconnaîtrait Tristan dans ce mendiant pitoyable ? Son amour pour Iseult vient de lui inspirer cette ruse. Ainsi, tout à l'heure, la reine pourra-t-elle jurer sans mensonge que seuls le roi Marc, son époux, et le pauvre hère à qui elle s'est confiée pour atteindre le sable sec l'ont tenue dans leurs bras. Et, lorsque la jeune femme devra affronter l'épreuve de vérité, lorsque de ses deux mains nues elle saisira le fer rouge, Dieu Lui-même, prenant en pitié son angoisse et celle de son ami, ne permettra pas que la morsure du feu contredise ce serment à double entente.

Le jugement par le feu a prouvé l'innocence de la reine. S'étant ainsi justifiée aux yeux de tous, Iseult rejoint timidement le roi Marc. Celui-ci s'empresse de la faire asseoir à ses côtés. Ils s'en iront réconciliés, la main dans la main, et la même, barque les emportera vers Tintagel.

Les trois félons n'ont pas attendu la proclamation du jugement pour quitter la Blanche Lande. Voyant que l'épreuve du feu se retournait contre eux, ils ont sauté en selle et se sont enfuis à franc étrier. Déjà Gondoïne, Denoalen et Andret ne songent plus qu'à s'enfermer dans leurs forts châteaux. La peur les éperonne ; leur vie est menacée !

Certes, ils redoutent le courroux du roi et sa justice, mais ils redoutent davantage encore, et non sans raison, la vengeance de Tristan. Celui-ci possède la longue patience du chasseur né : depuis plusieurs mois Tristan se cache. Sans doute les guette-t-il sur la route du retour. Homme ou bête, le taillis a bougé ! Tristan, serait-ce Tristan ? Ils se trompent : Tristan, pour l'instant, est retourné aux abords de Tintagel. Il veut savoir comment le roi traitera Iseult, afin de la protéger si elle se trouve de nouveau menacée. C'est du moins le prétexte que le proscrit se donne à lui-même pour demeurer auprès de celle qu'il aime et qui ne lui rend que trop bien son amour.

Mais un jour Tristan se souviendra des dénonciateurs ; l'heure approche où l'occasion de sortir de l'ombre lui sera offerte... Alors il fondra sur eux avec la rapidité de l'éclair pour en tirer vengeance.

La nuit était déjà tombée lorsque Arthur et Guenièvre parvinrent devant Kerléon. Ils avaient cheminé en silence. Le silence coûtait peu à Guenièvre. Les fréquentes absences du roi, sans cesse appelé hors du pays de Logres par de nouvelles aventures, lui avaient appris à se taire. Au dire de ses chambrières et de ses dames d'atour, toujours à l'affût de quelque nouvelle qui pût égayer la trame monotone de leur vie, elle se taisait même trop souvent ; et il est bien vrai que leur maîtresse pratiquait à la perfection l'art de se dérober dans un sourire qui n'engageait nullement son âme. Morgane, la demi-sœur d'Arthur, dont Guenièvre s'était attiré si étourdiment la haine, dans les premiers temps de son mariage, ne manquait pas d'attribuer cette réserve souriante de la reine à la fausseté de sa nature. Et pourtant il n'entrait ni duplicité, ni calcul, ni sécheresse de cœur dans l'attitude de Guenièvre. Une longue accoutumance à la solitude l'avait seulement amenée, par degrés, à garder pour elle-même ses plus chères pensées.

Éclairées par la lune, les tours de Kerléon se détachaient, maintenant, en clair sur le ciel sombre piqué d'étoiles. Guenièvre et Arthur chevauchaient côte à côte. Leurs gens les suivaient à quelque distance.

« J'ai toujours cru à l'innocence d'Iseult, dit la reine Guenièvre à mi-voix, comme au sortir d'un songe. Seuls les méchants peuvent admettre si facilement le mal !

— Et cependant le mal existe », répondit pensivement le roi.

Le silence retomba de nouveau entre eux. La reine ne s'était pas confiée aussi librement depuis bien longtemps. Mais, ce soir-là, Guenièvre n'avait pas fini d'étonner son époux.

« Ah ! cher seigneur, reprit-elle, comme ils s'arrêtaient devant les douves du château, si un jour on médisait de moi – ce qu'à Dieu ne plaise car, avec Son aide, j'espère que ma conduite découragera toujours la malveillance ! –, souvenez-vous que je serais blâmée à tort… »

La reine Guenièvre n'en dit pas davantage : elle était accablée par la pensée de la solitude désespérante dans laquelle son existence s'était déroulée. Pour nourrir les dernières flammes de sa jeunesse, ne connaîtrait-elle jamais d'autre aliment que ces longues rêveries sans objet qui l'avaient jusque-là aidée à vivre ? Elle était lasse d'entendre éternellement les mêmes poèmes d'amour, chantés – seulement chantés – par des voix mercenaires. Une obscure nostalgie allant jusqu'à l'angoisse la tourmentait ce soir : la nostalgie d'une présence d'homme efficace, attentive et constante. Saisie par un brusque désir d'être comprise et protégée, Guenièvre se rapprocha d'Arthur.

Sa main droite lâcha les rênes pour chercher la main du roi.

Celui-ci se retourna, tout surpris. Noyé dans la pénombre, le visage de sa compagne ne lui apprit rien qu'il n'eût déjà deviné à l'intonation de sa voix. Leurs gens les rejoignaient. Arthur se contenta d'étreindre la main qui s'était glissée dans la sienne. Que pouvait-il faire d'autre ?

Le pont-levis s'abaissait devant eux.

À l'instant même où ils allaient s'y engager ensemble, le cheval de la jeune femme buta et fléchit. Pour empêcher sa monture de s'abattre, la reine retira sa main de celle du roi.

XXIV

LE CHEVALIER AUX BLANCHES ARMES

Dès le lendemain de son retour à Kerléon, Arthur transmit le message de Merlin aux compagnons de la Table ronde. Selon ce message, le roi ne pouvait retarder davantage la reprise de la quête du Graal. Avant la fin de l'année, les chevaliers de la Table ronde commenceraient donc la quête du Précieux Sang et s'efforceraient de la mener jusqu'à son terme, chacun pour son compte.

Se tournant vers Gauvain, le roi l'interrogea de nouveau :

« Merlin ne t'a-t-il pas nommé celui que nous attendons depuis si longtemps ?

— Peut-être... je ne sais ! répondit tristement Gauvain. Un voile recouvre ma mémoire. J'ai l'impression d'entendre une voix murmurer son nom à mon oreille, sans pouvoir moi-même le répéter. De toute manière le Meilleur Chevalier du monde se fera reconnaître pour tel par ses seules aventures. »

Nul n'insista. Le souvenir de l'Enchanteur demeurait trop cher à la plupart de ses anciens compagnons pour qu'ils songent à sourire de l'embarras de son messager. Cependant le délai était bref : déjà l'on entrait dans le temps du carême, or, sous le règne d'Arthur, l'année se terminait la veille de Pâques. Pour rester dans les limites imposées par Merlin, les chevaliers de la Table ronde devraient commencer leur quête dans le cours des prochaines semaines.

« Notre-Sire, en me confiant la couronne de Logres, m'a imposé des obligations que je ne puis enfreindre sans pécher, reprit le roi Arthur. La plus impérieuse de ces obligations est de défendre ce royaume dont Il m'a institué le gardien. Vous-mêmes me blâmeriez, si je vous laissais l'abandonner tous à la fois. Le sort désignera donc ceux qui tenteront leur chance les premiers. Mais les autres doivent le savoir, je ne commettrai nulle injustice en ajournant leur propre départ. Je m'en explique à l'avance, car les preux qui sont assis autour de cette table sont en droit de penser qu'ils sont égaux entre eux : si jamais le champion que Notre-Sire a choisi de toute éternité pour mener à son terme la quête du Saint-Graal ne se trouvait pas parmi ceux que le hasard va tout d'abord favoriser, sa mission n'en serait différée que de quelques mois ; la durée de chacune de vos absences ne devant, en aucun cas excéder un an et un jour.

« Telle est la première règle que Dieu m'inspire de vous donner.

« Écoutez la seconde : quiconque entreprendra cette quête surnaturelle ne devra compter que sur lui-même, tout en sachant qu'il ne peut rien sans Celui qui peut tout. Chevauchant toujours seul, sans conseil d'aucune sorte, il n'acceptera ni appui ni secours, en dehors de l'assistance qui pourrait lui venir de Notre-Sire.

« Cette dernière condition est nécessaire pour que le choix de Dieu puisse se manifester sans nulle équivoque. »

Le roi n'en dit pas davantage car il avait déjà résolu, en ce qui le concernait personnellement, de se tenir en dehors de la quête du Précieux Sang. Secrètement, à ses propres yeux, la faute charnelle qu'il avait commise dans sa jeunesse avec la reine d'Orcadie, sans toutefois savoir à cette époque que celle-ci était sa sœur, le rendait à jamais indigne de briguer pareil honneur ; mais, de toutes ses forces, Arthur encouragerait l'élu de Notre-Sire, quel qu'il fût, à mener sa mission à bonne fin.

Le sort fit bien les choses. Parmi ceux qui devaient se mettre en route dès la première semaine, il désigna tout d'abord messire Gauvain en personne, Sagremor et Gahériet. Puis vinrent, ensuite, Organ, le frère cadet du roi de Bénidorn, et Galessin le Rouge Moissonneur. Leurs adieux s'étaient faits, d'ailleurs, sans éclat. La foi dans leurs propres chances les avait abandonnés, sinon la foi tout court. Le sentiment de leur indignité les désolait. Obéissant aux injonctions du roi, ils étaient partis au hasard, en compagnie d'un seul écuyer. Puisque les règles de la chevalerie terrienne, qui les avaient si longtemps soutenus dans leur existence aventureuse, ne pouvaient plus leur être d'aucun secours dans cette Quête célestielle... à Dieu vat ! Mais cheminaient-ils vraiment sous la sauvegarde de Dieu ?

La pensée que Dieu seul pouvait guider leurs pas les préservait, tout au moins, du péché d'orgueil.

Quelques jours plus tard, un jeune chevalier vêtu de blanc et monté sur un palefroi également blanc pénétrait dans la cour d'honneur du château de Kerléon. Derrière lui venait un écuyer, menant un destrier en laisse. Deux valets suivaient avec les chevaux de somme et les bagages : quelques coffres aux belles ferrures ouvragées et un léger pavillon de campement.

Les vêtements, les armes, les écus, les chevaux, les harnachements, les coffres et la tente, tout, dans ce cortège, était couleur de neige.

Le roi Arthur rentrait de la chasse et n'avait pas encore mis pied à terre. Le bel étranger aux vêtements immaculés s'avança vers le roi après l'avoir salué.

« Sire, lui dit-il, ma dame m'envoie vers vous afin de vous demander un don auquel j'attache le plus haut prix. Ne m'éconduisez pas !

— Dieu me garde de vous décevoir, lui répliqua le roi courtoisement, à moins que vos désirs et ceux de votre dame n'aillent contre mon honneur ou ne risquent de nuire à mes propres amis. Comment s'appelle celle dont vous me parlez ?

— La Dame du lac, répondit l'adolescent. Aucune reine sur terre ne la vaut.

— Je l'entends nommer pour la première fois, mais

n'en soyez pas offensé. Et que vous a-t-elle chargé de me demander ?

— De m'armer chevalier dès que je vous en exprimerai le désir », fit le jeune Lancelot du Lac hardiment.

En ce temps-là, nul ne passait pour vraiment preux s'il n'avait été fait chevalier de la main même du roi Arthur, tant était déjà grande la réputation du roi des deux Bretagnes et de ses compagnons. S'il était arrivé au roi Arthur d'armer chevalier un inconnu sur sa bonne mine, le solliciteur avait toujours été mis à l'épreuve durant quelques jours afin que ses pairs pussent du moins s'assurer qu'il n'était pas un couard.

Le roi sourit.

« Plusieurs jeunes écuyers doivent être armés chevaliers à l'occasion des fêtes de Pâques ; je vous autorise à vous joindre à eux. D'ici là, vous serez mon hôte. »

« Pâques ! Devrai-je patienter jusqu'à Pâques ? » songea Lancelot. Cependant il ne souffla mot de sa déconvenue et se contenta de remercier le roi de la grâce que celui-ci voulait bien lui faire. Les circonstances donneraient peut-être à l'adolescent l'occasion d'abréger encore ce court délai. Dans l'immédiat, à la demande d'Arthur, Yvain, le bon chevalier, l'hébergerait et lui tiendrait lieu de maître.

Le roi Arthur montrait en toutes choses la spontanéité des cœurs simples. De retour parmi les dames, il ne put s'empêcher de leur dépeindre, avec les couleurs les plus brillantes, l'arrivée de l'étranger.

« Et en guise d'accueil, lui dit froidement Keu, vous l'avez envoyé loger hors du château. Certes ! vous fûtes moins réticent lorsque la belle Bianne de Clamadieu vous demanda d'armer chevalier son nabot d'amant.

— Ce nain tout contrefait qu'elle me suppliait d'adouber était le fils du roi d'Estrangore, le meilleur et le plus valeureux des hommes, répliqua le roi,

— Sans doute, fit remarquer doucement la reine Guenièvre, mais vous ignoriez alors sa filiation, comme d'ailleurs nous l'ignorions nous-mêmes. Les écuyers du bel étranger ne saluent-ils pas leur maître du titre de “fils de roi” ? Si vous lui refusez ce que vous avez si facilement accordé à l'infortuné rejeton du roi d'Estrangore, quelle réputation vous fera-t-il, une fois de retour dans son pays ? »

Le roi Arthur n'avait pas oublié la prophétie de Merlin ; il se tut. Pourquoi cet inconnu aux blanches armes ne serait-il pas le futur champion du Christ ? Celui qui les guiderait dans la Quête célestielle ? Quelques-uns des familiers du roi eurent-ils la même pensée ? Un long silence se fit, chargé de rêves, dont quelques-uns n'étaient pas entièrement désintéressés.

« Là où le blanc chevalier se rendra, je me rendrai aussi ! » se disait Keu, dont la ruse demeurait la meilleure des armes, bien qu'à ses heures il sût manier la lance et l'épée aussi bien qu'un autre. « Peut-être m'enseignera-t-il le chemin du Graal. Alors je saurai bien devancer celui qui m'aura si naïvement montré la voie. Il est jeune, et sa hardiesse se retournera contre lui. J'ai déjà laissé passer l'occasion d'être roi, lorsque Arthur triompha à ma place de l'épreuve de l'épée imaginée par Merlin ; cette fois je n'abandonnerai à nul rival l'honneur de conquérir le Graal. »

Arthur parut se souvenir que la décision lui revenait :

« Vous avez dit vrai ! » murmura-t-il. Se tournant vers

Yvain, le roi lui demanda : « Consentiriez-vous à vous porter garant pour votre hôte ?

— Certes, je le ferais de grand cœur sans l'éprouver davantage. Pareil visage ne saurait mentir.

— Vous ne l'ignorez pas, je dois quitter Kerléon pour Camaaloth dans trois jours. De là je me rendrai en Petite Bretagne, où mes vassaux d'Armorique me supplient d'entreprendre une fois de plus le siège du château de la Douloureuse Garde, dont la réputation fâcheuse n'est que trop méritée. Si l'inconnu aux blanches armes est si pressé de ceindre l'épée, je ne lui imposerai pas d'attendre mon retour. Qu'il se présente ici, dès demain, vêtu comme un futur chevalier doit l'être. Il se rendra ensuite à la chapelle pour y veiller. Vous-même l'assisterez. Je l'armerai de ma main le jour suivant. Mais, afin que nul ne puisse me reprocher d'avoir préféré un étranger aux fils de mes propres vassaux, je ceindrai également l'épée à ceux d'entre ces derniers qui devaient être faits chevaliers à Pâques. »

Les compagnons de la Table ronde approuvèrent le roi. Arthur se leva ; tous l'imitèrent. Les dames, dont aucune n'avait encore vu l'adolescent, se rendirent dans leurs chambres, en regrettant de ne pouvoir hâter la venue du jour suivant.

Déjà, toute la ville savait qu'un étranger s'était rendu chez monseigneur Yvain le Grand, en riche équipage de chevalier, afin d'y loger. Aussi le lendemain bourgeois et manants se pressaient-ils nombreux aux portes et aux fenêtres des rues étroites de Kerléon pour le voir passer tandis qu'il se rendait au château où l'attendaient le roi et sa cour.

Au palais, la curiosité n'était pas moins grande : à demi cachées dans l'embrasure des croisées, les chambrières elles-mêmes ne se privèrent pas d'assister à son arrivée. Dès que le beau valet eut mis pied à terre, messire Yvain le prit par la main. Ils traversèrent ainsi la cour d'honneur et pénétrèrent dans la grande salle du château où le roi se tenait au milieu de ses familiers. Alors tous et toutes durent avouer qu'Arthur et Yvain ne les avaient pas trompés.

Ils n'avaient encore jamais vu un adolescent plus beau ni mieux pris dans sa taille. Avenant de figure, large d'épaules, mince de hanches, la démarche aisée, l'allure fière et, en outre, habillé et chaussé de telle sorte qu'il paraissait né avec ses vêtements, il incarnait tout à la fois la force et la grâce de la jeunesse. La blancheur de sa robe de chevalier rehaussait l'éclat de son teint doré par un hâle léger, mais l'expression mâle de son visage démentait son apparence juvénile.

Déjà le beau valet avait perdu de sa hardiesse : il avait aperçu la reine !

En vain Arthur et Guenièvre, pour le mettre à l'aise, le priaient-ils de s'asseoir à leurs pieds, sur le tapis d'herbes fleuries qui couvrait la salle. L'écuyer n'osait plus bouger d'un pas.

La reine demanda la première à Yvain quel était le nom de l'étranger.

« Je ne puis vous le dire, lui répondit Yvain. Il prétend que celle qui l'envoya lui interdit de se nommer.

— Mais cette dame, comment l'appelle-t-il ?

— La Dame du lac, répliqua Yvain. Ce nom, sans doute, ne vous renseignera guère. »

Alors la reine, se penchant doucement sur l'étranger qui avait enfin consenti, non sans peine, à s'asseoir à ses pieds, le pria elle-même de lui dire comment il s'appelait.

« Dame, je ne sais, fit celui-ci en soupirant.

— D'où êtes-vous ?

— Dame, je l'ignore !

— À votre parler, on jurerait bien que vous êtes de Petite Bretagne.

— Dame, il se peut ! »

Jugeant à son air égaré qu'il avait perdu son droit sens, la reine se garda bien de l'interroger davantage. Lui n'osait la regarder, sans toutefois pouvoir s'empêcher de le faire à la dérobée. Certes, le Beau Trouvé avait habitué les hôtes du domaine du Lac à plus de hardiesse.

« Comme il ressemble à Tristan ! » ne put s'empêcher de songer la reine, sans même chercher à chasser les images que la seule évocation de l'amant d'Iseult lui suggérait. Ses yeux rencontrèrent à cet instant les yeux de l'écuyer. Ce dernier la fixa, le temps d'un battement de cœur, avec une expression de ferveur si ingénue qu'elle rougit à la fois de gêne et de dépit.

Craignant que son trouble n'éveillât l'attention de ses familiers, toujours prompts à la juger sans bienveillance, Guenièvre se leva après avoir pris rapidement congé du roi.

« Ce jouvenceau ne semble pas avoir toute sa raison, dit-elle seulement à messire Yvain. Sage ou fou, peu importe ! s'il a été bien enseigné, il n'a guère appris.

Puis Guenièvre se retira dans sa chambre et, durant le reste du jour, y demeura enfermée, mécontente d'elle-même et des autres.

Lorsque la reine évoquait Tristan à propos de Lancelot, ce rapprochement n'était qu'à demi justifié : Lancelot était aussi blond que Tristan pouvait être brun ; et, de visage, les deux cousins ne se ressemblaient guère. Cependant, la fierté de son maintien, l'aisance de sa démarche, enfin l'impression de hardiesse qui émanait – à l'accoutumée – de toute sa personne apparentaient l'orphelin du Lac au neveu du roi Marc... Comme ce dernier, Tristan était de la race des animaux de proie. Si Tristan, toutefois, tenait du loup, Lancelot faisait plutôt penser à un jeune lion.

Bientôt il ferait voir que cette comparaison, qui revient si souvent dans les récits des vieux conteurs, n'était nullement forcée.

XXV

LE PREMIER COMBAT DE LANCELOT

Messire Yvain et Lancelot passèrent cette nuit de veille en prière dans la chapelle du château, ainsi que l'exigeait la coutume ; puis, l'aube venue, Yvain ramena l'étranger à son logis afin qu'il pût se reposer durant quelques heures.

Vers la fin de la matinée, le roi Arthur devait donner l'accolade aux nouveaux chevaliers dans la grande salle de Kerléon, après avoir entendu la messe en leur compagnie. Comme Arthur allait armer le blanc damoiseau, une pucelle entra vivement dans cette salle où se tenaient le roi et sa cour. Des tresses d'or fin encadraient son joli visage. Elle marchait légère et rapide en soulevant gracieusement le devant de sa robe. Parvenue aux pieds du roi, la jeune fille laissa retomber l'étoffe sur la litière de fleurs dont la salle était jonchée en guise de tapis et fit une révérence sans cesser de sourire avec une exquise gentillesse.

« Roi Arthur, je te salue de la part de la dame de Nohant, ma maîtresse, dit-elle d'une voix claire et chantante comme l'eau d'une source. Dieu t'ait en Sa grâce, de même que la reine et tous ceux que tu aimes !

— Douce amie, lui répondit Arthur, dois-je vous faire observer que les souhaits que vous formulez vous concernent également puisqu'ils mentionnent tous ceux que j'aime.

— Sire, vous me comblez, répliqua gaiement la pucelle. Sachant la place que j'occupe dans vos pensées, je m'en aimerai moi-même davantage à l'avenir ! Ceci dit, cher sire, ajouta-t-elle de sa voix la plus persuasive, oserai-je vous transmettre le message de ma maîtresse ? La dame de Nohant, vous supplie, en tant que son seigneur lige, de la secourir contre le roi de Northumberland qui ne cesse d'envahir ses terres.

« À la demande instante de ma maîtresse, le roi de Northumberland a bien voulu accepter que les droits respectifs des deux partis fussent défendus par deux chevaliers seulement s'affrontant en champ clos, ou par quatre chevaliers se battant deux contre deux, ou par autant de chevaliers que le parti de Nohant pourrait en aligner contre un nombre égal de chevaliers de Northumberland. Et, très humblement, conclut-elle avec chaleur, votre vassale vous prie de lui envoyer tout au moins l'un de vos compagnons pour la représenter en combat singulier.

— Douce amie, la dame de Nohant doit savoir qu'étant son seigneur je ne peux refuser de me rendre à sa prière : je lui viendrai en aide de grand cœur. » Tout en souriant à la jolie messagère, le roi s'empressa d'ajouter : « Si j'avais hésité à le faire pour l'amour de votre maîtresse, je m'y serais d'ailleurs décidé sans nulle peine pour l'amour de vous. »

Tandis qu'Arthur donnait l'ordre de conduire la demoiselle au clair visage jusqu'à la chambre des dames, le chevalier étranger se jetait aux pieds du roi.

« Sire, après m'avoir fait chevalier de votre propre main, vous ne sauriez me refuser le don que je vais vous demander : accordez-moi d'être le champion de la dame de Nohant. Si vous repoussiez ma requête, tous ceux qui sont ici penseraient à bon droit que vous me tenez en piètre estime ! »

Comme le roi, surpris, hésitait encore à lui permettre de combattre en champ clos en raison de son inexpérience et de sa jeunesse, messire Yvain prit le parti du jeune chevalier.

« Sire, l'ayant jugé digne de ceindre l'épée il n'y a qu'un instant, vous ne pouvez lui refuser de combattre sans l'offenser mortellement. »

Ainsi Arthur finit-il par octroyer, non sans regret, le don périlleux qui lui était demandé.

« Sire, merci ! » dit simplement l'étranger aux blanches armes.

Tandis que Lancelot s'en retournait vers l'hôtel d'Yvain après avoir pris congé du roi et des barons, son compagnon le vit pâlir :

« Qu'avez-vous ? s'inquiéta messire Yvain.

— Ah ! sire, je n'ai pas pris congé de madame la reine.

— Il est vrai », répliqua son hôte.

Et les voilà qui font demi-tour pour regagner le palais. Guenièvre allait se retirer dans sa chambre. En apercevant le chevalier aux blanches armes, elle ne put dissimuler un mouvement d'humeur.

« Dame, lui dit Yvain, vous devez reconnaître le valet que monseigneur Arthur a fait chevalier tout à l'heure. Il ne veut pas quitter cette cour sans prendre congé de vous. »

Quelle femme eût été insensible à pareille marque de courtoisie ? Le visage de la reine s'éclaira d'un sourire :

« Partirait-il déjà ?

— Monseigneur le roi lui a permis, à sa demande, d'être le champion de la dame de Nohant.

— À quoi le roi a-t-il pu songer en lui accordant pareil don ? Il est encore si jeune. Ah ! cher sire, relevez-vous ! Je ne puis vous permettre de rester à genoux devant moi alors que j'ignore si votre lignage ne vaut pas le mien.

— Dame, j'ai failli quitter ce château sans venir vous saluer. Me pardonnerez-vous ma folie ?

— Folie n'est pas crime, répliqua la reine. Comment ne vous pardonnerais-je pas de grand cœur une faute que vous avouez avec une telle contrition ?

— Dame, merci ! J'ai reçu du roi plus que je n'espérais. À votre tour, m'accorderiez-vous un don si je vous le demandais ?

— Certes, de grand cœur, si du moins je pouvais le faire.

— Dame, j'aimerais que vous me teniez pour votre chevalier.

— Qu'il en soit ainsi, doux ami », dit la reine.

Mais, à peine sorti du palais, Yvain s'aperçoit que son protégé n'a pas d'épée... Décidément, le bel étourdi que voilà !

« Le roi aurait-il oublié de vous ceindre l'épée ? Par ma foi, s'il en était ainsi vous ne seriez pas chevalier.

— Sire, répondit Lancelot, mes écuyers m'ont devancé, mon épée se trouve sans doute dans leurs bagages ; or je ne veux pas recevoir d'autre épée que la mienne. Attendez-moi ici, je vais la chercher ! »

Yvain patienta vainement jusqu'à la tombée du jour, puis, courroucé à juste titre, il vint conter au palais comment l'étranger l'avait trompé. Arthur, dont l'humeur était naturellement gaie, rit franchement de la déconvenue de son ami et donna raison à la reine lorsque cette dernière avança que le jeune valet était peut-être de haut lignage et qu'il avait fort bien pu se dépiter en voyant le roi armer tous ses compagnons avant lui.

La vérité les eût bien surpris : Lancelot ne voulait devoir son épée qu'à la reine.

L'accueil que la dame de Nohant fit au nouveau chevalier fut moins qu'empressé. La jeune femme croyait pouvoir compter sur l'un des meilleurs compagnons de la Table ronde et voici qu'Arthur lui envoyait ce jouvenceau qu'il venait d'armer le jour même.

« Le roi s'est joué de moi ! » ne put s'empêcher de se dire l'infortunée, tandis qu'elle se retirait toute dolente dans sa chambre, sans plus se soucier de son hôte.

Blessé au vif par cet accueil, Lancelot ne voulut pas demeurer davantage sous le toit de la dame : une auberge avait accueilli ses chevaux, il y logerait bien lui-même !

Lorsque la dame de Nohant apprit son départ, elle s'en montra, réflexion faite, tout attristée : « Comment ai-je pu mépriser le seul soutien qui me restait ? Ce chevalier semble bien jeune mais peut-être est-il meilleur homme d'armes que son âge ne le laisserait croire... Et quand bien même cette aventure périlleuse outrepasserait ses forces, quelles raisons aurais-je de lui en vouloir ? Seul le roi mériterait d'être blâmé pour l'avoir choisi avec tant de légèreté. »

La dame se fit donc conduire au logis où le chevalier était descendu. Ce dernier avait fait joncher sa chambre de paille fraîchement coupée et de fleurs des champs. Un air de fête régnait dans la petite auberge illuminée par tant et tant de chandelles de résine qu'il y faisait plus clair qu'en plein jour.

« Sire chevalier, commença la dame, daignez me pardonner mon triste accueil. Songez à l'angoisse dans laquelle je me trouve. L'infortune est mauvaise conseillère...

— Dame, lui répondit Lancelot, je n'ai pas à vous pardonner. Vous-même ne me devez rien puisque je me suis fait votre champion sans vous consulter. »

Et comme elle insistait humblement pour qu'il retournât loger au château, le champion du roi Arthur répliqua :

« Non merci ! Ce soir je coucherai dans cette auberge ; toutefois, s'empressa-t-il d'ajouter, si demain je suis encore en vie je logerai chez vous. »

Ainsi Lancelot était-il fait : prompt à la colère, mais sans nulle rancune, surtout lorsque l'offense lui était venue d'une femme jeune et jolie.

Le lendemain, en pénétrant dans la cour du château, le blanc damoiseau fut tout surpris d'y trouver un chevalier en armes qu'il reconnut aussitôt comme appartenant à la maison du roi Arthur.

« Que faites-vous ici ? lui demanda Lancelot.

— Vous le voyez, je suis venu mettre mon épée au service de celle dont vous prétendez vous-même assurer la défense.

— Messire, lui répliqua Lancelot courtoisement, je suis sur le lieu de la bataille depuis hier. Vous ayant précédé, il m'appartient de combattre.

— Il suffit que je me présente aujourd'hui pour que mon droit soit mieux établi que le vôtre », trancha le sénéchal d'Arthur, avec son habituelle fatuité.

Déjà Lancelot proposait à Keu de jouter contre lui. Le vainqueur serait le champion de la dame. Mais celle-ci, qui avait entendu leur querelle et n'avait nulle envie de voir ses deux chevaliers s'entre-tuer sous ses yeux, les supplia :

« Au nom de Notre-Sire ! Puisque le roi de Northumberland m'a permis d'avoir plusieurs champions si je le désirais, vous combattrez pour moi tous les deux. »

Lorsque le bel étranger fut en selle, la jeune femme ne put s'empêcher de s'alarmer en voyant qu'il n'avait pas d'épée.

« Cher sire, avez-vous oublié votre épée ?

— Je ne ceindrai l'épée qu'à la demande d'une dame dont je dois encore taire le nom, répondit Lancelot.

— Permettez-moi tout au moins, beau doux sire, d'attacher cette lame qui fut à mon époux à l'arçon de votre selle. Le combat que vous aurez à soutenir sera rude. »

Par courtoisie, Lancelot la laissa faire. Puis il se dirigea sans hâte, en compagnie de Keu, vers le lieu de la rencontre. Les tenants du roi de Northumberland s'y trouvaient déjà.

Les quatre chevaliers se placèrent aux angles du champ clos qui leur furent assignés et, lorsque le cri « Allez ! » eut retenti, ils se chargèrent de toute la vitesse de leurs chevaux.

Keu et son adversaire se heurtèrent si rudement qu'ils churent à terre l'un et l'autre, tandis que leurs destriers s'enfuyaient en hennissant, rênes pendantes et selles tournées. Comme messire Keu se relevait difficilement, Lancelot, qui avait également désarçonné son propre adversaire, cria en passant devant le sénéchal encore tout étourdi de sa chute :

« Sire Keu, laissez-moi votre homme et chargez-vous du mien… Vous voyez comme ce dernier est déjà mal en point ! »

Mais Keu, sans même daigner lui répondre, reprenait déjà sa bataille.

Alors Lancelot jeta son écu et sa lance, mit pied à terre, car il n'eût jamais attaqué à cheval un ennemi démonté, et se rua derechef sur le chevalier qu'il devait combattre en le frappant si furieusement à coups de masse d'armes que l'autre, abasourdi, et comme submergé par une lame de fond, cria merci.

« Laissez-moi votre homme, sire Keu, proposa de nouveau Lancelot au sénéchal. Permettez-moi d'en finir avec lui. Je n'ai nulle envie de rester sur cette lande jusqu'à la nuit.

— Ne vous souciez pas de ma bataille, de par Dieu ! » s'écria cette fois Keu, hors de lui.

Le sénéchal, on le sait, tout vaniteux qu'il fût, n'en était pas moins un excellent jouteur qui pouvait avoir la main fort lourde, à l'occasion. Courroucé par les propos de Lancelot, Keu assène cette fois sur le heaume de son antagoniste un tel coup de taille que le fer ne s'arrête qu'à l'os. L'infortuné chancelle, comme frappé par la foudre, puis il passe brusquement de cet éblouissement de flamme dans la nuit avant d'avoir compris ce qui lui arrivait.

Alors le roi de Northumberland, voyant ses champions hors d'état de se défendre, pressa la dame de Nohant de séparer les combattants, ce qu'elle fit sans peine car nulle haine n'animait les deux vainqueurs. Puis le roi et la dame firent leur paix, ainsi qu'ils en avaient convenu.

Keu n'avait pas pour coutume de garder ses exploits secrets. Pensant que le chevalier aux Blanches Armes ne manquerait pas de se présenter sans tarder devant le roi Arthur pour lui rendre compte du succès de sa mission, il le devança. Le soir même le sénéchal se retrouvait à Kerléon. Pour une fois il fut véridique. La reine frémit en entendant le récit de messire Keu : ainsi le bel étranger avait voulu combattre sans épée ! Elle seule savait pourquoi…

Quel chevalier accepta jamais de courir pareil risque en échange d'un sourire de sa dame ?

La reine choisit elle-même l'épée la meilleure et la plus belle qu'elle put trouver chez l'armurier de Kerléon, une épée irlandaise à pommeau d'or richement ouvragé, et la fit porter au château de la dame de Nohant où Lancelot se trouvait encore. Celui-ci reçut l'épée de la reine avec tant de joie qu'il pensa en perdre l'esprit.

Après en avoir baisé la bonne lame plus de cent fois, à l'égal d'une relique, le jeune chevalier s'empressa de la ceindre et, tout aussitôt, il prit congé de son hôtesse. Cette dernière n'avait pas ménagé sa peine pour le retenir, allant jusqu'à s'offrir elle-même avec sa terre, mais Lancelot n'était pas de ceux qui hésitent entre deux voies lorsque leur cœur a déjà choisi.

Toutefois, ce ne fut pas vers Kerléon que le chevalier aux Blanches Armes se dirigea en quittant la dame de Nohant. Avant de reparaître à la cour du roi des deux Bretagnes, Lancelot voulait mériter par de hautes prouesses l'estime des compagnons de la Table ronde,

Alors seulement, il reverrait la reine.

XXVI

LA PRISE DE LA DOULOUREUSE GARDE

Le château de la Douloureuse Garde, qui devait, grâce à Lancelot, devenir le château de la Joyeuse Garde, est encore connu de nos, jours sous ce dernier vocable. On lui donne cependant plus généralement, en breton, le nom de *kastell ar Goueled*, un nom qui n'enlève rien à son mystère puisqu'il signifie le « château de l'Abîme ».

Le château de la Douloureuse Garde est situé au cœur de la forêt de Landerneau, en pays de Léon, mais, à l'époque, sa réputation fâcheuse s'étendait si loin à l'intérieur des terres que l'orphelin du Lac ne pouvait l'ignorer.

Ce récit l'a maintes fois laissé entendre, les voies maritimes étaient, en ce temps-là, bien plus sûres et plus rapides que les voies terrestres. Le Grand Chenal lui-même, au lieu d'isoler l'une de l'autre les deux Bretagnes, semblait en rapprocher les rives.

Et pourtant Lancelot n'aborda pas en Armorique sans un serrement de cœur. La terre qui l'avait nourri pouvait-elle pressentir sa destinée tourmentée ? Déjà montaient de l'horizon, comme pour le rejeter au large, de lourds nuages menaçants. À peine le jeune chevalier eut-il posé le pied sur le sol breton qu'un vent glacial se leva. Bientôt ce vent se mua en tempête. De grands bois proches de la mer s'offraient à lui ; il gagna en hâte leur couvert.

La nuit est maintenant complète. Lancelot s'avance sous les hautes frondaisons, à la lueur des éclairs. Le vent, soufflant en rafales, tourmente les arbres au-dessus de sa tête ; leurs cimes s'entremêlent, se heurtent furieusement puis s'écartent comme pour se défier avant de s'affronter encore dans un grand fracas de rameaux brisés. Des branches tombent à ses pieds.

Cependant, chaque fois que le jeune chevalier, oubliant les périls qui le menacent, tourne ses pensées vers celle dont il n'ose prononcer le nom, même dans le secret de son cœur – vers la reine –, l'ouragan s'apaise ou semble s'apaiser comme par enchantement. Tel est le pouvoir de l'amour : quiconque est possédé d'amour ne ressent plus ni doute, ni crainte, ni souffrance, hormis celle qui pourrait lui venir de l'objet aimé… Il aime et ce seul tourment lui suffit.

Ainsi Lancelot atteint-il une clairière, d'où émerge la masse sombre d'un manoir ou, plutôt, d'un pavillon de chasse. Les volets clos laissent filtrer un peu de lumière. La porte s'ouvre ; une femme paraît. Elle tient à la main une chandelle de résine que le vent menace à tout instant d'éteindre.

Cette lumière incertaine, vacillante, aux alternances d'ombre et de clarté, ne révèle qu'à demi les traits de son visage. Et pourtant, dès qu'il a vu la jeune femme dans l'entrebâillement de la porte, Lancelot l'a reconnue : c'est la belle Saraïde, la confidente et l'amie de Viviane, l'habile messagère à qui Ban et Bohor, séquestrés par Claudas, durent autrefois leur liberté.

Saraïde entraîne vivement Lancelot à l'intérieur du manoir et, tout aussitôt, un silence merveilleux les enveloppe. Ayant déposé le chandelier qu'elle portait, Saraïde prend les mains de Lancelot et le dévisage avidement.

Rien dans l'expression du jeune chevalier ne lui rappelle le valet rieur qui s'éloignait du domaine du Lac, le cœur débordant d'illusions enfantines, voici à peine quelques semaines. Il a dû mener, depuis lors, une vie bien rude pour être ainsi changé ! Saraïde pensait revoir un adolescent ; elle retrouve un homme.

Lancelot, surpris par une telle rencontre, va ouvrir la bouche pour demander à la jeune femme des nouvelles de la Dame du lac dont le souvenir lui demeure si cher, mais déjà Saraïde le devance :

« Sire, lui dit-elle, l'appelant ainsi pour la première fois, ma dame, ayant lu dans les astres votre retour en Bretagne armoricaine, vous prie de ne pas chercher à la revoir de sitôt. Votre départ lui a causé, vous le savez, un profond chagrin et ce chagrin est encore trop récent ; il convient de laisser au temps le soin de cicatriser la plaie vive qu'elle porte dans son cœur.

« Cependant, elle m'a envoyée ici afin de vous supplier de prendre garde. De grands périls vous guettent ! mais les périls qui menaceront votre corps ne seront pas les pires. Si ma maîtresse a bien interprété les intentions de Notre-Sire, la prise de la Douloureuse Garde marquera seulement le premier palier de votre longue et périlleuse ascension dans la voie qui mène au Saint-Graal. Or, vous le savez, le Meilleur Chevalier du monde devra être aussi chaste que preux. »

Lancelot se tient immobile devant elle, ses yeux clairs la fixant hardiment comme autrefois.

« Si vous voulez accomplir votre destin, continue Saraïde, nulle dame – entendez bien : nulle maîtresse, si haut placée soit-elle – ne devra jamais vous distraire de vos devoirs de chevalerie.

« Fils de roi, me suis-je bien fait comprendre ? »

Saraïde en a trop dit. Confus et mécontent tout à la fois de son insistance, Lancelot retire ses mains de celles de la belle clergesse. Être sermonné ne lui a jamais plu. C'est bien ce qu'il supporte le moins facilement, car son humeur a toujours été vive.

Mais déjà Saraïde détourne habilement l'attention du jeune chevalier vers un sujet moins périlleux :

« Le château de la Douloureuse Garde est distant d'une lieue à peine. On l'appelle de ce nom, sans doute le savez-vous, parce que nul chevalier n'a jamais réussi à s'en faire ouvrir les portes sans y laisser la vie. D'ici même, ou, du moins, de la chambre où vous coucherez ce soir, vous pourrez apercevoir la lueur des brasiers que les petites gens des alentours allument aux abords de cette forteresse trop bien nommée, dans l'espoir insensé d'y attirer, après tant d'autres champions malheureux, celui qui les délivrera de leur angoisse.

« Et si vous me demandez en quoi consistent précisément les sortilèges de la Douloureuse Garde, je vous dirai seulement que, jour et nuit, s'élève de ses murailles un concert funèbre d'imprécations et de hurlements, de glapissements, de sanglots et de cris si terrifiants que l'homme le plus hardi ne peut se défendre d'en être glacé d'épouvante.

« Et, parfois, ces cris s'arrêtent comme tranchés dans la gorge qui les proférait. Alors une angoisse, plus grande encore que leur frayeur première, s'empare des malheureux habitants du château dont certains, ne pouvant supporter cette attente du retour de leurs maux, se laissent aller à proférer les plus affreux blasphèmes, tandis que la plupart supplient leurs tourmenteurs de les prendre en pitié.

« Tels sont les sortilèges qui affligent le château de la Douloureuse Garde.

« Et maintenant, écoutez-moi plus attentivement encore, s'il se peut. Il est bon que vous en soyez averti, le château de la Douloureuse Garde est défendu par deux murailles percées d'une seule porte. Chacune de ces portes est gardée par dix chevaliers. Pour pénétrer jusqu'à la cour intérieure du château il vous faudra les vaincre tous. Le plus souvent vous les affronterez séparément. Cependant, dès que l'un d'entre eux se trouvera en péril, les autres arriveront à la rescousse, si bien que vous devrez tenir tête à plusieurs champions à la fois. Ces trois boucliers vous seront alors d'un plus grand secours que tous mes conseils. »

Sa main se tendit vers la pénombre :

« Ce premier écu d'argent, à une seule bande vermeille, ajoute à qui le porte la force d'un homme. L'écu à deux bandes qui lui fait suite, celle de deux hommes. Et le troisième, portant trois bandes, celle de trois hommes.

« Vous aurez l'occasion d'éprouver la véracité de mes dires. »

Le front de Lancelot se rembrunit : il n'est plus un enfant et il n'a besoin de nul charme pour vaincre. La jolie messagère connaît trop bien son caractère ombrageux pour s'en soucier. Après lui avoir prédit pour le lendemain une rude journée d'armes, elle le quitte.

Grâce à Saraïde, Lancelot ne manquera de rien. Il dormira dans le meilleur lit du manoir et les petites gens des alentours, avertis de la venue d'un jeune chevalier étranger, prieront avec ferveur pour que ce dernier les délivre enfin des enchantements de la Douloureuse Garde.

« Vous apprendrez votre nom aujourd'hui même, lui dit Saraïde en le réveillant à l'aube, et l'apprenant, vous en aurez grande joie, car le sang dont vous êtes issu est bien l'un des meilleurs du monde. »

Lancelot n'avait pas besoin d'être réconforté, la seule perspective des hauts faits d'armes qu'il se promettait d'accomplir lui donnait hâte d'être à l'ouvrage, cependant, la pensée qu'il saurait ce même jour le secret de sa naissance ajoutait encore à son allégresse.

Il se leva donc aussitôt, se fit armer avec soin, choisit pour le porter un destrier puissant et de grand souffle et s'éloigna du manoir sans se retourner.

Une demi-lieue plus loin il quittait l'abri de la forêt.

À peine avait-il entrepris de gravir la butte sur laquelle se dressait le château de la Douloureuse Garde que le guetteur annonçait déjà sa venue à son de trompe.

Comme il parvenait devant la porte maîtresse du château, un chevalier parut sur la muraille.

« Que voulez-vous ?

— Ouvrez les portes de ce château !

— Ah ! sire, nous le reconnaissons bien volontiers, cette aventure n'a que trop duré. Cependant, nous devons tenir notre serment jusqu'à la dernière goutte de notre sang et la vie de chacun d'entre nous vaut bien la vôtre. Vous connaissez maintenant quel accueil vous sera fait si vous persistez à nous défier. »

Sur ces mots, le pont-levis s'abaisse. Dix chevaliers tout armés le franchissent à pied. Un écuyer, tenant par la bride le destrier de son maître, accompagne chacun des fervestus. Posément, comme des gens sûrs de l'emporter, les dix chevaliers se font hisser sur les chevaux qui leur sont destinés, non sans avoir vérifié les sangles et les étrivières de leurs selles, puis, lances basses, en bel ordre, ils viennent se ranger au bas du tertre.

Sans plus attendre, Lancelot les attaque. Tout d'abord chaque chevalier combat pour son propre compte en s'efforçant de triompher seul du jeune champion. Lancelot en profite pour les malmener si rudement que plusieurs d'entre eux n'auront plus besoin de mire pour les panser. Aux autres qui, cette fois, s'unissent pour le combattre tous ensemble, il fausse, brise ou traverse heaumes, écus et cottes de mailles, mais lui-même n'est pas sans souffrir de leurs coups et, s'il n'avait trouvé à deux reprises le secours de forces nouvelles grâce aux écus à bandes vermeilles que Saraïde l'avait contraint d'accepter, le champion aux blanches armes n'eût jamais pu résister à de si rudes combattants qu'assoiffait le désir de venger ceux des leurs qui avaient déjà succombé.

Ses adversaires ont maintenant perdu tout espoir. Ils ne sont plus que trois, encore ces trois-là sont-ils fort mal en point. L'un d'eux lui crie : « Merci ! » Puisque sept de ses pairs, qui le valaient bien, ont déjà perdu la vie, ou gisent à terre sans pouvoir lui porter secours, le malheureux ne voit pas ce qui l'obligerait à se battre plus longtemps : n'ayant désormais aucune chance de triompher, il tend son épée au vainqueur et se reconnaît prisonnier. Ses deux compagnons l'imitent. Alors la porte de la première enceinte s'ouvre d'elle-même, à grand fracas, tandis que Lancelot gravit le tertre pour pénétrer dans la cour du château.

Hélas ! derrière cette première enceinte le jeune chevalier devait découvrir une seconde muraille, défendue par une seconde porte ; et, devant cette porte, dix autres chevaliers tout armés.

Saraïde, qui avait suivi Lancelot à son insu pour le voir combattre, s'approche alors de son champion. Aidée d'un écuyer, elle délace tout d'abord son heaume, bosselé par les rudes coups qu'il vient de recevoir au long du combat, et s'empresse de lui en ajuster un autre. Il la laisse faire doucement, mais, quand la jeune femme veut lui passer autour du cou l'attache de l'écu à trois bandes, sa fierté se révolte. Lancelot proteste : voudrait-elle le déshonorer ? Il regrette déjà d'avoir accepté si légèrement les deux premiers écus qu'elle lui a imposés.

« Devrai-je vaincre sans que ma prouesse y soit pour rien ? » s'écrie-t-il.

Saraïde se garde bien de l'écouter : les autres sont dix qui n'ont pas encore combattu ; quel champion, à sa place, refuserait cette aide inespérée ? Le voici de nouveau en selle sur un cheval frais ; son valet d'armes lui met dans la main une lame raide et courte, au fer tranchant comme une lame de rasoir.

« J'aurai plaisir à vous voir jouter de nouveau, doux ami, lui dit Saraïde, en guise d'encouragement, car je sais maintenant comment vous maniez l'épée et la lance. Mais regardez donc au-dessus de cette porte ! Vous verrez telle chose qui mérite bien d'être vue ! »

Lancelot allait s'avancer pour franchir l'espace qui le séparait des chevaliers alignés devant la porte, il s'arrête et lève les yeux. Or il y avait là une statue de cuivre qui était enchantée de telle sorte qu'elle devait choir dès que le futur conquérant du château tournerait ses regards vers elle. Et, de fait, à peine Lancelot a-t-il jeté un coup d'œil vers la porte que la statue bascule, rompant le cou du chevalier placé au-dessous d'elle.

Ce que voyant, Lancelot, que rien n'étonne jamais, ajuste ses rênes, s'affermit sur ses étriers, broche son cheval et fond sur les neuf autres chevaliers avec l'impétuosité de la tempête. Coup sur coup, il en tue deux, désarçonne un troisième, tranche la main d'un quatrième qui se servait de son bras pour parer les coups, son écu ayant été mis en pièces, et il disperse les cinq autres comme fétus de paille.

Devant une prouesse qui leur semble plus d'un diable que d'un homme, les survivants prennent peur, se laissent glisser à terre et s'efforcent de regagner le guichet sans se préoccuper davantage de leurs destriers. Ces derniers peuvent bien s'ébrouer sans nulle crainte, leurs maîtres ont d'autres soucis ! Mais la plupart des fuyards n'iront pas loin, le chevalier aux Blanches Armes les devance et leur coupe la retraite. Se jetant sur eux l'épée haute, il force trois de ses adversaires à se rendre tandis que les deux autres en profitent pour se réfugier dans la forêt proche. Alors, la porte maîtresse du château s'ouvre toute grande devant le jeune vainqueur.

À peine l'eut-il franchie qu'une foule de dames, de demoiselles, et de petites gens de toutes conditions se précipitèrent à sa rencontre en criant leur joie qu'il les eût enfin délivrés de Brandus des Îles, le mauvais seigneur de la Douloureuse Garde. Brusquement, l'un d'eux s'exclama :

« Sire, sire ! voyez-vous ce cavalier qui s'éloigne à bride abattue dans un nuage de poussière ? C'est lui ! Poursuivez-le !

— La honte soit sur le couard ! répliqua Lancelot. Puisqu'il est assez lâche pour s'enfuir sans même combattre, qu'il coure à son aise… Je n'ai jamais eu de goût pour la chasse aux bêtes puantes.

« Dois-je encore accomplir quelque exploit pour achever cette aventure ? »

Sans mot dire, ils le conduisirent à travers les vergers du château jusqu'à un cimetière abandonné, envahi par les herbes. Les tombes, toutefois, en étaient encore bien visibles. Certaines de ces tombes étaient surmontées d'un heaume et, sur leurs dalles funéraires, on pouvait lire : CI-GÎT TEL CHEVALIER, VOICI SON CRÂNE… Mais d'autres semblaient vides, car aucun attribut, ni croix ni reliquaire, ne les sommait, et sur celles-là étaient seulement gravés ces mots : CI-GISRA UN TEL et, le plus souvent, le nom du futur gisant se trouvait être celui d'un chevalier fameux de la cour du roi Arthur ou de quelque autre chevalier étranger de haut renom, encore vivant… Enfin, au milieu du cimetière, on pouvait remarquer une grande lame de métal richement ciselée et incrustée d'or, d'émaux et de pierres précieuses. Sur cette lame figurait l'inscription suivante, peinte en lettres d'azur :

SEUL POURRA ME SOULEVER CELUI QUI METTRA FIN
AUX AVENTURES DE LA DOULOUREUSE GARDE

Au dire des habitants du château, Brandus des Îles avait plus d'une fois essayé de déplacer la mystérieuse dalle, à l'aide de treuils et de leviers, mais sans même parvenir à la desceller.

Après avoir déchiffré, sans aucune peine, le texte qui l'ornait, car il était parfaitement instruit dans l'art d'interpréter le sens caché des lettres, Lancelot se pencha sur la dalle et, la saisissant à deux mains, la souleva au-dessus de sa tête aussi aisément que si elle eût été de liège. Une seconde inscription lui apparut qu'il lut avec une égale facilité :

CI-GISRA LANCELOT DU LAC,
LE FILS DE BAN, ROI DE BÉNOÏC EN PETITE BRETAGNE

Ainsi l'orphelin du Lac apprit-il à la fois son nom et son lignage. Cachant sa surprise, Lancelot reposa tout aussitôt la dalle sans laisser aux clercs qui l'accompagnaient le temps d'en lire eux-mêmes l'épitaphe ; puis, comblé, mais pensif, il se laissa fêter par ses hôtes.

Ceux-ci s'empressèrent de le conduire à la propre demeure de Brandus. Le palais du seigneur de la Douloureuse Garde, bien qu'il fût de dimensions réduites, était magnifiquement orné. Saraïde, la jolie suivante de la Dame du lac, y attendait son champion pour le désarmer.

Si le menu peuple se félicitait sans réserve de la victoire du jeune chevalier, les plus éclairés d'entre les clercs ne cachaient pas leur inquiétude : ils savaient que leur libérateur ne pourrait faire cesser définitivement les enchantements dont souffraient les hôtes de la Douloureuse Garde qu'en acceptant de passer quarante jours parmi eux. Or ces enchantements, on s'en souvient, les plongeaient, corps et âme, dans une atmosphère d'angoisse si poignante que nul d'entre eux ne vivait en paix, soit de jour, soit de nuit, durant une seule heure.

Lorsque le chevalier aux Blanches Armes apprendrait à ses dépens quels maux les tourmentaient, accepterait-il de partager aussi longtemps leur épreuve ?

Tandis que Lancelot réussissait à s'emparer de la Douloureuse Garde, le roi Arthur traversait lui-même le Grand Chenal avec sa suite pour se rendre en Petite Bretagne. Keu, fort marri d'avoir perdu les traces du champion de la dame de Nohant, se trouvait tout naturellement du voyage.

À peine débarqué près de Landerneau, Arthur apprenait cette surprenante nouvelle : un chevalier, dont nul ne savait encore le nom, avait mis fin, le jour même, aux enchantements de la Douloureuse Garde.

« Ne serait-ce pas le jeune valet aux blanches armes que vous avez fait chevalier la semaine passée ? » s'enquit la reine Guenièvre.

— Il se peut, répondit le roi Arthur. De toute manière, que ce soit lui ou un autre, le vainqueur de la Douloureuse Garde doit être loué sans réserve pour avoir réalisé en un jour ce qu'aucun autre chevalier n'avait pu accomplir dans le cours de mon règne. »

Les prophéties laissaient entendre que la prise du château de la Douloureuse Garde ouvrirait l'ère de la chevalerie célestielle. Comment le roi n'eût-il pas cru reconnaître la main du Meilleur Chevalier du monde à travers ce premier exploit ?

Arthur décida qu'il se présenterait sans plus attendre devant le château reconquis.

À la pensée qu'un homme dont ils ignoraient tout, jusqu'à son nom, avait pu être choisi pour ouvrir la quête du Graal, la plupart des compagnons d'Arthur éprouvaient un sentiment d'amère déconvenue. Cependant, le roi avait l'âme trop haute pour partager leur déception : ce premier succès dans la voie qui devait aboutir à la découverte du calice de Lumière le comblait de joie.

Arthur chevauchait dans le soleil. La reine se tenait à ses côtés. Une longue file de chevaliers, de dames et de pucelles venait à leur suite.

Comme Saraïde s'apprêtait à délacer le heaume du jeune champion, un guetteur vint prévenir celui-ci, en hâte, qu'un riche cortège s'avançait dans la plaine. En tête flottait un étendard timbré aux armes du roi des deux Bretagnes.

Lancelot songea aussitôt à la reine. Cette dernière avait-elle accompagné le roi ? Il le saurait sans tarder : le cortège royal s'engageait maintenant dans le chemin en lacet qui conduisait à la porte maîtresse du château.

Saraïde presse Lancelot de la laisser, du moins, lui enlever son heaume et sa cotte d'armes. Il ne peut paraître ainsi, tout souillé de sang, devant son seigneur. Déjà elle s'approche avec une bassine remplie d'eau fraîche afin de lui laver le visage et les mains, mais la patience n'est pas la première vertu de l'orphelin du Lac.

Le roi ne sait-il pas dans quel état se trouve un chevalier après une rencontre ?

Au vrai, l'adolescent a pris la décision de conserver ses armes rougies du sang de ses ennemis tant qu'il n'aura pas fait hommage de sa conquête à la reine. N'est-elle pas sa dame ? Ne l'a-t-elle pas autorisé à se considérer désormais comme son chevalier ?

En hâte, Lancelot ordonne de lui amener son destrier. Puis il se fait hisser en selle. Monture et cavalier sont couverts de blessures. Lancelot s'avance vers la herse. Le cortège est parvenu au pied du château. Sans même demander d'ordre à quiconque, le portier s'est permis d'abaisser le pont-levis et c'est justice... Celui qui s'avance n'est-il pas le roi des deux Bretagnes. Toute porte ne doit-elle pas s'ouvrir devant lui ? Mais la herse est restée en place, l'honneur de la faire lever revient au champion qui a conquis si chèrement la citadelle réputée imprenable.

Le roi et la reine s'approchent ; ils attendent. Lancelot n'a d'yeux que pour la reine. Il la contemple, immobile, comme du fond d'un rêve. Certes ! il était plus hardi, il n'y a pas si longtemps, devant les dix chevaliers qui gardaient cette même porte. Tous s'étonnent de son attitude. À quoi pense le vainqueur de la Douloureuse Garde ? À quel étrange mobile obéit-il ? Fera-t-il patienter encore longtemps son droit seigneur ?

Cependant le temps passe. Arthur et Guenièvre commencent à montrer quelque surprise : décidément, ce chevalier dont l'allure rappelle étrangement celle du chevalier aux Blanches Armes semble, comme lui, sujet à d'étranges lubies ! Peut-être les coups qu'il a reçus en combattant lui ont-ils fait perdre son bon sens.

Keu lui crie, à travers la grille :

« Allez-vous faire ouvrir au roi ? Vous agissez comme un vilain ! »

Perdu dans sa contemplation, non seulement l'inconnu n'entend pas le sénéchal du roi, mais il ignore jusqu'à son existence. Il est vrai que jamais nulle dame ne mérita mieux que la reine d'être regardée…

« Sire, sire, lui dit alors Saraïde en le tirant doucement par la manche, donnez l'ordre de lever cette herse. Ne voyez-vous pas que vous faites attendre le roi et la reine ? »

Au nom de « reine », le libérateur de la Douloureuse Garde semble sortir d'un songe. Il jette un regard circulaire comme pour s'assurer du lieu où il se trouve et considère la foule qui l'entoure. Lancelot voit bien que tous réclament de lui un ordre qu'il devrait donner… Mais quel ordre ? Il regarde à nouveau devant lui et s'aperçoit, enfin, que le roi et la reine attendent toujours son bon vouloir. Vit-on jamais pareille inconvenance ? Le rouge de la honte lui monte au front. Il n'est pires folies que celles inspirées par la colère.

« Ne t'avais-je pas dit d'ouvrir à madame la reine ? crie Lancelot, hors de lui, au portier. Si tu n'étais pas aussi vieux, je te couperais la tête ! »

Pour un peu, il l'eût fait. Son épée est à demi sortie du fourreau. Mais, dans un éclair, l'odieux de son attitude lui transperce le cœur. Lui seul est coupable. Sa colère le condamne plus encore que sa faute. Déjà l'infortuné croit entendre Keu le railler. Plutôt mourir que d'être humilié de la sorte en présence de celle qu'il admire le plus au monde.

Lancelot se jure de ne plus reparaître devant Guenièvre. Par de courtes pressions sur les rênes, il fait reculer son cheval pas à pas et le contraint à s'effacer derrière l'un des piliers où se logent les chaînes du pont-levis.

Le roi et la reine pénètrent dans la cour d'honneur. L'un et l'autre cherchent des yeux le libérateur de la Douloureuse Garde et s'étonnent de ne plus le voir. À chacune des fenêtres du château se montrent des visages en larmes :

« Sire, sire ! Ne le laissez pas partir avant qu'il n'ait achevé cette aventure. Lui seul peut mettre un terme à nos tourments. Voici que nos angoisses anciennes vont renaître ! »

Le roi s'enquiert. Girflet, son écuyer, a tôt fait de le renseigner : l'étranger n'a pas attendu que le cortège royal ait entièrement dégagé le pont pour en forcer l'issue. Faisant ruer et se cabrer son destrier, à peine le roi entré, il vient de se frayer un passage à travers la foule. Les cris et les supplications redoublent : « Sire, ne le laissez pas s'éloigner ! » Puis un concert de glapissements inhumains, de feulements sauvages et de râles submerge ces appels à la pitié du roi, tandis que s'enfuit à toute bride, penché sur l'encolure de son cheval dont les quatre fers font voler des mottes de gazon, celui qui seul aurait eu le pouvoir de faire taire ces mortelles clameurs.

Courroucé, Arthur ordonna de poursuivre le fugitif afin de le ramener. Keu n'attendait qu'un mot du roi pour se mettre à la voie. Il rassembla donc fébrilement ses rênes, piqua des deux et partit ventre à terre avec l'espoir de rattraper l'inconnu avant la nuit ; sans se douter que cette équipée lui vaudrait une aventure dont ses amis riraient longtemps.

À la tombée du jour, Lancelot fut rejoint par un valet de la Douloureuse Garde :

« Sire, au nom de monseigneur et de madame la reine, arrêtez-vous ! » lui cria le valet, du plus loin qu'il le vit.

Sur-le-champ, au seul nom de la reine, Lancelot s'arrête. Le valet s'approche du jeune chevalier et lui transmet en quelques mots le message dont il est chargé : la reine en personne supplie le champion de la délivrer. Les gens de la Douloureuse Garde, furieux de voir leur libérateur les abandonner avant d'avoir achevé sa mission, se sont emparés du roi et de la reine par surprise, tandis que leur suite se trouvait encore entre les deux enceintes. De tous les serviteurs d'Arthur, lui seul a pu s'enfuir.

Sans chercher à en savoir davantage, Lancelot fait demi-tour. La nuit est déjà tombée lorsqu'il se présente devant la porte du château de la Douloureuse Garde. Le valet entraîne le jeune chevalier vers une tour basse, descend quelques marches, ouvre une porte et s'efface enfin pour le laisser passer, en murmurant : « C'est ici ! »

Comme Lancelot hésite à s'avancer dans la pénombre, son guide le fait tomber sur les mains d'une poussée brutale et tire la porte derrière lui. Voici notre chevalier pris au piège, tel un loup dans une trappe.

« Où est le roi ? Où est la reine ? » crie-t-il à travers les barreaux.

Le visage d'une vieille femme s'encadre alors dans le judas de son cachot :

« Pardonnez-nous de vous avoir tout d'abord menti, beau doux sire : le roi est parti à la tombée du jour en compagnie de la reine, car ni l'un ni l'autre ne pouvaient supporter plus longtemps l'angoisse qui règne dans ce château. Quant à vous, qui ne nous avez délivrés qu'à demi, vous ne quitterez pas la Douloureuse Garde avant d'avoir fait cesser définitivement les enchantements dont nous souffrons.

— Et comment y parviendrai-je ?

— Deux voies vous sont ouvertes : ou bien vous passerez quarante jours francs dans nos murs, partageant nos angoisses et nos tourments, et le quarantième jour les enchantements cesseront d'eux-mêmes ; ou bien vous irez chercher les clefs des sortilèges là où elles sont, mais non sans risques.

— Quarante jours à me morfondre ici, quand mon cœur éprouve une soif si ardente d'être ailleurs… À Dieu ne plaise ! Je choisirai la voie la plus courte et je ferai cesser les enchantements de ce château en me rendant maître des clefs dont vous me parlez, par la force. »

La vieille lui fit alors jurer sur la croix de son épée qu'il ne chercherait plus désormais à franchir l'enceinte du château avant d'en avoir achevé la délivrance. Puis elle ouvrit la porte de son cachot.

« Soupez et dormez, lui dit-elle. Vous aurez bientôt besoin de toute votre vigueur. »

Un valet lui montra sa chambre. Des plats de venaison richement garnis l'attendaient. Lancelot se restaura de grand cœur, n'ayant rien mangé ni bu depuis la veille. Ensuite il dormit d'un trait jusqu'à l'aube.

Au premier chant du coq, la vieille femme le conduisit jusqu'à l'entrée d'un souterrain qui prenait jour dans cet étrange cimetière où l'orphelin du Lac avait appris quelques heures plus tôt le secret de sa naissance.

Ce récit n'entend pas raconter par le menu toutes les prouesses de messire Lancelot. Sa vie fut si riche en aventures que leur narration serait lassante.

Il suffit de savoir que, avant de s'emparer de ces clefs dont la vieille lui avait parlé, le chevalier aux Blanches Armes dut affronter deux statues de bronze en figure de guerriers, jouant de l'épée de si habile manière qu'une mouche n'eût pu passer entre leurs moulinets sans y laisser, à tout le moins, ses ailes ; puis il lui fallut triompher d'un Maure gigantesque dont seuls l'ivoire des dents et le blanc des yeux se laissaient deviner dans la pénombre. Désormais, ses armes ne lui seraient plus d'aucun secours. Un dernier obstacle, réputé infranchissable, lui restait encore à vaincre pour atteindre la salle aux sortilèges : une sorte de puits sans margelle, ouvert au ras du sol, qui exhalait de mortelles pestilences. De courtes flammes bleuâtres, comme on en voit parfois courir sur la braise, en défendaient l'approche. Lèvres closes, ménageant son souffle, Lancelot entreprit de contourner ce gouffre aux bords frangés de feu en se retenant de ses deux mains nues aux parois lisses du souterrain.

Ainsi parvint-il à la salle interdite.

Sept torches l'éclairaient. Au centre se voyait un fort pilier d'airain contre lequel était accotée une demoiselle de cuivre revêtue des plus riches couleurs. Dans sa main droite brillaient deux clefs. Le jeune chevalier déchiffra l'inscription qui avait été gravée sur le socle de la statue :

LA CLEF LA PLUS GROSSE ME DÉFERME.

LA PLUS MENUE DÉFERME LE COFFRE PÉRILLEUX.

Ayant ouvert le pilier d'airain, Lancelot découvrit en effet un coffre. Mille voix stridentes, toutes plus fausses les unes que les autres, en sortaient par trente tuyaux de cuivre. Et, sachez-le, c'étaient ces mille voix infernales qui faisaient régner sur la Douloureuse Garde cette angoisse sans nom à laquelle nul cœur d'homme, si brave fût-il, ne pouvait s'accoutumer.

S'étant protégé du signe de la croix, Lancelot introduisit la clef la plus menue dans la serrure du coffre, qu'il ouvrit alors d'un seul coup. Un tourbillon d'une violence inouïe s'en échappa aussitôt avec un bruit si fracassant que le jeune chevalier, comme souffleté par une main de vent, en tomba sur le sol, tout pâmé.

Quand il revint à lui, le coffre, le puits, le Maure, les statues de bronze figurant deux chevaliers armés, de même que celle en guise de femme, avaient disparu. S'étant relevé en titubant, Lancelot regagna l'entrée du souterrain. Un vent frais l'accueillit. Au même instant, les premiers rayons du soleil, un gai soleil d'avril, transperçaient, comme autant de flèches de feu, les frondaisons mouvantes de la forêt. À la place du cimetière abandonné – que le fils du roi Ban ne connaissait que trop bien car il avait pu y voir sa propre tombe – s'étendait un verger riant, tout enneigé de fleurs.

Des acclamations montaient vers lui : les habitants du château de la Douloureuse Garde, devenu au péril de sa vie le château de la Joyeuse Garde, se portaient en foule à la rencontre de leur libérateur pour le remercier d'avoir mis fin aux sortilèges dont ils avaient souffert si longtemps.

Le soir même, Lancelot prenait congé de ses hôtes sans en accepter ni don ni présent d'aucune sorte, hormis un vieil écu sans emblème destiné à remplacer l'écu à trois bandes vermeilles que lui avait donné Saraïde, car il n'en restait plus une seule membrure intacte.

Déjà son humeur impatiente lui faisait désirer avidement de nouvelles aventures. Celles qu'il trouverait bientôt, de l'autre côté de la mer, ne le décevraient pas. Mais, en attendant de les narrer, ce conte ne saurait abandonner plus longtemps messire Keu.

XXVII

KEU BAFOUÉ PAR UNE PUCELLE

Keu, on s'en souvient, s'était élancé sur les traces du vainqueur de la Douloureuse Garde, sous prétexte de le ramener au roi, à tout prix, fût-ce de force. Voyant déjà en lui le champion du Graal, il espérait surtout attacher sa fortune à la sienne : dès qu'il l'aurait rejoint il ne le quitterait plus ! Hélas ! messire Keu devait chevaucher jusqu'au soir sans réussir à retrouver le fugitif. La nuit surprit le sénéchal à dix lieues de la Douloureuse Garde. Un château entouré de douves profondes s'élevait sur une petite éminence, à la lisière de la forêt. Une herse de fer en défendait l'entrée. Keu appela de toutes ses forces afin de se faire ouvrir ; espérant trouver là un gîte agréable pour la nuit et, surtout, un bon feu car ses vêtements étaient trempés par la pluie.

À son troisième appel, une demoiselle parut sur la muraille :

« Sire, que voulez-vous ?

— Demoiselle, lui répondit Keu, je suis seul, vous le voyez bien, et je cherche un gîte. Refuserez-vous d'héberger un chevalier errant, transi de froid et affamé par une longue chevauchée ?

— Soyez-en sûr, si j'étais seule ici, je vous recevrais de mon mieux sans y mettre aucune condition, mais tel n'est pas le cas : tout chevalier qui entre dans ce château doit d'abord combattre le champion de la maîtresse de céans. Vaincu, il risque de passer le reste de ses jours dans un cachot ; mais vainqueur, il peut user selon son bon plaisir non seulement du logis mais aussi de la maîtresse du logis comme si elle était son amie.

« Et cela jusqu'à l'aube suivante.

— C'est une très sotte et laide coutume, fit messire Keu.

— Il se peut, lui répondit la demoiselle, mais là n'est pas la question. Voulez-vous entrer, oui ou non ? Et, si vous entrez, combattrez-vous ?

— J'entrerai et je combattrai », répliqua messire Keu.

Keu, infatué de sa personne comme il l'était, tenait à sa réputation : se donnant pour le modèle des chevaliers, il devait tout naturellement préférer jouer sa vie sur un coup de dé plutôt que de passer la nuit dehors à grelotter, tel un vilain. En outre, malgré ses dires, l'enjeu amoureux proposé par la pucelle n'était pas fait pour lui déplaire... Il entra donc. Dès qu'il eut franchi le pont-levis et fut descendu de cheval, la demoiselle le prit par la main et le conduisit jusqu'à une vaste salle tout illuminée de mille torches dont chacune valait une étoile, de sorte que l'on y voyait plus clair qu'en midi.

À peine eut-il le temps d'en faire la remarque avec émerveillement qu'un chevalier se présentait devant lui l'épée haute et l'assaillait ; mais le sénéchal du roi Arthur fut si prompt à la riposte, et fit ensuite de si belles armes, qu'il contraignit bientôt le champion du château à crier merci.

La pucelle, après avoir désarmé le vainqueur sans manifester le plus léger dépit de l'issue du combat, le précéda dans la chambre voisine ; une table toute dressée l'y attendait, un bon feu flambait dans la cheminée. Au même instant, la maîtresse de maison entrait par la porte opposée. N'était-elle pas l'enjeu de ce singulier marché ? Les voiles qui l'enveloppaient n'en laissaient voir que les yeux, ou plutôt les paupières car elle tenait ses regards obstinément baissés, de sorte que messire Keu pouvait, avec une égale vraisemblance, lui prêter tous les charmes ou toutes les disgrâces.

Belle ou laide, la dame s'inclina froidement et s'assit. Keu s'empressa de l'imiter puis, pour se venger de l'indifférence de son hôtesse, il se restaura de son mieux sans plus s'occuper de celle dont la conquête aurait pu lui coûter la vie.

Le souper terminé, tous deux rapprochèrent leurs chaises du coin de l'âtre ; alors la demoiselle des remparts se mit à jouer si doucement de la harpe que notre chevalier s'endormit, les pieds au feu, comme tout homme accablé de sommeil, fût-il habituellement le plus courtois du monde, n'eût pas manqué de le faire à sa place.

« Gentille sœur, dit alors la jeune fille à la dame voilée, ce chevalier ne semble guère pressé de faire valoir ses droits sur sa conquête…

— Cela se peut, lui répondit la dame dans un souffle, mais il arrive souvent qu'un homme en apparence fort sage commette brusquement les pires folies. Souvenez-vous du stratagème dont nous sommes convenues entre nous. Je vous en supplie, ne m'abandonnez pas, sinon je serais déshonorée.

— Soyez sans nulle crainte, répliqua la demoiselle à la harpe en riant, je ne manquerai pas de vous venir en aide à l'heure du danger. »

Lorsque messire Keu se réveilla, la jeune femme voilée s'était déjà retirée. Devançant les désirs de son hôte, la pucelle à la harpe lui proposa de le conduire jusqu'à la chambre qu'il devait occuper. Keu s'étant empressé d'accepter car il était mort de fatigue et l'avait bien prouvé, la demoiselle le fit entrer alors dans une troisième chambre toute décorée de figures peintes qui représentaient, à s'y méprendre, une multitude de menues bêtes, d'oiseaux et de poissons volant ou nageant ; puis, un doigt sur la bouche, elle le mena à la tête d'un grand lit garni de courtines de soie brodées à ravir.

« Demoiselle, lui dit Keu, il serait difficile de rêver plus beau lit… Mais le lit n'est pas tout. Vous devez maintenant tenir votre promesse car je ne voudrais pour rien au monde diminuer par ma négligence le salaire des chevaliers qui viendront après moi.

— Beau sire, sachez-le, vous êtes le premier à conquérir le gîte et la demoiselle. Désormais, tout chevalier en peine d'un logis sera reçu dans ce château sans que ma maîtresse lui doive rien.

— S'il en est ainsi, conclut messire Keu, parfaitement réveillé maintenant, j'ai donc fait une conquête plus riche encore que je ne l'espérais. »

La jeune fille à la harpe écarta les courtines avec mille précautions et le bon chevalier put alors contempler, tout à son aise, une pucelle d'une merveilleuse beauté, étendue sur ce lit d'apparat, les yeux clos, les lèvres entrouvertes, dans une pose abandonnée témoignant d'une si entière et si touchante confiance qu'il en eut le souffle coupé.

« Ah ! fit messire Keu.

— Plus bas, elle dort », murmura son guide.

Ayant aidé le chevalier à se dévêtir, la pucelle à la harpe lui tourna le dos et sortit sur la pointe des pieds.

Dès qu'il fut seul, Keu se coucha selon l'usage du temps, c'est-à-dire sans plus de vêtements qu'il n'en portait au moment de sa naissance. Mais, une fois dans la place, il n'eut pas le cœur d'abuser de l'occasion qui lui était offerte : la pucelle endormie était à sa merci ; elle semblait sourire pendant son sommeil ; tant d'innocence le désarmait ! Appuyé sur un coude, le sénéchal la regarda encore durant un long moment, tout attendri de sa propre générosité, puis il souffla la chandelle.

« Certes, je ne la laisserai pas dormir ainsi jusqu'au matin alors qu'elle m'appartient par conquête, se disait-il avec une naïve fatuité. Toutefois, prendre une aussi gentille pucelle par surprise au cours de son sommeil serait d'un manant... N'ai-je pas la nuit entière pour en faire ma maîtresse ? »

Keu avait compté sans sa propre lassitude. Seul le petit jour l'éveilla. Très doucement, avec une délicatesse bien inattendue de sa part, messire Keu se rapprocha de sa compagne sans pourtant oser la toucher. La demoiselle dormait toujours, ou du moins feignait de le faire, car, dans le temps même où l'étranger lui prodiguait ses premières avances, la rusée avait insensiblement glissé une main sous l'oreiller du lit afin de s'emparer du mince lacet qui devait lui permettre d'agiter une clochette située au-dehors. Le lacet fit son office... Au léger tintement de la clochette répondit aussitôt une sonnerie de trompe fracassante. À partir de cet instant la pucelle pouvait difficilement feindre encore de dormir.

« Qu'y a-t-il ? que se passe-t-il ? » demanda-t-elle en se redressant sur son séant comme sous l'effet de la plus vive surprise.

À la vue de Keu, allongé tout nu à ses côtés, elle parut se souvenir du contrat qui les liait l'un à l'autre et rougit vivement.

« Que se passe-t-il, messire ? reprit-elle, toute haletante.

— Dame, je n'en sais rien moi-même », répondit Keu au comble de la gêne, tandis que son propre désir s'évanouissait comme neige au soleil.

La demoiselle fit semblant de se rendormir ; mais, dès que messire Keu, armé de nouvelles forces, voulut recommencer ses avances, le son du cor éclata derechef, plus furibond et plus impérieux encore que la première fois.

À la troisième récidive, le sénéchal, tout dépité et transpirant de honte, somma la demoiselle de lui dire ce que signifiait pareille coutume.

« C'est un épouvante-mauvais, lui répliqua-t-elle tranquillement.

— Un épouvante-mauvais ? » s'étonna Keu, en perdant du même coup le peu de pouvoir qui lui restait.

Déjà la jeune fille à la harpe entrait gaiement dans la chambre.

« Il fait jour maintenant, beau sire, levez-vous ! Ainsi le veut notre marché. D'ailleurs *Qui tard s'éveille, tôt devient vieil...* »

Le clair soleil d'avril frappait Keu au visage ; il s'assit tout dolent et courroucé et se glissa hors du lit sans même faire ses adieux à la belle héritière qui lui avait tenu compagnie si chastement cette nuit-là. Après lui avoir présenté ses habits, la demoiselle à la harpe l'entraîna vers la salle où étaient restées ses armes et l'aida gentiment à s'en revêtir ; puis elle le mena jusqu'à la cour d'honneur. Son destrier l'y attendait. Une mule toute harnachée somnolait auprès du montoir. La demoiselle la détacha et se mit en selle sans demander nul secours.

Sous prétexte d'indiquer à son hôte le plus court chemin pour retourner au château de la Douloureuse Garde, elle lui fit ensuite un bout de conduite. Un long moment passa. La pucelle se taisait, sachant les pensées de son compagnon de route. Comme celui-ci bâillait sans cesse, de la façon la plus discourtoise, elle finit cependant par lui dire :

« Sire, dormez-vous encore ? Sans doute celle que vous avez si noblement conquise vous a-t-elle fait veiller plus que de raison.

— Vous avez la raillerie facile, demoiselle, lui répondit Keu, mélancoliquement. Raillez-moi donc si le cœur vous en dit, je ne dois pas être votre première victime. Mais, tous comptes faits, lequel mérite le plus grand blâme, du trompeur ou du trompé ?

— C'est une bien belle leçon que vous avez apprise à mon école, beau doux sire. En voici une autre, toutefois : il n'est si grand railleur qui ne se fasse railler un jour.

— Ainsi me fait-on la réputation d'être un maître en raillerie ?

— Vous le savez bien, cher sire, aussi mon remords en est-il diminué d'autant. »

Ils approchaient de la Douloureuse Garde. Déjà, à travers la feuillée, se profilait sur le ciel la haute tour du château. La pucelle prit alors congé de messire Keu et celui-ci la quitta courtoisement, sans lui garder plus longue rancune, tant il lui semblait naturel qu'une femme l'emportât en ruse et en subtilité sur le plus fin des chevaliers ; la ruse étant, par sa nature, arme de femme. Cependant, sa vanité bien connue interdisait au sénéchal de raconter à tout venant cette aventure, et si cette dernière s'ébruita on peut être assuré qu'il n'y fut pour rien.

La herse de la Douloureuse Garde franchie, Keu entendit avec stupéfaction, de la bouche du portier, le récit des événements qui s'étaient déroulés au château durant son absence, d'une part, le roi et sa suite avaient quitté la place, la veille au soir, ne pouvant supporter plus longtemps l'atmosphère de mortelle angoisse dans laquelle vivaient leurs hôtes ; d'autre part, Lancelot en personne venait de s'éloigner définitivement de la Douloureuse Garde après en avoir fait cesser les enchantements.

Où Keu retrouverait-il maintenant Arthur et Guenièvre ? Sans doute voguaient-ils vers la Bretagne insulaire ? N'ayant même plus un écuyer pour le servir, messire Keu se sentait cruellement abandonné de tous.

Finalement, il prit le parti de se mettre de nouveau à la recherche du chevalier aux Blanches Armes, sans se douter du temps qu'exigerait cette quête.

XXVIII

LANCELOT ET LE CHEVALIER DU GUÉ

Ce récit a laissé Lancelot au moment où il venait de quitter le château de la Douloureuse Garde après avoir mis un terme définitif à l'angoisse de ses hôtes. Le souvenir de l'humiliation qu'il avait éprouvée la veille, en présence de la reine, était déjà sorti de son esprit… Racheté à ses propres yeux par son dernier exploit, le chevalier aux Blanches Armes brûlait maintenant d'annoncer lui-même à Guenièvre l'heureuse conclusion d'une aventure considérée jusque-là comme surhumaine.

Dix jours plus tard, le voyageur parvenait au bord de la petite rivière qui délimitait, au sud, les terres de Camaaloth.

Dans quelques heures, il serait à la cour du roi Arthur.

Le soleil se trouvait presque à son zénith. Bien que le printemps n'eût guère été clément cette année-là, il faisait chaud.

À la vue de cette claire rivière, Lancelot éprouva le besoin de se désaltérer. Il descendit de cheval et but quelques gorgées d'eau ; puis, laissant sa monture paître au pied d'un arbre, il s'étendit sur l'herbe qui croissait près de la berge et se mit à rêver.

Sa méditation ne devait pas être de longue durée. Voilà qu'un chevalier, tout de noir vêtu, s'avance de la berge opposée, pousse son destrier dans le gué, et traverse la rivière avec une telle impétuosité que l'eau jaillit jusqu'au pied de Lancelot.

« Sire, s'écrie celui-ci en se relevant vivement, non seulement vous m'avez mouillé, mais de plus vous m'avez fait perdre le fil de mes pensées.

— Je me soucie aussi peu de vos pensées que de votre personne », répond grossièrement l'homme aux armes noires.

Lancelot, encore tout absorbé par ses préoccupations secrètes, se relève sans répliquer, détache son cheval, remonte en selle et s'apprête à passer l'eau droit devant lui. Mais, brusquement, il tourne bride afin de chercher un autre gué, tant l'idée de se commettre avec un pareil rustre lui répugne.

« Couard ! couard ! Nous nous retrouverons ! » proteste le gardien du gué sans s'imaginer être aussi bon prophète. Hélas ! lorsque l'infortuné rencontrera de nouveau celui qu'il accuse de lâcheté, ce sera pour son malheur. Mais, présentement, Lancelot ne se soucie pas le moins du monde du chevalier noir. Il ne veut ni le voir ni l'entendre. La reine occupe entièrement son esprit. Puisqu'il lui est interdit de rêver tranquillement au bord de ce gué pourtant si plaisant, il s'en ira rêver plus loin.

En dépit de ses propres dires, il en faudrait davantage pour l'arracher à sa méditation.

Vers la fin de cette même journée, le chevalier aux Blanches Armes se présentait devant Camaaloth. À la vue de ses vêtements en lambeaux maculés de sang, le portier s'empressa de lever la herse, le croyant chargé de quelque message urgent pour le roi ; car Lancelot, on s'en souvient, portait toujours les armes et le surcot qu'il avait si peu ménagés lors de la conquête de la Douloureuse Garde.

Arthur et Guenièvre se tenaient dans la salle du château, en compagnie d'un petit nombre de leurs familiers. La reine brodait à l'écart dans l'embrasure d'une fenêtre : le jour baissait ; bientôt il ferait nuit.

Lancelot, retrouvant son aisance coutumière, s'avança

hardiment vers la reine. En ce rude champion tout armé, dont le heaume était décerclé, le surcot déchiré, le haubert démaillé, comment Guenièvre eût-elle pu reconnaître le bel écuyer à la robe immaculée, rougissant comme une fille, dont elle avait souri quelques semaines auparavant ? Un seul trait leur était commun : selon la coutume des nouveaux chevaliers, ni l'un ni l'autre ne portait d'emblème distinctif.

« Qui êtes-vous ? interrogea Guenièvre. Il faut que vous soyez bien hardi pour oser vous présenter ainsi devant le roi.

— Dame, répliqua doucement Lancelot, en sortant de la pénombre, je croyais mériter un meilleur accueil. N'ayant pas daigné reconnaître celui qui délivra pour vous la Douloureuse Garde, reconnaîtrez-vous du moins cette épée ? »

Dès qu'elle aperçut l'épée, la reine s'écria :

« Cher sire, pardonnez-moi ! Le vainqueur de la Douloureuse Garde et ce jeune chevalier à qui j'avais donné cette épée n'étaient donc qu'une seule et même personne ! Mais comment aurais-je pu m'en douter ?... Car jamais, avouez-le, nul champion ne montra moins d'empressement à se faire reconnaître de sa dame qu'un certain chevalier dont l'écu s'ornait ce jour-là de trois bandes vermeilles... »

Elle ajouta en souriant :

« Nos torts étant égaux nous sommes quittes ! »

Lancelot ne trouvant rien à répondre, la reine reprit :

« Lorsque je vous avais offert cette épée, illustrée par vous depuis lors à si grand risque, je l'avais fait sur la seule foi de vos premières prouesses. Laisserez-vous celle dont vous deviez être à jamais le chevalier ignorer plus longtemps qui vous êtes ? Car j'ignore encore tout de vous, cher sire, et jusqu'à votre nom.

— Dame, répondit Lancelot, si je vous ai tout d'abord tu mon nom, c'est que je l'ignorais moi-même. Depuis lors j'ai appris mon lignage : je suis le fils du roi Ban et de la reine Hélène.

— Quoi ! vous seriez Lancelot, l'enfant que la reine Hélène a si longtemps pleuré ? »

Le roi Arthur devisait au coin de l'âtre avec Mordret. Mordret, ce vivant rappel de sa faute ancienne. Devant pareille rencontre, comment refuser de croire aux présages ?

« Sire ! cher sire ! appela vivement la reine en se tournant vers le roi, Ban votre ami n'est pas mort tout entier puisque voici son fils. »

Guenièvre avait pris Lancelot par la main et, déjà, elle le conduisait vers Arthur.

Celui-ci, se redressant sur son siège comme un homme arraché brusquement à un long sommeil, dit alors à la reine :

« Dame, qu'avancez-vous là ? »

Mais, au même instant, il reconnut l'adolescent à ses armes ensanglantées. De quel droit eût-il mis en doute la parole du libérateur de la Douloureuse Garde, la citadelle réputée imprenable ? Déjà le roi Arthur se ravisait :

« Pardonnez-moi, beau doux ami. Je vous crois sur la foi de vos seules prouesses. Ainsi vous êtes Lancelot ! Lancelot, le fils de Ban ! »

Il n'était pas dans le caractère du roi de refréner sa spontanéité naturelle. Arthur étreignit le fils du roi Ban, son ami, comme il eût accolé ce dernier si Notre-Sire l'avait ressuscité. Ensuite, il le questionna longuement ;

mais Lancelot savait se taire à bon escient. La veille de son départ, sa dame ne lui avait-elle pas fait jurer sur la croix de son épée de tout oublier du cher domaine où s'était écoulée son enfance ; et jusqu'au nom de celle qui en était la maîtresse ?

Redoutant d'atteindre l'orphelin à travers sa mère adoptive, Arthur et Guenièvre se gardèrent bien, de leur côté, de lui apprendre le peu qu'ils savaient eux-mêmes sur le drame du lac de Diane. De toute manière, leurs révélations n'eussent rien changé aux événements passés. Par contre, ils se réjouirent sans réserve à l'annonce de la venue prochaine de Lionel et de Bohor, les fils du roi de Gannes, dont ils étaient restés sans nouvelles durant tant d'années.

Un merveilleux apaisement était descendu sur la reine. En regardant Lancelot, elle croyait revoir le roi Ban. Au souvenir des premiers temps de ses fiançailles, une grande douceur la pénétrait. Guenièvre sortait à peine de l'enfance lorsqu'elle avait fait la connaissance de Ban, le plus cher ami du jeune roi de Logres, l'un des libérateurs du royaume de Carmélide. Sa prédilection secrète à l'égard du jeune chevalier se justifiait par ces liens d'amitié ancienne : Lancelot était le fils du roi Ban. Guenièvre s'imaginait, de ce fait – le croyait-elle vraiment ? –, pouvoir le chérir sans nulle faute.

L'avenir apprendrait à la reine qu'elle se trompait doublement.

La pensée que la plus haute dame du royaume l'avait choisi pour son chevalier aurait dû combler Lancelot… Et, pour un temps, sans doute le comblait-elle. Mais, en raison de la vivacité et de la hardiesse de sa nature, comment supposer qu'il se contenterait indéfiniment de cet esclavage sans espoir ?

Un seul regard de la reine, au jour de leur première rencontre, avait suffi à troubler l'âme ardente de l'adolescent. Sachant, dès lors, combien celui-ci était vulnérable, l'ange du mal s'était efforcé d'attiser sa passion naissante afin de le détourner de la haute aventure à laquelle les dons qu'il avait reçus du Ciel semblaient le prédestiner.

Désormais il lui tendrait piège sur piège.

Une seule issue restait à Lancelot pour échapper aux assauts de l'Ennemi : la voie de la prouesse. Le sentant lui-même obscurément, il demanda au roi, quelques jours plus tard, la permission d'entreprendre la quête du Graal. Sous quel prétexte Arthur eût-il refusé sa caution au libérateur de la Douloureuse Garde ?

Ainsi Lancelot se retrouva-t-il, un beau soir, devant le gué interdit qui lui avait déjà valu un si mauvais accueil.

« Tiens ! voilà mon couard ! » lui cria le chevalier noir, du plus loin qu'il le vit.

— De qui veux-tu parler, vilain ? répliqua Lancelot, cette fois bien réveillé.

— De celui-là même qui me pose cette question… Au nom de la reine des dames, vous ne passerez pas ! »

Pour Lancelot, il n'existait qu'une reine au monde. Tout décontenancé par un ordre aussi surprenant, mais n'y trouvant rien à redire dès lors que cet ordre exprimait un désir de la reine, Lancelot allait consentir à traverser la rivière un peu plus loin. Ce gué n'était pas le seul ! Déjà il se laissait faire. Le chevalier noir avait pris son cheval par la bride pour le contraindre à retourner d'où il venait. Cependant, un soupçon effleura l'esprit du voyageur :

« Lorsque vous me sommez de passer au large de la part de la reine, vous entendez bien nommer la reine des deux Bretagnes, la seule qui soit au monde ?

— Que dites-vous là ? Je ne connais qu'une reine, la dame de Malehaut, ma chère maîtresse, car elle l'emporte sur toutes les autres femmes aussi naturellement qu'une reine l'emporte sur ses suivantes.

— Quoi, manant ! s'écrie alors Lancelot, tu as osé dérouter mon cheval au nom d'une dame qui n'était pas la reine ! »

Il repousse le chevalier noir et fait volter son destrier. Comment ne s'en est-il pas avisé plus tôt ? Ce fanfaron n'a cessé de le provoquer depuis leur première rencontre. Lancelot prend du champ, tire vivement son épée du fourreau et, sans laisser au gardien du gué le temps de revenir de sa surprise, fond sur lui comme la tempête. C'est en vain que l'infortuné porte la main à sa propre épée et tente de se couvrir de son écu, il arrive trop tard à la parade : l'épée du chevalier aux Blanches Armes l'a transpercé de part en part.

Le coup a été si franchement porté que le champion noir reste un long moment immobile, bien en selle, comme s'il n'avait pas été atteint, puis, d'un bloc, bascule en avant sur l'encolure de son cheval et tombe, la tête la première, dans le sable.

Tout décontenancé, Lancelot se rend compte, hélas ! trop tardivement, qu'il a frappé son adversaire sans même lui laisser le temps de se mettre en garde. Le jeune chevalier en est tout dolent. Certes ! il eût préféré être blessé lui-même grièvement. Les regrets du vainqueur sont malheureusement superflus, car, en fait de blessure, la plaie du champion noir est de celles que nul onguent ne peut guérir.

Des gens d'armes accourent de la rive opposée. Leur troupe nombreuse s'apprête à franchir le gué. Sans doute les lâches lui feront-ils payer chèrement sa victoire. Lancelot les attend de pied ferme. Mais, parmi ceux qui viennent, il distingue une dame. C'est la dame de Malehaut en personne. Comment douterait-elle du malheur qui vient de l'atteindre : le champion noir gît immobile au bord de l'eau, les bras en croix. De son haubert, en apparence intact, s'écoule un mince filet de sang ; tandis que, sur le sable, s'élargit une tache écarlate, délavée.

« Meurtrier ! s'écria la dame en se précipitant sur Lancelot. Tu l'as tué par traîtrise car il n'était pas de meilleur chevalier que mon ami.

— Dame, pourquoi m'accusez-vous sans preuve ? lui répondit Lancelot dans l'espoir de l'apaiser : à son tour il défendait sa vie ! Le chevalier que j'ai frappé avait déjà l'épée à la main. Vous pouvez voir sur mon écu la trace de sa lame. Ma riposte a été plus rapide que son attaque. Qu'y a-t-il là de contraire à la loi des armes ? Opposez-moi à tel champion que vous aurez choisi et je vous prouverai la véracité de mes dires.

— Vous avez assez joué au jeu des armes pour aujourd'hui, répliqua la dame avec amertume. Considérez-vous comme mon prisonnier ; vous ne pouvez faire moins pour moi. »

S'efforçant de réprimer ses larmes, l'infortunée ajouta entre deux sanglots :

« Celui que vous avez tué gardait ce gué depuis sept ans. L'épreuve que je lui avais imposée s'achevait ce soir même et, si vous ne l'aviez vaincu aujourd'hui, il m'eût épousée… »

Son chagrin l'étouffait.

Que pouvait faire Lancelot, seul contre la petite troupe qui l'entourait, sinon remettre son épée à la dame ? Il s'y résigna ; puis, ne trouvant nulle autre manière de racheter le mal que ce duel malheureux avait causé à la jeune femme, il la suivit tête basse, comme un page pris en faute.

Sa réclusion devait durer deux longues années.

XXIX

MESSIRE GAUVAIN HONNI

Tandis que dans sa triste prison Lancelot se morfondait, les compagnons de la Table ronde poursuivaient le cours de leur vie aventureuse, tournée tout entière désormais vers la quête célestielle du Graal.

Est-il nécessaire de le rappeler ? messire Gauvain avait lui-même quitté Kerléon la veille de l'arrivée du chevalier aux Blanches Armes à la cour du roi Arthur. Cette quête était la troisième qu'il tentait. Ses aventures, ou plutôt ses mésaventures, méritent cette fois la peine d'être contées.

Le fils du roi Lot d'Orcanie n'était pas un saint. Bien souvent ses amours de rencontre et ses bonnes fortunes sans lendemain avaient alimenté la chronique scandaleuse des deux Bretagnes. Certes, Gauvain, par respect pour l'ordre de la chevalerie, sinon par crainte de pécher contre Dieu, n'eût jamais songé à prendre une pucelle malgré elle, et quiconque se fût risqué à le faire devant lui, il l'en eût châtié l'épée à la main au péril de sa propre vie, mais là s'arrêtait sa morale en amour.

Et, cependant, par goût du risque, par fatuité aussi peut-être, voici que messire Gauvain cheminait une fois de plus dans l'espoir de conquérir de haute lutte – par la force croyait-il – la citadelle de toute sainteté, cette forteresse dont les portes n'étaient ni fermées ni gardées mais qu'il savait pourtant interdite à quiconque ne serait pas l'élu de Notre-Sire, le Meilleur Chevalier du monde.

Cette troisième chevauchée de Gauvain eut pour prologue une aventure qui le dépeint bien. Ce fut la seule conversion dont le bon chevalier fût jamais l'instrument. Encore cette conversion s'accomplit-elle dans des circonstances si particulières que sa sincérité peut être mise en doute.

Avant de quitter la Grande Bretagne, messire Gauvain erra tout d'abord, durant plus d'un mois, à travers l'Écosse qu'infestaient les Saines. Arthur avait fait maintes tentatives pour chasser définitivement ces derniers du royaume, mais il en était resté quelques garnisons sur les côtes. Si bien qu'une manière de trêve, bien imprudente, commençait déjà à s'établir entre les deux nations : le roi fermait les yeux, tant que les Saines, plus connus depuis lors sous le nom de Saxons, ne s'aventuraient pas trop profondément sur ses terres, et les Saines, de leur côté, respectaient cet accord tacite, dans la mesure où les Bretons les laissaient vivre à leur guise dans les ports qu'ils avaient conquis.

Un soir où il se sentait particulièrement las, ayant longuement chevauché, Gauvain demanda par hasard l'hospitalité dans un château dont la dame appartenait à la race saine.

« Messire Gauvain, lui dit la dame, vous me faites un grand honneur en me demandant l'hospitalité, j'espère que vous ne manquerez de rien sous mon toit. »

Gauvain se récria : jamais il n'avait été traité avec plus d'égards ni servi avec plus d'empressement. Comme le bon chevalier s'apprêtait à se coucher, la dame le rejoignit dans sa chambre après avoir gratté doucement à la porte pour lui demander la permission d'entrer ; car elle tenait à s'assurer personnellement que tout était à la convenance de son hôte.

Déjà la jeune femme s'était mise à l'aise pour la nuit et, sous le manteau sans manches qui l'enveloppait tout entière, elle n'avait gardé que sa pure chemise de lin.

Il faisait très frais ce soir-là, bien que le mois de mai fût proche. Un bon feu brillait dans la cheminée. Le lit était fait ; il ne restait plus qu'à l'ouvrir.

« Messire, commença la dame, n'avez-vous vraiment nul souhait à formuler ? Tout est-il à votre goût ici ? »

Gauvain, surpris, tardait à répondre.

« Doux ami, reprit-elle en soupirant, mes parents les plus proches ont eu bien souvent à souffrir de la part des vôtres. »

Ainsi laissait-elle entendre que les Saines envahisseurs n'avaient pas tous les torts dans ces guerres qui les opposaient depuis si longtemps aux Bretons.

« Vous haïssez le peuple auquel j'appartiens, je le sais… Et pourtant, de leur propre aveu, toutes celles de ma race ne vous haïssent pas. Ah ! si l'amour seul commandait, la paix serait bientôt conclue entre frères et sœurs ennemis.

— Frères et sœurs ! protesta Gauvain. Sans doute n'ai-je jamais fait aux dames que la plus douce des guerres, mais de là, toutefois, à les considérer en toute occasion comme des sœurs… Surtout lorsqu'elles sont aussi jolies et avenantes qu'une certaine dame à qui je parle en ce moment même. Hélas ! ajouta messire Gauvain piteusement, pourquoi faut-il que j'aie fait vœu de renoncer à tout commerce charnel durant la haute aventure que je viens d'entreprendre. » Et, comme la dame le regardait sans trop oser comprendre, il précisa : « Car, sans cette promesse… »

La belle visiteuse feignit alors la plus vive indignation :

« Me serais-je si mal exprimée ? De quel droit osez-vous me ranger au nombre de ces créatures qui se donnent pour une nuit ? » lui répondit-elle vertement. Puis, passant de la colère aux larmes comme il arrive souvent aux femmes, elle ajouta, toute dolente : « Est-ce parce que je suis Saine que vous me supposez l'âme d'une ribaude ? »

Tout en parlant, la dame s'était rapprochée de messire Gauvain, sans que celui-ci l'en eût priée. Ainsi se trouvait-elle maintenant tout contre lui. Qu'y pouvait-il ? S'enhardissant, elle se blottit alors au creux de l'épaule de son hôte et se prit à sangloter de telle sorte que le bon chevalier se crut obligé de la consoler. Mais, comme il lui donnait un baiser fraternel sur la joue, la rusée se retourna si adroitement que leurs lèvres se rencontrèrent.

« Amie », lui dit Gauvain, en s'essuyant la bouche, mi-enjoué, mi-grondeur, car il pensait toujours au vœu qu'il avait fait, « Dieu m'est témoin que, de toute ma vie, c'est le premier baiser que je n'ai désiré qu'à demi…

— Grand merci ! lui répondit la dame, piquée au vif, vous n'avez pas dû faire tant de manières avec la fille du roi de Norgalles, s'il est vrai, comme chacun l'assure, qu'elle attend un enfant de vous !

— Dame, se récria Gauvain, taisez-vous ! L'enfant n'est pas de moi. Et quand bien même il le serait, la fille du roi de Norgalles était chrétienne et vous ne l'êtes pas.

— Qu'à cela ne tienne ! Si vous me méprisez seulement parce que les Saines ne partagent pas vos croyances, le mal peut être vite réparé : je me ferai chrétienne sur-le-champ. »

Ces paroles dites, la jeune femme, laissant tomber son manteau, court vivement chercher un pichet rempli d'eau qu'elle renverse au-dessus de sa tête, en sorte que son visage et ses épaules ruissellent.

« Moi, Fleurie, murmure-t-elle en faisant le signe de la croix sur son front, je me baptise au nom du Père, du Fils et de l'Esprit saint. »

Gauvain ne sait s'il doit rire ou se courroucer. Finalement, tenté par le diable, il lui crie, oubliant d'un coup ses bonnes résolutions :

« Vous allez prendre froid, venez auprès de moi ! »

Ce que la dame s'empressa de faire, non sans lui promettre d'embrasser pour de bon la foi chrétienne dès qu'elle en trouverait l'occasion, car la cérémonie de ce baptême lui semblait courte.

Messire Gauvain n'était pas homme à se faire prier davantage. Il lui ouvrit son lit, s'allongea auprès d'elle et la serra bien fort dans ses bras afin de la réchauffer de son mieux… Et, sans plus tarder, ajoutent les vieux conteurs, il lui prouva que sa réputation de vaillance n'était pas surfaite.

Le lendemain, en faisant ses adieux à la dame, messire Gauvain ne pensait déjà plus à la faute dont il s'était rendu coupable en sa compagnie. Brave jusqu'à la démesure, naturellement bon, mais sans nulle délicatesse ni raffinement de l'âme, tel était messire Gauvain. Celui qui eût cherché à lui montrer les contradictions de sa vie l'eût bien surpris, car nul homme au monde n'offensa jamais Dieu avec moins de malice.

Cependant, les nombreux péchés d'impureté qu'il avait commis depuis sa prime jeunesse allaient bientôt lui valoir un avertissement dont il se souviendrait durant le reste de ses jours.

À franchement parler, personne ne put jamais savoir si messire Gauvain rêva ou non les aventures qu'il affirma par la suite avoir vécues. Jusqu'à son dernier souffle, le fils du roi Lot prétendit en effet disputer au Meilleur Chevalier du monde la découverte de la Citadelle aventureuse, mais, comme il n'était pas de ces conteurs habiles dont les moindres propos semblent vrais, fussent-ils incroyables, ses meilleurs compagnons eux-mêmes sourirent de cette prétention.

Selon son écuyer, les choses se passèrent ainsi.

Un jour où messire Gauvain se trouvait dans la région des monts d'Arrée, en Petite Bretagne, c'est-à-dire au cœur même de cette terre d'enchantements où la tradition a toujours placé le château du Graal, il s'endormit sous un pommier.

Il pouvait être midi. L'ombre du pommier était courte. Bientôt le soleil tourna, éclairant le visage du dormeur qui se mit à rêver tout haut en geignant, de telle sorte que l'écuyer, pris de compassion, crut bon de l'éveiller.

Alors, dans la demi-conscience d'un homme brusquement arraché au sommeil, Gauvain, encore tout ému, se confia naïvement à son compagnon. Celui-ci n'était pas discret. Un soir où quelques amis de rencontre l'avaient fait boire plus que de raison, il finit par conter comment son maître découvrit le château du Graal en rêvant. On en rit longtemps à la cour du roi Arthur, sans oser toutefois le faire devant l'intéressé lui-même car le fils du roi Lot, s'il comprenait lentement, avait la main leste.

Mais reprenons ce récit où nous l'avons laissé : le soleil ayant tourné, l'écuyer réveilla son maître.

« Où suis-je ? s'écria le bon chevalier en se dressant sur son séant. Où est le château du Graal ? Mes armes ! Donne-moi mes armes afin que je venge l'affront qui m'a été fait !

— Sire, lui répondit calmement son écuyer en essayant de l'apaiser, vous avez rêvé. Ni vous ni moi n'avons quitté ce lieu où nous sommes ; j'en puis témoigner. Jetez un regard sur les alentours : où voyez-vous trace de château ? Prenez-vous cette chaumière en ruine pour la Citadelle aventureuse ? Le soleil a tourné tandis que vous dormiez, or rien n'est plus imprudent que de s'endormir au soleil. Ma mère me le rappelait souvent lorsque j'étais enfant.

— Te moques-tu ? Je sens encore sur mon épaule la douleur cuisante de la lance qui m'a blessé.

— Un taon s'est posé sur votre épaule, cher sire ! Sa

piqûre vous a réveillé, mais il n'importunera plus personne, je l'ai tué. Voyez votre cheval : a-t-il l'air d'avoir fourni cette longue course dont vous prétendez revenir ? Ses sabots sont aussi nets qu'au sortir du gué où je l'ai mené boire. Regardez ses flancs et son dos, vous n'y trouverez ni marque de selle ni trace de sueur.

— Tais-toi ! lui répliqua Gauvain, toujours hanté par le songe qu'il venait de faire. Tout ceci n'est qu'apparence trompeuse. Je sors du château du Graal. J'en sors... ou, pour mieux dire, j'en ai été chassé honteusement. N'ajoute pas à ma peine en me soupçonnant de mensonge. »

L'écuyer connaissait la vivacité de son maître. Il feignit cette fois de le croire :

« Puisque vous revenez de la Citadelle aventureuse, vous avez dû voir le Graal ?

— Ne compte pas sur moi pour te dépeindre les splendeurs du Saint-Graal, lui répondit tristement Gauvain, car Notre-Sire, dans Sa justice, ne m'a même pas permis d'entrevoir le calice de Son précieux sang. Tout au plus pourrai-je te dire quelles épreuves attendent quiconque entreprend cette quête sans en être digne. »

Et tout aussitôt le chevalier de commencer son récit.

Ayant profité du sommeil de son écuyer pour s'aventurer seul à quelques lieues de là, messire Gauvain s'était trouvé brusquement en face d'un fort château qu'aucun fossé ni aucune défense ne protégeait ; ainsi avait-il compris que cette citadelle devait être la Citadelle aventureuse.

Parvenu sans coup férir au cœur même du saint des saints, Gauvain agira désormais comme s'il avait conquis la place de haute lutte ; mais cette fois sa hardiesse coutumière le mènera bien au-delà de ses désirs… Après avoir traversé librement la cour du château, messire Gauvain pénétra le plus naturellement du monde à l'intérieur du palais, dont les issues n'étaient pas davantage gardées. La porte de la grande salle étant ouverte, il en franchit le seuil. Nul ne parut s'apercevoir de sa présence : pénétrés d'un merveilleux recueillement, une foule de chevaliers et de dames se disposaient à s'asseoir autour d'une grande table dressée au centre de la salle. « Il ne peut s'agir que de la table du Graal », pensa Gauvain ; mais, au moment où lui-même voulut s'en approcher, un nain contrefait, armé d'un bâton, se précipita pour le chasser. Comme le champion du roi Arthur, qui tournait alors le dos à la table, levait déjà la main dans l'intention d'infliger à son agresseur une leçon bien méritée, une grande clarté envahit brusquement la salle.

Si Gauvain, paralysé par une force surnaturelle et comme pétrifié sur place, ne vit rien du spectacle qui se déroula derrière lui, du moins lui fut-il accordé d'en apercevoir un pâle reflet sur le visage transfiguré du nain.

Tel un plongeur émergeant à l'air libre, ce dernier parut tout d'abord éprouver un douloureux éblouissement, puis ses traits se détendirent, ses lèvres, si peu faites en apparence pour le sourire, se délièrent dans une expression de joie ineffable. Un long moment s'écoula durant lequel le petit homme suivit des yeux, extasié, quelque invisible objet se déplaçant dans les airs autour de la salle… Enfin, graduellement, la flamme qui l'avait touché de ses franges s'éteignit, le laissant aussi laid qu'il l'était de naissance, ce qui n'est pas peu dire.

Une ombre crépusculaire enveloppait toute chose.

Sentant se relâcher ses liens, messire Gauvain s'empressa de jeter un regard circulaire ; hormis son interlocuteur, il ne vit plus personne. Toute trace de fête avait disparu ; tables et tréteaux avaient été enlevés. La salle était vide.

Sur le mystère du Saint-Graal, Gauvain ne pouvait en dire davantage.

Cependant, le nain avait déjà retrouvé son humeur belliqueuse :

« Dehors ! dehors ! mauvais chevalier ! s'écria-t-il d'une voix de fausset. Comment as-tu osé pénétrer dans l'enceinte du château du Graal, tout souillé de péchés comme tu l'es ? Dehors, maudit ladre ! Ne t'avise pas de dormir ici ce soir, ou il t'en cuira ! »

Pareille menace devait suffire à fixer le choix de messire Gauvain : celui-ci décida tout aussitôt de rester dans ce château inhospitalier aussi longtemps qu'il lui plairait. Ayant désarmé le nabot en un tour de main, Gauvain s'enferma donc dans la chambre voisine et s'étendit tout habillé sur le lit qui s'y trouvait, avec l'intention de faire un bon somme.

Fatigué par sa chevauchée, messire Gauvain ne tarda pas à sombrer dans un profond sommeil ; mais, presque aussitôt, un éclair, accompagné du plus formidable coup de tonnerre qu'il eût jamais entendu, le réveilla en sursaut. En même temps, la fenêtre s'ouvrit, le vent, s'engouffrant dans la pièce, souleva les courtines de son lit jusqu'aux solives du plafond, tandis que la belle paille fraîche dont le sol était jonché voltigeait de tous côtés.

C'est alors qu'une lance de feu, à la hampe violette et au fer vermeil, avait traversé la chambre en sifflant avant de se ficher, à travers l'oreiller, dans le bois même du lit ; si bien que messire Gauvain n'eût pas manqué d'en être transpercé de part en part s'il ne se fût jeté sur le côté. Le fer l'avait effleuré, sans plus, mais la brûlure que le chevalier ressentait à l'épaule témoignait de la gravité du péril auquel il venait d'échapper. En présence de cette signature de feu imprimée dans sa chair, qui oserait le soupçonner d'avoir rêvé ?

L'écuyer ne relevant pas cette allusion, messire Gauvain continua son récit.

En dépit de ses sommations, l'homme à la lance s'était bien gardé de se montrer. Seuls les hurlements du vent avaient répondu aux défis du gisant. Bien réveillé maintenant – et comment eût-il pu s'abandonner encore au sommeil dans cette chambre où le doigt de la Mort venait de le frôler ? –, Gauvain vit alors s'avancer vers son lit un très vieil homme plus pâle qu'un spectre. Sans doute s'agissait-il d'un barde ayant appartenu autrefois à quelque cour royale, à en juger par la richesse de la harpe, tout incrustée d'or et de pierreries, qu'il étreignait entre ses bras décharnés. À son cou étaient suspendues deux couleuvres. Celles-ci le mordaient tour à tour cruellement, mais l'infortuné ne prenait même pas la peine de les détacher de sa chair, tant son affliction le rendait insensible à ces menus tourments.

Devant ce spectacle pitoyable, Gauvain sentit son cœur s'attendrir. Par quel étrange caprice de sa mémoire ce musicien inconnu, accablé d'années, pouvait-il lui rappeler l'adolescent qui avait enchanté sa propre jeunesse, l'ami trop tôt disparu mais demeuré si vivant dans son souvenir : Merlin, le prince des harpeurs ?

Après avoir dévisagé l'occupant du lit en silence, le vieil homme se mit à chanter un lai de pleurs à double entente, inspiré, selon toute vraisemblance, par la quête du Graal, mais dont messire Gauvain ne devait malheureusement retenir que les dernières paroles :

« Sire Dieu ! Ne viendra-t-il jamais celui qui m'arrachera, enfin, hors de cette geôle où je languis ? »

Puis, son triste poème achevé, le harpeur s'éloigna en gémissant.

Avant que messire Gauvain, profondément troublé par cette apparition, n'ait eu le temps de se ressaisir, il aperçut, à la lueur des éclairs, un serpent si grand et si épouvantable que nul n'eût pu le voir sans effroi. Et sachez qu'il n'était pas de couleur, si vive fût-elle, que le monstre n'eût sur le dos ! Déjà le serpent rampait vers le lit en fouettant de la queue, la tête haute, prêt à frapper ; sur son front, des lettres flamboyantes formaient le nom d'Arthur et, tout en s'avançant, il jetait feu et flamme et ses yeux luisaient tels des charbons ardents.

Mais, à l'instant même où la clarté de la fenêtre allait l'atteindre, le reptile, comme fauché par une main invisible, s'affaissa puis se tordit à la manière d'une bête qui va enfanter ; enfin, il vomit dans un spasme une portée de serpenteaux qui, tout aussitôt, se retournèrent contre lui et l'assaillirent pour le dévorer. Faisant face de tous côtés, le grand serpent parvint à vaincre un à un ces misérables rivaux nés de sa propre chair et à les tuer jusqu'au dernier. Cependant, il n'en avait pas moins reçu plusieurs blessures dont la moins grave semblait déjà mortelle... Et, en effet, à peine eut-il triomphé du dernier serpenteau qu'il expira.

Messire Gauvain n'eut pas le loisir de réfléchir au sens de cet avertissement prophétique : un nouveau coup de tonnerre, encore plus terrible que tous ceux qui l'avaient précédé, retentit. Avec d'effroyables craquements, portes et fenêtres cédèrent sous la poussée du vent et battirent à tout rompre. Le palais trembla cette fois sur ses assises. Gauvain perdit la claire conscience de ce qui l'entourait.

Ensuite, fut-ce à l'état de veille, fut-ce en songe ? il crut entrevoir un cortège formé de douze pucelles pauvrement vêtues qui marchaient l'une derrière l'autre en pleurant si fort que nul cœur au monde n'eût pu les entendre sans en avoir pitié. Messire Gauvain se fût levé bien volontiers sur son séant pour les interroger sur la cause de leur chagrin, car il était naturellement compatissant, mais sa faiblesse l'en empêcha.

Dès que les douze pucelles eurent quitté la chambre et furent passées dans la salle voisine, l'orage cessa comme par miracle et une paix si profonde qu'il n'en avait jamais connu de comparable envahit l'âme tourmentée du pauvre chevalier et en chassa jusqu'au souvenir de son angoisse ; tandis que, de l'autre côté de la porte, s'élevait, merveilleusement pure, la voix des jeunes filles tout à la joie de mystérieuses retrouvailles.

Sans comprendre chaque parole de leur chant, Gauvain sut qu'elles célébraient la gloire de Dieu et il s'attendrit si bien sur ces gentilles pucelles, sur l'objet de leur adoration et, enfin, sur sa propre personne qu'il s'endormit dans une quiétude ineffable.

Combien de temps dura cette trêve ? Toujours est-il que messire Gauvain se réveilla en sursaut comme le jour commençait de poindre. Arraché brutalement de sa couche par une foule de manants et de gens d'armes de la plus basse condition qui l'avaient assailli lâchement pendant son sommeil, il gisait maintenant à même le sol, le nez sur les dalles, et ligoté ainsi qu'une bête.

Toute résistance eût été vaine. Déjà les misérables le traînaient hors de sa chambre.

Un bidet l'attendait dans la cour du palais. Avant d'avoir compris ce qui lui arrivait, Gauvain se retrouva juché à califourchon sur cette monture de gueux, le visage tourné vers la croupe.

En ce triste équipage, et les mains toujours liées derrière le dos, l'infortuné chevaucheur dut se laisser promener de rue en rue par ses bourreaux, sous les huées, les quolibets et les menaces des habitants de la Citadelle aventureuse dont les plus effrontés, joignant le geste à la parole, lui jetaient au passage d'innombrables ordures.

Enfin, une vieille femme, qui s'était montrée particulièrement acharnée à ce jeu, saisit le roussin par la bride et le conduisit hors de la vue du château. Là, elle dénoua les liens de sa victime en ricanant.

« Souviens-toi du château du Graal ! » lui cria-t-elle en guise d'adieu tandis qu'il s'éloignait.

Certes ! le malheureux s'en souviendrait…

Gauvain aperçut alors son destrier au pied d'un arbre. La brave bête, reconnaissant son maître malgré l'état lamentable dans lequel celui-ci se trouvait, hennit joyeusement à sa vue. Pareille preuve d'amitié, venant après tant d'humiliations reçues en si peu d'heures, toucha tellement le pauvre chevalier que son cœur se fût sans doute rompu dans sa poitrine si le chagrin qui l'étouffait n'eût trouvé une issue dans ses larmes.

Quant à la manière dont il regagna le lieu où l'attendaient son écuyer ainsi que ses chevaux de main, messire Gauvain n'en avait plus nul souvenir. Sans doute, accablé de chagrin, s'était-il recouché tout naturellement sous l'arbre qui l'abritait la veille…

Ici se termine le récit de Gauvain. Son écuyer eut beau lui laisser entendre, de nouveau, qu'il avait dû rêver, le fils du roi Lot d'Orcanie n'en demeura pas moins convaincu de la réalité de ses aventures.

Cependant, la quête de messire Gauvain ne doit pas nous faire oublier le sort du chevalier aux Blanches Armes.

Ce conte a laissé Lancelot au pouvoir de la dame de Malehaut qui ne semblait guère disposée à le relâcher de sitôt. Une joute à laquelle la jeune femme finit cependant par l'autoriser à prendre part devait permettre au captif de racheter sa liberté.

On verra bientôt quel usage il en fit…

XXX

LANCELOT RACHÈTE SA LIBERTÉ

Les jours, puis les semaines, puis les mois s'étaient écoulés pour Lancelot dans une captivité que la dame de Malehaut s'efforçait de lui rendre de plus en plus douce.

Tout d'abord, l'esprit de Lancelot avait été occupé par le souvenir de son combat contre le chevalier noir. Souvent la nuit il y songeait. Un conte de son enfance lui revenait alors en mémoire – Viviane le disait si bien ! Ce conte narrait l'aventure singulière d'un chevalier d'Irlande qui, lui aussi, gardait un gué.

Un jour où le champion irlandais se trouvait sur le point de succomber aux assauts d'un chevalier étranger, des corbeaux monstrueux s'étaient précipités des nues pour le secourir. L'étranger avait alors dû se défendre à la fois contre l'homme et contre les oiseaux. L'un de ceux-ci s'acharnait surtout contre lui ; de son épée il le blessa. Or cet oiseau n'était que la semblance trompeuse d'une demoiselle, la propre fiancée du chevalier du gué... D'ailleurs, à peine son sang eut-il jailli que ladite demoiselle retrouva son apparence naturelle et sa voix, ainsi qu'elle le prouva en poussant des cris déchirants comme seules les femmes savent en pousser !

Tandis que les autres corbeaux, ses compagnes, l'emportaient dans les airs avec de telles démonstrations de deuil et des clameurs si assourdissantes que nul être au monde n'eût pu les entendre sans effroi, le chevalier étranger, désolé de s'être battu sans le savoir contre une pucelle, avait pris en pitié le malheureux fiancé. Non content de lui laisser la vie sauve, le vainqueur avait eu la générosité de se détourner du gué interdit afin de ménager la fierté du vaincu.

Hélas ! l'aventure de Lancelot devait moins bien finir que le conte de son enfance. L'homme que le chevalier aux Blanches Armes avait blessé sans même lui laisser le temps de se mettre en garde était mort...

Au bout de quelques mois, cependant, Lancelot pensa moins souvent à son combat malheureux, puis il n'y songea plus que rarement, enfin il l'oublia et, dès lors, se languit d'ennui.

De son côté, la dame de Malehaut, qui, dans les premiers temps de son épreuve, avait manifesté le plus vif chagrin, suivit l'exemple du captif : au long des jours, l'image d'une fatalité plus forte que leur commune volonté s'imposa insensiblement à son esprit et fit taire ses propres remords. N'avait-elle pas été, elle-même, bien exigeante à l'égard du disparu ? Quant à l'étranger, il défendait sa vie ! Déjà ses regrets changeaient d'objet… Comment Dieu, à qui nul mouvement du cœur n'est caché, avait-Il pu permettre que l'occasion de sa peine fût précisément ce gentil chevalier qu'elle eût si volontiers aimé ?

Bientôt elle dut admettre que les sentiments du prisonnier ne répondaient pas aux siens. Sans doute aimait-il ailleurs. Ayant le cœur simple et bien fait, elle lui reconnut le droit d'être fidèle et, de ce jour, son inclination se transmua en franche amitié. Lancelot, l'ayant remarqué, s'en réjouit… Toutefois la dame ne lui rendait pas sa liberté. Prisonnier sur parole, libre d'aller et de venir dans l'enceinte du château, le jeune chevalier n'en devait pas moins coucher le soir dans son cachot ; tout près, il est vrai, de la chambre de la dame, si bien que cette dernière, dont la propre porte restait le plus souvent ouverte, pouvait s'entretenir avec lui sans témoins à toute heure de la nuit.

Deux années s'écoulèrent de la sorte, assurent les vieux conteurs, sans ajouter nul commentaire qui pût donner à mal penser de cette preuve de mutuelle confiance.

À la longue, cependant, l'humeur du prisonnier s'altérait. Son sort dépendait du caprice d'une femme. Quand donc le laisserait-elle aller ? Un jour, Lancelot apprit, par l'indiscrétion d'un serviteur, que le fier souverain des îles Lointaines, Galehaut, avait provoqué en bataille les meilleurs d'entre les compagnons de la Table ronde. Poussé par son entourage, Galehaut contestait en effet la souveraineté du roi des deux Bretagnes sur ses terres. Cette joute trancherait leur différend. Toutefois, en souvenir de leur ancienne amitié, il avait été convenu qu'Arthur et Galehaut s'abstiendraient de se combattre personnellement.

La lande du Puy de Malehaut, sur laquelle devaient se rencontrer les champions des deux camps, se trouvait à moins d'une lieue galloise du château où Lancelot était retenu prisonnier. Pour peu que le vent soufflât du nord, le froissement des armes, les cris et les huées parviendraient jusqu'à lui. La tentation serait alors trop forte… Faisant taire sa fierté, Lancelot supplia la dame de Malehaut de le laisser participer à la bataille aux côtés des compagnons d'Arthur. La jeune femme ne le tenait pas enfermé par convoitise d'argent mais par esprit de justice et pour apaiser une mémoire qui lui restait chère. Généreusement elle accepta.

« Ce sera l'enjeu de votre liberté, lui dit-elle. Si le roi Arthur, mon seigneur, l'emporte sur Galehaut, vous serez libre. Mais, à ma place, ajouta-t-elle en soupirant, quelle femme vous laisserait aller sans regret ? »

Ce fut le seul aveu de la tendresse qu'elle éprouvait à l'égard du captif.

Hélas, les préoccupations de celui-ci étaient, encore une fois, bien différentes. À peine remercia-t-il la belle justicière. Lancelot ressentait sans doute une joie profonde à la pensée de voir s'entrouvrir, enfin ! les portes de sa prison, mais, déjà, son désir l'emportait au-delà de l'heure présente : la reine assisterait-elle à cette joute ? Il l'espérait sans trop y croire.

La semaine qui suivit lui parut bien longue. Enfin, le jour convenu pour la rencontre arriva.

La dame de Malehaut, veillant elle-même à l'équipement de son champion, lui fit donner un cheval bai cerise – le meilleur de son écurie – ainsi qu'un écu et des armes vermeilles comme il n'en avait jamais revêtu d'aussi riches, puis elle lui permit de franchir le pont-levis. Le soleil se levait. Ses rayons parurent embraser l'armure étincelante du jeune chevalier qui s'éloigna et disparut dans un flamboiement d'incendie.

Lorsque Lancelot parvint sur le lieu de la bataille, ses regards se fixèrent aussitôt sur l'estrade où se tenaient Arthur et sa suite. À la droite du roi se trouvait la reine.

Dès qu'il l'a reconnue, Lancelot ne voit plus qu'elle. Voici bientôt deux ans qu'il lui a fait hommage de la prise de la Douloureuse Garde. Depuis il ne l'a plus revue. Lancelot, sans même y songer, a poussé son cheval droit devant lui jusqu'à la palissade qui sépare le champ clos de la loge d'Arthur. La bête impatiente hennit, piaffe, encense de la tête et tourmente son mors. Les riches tentures de la loge royale sont maintenant souillées d'écume.

L'étranger n'en a nul souci : il contemple la reine.

Vit-on jamais pareille insolence ? Qui est ce chevalier aux armes vermeilles et à l'écu de même couleur mais sans nul emblème ? Il doit être du parti d'Arthur puisqu'il s'est avancé pour le saluer. Un long murmure de curiosité monte de l'estrade. Le roi et la reine interrogent en vain leurs familiers.

L'attention des spectateurs se lasse. Déjà elle se détourne du chevalier discourtois ; le plus ancien des roitelets que Galehaut a soumis autrefois s'avance pour présenter son seigneur. L'honneur de donner le signal de l'ouverture des joutes lui revient.

Les gens du roi Arthur clament : « Leurs chevaliers viennent ; le premier conquis est à leur tête ! »

Un valet s'adresse à Lancelot :

« Sire chevalier, que faites-vous là ? Vous allez gêner la bataille, qu'attendez-vous pour vous ranger ? »

Lancelot restant sourd à tous les appels tant il est absorbé par son rêve, le valet s'en approche et, pour le contraindre à se ressaisir, lui enlève son écu. Le chevalier aux armes vermeilles ne s'en aperçoit même pas. Alors, un second valet accourt avec une motte de terre humide qu'il a ramassée au bord du fossé et la jette de toutes ses forces contre le heaume de l'inconnu en l'injuriant :

« Failli chevalier, à quoi songes-tu ? »

L'eau boueuse a pénétré à travers les trous du nasal ; Lancelot, surpris par sa fraîcheur, revient à lui brusquement. Il se tourne, furieux, vers le valet, mais celui-ci a déjà déguerpi. Les yeux lui piquent ; à peine aperçoit-il confusément l'ombre mouvante qui vient à sa rencontre. Sans avoir le temps de prendre autant de champ qu'il eût aimé le faire, le jeune chevalier coupe la route au vassal de Galehaut et lui porte un coup si rude que monture et cavalier mordent la poussière. Les gens du roi désarçonnés, voyant leur maître en péril, accourent à son aide. Le valet qui, par jeu, s'était emparé de l'écu du champion le repasse en hâte à son cou. Lancelot n'a pas le temps de lui crier merci... Il doit faire front de tous côtés. Les compagnons de la Table ronde l'assistent de leur mieux. La mêlée devient générale.

Messire Gauvain, entre autres, accomplit ce jour-là tant de prouesses et se livra si furieusement à la passion qui l'habitait en toute occasion périlleuse que le sang lui sortait par les yeux et les oreilles tandis que ses écuyers l'emportaient, à demi inconscient, hors de la bataille.

Que dire toutefois des prouesses de Lancelot ?

Tandis que le champion aux armes vermeilles apparaissait déjà comme le vainqueur de la journée, les uns et les autres s'interrogeaient de nouveau à son sujet avec une curiosité plus vive encore ; sans, toutefois, pouvoir mettre un nom sur ce visage dont le heaume doré ne laissait rien voir.

La plupart avançaient à tout hasard le nom de Tristan. Après avoir ravi Iseult au roi Marc, le beau Tristan n'avait-il pas trouvé un abri sûr dans la forêt du Morois, toute proche du Puy de Malehaut ? Mais comment l'imaginer abandonnant sa bien-aimée à la merci des espions du roi pour le seul plaisir de montrer sa prouesse.

Quant au vainqueur de la Douloureuse Garde, l'absence avait tellement amenuisé le souvenir de ses premiers exploits que nul n'aurait osé le comparer au champion qui dominait aujourd'hui avec une telle aisance les jouteurs les plus réputés... Nul excepté la reine.

Seule Guenièvre, en effet, se croyait certaine de l'avoir démasqué. Afin de s'assurer que son cœur ne l'avait pas trompée, elle résolut de lui tendre un piège bien digne de l'imagination d'une femme – l'en blâme qui n'a jamais aimé ! Elle éprouvera le chevalier aux armes vermeilles dans ce qu'il doit avoir de plus cher au monde : sa réputation de prouesse. Seul Lancelot saurait accepter l'humiliation à laquelle songe Guenièvre. Si l'inconnu se récuse, c'est qu'il n'est pas Lancelot.

Celui-ci venait précisément de regagner l'abri de la clôture, dans l'intention d'échanger son destrier blessé contre un cheval frais. Appelant une de ses petites demoiselles de compagnie, Guenièvre lui dit à l'oreille :

« Va vers le chevalier étranger et transmets-lui mon message de manière à n'être entendue d'aucun autre : "Au nom de la reine, sire, joutez au plus mal !" »

La demoiselle était encore toute jeunette mais la reine la savait hardie. Quelques instants plus tard, l'enfant, s'étant glissée entre deux pieux, avait réussi malgré la cohue à s'approcher du chevalier vermeil. Après avoir frappé sur l'écu du champion pour attirer son attention :

« Sire, penchez-vous un peu ! » murmura-t-elle.

Lancelot se pencha sur l'encolure de son cheval. Alors la pucelle, se haussant sur la pointe des pieds afin qu'il fût seul à l'entendre, lui chuchota le plus doucement qu'elle put, à travers la lumière du heaume :

« Sire, au nom de la reine, joutez au plus mal ! Au plus mal, sire, au plus mal ! »

Déjà la gentille messagère s'enfuyait et repassait en hâte la clôture.

Lancelot, tout surpris par une pareille requête, demeura quelques instants pensif : la reine lui était trop chère pour qu'il osât la soupçonner de vouloir l'humilier sans raison. Souffrir pour l'objet aimé n'est-il pas, d'ailleurs, le plus haut privilège de celui qui aime ? Il ne comprenait pas pourquoi elle l'éprouvait, mais que lui importait ! Son message signifiait du moins qu'elle l'avait reconnu. Un flot de tendresse l'envahit. Lancelot se replongea sans hâte dans la mêlée avec toutes les apparences d'une grande lassitude, afin de signifier à la reine son entière soumission. Toutefois, sa joie n'en était pas moins nuancée de quelque peine, car il n'avait pas été accoutumé à jouer au jeu des armes sans rendre coup pour coup.

Un chevalier du parti de Galehaut, que le jeune champion a déjà renversé par deux fois, s'adresse justement à lui. Lancelot, pointant sa lance avec une maladresse de novice, le manque d'une grande coudée, tandis que l'autre lui porte un coup si bien ajusté que, pour un peu, il eût été mortel. Déjà le vassal du roi des Îles revient à la charge. Lancelot, encore tout étourdi du choc reçu, se couche cette fois sur la croupe de son cheval, ce qui n'est certes pas une parade digne d'un chevalier, en sorte que la lance de son adversaire ne rencontre que le vide. À la troisième reprise, le champion aux armes vermeilles se laisse désarçonner.

Des exclamations retentissent. Ceux qui l'applaudissaient tout à l'heure ne savent plus que penser. Dames et seigneurs se perdent en conjectures : l'inconnu sans doute a-t-il quelque raison secrète de ménager le tenant de Galehaut ? peut-être est-il de son lignage ? Mais les huées couvrent maintenant ces commentaires indulgents, car les envieux et les lâches sont légion et le plus léger signe de faiblesse les réjouit dès lors qu'il vient d'un preux.

L'étrange comportement du champion confirma la

reine dans sa croyance : l'inconnu était bien Lancelot... Lancelot était vivant ! Devenu homme, il n'avait pas oublié la promesse qu'il lui avait faite autrefois, encore adolescent, d'être son chevalier pour toujours. À sa prière, il avait consenti à s'humilier publiquement comme nul chevalier ne s'humilia jamais pour sa dame.

Cependant, Guenièvre ne pouvait prévoir que le tournoi se terminerait si tôt ! Cette joute malheureuse devait être la dernière de la journée. Les huées montaient toujours vers le champion malheureux qui, tête basse, regagnait la sortie du champ clos.

Partagée entre le regret et la joie, la reine se dit que le lendemain elle lui donnerait l'occasion de la plus complète des revanches. Il triompherait de tous, et le ferait pour l'amour d'elle. De même qu'il s'était laissé vaincre, ce soir, de son plein gré, pour complaire à sa dame, ainsi prendrait-il, demain, tous les risques afin de faire triompher les couleurs de sa bien-aimée.

Déjà le soir tombait. Messire Gauvain fit vainement rechercher le chevalier étranger pour le présenter au roi et à la reine : nul ne sut lui dire ce qu'il était devenu. Lancelot avait en effet repris, en grand secret, le chemin de sa prison. Ainsi l'avait exigé la dame de Malehaut, qui redoutait par-dessus toute chose l'intervention du roi s'il apprenait jamais la vérité. La jeune femme voulait bien libérer celui qu'elle détenait captif depuis si longtemps, mais elle désirait le faire de son plein gré et à son heure.

Lancelot ayant regagné son cachot sans même saluer son hôtesse tant il se sentait las, celle-ci s'en inquiéta. Personne ne l'avait vu rentrer. Elle se rendit à l'écurie ; toutes les stalles étaient occupées mais, à la place du cheval bai que le champion aux armes vermeilles montait le matin même, la jeune femme vit un destrier inconnu, d'ailleurs fort mal en point. Elle en déduisit que, ayant usé plus d'une monture au cours de cette joute, il s'était montré preux. Les uns après les autres, ses propres chevaliers rentraient du tournoi. À les en croire, le vainqueur de la journée était, sans contestation, un certain chevalier aux armes de feu dont nul n'avait su, d'ailleurs, leur dire le nom.

La dame de Malehaut sourit, sans toutefois les tirer de leur perplexité, tant elle désirait tenir secrète cette aventure. S'étant approchée de l'étroite fenêtre du captif, elle fut bientôt rassurée sur son sort : vaincu par une bienheureuse lassitude, le jeune champion dormait à poings fermés.

La jeune femme se fit ouvrir la porte de la geôle, puis, sans bruit, elle s'avança jusqu'à sa couche. Le visage du dormeur était couvert de meurtrissures. De son front déchiré par le contact du heaume s'était écoulé un mince filet de sang maintenant desséché, son nez et ses sourcils étaient écorchés, il avait le cou marqué par les mailles du haubert, ses bras couverts de bleus montraient de longues estafilades, enfin, ses mains enflées disaient assez à quel jeu il avait joué.

« Regardez-le ! fit la dame de Malehaut à l'une de ses cousines qui l'avait accompagnée à sa prière, de crainte des médisants. Regardez-le ! A-t-il assez souffert ! Si j'osais, ajouta la dame dans un souffle, je lui donnerais bien un baiser.

— Douce amie, lui répondit la pucelle, comment pouvez-vous parler de la sorte ? Songez à ce qu'il penserait s'il s'éveillait. Il vous mépriserait et, du même coup, toutes les femmes. Et vous-même vous en éprouveriez une grande honte.

— Pourquoi rougirais-je du peu que j'aurais fait pour le récompenser d'avoir si bien combattu pour l'honneur de son seigneur ? »

Cependant, la raison lui étant revenue tandis qu'elle parlait, la jeune femme se retira non sans regret.

Le lendemain, matines n'étaient pas encore sonnées lorsqu'un petit valet vint éveiller le prisonnier. Après que celui-ci eut été soigné et pansé, l'enfant le conduisit à la dame de Malehaut.

« Sire, lui dit la jeune femme, je vous ai tenu jusqu'ici dans une prison très douce.

— Je le reconnais bien volontiers, lui répliqua Lancelot.

— En échange de ma bonté, me confierez-vous enfin votre nom ? J'aimerais tant savoir qui vous êtes.

— À cette question, dame, je ne puis répondre.

— Cher sire, la courtoisie m'interdit de vous interroger davantage. Peut-être me suis-je déjà montrée trop curieuse. Dans ce cas pardonnez-moi. Combattrez-vous encore aujourd'hui ? Vous en avez tant fait hier que vous seul déciderez sur ce point. Sachez-le toutefois, si vous êtes proclamé vainqueur de ce tournoi, vous serez libre.

— Je compte faire encore plus d'armes aujourd'hui que je n'en ai fait hier, lui répondit Lancelot avec feu. À condition que j'en obtienne congé... », ajouta-t-il en pensant à la reine.

La dame de Malehaut se méprit :

« Encore une fois, vous seul en déciderez, cher sire. »

Sans même attendre les premières lueurs de l'aurore, un écuyer fit revêtir au jeune chevalier une cotte de mailles noire et lui présenta des armes noires. Un destrier noir, entièrement harnaché de noir, l'attendait. Lancelot, s'étant hissé en selle, salua la dame, tourna bride et chevaucha vers le lieu du tournoi, obscur comme la nuit.

Les couleurs qu'il avait revêtues ne trompèrent pas la reine. Dès qu'elle l'aperçut, Guenièvre lui dépêcha sa messagère favorite, mais cette fois ce fut pour lui faire dire : « Vous combattrez au mieux ! » Lancelot n'attendait que la permission de sa bien-aimée pour se surpasser. Sa hardiesse et son habileté retrouvées allaient bientôt faire oublier la fâcheuse impression qu'avaient pu laisser ses dernières passes d'armes, à la fin du jour précédent. Si bien qu'au cours de cette seconde journée, ainsi qu'il se l'était promis, le captif de la dame de Malehaut fit encore plus de prouesses que la veille.

Tandis qu'il s'efforçait, le soir venu, de quitter le champ clos en secret, Lancelot s'aperçut avec humeur qu'un chevalier sans écu ni armes le suivait. Émerveillé par la valeur du champion inconnu dont les hauts faits risquaient de lui coûter si cher, Galehaut, le seigneur des îles Lointaines, s'était juré de savoir, du moins, son nom et son lignage. Mais Lancelot devança la question que l'autre allait lui poser :

« Qui êtes-vous, sire ? lui demanda le chevalier du Lac, en faisant volter son cheval.

— Celui-là même que vous combattez en combattant ses hommes, mon nom est Galehaut, le roi des îles Lointaines. »

S'étant fait ainsi connaître, Galehaut pria le jeune chevalier d'accepter son hospitalité pour la nuit.

« Avez-vous songé, lui objecta Lancelot, à ce que l'on pourrait dire de moi si j'acceptais pareille offre ? N'êtes-vous pas l'ennemi de mon seigneur ?

— Son ennemi, c'est trop dire ! Nos intérêts s'opposent depuis quelques années, mais je ne nourris nulle haine à son égard. Maints souvenirs de jeunesse me lient au roi Arthur. Il n'est guère de preux qui le vaillent, hormis vous... Et en vous honorant je l'honorerai lui-même.

— Certes, admit Lancelot, vous passez pour le plus loyal des rois. Si j'accepte votre hospitalité, m'accorderez-vous en retour tel don que je vous demanderai ?

— Je n'ai qu'une parole et cette parole je vous la donne. »

Lancelot sourit : au lieu de retourner à Malehaut, il couchera donc cette nuit sous la tente de l'homme auquel il a fait tant de tort au cours des deux journées précédentes. La dame de Malehaut lui pardonnera son absence lorsqu'elle en saura la raison...

À l'aube ils entendirent la messe côte à côte.

« Et maintenant, demanda doucement le roi des îles Lointaines à son nouvel ami, me direz-vous quel don je vous dois ?

— Soumettez-vous au roi Arthur ! » lui répondit Lancelot, les yeux dans les yeux.

Si Galehaut fut surpris d'une pareille demande, du moins se montra-t-il beau joueur. Ne pouvant se dérober, il murmura seulement :

« Hélas ! je vois bien qu'il me faut reconnaître, à mon tour, le roi Arthur pour mon seigneur. »

Et, tout aussitôt, ils convinrent de se rendre ensemble au camp d'Arthur, accompagnés seulement d'une faible escorte. Pourquoi Galehaut eût-il tardé davantage à remplir sa promesse ? Déjà son écuyer avançait leurs chevaux.

« Beau sire, s'écria Gauvain, en s'adressant au roi, du plus loin qu'il les vit, je vous l'avais bien dit : le chevalier étranger a passé la nuit sous la tente de votre ennemi. Contemplez le fruit de votre imprévoyance : les voici alliés… Hier il se battait pour vous. Ce soir vous lui devrez votre défaite. »

Le roi des Îles et les siens sont maintenant à portée de flèche. Lancelot, ne voulant pas être reconnu, a conservé son heaume. Dès qu'il a mis pied à terre, Galehaut s'agenouille devant Arthur à la grande surprise de ce dernier.

« Cher sire, lui dit-il, je viens vous faire ma soumission. Pardonnez-moi d'avoir tardé si longtemps avant d'admettre votre bon droit. N'ai-je pas été votre compagnon à une époque où la plupart de vos grands vassaux refusaient encore de vous considérer comme leur seigneur ? Si vous me rendez votre amitié, vous n'aurez pas de vassal plus fidèle. »

Les larmes aux yeux, sans même proférer une parole, tant il est ému, Arthur relève le roi des îles Lointaines, et, l'ayant étreint entre ses bras robustes, il le prie – comme Galehaut lui-même l'avait fait la veille à l'égard de Lancelot – d'être son hôte pour la nuit suivante. Et, pour honorer celui qui, hier encore, le défiait, le roi lui fait préparer un lit tout contre le sien, sous sa propre tente. Après quoi, surpris de ne plus voir à ses côtés le chevalier aux armes noires, il en demande des nouvelles.

Lancelot, fidèle à la parole donnée, était déjà retourné auprès de la dame de Malehaut.

Alors Galehaut, le fils de la belle géante des îles Lointaines, dit au roi Arthur le peu qu'il savait lui-même sur son nouvel ami, et tout d'abord son nom. Il lui apprit ensuite que Lancelot était prisonnier sur parole au château de Malehaut. Le sort du chevalier aux Blanches Armes ne pouvait laisser le roi indifférent. Le soir même, messire Gauvain en personne se rendait auprès de la dame de Malehaut pour lui proposer d'échanger son prisonnier contre telle rançon qu'elle fixerait. Mais la dame était trop fière et trop désintéressée pour monnayer une grâce. Rivalisant de générosité avec le roi, elle consentit à libérer le captif sur-le-champ sans nulle contrepartie. Ce dont Arthur fut si content qu'il invita la belle justicière à séjourner à sa cour aussi longtemps qu'elle s'y plairait.

Ainsi que ce conte le dira, la dame prit l'invitation à la lettre : elle se plut et resta... Et sut plaire à son tour au point qu'elle devint par la suite la meilleure amie de la reine ; mais il est encore trop tôt pour en parler.

Lorsque le roi lui révéla l'identité du chevalier étranger, Guenièvre feignit la plus vive surprise. Était-ce possible ? Qui aurait pu s'en douter ? Jamais cette pensée ne lui serait venue à l'esprit !

Ce fut son premier pas – moins qu'un pas : l'esquisse d'un pas – dans la voie du mensonge.

XXXI

LE PRÉ AUX ARBRISSEAUX

Arthur fut si heureux d'avoir fait sa paix avec Galehaut qu'il décida de tenir sa cour, cet hiver-là, en son château de Camaaloth, situé à quelques lieues de la lande où s'était réglé leur différend.

À l'occasion de la nouvelle année, tous les chevaliers de la Table ronde admirent Lancelot dans leur compagnie. À sa propre requête, Galehaut, son ennemi d'hier, lui servit de répondant. Les fêtes que le roi Arthur donna en l'honneur du sire des îles Lointaines, au cours des trois mois suivants, mériteraient sans nul doute mieux qu'une simple mention, mais la chronique du règne d'Arthur est déjà si riche en aventures qu'il nous faut, à regret, passer outre.

Après tant de mois d'inaction forcée, pour ne pas dire de captivité, Lancelot devait tout naturellement se griser de sa liberté retrouvée. Dans la mesure où les rigueurs de la saison le permettaient, il passait dehors les heures claires de la journée. Seule la venue du soir pouvait, en l'arrachant à la chasse, le rappeler dans la chambre des dames. Il serait faux, toutefois, d'en conclure que les plaisirs de l'esprit le laissaient indifférent. Ce conte l'a déjà laissé entendre, il excellait au contraire dans l'exercice de tous les arts. Non seulement il pouvait déchiffrer les lettres dont sont formés les mots écrits aussi aisément que le clerc le plus savant, mais encore il harpait mieux que Tristan lui-même. Si Tristan faisait montre d'une égale habileté, Lancelot l'emportait par la fraîcheur de son inspiration. Enfin, il savait reproduire dans leur semblance naturelle, au moyen de vives couleurs, les objets et les créatures innombrables qui peuplent l'univers visible, sans en excepter l'homme ; depuis les plantes les plus connues et les bêtes les plus familières jusqu'à ces fleurs étranges et ces animaux fabuleux dont nul ne saurait dire sous quels cieux ils vivent. D'ailleurs il sera plus d'une fois reparlé de ce dernier talent, car, avec la légèreté de la jeunesse, Lancelot fera, un jour, un tel usage de ses dons d'enlumineur qu'il sera le premier à s'en repentir.

Ces mois d'hiver, passés sous le même toit, allaient donner à Lancelot et à la reine Guenièvre l'occasion de se voir journellement ; cependant, ils n'avaient que trop rarement à leur gré la bonne fortune de converser sans témoins. Lorsqu'il leur arrivait de se trouver seul à seul, leur joie n'en était que plus grande.

Parfois les questions de Guenièvre déconcertaient son ami.

Ainsi la reine en vint-elle à lui demander, un soir où ils évoquaient le souvenir de leurs premières rencontres, pourquoi il était demeuré si longtemps devant l'estrade du Puy de Malehaut, sans paraître se soucier des commentaires malveillants que son étrange insistance pouvait faire naître.

« Dame, vous le savez bien.

— Mais encore ?

— Vous retrouvant après deux hivers d'absence, je ne me lassais pas de vous regarder.

— Vous ne m'aviez donc pas oubliée durant cette longue séparation ?

— Je me serais plutôt oublié moi-même.

— Comment pouvez-vous me témoigner une telle préférence ? Un véritable chevalier ne devrait-il pas être tout à tous ?

— Les règles de la chevalerie m'ordonnent de risquer mon corps à la prière du plus humble des suppliants ; pour vous j'irais jusqu'à risquer mon âme. »

Et comme la reine s'exclamait, incrédule : « C'est bien vite dit ! » il ajouta, en baissant encore la voix afin d'être bien sûr que, hormis celui qu'il provoquait si imprudemment, nul ne pourrait l'entendre :

« Dame, à votre prière, je défierais l'Ennemi lui-même. »

Guenièvre frémit.

« M'aimez-vous donc tellement ?

— Je ne m'aime pas moitié autant que je vous aime.

— Et depuis quand m'aimez-vous, beau doux sire ?

— Depuis l'instant où je vous vis.

— Par la suite, nous avons vécu ensemble maintes journées heureuses. Laquelle, dans vos souvenirs, l'emporte sur toutes les autres ?

— Une heure surtout m'est chère : c'est l'heure où pour la première fois vous m'avez appelé "doux ami".

— Quand l'ai-je fait ?

— L'auriez-vous oublié ? Le jour même où le roi m'arma et m'accola sans toutefois me ceindre l'épée. Comme je vous demandais la permission de me considérer à jamais comme votre chevalier, vous me répondîtes : "Qu'il en soit ainsi, doux ami !" C'est sur le mot "ami" que j'ai pris congé de vous et, depuis lors, jamais ce mot ne m'est sorti du cœur. C'est lui qui me vaudra d'être un chevalier accompli, si je mérite un jour cette louange, car lui seul inspire toutes mes actions. Il m'a ouvert les portes de la Douloureuse Garde ; il m'a, ce jour-là, protégé de tout mal. Il m'a défendu, par la suite, contre tous les périls. Il m'a rassasié lorsque j'avais faim. Il m'a fait riche dans mon dénuement.

— Dieu soit béni mille fois pour me l'avoir inspiré ! lui répondit la reine. Cependant, je dois vous l'avouer, cher sire, je n'y attachais pas alors tant de prix, ayant cent fois traité d'amis, sans y songer, maints chevaliers qui n'en ont plus aujourd'hui nul souvenir. Si ce mot a conservé pour vous pareille vertu, c'est que la noblesse de votre cœur vous a inspiré de l'entendre dans son vrai sens. Désormais il en sera de même pour moi, Doux Ami. »

En attisant de telle sorte la passion de Lancelot, Guenièvre se montrait bien imprudente. Comment pouvait-elle se croire assez forte pour maintenir indéfiniment son ami dans les étroites limites de l'amour courtois ? L'amour courtois se définit lui-même comme l'amour exclusif de deux âmes, or leurs âmes n'étaient plus seules en cause ; la reine le savait mieux que personne.

Un clair matin où ils chevauchaient côte à côte, Lancelot poussa la hardiesse jusqu'à lui prendre la main. Guenièvre se contenta tout d'abord de sourire comme pour signifier au jeune chevalier qu'elle ne lui tenait nulle rigueur de cette liberté, mais, au bout d'un instant, la jeune femme prit conscience du danger qu'elle courait : ceux qui les suivaient pouvaient les voir à travers la feuillée… Confuse, elle s'empressa de retirer sa main, et tout aussitôt se souvint d'avoir déjà fait ce même geste trois ans auparavant, en revenant de la Blanche Lande, le soir du jugement d'Iseult. Toutefois, ce soir-là, son compagnon était Arthur, la main qui tenait la sienne était celle de son époux et elle-même ne s'était libérée si brusquement de l'étreinte du roi qu'afin d'empêcher sa propre monture de s'abattre.

Comprenant, dans un éclair, le sens de cet avertissement du Ciel, Guenièvre pâlit. Mais comment se fût-elle confiée à Lancelot ? Nul conseiller n'eût été moins sûr. Livrés à leurs seules forces, rien désormais ne pouvait plus détourner la reine et son ami de la voie périlleuse dans laquelle l'un et l'autre s'étaient engagés avec tant de légèreté.

Ainsi, jour après jour, s'établissait entre eux une muette complicité qui devait les mener bien au-delà de cette première imprudence.

Pour l'instant, Lancelot, habituellement si hardi et si impatient de vivre, s'efforce de complaire en toute chose à sa bien-aimée. S'asseoir à ses côtés, respirer l'air qu'elle respire, la regarder, se perdre dans cette muette contemplation, il n'a d'autre souci, d'autre désir, d'autre vouloir.

Quel mal à cela ? Le mal est dans l'intention, or son intention est droite ; du moins le croit-il... L'ange du mensonge l'entretient dans cette illusion ; c'est dans cette zone incertaine, aux limites mouvantes, à mi-distance entre ce qui est licite et ce qui ne l'est pas, qu'il a tendu ses rets. Si quelqu'un venait à médire de la reine en présence de Lancelot, il tuerait l'audacieux. Et cependant, tout en lui témoignant publiquement ces hauts égards que tout homme lige doit à l'épouse de son seigneur, tout en la servant humblement ainsi qu'un chevalier sa dame, Lancelot aime déjà secrètement Guenièvre comme le plus épris des amants peut aimer sa maîtresse...

De son côté que pense la reine ?

Tout d'abord Lancelot l'avait distraite de ce glacial ennui auquel sa vie recluse semblait la condamner. Ses longues journées sans joie s'en étaient trouvées illuminées. Puis elle avait été gagnée par une sourde inquiétude : pourquoi le chevalier aux Blanches Armes la faisait-il si fortement penser à Tristan, le sombre amant d'Iseult ?

Ce rapprochement l'alarmait.

Lorsque l'évidence de cette passion naissante s'imposait trop vivement à son esprit, Guenièvre se réfugiait dans le sûr asile de sa fidélité ancienne. Quiconque a si longtemps été fidèle ne saurait succomber par surprise. Alors les images qu'elle voulait exorciser se dissipaient à la seule évocation d'un passé qui lui demeurait toujours cher.

Mais une tentation plus subtile que la première naissait peu à peu de la facilité de sa victoire : du moment que la jeune femme se savait capable de détourner à volonté le cours de ses rêves, pourquoi se fût-elle privée de rêver ? Y avait-il à cela un si grand mal ? La faute n'en était-elle pas au roi plus encore qu'à elle-même ? Pourquoi son époux la délaissait-il si souvent ? Bien peu de femmes se sacrifient volontiers à la raison d'État. Que lui importait le royaume !

Bientôt il lui répugnera de recourir au souvenir d'Arthur pour chasser la pensée de l'Autre… Par scrupule, se dira-t-elle, de crainte de mêler l'image du roi à celle du héros vierge qui n'est encore que son chevalier.

Le comportement de Lancelot aurait pu donner à penser. Nul, à la cour, ne s'en étonne outre mesure. Ses pairs ne songent pas encore à prendre ombrage des faveurs dont il est l'objet. Tous savent que Lancelot est le chevalier de Guenièvre et qu'elle est sa dame. Maints champions ont déjà porté les couleurs de la reine avant

Lancelot ; plus d'un les portera sans doute après lui. Sagremor, le neveu de l'empereur de Constantinople, Galessin le Rouge Moissonneur, Organ, le frère cadet du roi de Bénidorn, et, dans sa jeunesse, messire Gauvain lui-même ont déjà joué auprès de Guenièvre un rôle tout semblable en apparence. Sa haute réputation de sagesse a toujours préservé la reine des médisances.

Mais, plus encore que la prudence de la reine, la folie de son ami lui sert de sauvegarde : nourrissant quelque arrière-pensée se conduirait-il avec une telle naïveté ? Le roi Arthur rit des inconséquences du jeune chevalier.

L'une d'elles est restée fameuse.

Ce jour-là, Lancelot avait laissé sa jument s'abreuver dans les douves du château. Apercevant la reine, dont les fenêtres donnaient sur les fossés, Lancelot s'oublia si étourdiment dans la contemplation de sa bien-aimée qu'il se fût noyé avec sa monture sans l'intervention de Girflet, l'écuyer du roi.

« J'ai fait prisonnier le Meilleur Chevalier du monde ! s'écria Girflet en s'adressant à son maître qui passait au même instant. Sire, je vous en fais don, bien qu'il soit tout crotté… »

Lancelot, revenu à lui, prit le parti de rire de cette mésaventure que le roi Arthur tint à faire consigner par écrit, tant il l'avait trouvée plaisante.

L'hiver fut long et d'une exceptionnelle rigueur. Plusieurs fois le roi Arthur dut s'éloigner de Camaaloth pour apaiser quelque contestation entre ses nombreux vassaux de Grande et de Petite Bretagne. Est-il besoin de le dire, Lancelot et Guenièvre profitaient de ces absences pour multiplier les occasions de se retrouver seul à seul.

La dame de Malehaut et Galehaut, le roi des îles Lointaines, leur servaient généralement de chaperons. L'amitié n'incline pas seulement à l'indulgence, il arrive qu'elle fausse tout jugement... Cependant, la reine manifestait plus de confiance à Galehaut qu'à sa dame d'honneur, sans doute pour la raison que cette dernière était, comme elle, une femme.

Ce soir-là, Lancelot et Guenièvre étaient sortis ensemble, suivis seulement du roi des Îles. Ce dernier devait d'ailleurs se retirer, afin de les laisser en tête à tête, lorsqu'ils s'estimeraient assez éloignés du château. Il n'y manqua pas. Dès qu'ils eurent quitté Galehaut, les deux amants se dirigèrent vers un petit pré que l'on appelait le pré aux Arbrisseaux car le roi y avait fait planter une charmille dont les frondaisons ne se rejoignaient pas encore en berceau.

Une intrigue s'était nouée depuis peu entre le roi des Îles et la dame de Malehaut ; cette dernière, ayant vu son ami s'éloigner du palais, partit à sa recherche. Il leur arrivait parfois de se donner rendez-vous dans ce même pré ombreux. Tout naturellement elle s'y rendit.

Comme la jeune femme allait s'engager sous la charmille, elle reconnut un couple que nul, hormis le roi des Îles, n'eût pu s'attendre à trouver là. Fort heureusement, les menues branches des charmes la masquaient encore ! Lancelot et Guenièvre marchaient très doucement dans la clarté lunaire en se tenant par la main. De la place où elle se trouvait, bien à l'ombre des arbrisseaux, la dame pouvait les voir tout à son aise sans être vue.

Bientôt ils s'arrêtèrent et se firent face. La reine tendit vers Lancelot son joli masque, aux traits délicats baignés de lumière, comme la plus précieuse des offrandes. Lancelot s'inclina, s'inclina encore et parut hésiter. Alors Guenièvre, se haussant vers son bien-aimé, lui prit la tête à deux mains et, tendrement, attira son visage jusqu'au sien. Puis elle se pencha un peu sur le côté afin que leurs lèvres pussent s'épouser plus étroitement.

Un nuage les rendit à l'ombre. Durant un temps qui lui parut très long, la dame de Malehaut perdit de vue les amants. Quand la lune reparut, Lancelot et Guenièvre se tenaient toujours immobiles, comme soudés l'un à l'autre, à la même place. Enfin, ils s'arrachèrent à leur mutuelle étreinte et se regardèrent avec un indicible étonnement.

Déjà Lancelot, prenant brusquement conscience du danger qu'il faisait courir à la reine, entraînait celle-ci vers le couvert de l'allée. Il était tard. Au loin, une à une, les fenêtres du château s'éclairaient. Certains de leurs familiers pourraient s'inquiéter d'une plus longue absence, ils se séparèrent furtivement.

La dame de Malehaut se loua d'avoir su trouver une cachette invisible. Son cœur battait à se rompre : elle venait de surprendre un mortel secret. Désormais, comment feindrait-elle l'ignorance ? Oubliant le souci de sa propre sécurité pour mieux servir ceux qu'elle aimait, la jeune femme décida de leur laisser entendre qu'ils pouvaient compter sur son entière discrétion.

Le soir même, se trouvant seule avec la reine qui lui avait demandé de l'aider à se dévêtir, la dame de Malehaut murmura dans un souffle à l'oreille de sa maîtresse : « La compagnie de quatre est plus sûre ! » Et, comme Guenièvre ne comprenait pas le sens de ces paroles, elle s'expliqua en rougissant :

« Dame, peut-être ai-je trop parlé. Je sais qu'il n'est guère sage, de la part de celui ou de celle qui sert, de prendre avec ses maîtres plus de libertés que ceux-ci ne lui en accordent de leur plein vouloir, car c'est courir le risque de les offenser.

— Au nom du Ciel, que voulez-vous dire ? Je vous sais trop sage pour me tenir un seul propos qui puisse vous faire haïr. Parlez librement ; non seulement je vous en prie mais je vous l'ordonne.

— Dame, je vous ai surprise, sans le vouloir, dans le pré aux Arbrisseaux, en compagnie de Lancelot ; et j'ai pu voir comment vous lui manifestiez votre tendresse... »

La reine devint mortellement pâle. Se ressaisissant, elle demanda, en baissant la voix à son tour :

« Mais pourquoi disiez-vous que la compagnie de quatre est plus sûre ? Même en supposant que messire Galehaut soit dans notre secret, ce qui doit demeurer caché n'est-il pas mieux gardé par trois que par quatre ?

— Certes, reprit la dame de Malehaut, à moins qu'une quatrième personne n'ait découvert ledit secret. Dans ce cas, la sagesse ne voudrait-elle pas que cette personne fût mise à son tour dans la confidence ? Liée par ce témoignage d'amitié, elle n'en serait que plus discrète.

— Belle amie, vous aurez donc part à mon secret, mais vous saurez aussi combien j'aime lorsque j'aime vraiment : désormais, vous ne me quitterez plus. »

Ainsi la dame de Malehaut devint-elle la suivante favorite de la reine.

Depuis l'aventure du pré aux Arbrisseaux, Lancelot n'ose plus regarder la reine en présence de ses familiers, tant il craint de laisser voir la joie qui l'habite. Pour lui ce baiser a changé la couleur du monde. Une manière d'ivresse l'a saisi, plus grisante que l'ivresse du vin herbé que Tristan but, dit-on, en compagnie d'Iseult la Blonde. Cette ivresse est bien proche de la folie ! Il en est venu à souhaiter… Mais sait-il lui-même ce qu'il souhaite ?

La seule pensée que la reine pourrait se donner à lui, un jour, l'épouvante. Cependant, il ne cherche plus que faiblement à chasser de son esprit les images que cette pensée coupable lui inspire. Par là il est plus qu'à demi consentant. Déjà le péché qu'il n'a jusqu'ici accompli qu'en rêve le couvre de son ombre. Et pourtant Lancelot sait bien qu'en faisant de la reine sa maîtresse il ne braverait pas seulement les conventions du monde, celles de l'amour courtois, celles de la chevalerie – la reine… la femme de son propre suzerain ! – mais qu'il violerait, en outre, les lois de Dieu les plus sacrées.

Lancelot pressent qu'il ne pourra pas feindre indéfiniment de servir Dieu tout en se complaisant dans les approches de la tentation. Certes, il préférerait mourir plutôt que de trahir sa foi de chevalier. Hélas ! il lui semble qu'il mourrait plus sûrement encore s'il devait perdre un jour la reine.

Désormais, le char de son destin sera tiré par deux chevaux aussi mal assortis que possible : le cheval blanc de la sagesse et le cheval noir du désir ; le cheval noir – le plus ardent – cherchant sans cesse à entraîner le cheval blanc hors de la voie droite.

Lancelot ne saurait maîtriser le cheval noir de son attelage sans une intervention providentielle. Mais souhaite-t-il vraiment être secouru ?

En cédant si impulsivement à son désir lorsqu'elle baisa Lancelot sur les lèvres dans le pré aux Arbrisseaux, Guenièvre a mis en marche les invisibles rouages du destin. Elle s'en rend compte. Son cœur s'affole à cette pensée. Qu'a-t-elle fait ? Cette inquiétude serait-elle le premier signe d'un repentir sincère ? Non, la jeune femme n'éprouve nul regret de cet instant d'abandon qui l'a libérée à jamais du passé ; elle en ressentirait plutôt une étrange impression d'allégement. Toutefois Guenièvre est femme ; à ce titre, ses réactions sont imprévisibles. A-t-elle pris conscience brusquement de sa propre faiblesse ? Se défie-t-elle de l'ardeur de sa passion ? Un dernier scrupule l'arrête-t-il sur une voie qu'elle a reconnue, enfin, comme doublement périlleuse, ou craint-elle seulement un scandale d'où sa réputation sortirait ternie ?

Il semble au jeune chevalier que la reine l'évite. Maintes occasions de le rencontrer se sont présentées qu'elle a fuies. Lancelot s'en étonne et s'irrite. Cependant il n'envisage pas sans effroi, lui si brave le fer à la main, le retour de celui dont il a trompé la confiance. L'absence d'Arthur touche à sa fin. Le chevalier aux Blanches Armes ne saurait affronter le roi alors qu'il garde encore sur ses propres lèvres le goût des lèvres de sa bien-aimée.

Le roi Arthur doit rentrer dans deux jours. Lancelot brusquera les adieux. Si pénible que lui soit cette séparation, la reine n'essaiera pas de le retenir. Ils ont compris l'un et l'autre que leur amour ne saurait se cacher plus longtemps s'ils demeuraient ensemble.

D'ailleurs, sous quel prétexte Lancelot suivrait-il Guenièvre à Kerléon ? Il a déjà langui durant deux longues années dans la douce prison de la dame de Malehaut, puis il a passé tout un hiver aux pieds de la reine. Si le vainqueur de la Douloureuse Garde ne veut pas décevoir ceux qui lui ont fait confiance jusqu'ici, il doit entreprendre sans délai cette quête du Précieux Sang à laquelle ses hautes vertus de chevalerie semblent le prédestiner.

Tous le pensent. Quelques-uns le lui disent et, tout d'abord, Galehaut, le roi des îles Lointaines, son ami.

Avant que le roi Arthur ne vienne chercher Guenièvre pour la ramener à Kerléon, sa résidence d'été, Lancelot s'éloignera donc, non sans regret, du lieu où il a goûté la révélation merveilleuse de l'amour.

Bientôt il sera repris par sa vie d'aventures. Sans oublier celle qui demeurera jusqu'à son dernier souffle l'inspiratrice de toutes ses actions, il lui rendra un culte moins exclusif. Des périls d'un autre ordre le menaceront. La quête du Graal exigera, pour un temps, le don de toutes ses forces vives. Mais Lancelot n'a-t-il pas déjà trop accordé à l'amour charnel ?

Dieu ne supporte pas le partage.

XXXII

LA CITADELLE AVENTUREUSE

Quelques semaines plus tard, un jeune chevalier vêtu de blanc s'engageait sur la route du Roc'h Trevezel : Lancelot, le fils du roi Ban.

Le champion aux Blanches Armes avait choisi cet itinéraire, de préférence à tout autre, sur la foi d'une croyance très ancienne, répandue surtout en Grande Bretagne. Selon cette croyance, que les aventures de messire Gauvain, vraies ou supposées, avaient singulièrement contribué à accréditer, l'emplacement de la citadelle du Précieux Sang devait se trouver en Armorique ; sans doute dans la région des monts d'Arrée, terre enchantée par excellence.

Nombre de vieilles gens de cette contrée du Léon affirmaient, en effet, avoir maintes fois entrevu le château du Graal sur quelque étrange piton rocheux nouvellement surgi de la brume dans un site qu'ils pensaient pourtant bien connaître. Mais leurs témoignages étaient contradictoires quant à sa situation exacte.

Les uns prétendaient localiser la Citadelle aventureuse dans les alentours immédiats de Komana, sans doute au point culminant du Roc'h Trevezel ; les autres, un peu plus à l'ouest ou un peu plus au sud, non loin des marais du Yeun, où la tradition populaire ne craignait pas de placer les bouches de l'enfer.

Tous s'accordaient du moins pour attribuer à cette apparition le caractère d'un mirage décevant : à peine avaient-ils entrevu la forteresse enchantée que celle-ci s'était évanouie dans l'espace, de même que l'éperon rocheux qui la portait.

Lancelot avait cheminé tout le jour sous la menace du ciel. Chassés par le vent du large qui soufflait sans relâche depuis la veille, de lourds nuages couleur d'ardoise s'étaient amoncelés, couche sur couche, aux confins de l'horizon, figurant les assises d'une muraille formidable. Déjà leur ombre se projetait écrasante sur la plaine.

La nuit viendrait vite.

Après avoir longé les marais du Yeun en laissant derrière lui le mont Saint-Michel de Brasparts, le voyageur chevauchait, pensivement, dans la direction du Roc'h Trevezel.

Cette interminable journée d'ondées et d'éclaircies alternées touchait à sa fin. Une senteur douceâtre, entêtante, de feuilles mortes et d'herbes fanées montait de la terre gorgée d'eau. Une chaleur d'étuve enveloppait l'étroite vallée à travers laquelle le chevalier pérégrinait.

Brusquement, les nuages se déchirèrent et le soleil apparut, étincelant, comme lavé par la pluie. Lancelot releva la tête : tout au sommet d'un pic, qu'il n'avait pas remarqué jusque-là, se profilait la forteresse de rêve que tant d'autres avant lui, passant par ce même chemin, avaient cherchée vainement…

La Citadelle aventureuse, toute blanc et or sur le ciel noir, s'offrait à lui !

Cet instant privilégié voyait se réaliser la plus haute ambition de sa jeunesse. Une onde chaleureuse courut à travers ses veines, lui brûlant le cœur. Un flot de lumière l'inonda. Il lui sembla qu'une étrange puissance le soulevait à une hauteur vertigineuse tandis que les liens qui retenaient encore son enveloppe charnelle à la terre se relâchaient.

La citadelle de rêve l'attirait tout entier.

Si le chevalier aux Blanches Armes s'était abandonné à cette aspiration d'en haut, sans doute se fût-il élevé tout armé jusqu'aux nues, monture et cavalier, telle une feuille entraînée par le vent. Mais Lancelot n'était pas de ceux qui cèdent, la sollicitation vînt-elle de l'Au-Delà. Il se raidit et ferma les yeux sur sa joie afin de ressaisir son âme.

Ayant remarqué le trouble du jeune chevalier, l'Ennemi, à qui rien n'échappe, en profita pour le tenter dans son orgueil : il était l'élu, le champion vierge, l'épée de flamme, l'instrument choisi entre tous pour mener à son terme la quête prestigieuse du Graal.

L'heure ineffable était passée…

Lorsque Lancelot ouvrit de nouveau les yeux, la citadelle se trouvait toujours à la place qu'elle occupait quelques secondes plus tôt, mais l'ombre menaçait de l'engloutir. Seul un liséré flamboyant la détachait du ciel. Étreint par une obscure angoisse, Lancelot le hardi chevaucheur frissonna. Toutefois cette défaillance fut seulement d'un instant. Sans doute la fraîcheur du soir, brusquement survenue, l'avait-elle surpris.

D'un coup, le disque du soleil plongea derrière la cime déchiquetée du Roc'h Trevezel, faisant du jour la nuit ou, tout au moins, le crépuscule. Dans le même temps, le paysage environnant, qui jusqu'alors n'était qu'aride, se mua en une terre désolée, méconnaissable, parsemée de cirques aux crêtes frangées de cendre, comme autant de cratères éteints. Mais Lancelot ne se souciait guère de l'étrangeté de ce site lunaire, sans couleur, mortellement silencieux, dans lequel il allait désormais chevaucher : les yeux fixés sur la forteresse du Graal, le voyageur se gardait bien de quitter du regard ses contours indécis, fût-ce le temps d'un battement de paupières, tant il redoutait de la voir s'évanouir dans les ténèbres.

Parvenu à ce moment décisif de sa quête, il eût suffi que Lancelot se tournât humblement vers Dieu afin de le remercier de l'honneur sans prix qu'Il lui avait fait, quelque injustifié que fût un pareil choix, pour que l'abîme vers lequel l'ange du mal s'efforçait de l'entraîner lui apparût. Mais déjà le jeune chevalier songeait moins à la gloire de Dieu qu'à la sienne propre.

Notre-Sire ne pouvait s'y tromper. Dans Sa miséricorde, Il retardait toutefois l'heure de l'abandonner à ses seules forces. Alors Lancelot apprendrait, au cœur même de la Citadelle aventureuse, que nul ne saurait résister sans la grâce aux entreprises du prince de la nuit.

Le chemin périlleux s'amorçait un peu au-dessous du niveau de la route, dans une zone incertaine, noyée de brume. Pour s'y engager, Lancelot devait tout d'abord contraindre son cheval à s'aventurer dans cette nappe floconneuse qui pouvait aussi bien masquer un précipice qu'une simple déclivité du sol.

L'étalon que Lancelot montait s'effare et se cabre au bord de l'abîme. En vain son cavalier le flatte-t-il de la main pour le rassurer en caressant doucement son encolure à la crinière emmêlée par le vent. Le cheval hésite encore, souffle et renâcle. Enfin il se décide à tâter la brume d'un sabot prudent et se risque sur la piste avec mille réticences, comme s'il craignait de la voir céder brusquement.

Déjà, sous le martèlement assourdi de ses fers, le tapis immaculé sur lequel il s'avance se durcit.

Lancelot est entré, maintenant, de plain-pied dans le surnaturel. Son âme s'est accoutumée au merveilleux et celui-ci répond à son attente en lui prêtant un appui de plus en plus sensible et efficace. D'invisibles lisières le gardent du vide mortel où le doute l'eût fait sombrer.

D'ailleurs, le jeune chevalier ne songe nullement à se retourner pour mesurer du regard sa vertigineuse ascension. Les yeux toujours fixés sur la citadelle perdue dans les nues, il chemine sans nulle crainte au sein de ce décor givré, illusoire, et pourtant rassurant, planté au-dessus du gouffre : son désir le devance.

Cependant, plus Lancelot s'élève, plus le site étrange au milieu duquel il se déplace lui semble familier ; comme s'il eût retrouvé, après une longue absence, une contrée très anciennement connue et à laquelle mille liens, oubliés depuis lors, l'eussent rattaché.

Et devant ce monde léger, aérien, redécouvert à chaque détour du sentier, il se sent pénétré par une allégresse qui le ravit.

Lorsque le chevalier aux Blanches Armes franchit le seuil de la Forteresse aventureuse, dont la porte n'était « ni fermée ni défendue », selon l'expression même des vieilles prophéties, la pensée que cet édifice de rêve n'avait pas à proprement parler d'assises matérielles, en dehors de celles que lui prêtait la foi, ne l'effleura même pas. Si une excessive confiance en soi gâtait trop souvent ses impulsions les plus généreuses, du moins Lancelot n'avait-il pas cessé de croire au pouvoir absolu de Celui qui peut tout.

Parvenu à l'entrée de la cour intérieure, le visiteur s'arrêta, interdit. Un silence de mort régnait sur la forteresse. Les pierres elles-mêmes semblaient dormir. Portes et fenêtres étaient closes et nul ne s'y montrait. Mais, à l'instant même où Lancelot se faisait cette réflexion, un cri de femme strident, suraigu, si perçant qu'il lui vrilla le tympan, vint l'arracher à sa contemplation. Dès qu'une occasion d'agir le sollicitait, Lancelot retrouvait toute sa hardiesse ! Il fit volter son cheval et se dirigea vers l'endroit de l'enceinte d'où lui semblait provenir le cri. Or, sachez-le dès maintenant, ce cri avait été poussé par une demoiselle qui se trouvait plongée jusqu'à mi-corps dans une cuve remplie d'eau bouillante, ainsi que le chevalier put le constater lorsqu'il s'en fut approché d'assez près.

« Sainte Marie ! » se lamentait la jeune fille, qui n'avait pas davantage de vêtements qu'elle n'en portait au jour de sa naissance, « sainte Marie ! qui donc me tirera hors de cette cuve où j'endure toutes les souffrances qu'une femme peut endurer ?

— Demoiselle, lui dit Lancelot, j'en éprouve un chagrin d'autant plus grand que je me sens plus impuissant à vous soulager. Souffrez-vous donc tellement ?

— Vous le saurez en mettant la main dans cette eau ! »

Lancelot, ayant effleuré l'eau du bout des doigts, en ressentit une douleur si vive qu'il crut sa main entièrement brûlée et, outre sa main, tout son bras.

« Vous comprenez maintenant, sire chevalier, combien je souffre. Si j'avais dû mourir, je serais déjà morte mille fois, mais, par la volonté de Dieu, je ne puis trépasser avant d'avoir pleinement expié un péché dont je me suis jadis rendue coupable. Cher sire, cher sire ! ajouta-t-elle entre deux cris, peut-être l'heure de la miséricorde de Dieu a-t-elle sonné. Un chevalier doit me délivrer lorsque ma peine sera venue à son terme. Pourquoi ne seriez-vous pas celui-là ? »

La pauvre fille tendait ses bras vers lui.

Lancelot, sans même descendre de cheval, la prit sous les aisselles et la retira de la cuve aussi facilement qu'il l'eût fait d'un enfant.

Comme il la déposait doucement à terre, la demoiselle lui dit à l'oreille, en guise de remerciement :

« Beau chevalier, béni sois-tu de Dieu ! Mais, de

grâce ! ferme ton cœur à la voix de l'orgueil, sinon il te perdra ! »

Lancelot ne put réprimer un mouvement de surprise : ses mains n'étreignaient plus que le souvenir d'une ombre. S'étant retourné, il chercha des yeux la jeune fille mais n'en vit nulle trace.

Le chevalier aux Blanches Armes n'eut d'ailleurs pas le loisir de réfléchir plus longtemps à cet avertissement. À peine eut-il mis pied à terre que le château tout entier parut s'animer. Déjà une foule d'écuyers et de jeunes demoiselles se précipitaient hors des portes afin d'accueillir l'arrivant. Leur troupe nombreuse l'entourait maintenant et le fêtait à l'envi sans qu'il en manifestât la moindre gêne tant un pareil empressement lui semblait naturel.

Cependant, au milieu de ce tumulte fait d'appels et d'exclamations joyeuses, il crut entendre murmurer à nouveau, toute proche de lui, la voix de la jeune fille qu'il avait délivrée : « Lancelot, défie-toi de l'orgueil, sinon il te perdra ! »

Mais quelle prise ces paroles sans visage pouvaient-elles avoir sur son âme ? Autant s'inquiéter de l'écho d'un écho. Que celle qui emprunte ainsi la voix du vent se montre à lui ou le laisse en paix !

Tandis que deux gentilles demoiselles lui jetaient sur les épaules un manteau pourpre fourré de martre, une dame, qui semblait être la maîtresse de céans, le prenait doucement par la main afin de le guider, avec honneur, jusqu'à la grande salle du château.

Une nombreuse compagnie s'y tenait. Des chevaliers richement habillés devisaient entre eux. Aussitôt qu'ils le virent, tous se levèrent courtoisement. Parmi eux se trouvait le roi Pellès, du lignage des Rois pêcheurs, le gardien du Graal. Lancelot allait s'avancer vers lui pour le saluer, lorsqu'il vit le roi et tous ceux qui étaient là se jeter à genoux. Au même instant pénétrait dans la salle, par une fenêtre laissée ouverte, une colombe immaculée tenant en son bec un encensoir d'or. La colombe se mit à voleter çà et là, tout en balançant cet encensoir très précieux, tandis qu'une exquise odeur, plus fraîche et plus grisante qu'aucune autre au monde, emplissait le palais.

Puis, sa mission achevée, l'oiseau disparut à tire-d'aile aussi promptement qu'il était venu.

Dès que la colombe eut quitté la salle, les serviteurs dressèrent silencieusement une grande table. Chacun s'en approcha en priant à voix basse. Lancelot lui-même s'empara du seul siège resté libre, ainsi se trouva-t-il assis à la gauche du roi Pellès ; d'une manière toute fortuite sans doute, car nulle question de préséance ne semblait intervenir dans le choix des places.

Alors, par ondées successives, car si elle se fût manifestée brusquement dans sa plus vive intensité tous ceux qui l'eussent contemplée en fussent morts de saisissement, une grande clarté submergea la salle et une pucelle entra. Dans ses mains jointes à la hauteur de son visage rayonnait un calice recouvert d'un linge immaculé et c'était de lui que venait cette vive lumière, presque insoutenable au regard et pourtant très douce.

Lancelot n'eut pas besoin d'interroger quiconque pour savoir que ce calice était celui-là même qu'il avait si âprement désiré conquérir : le calice de la Cène, dans lequel Joseph d'Arimathie recueillit le précieux sang de Notre-Sire, au soir de la Passion ; autrement dit, LE SAINT-GRAAL,

Et, lorsqu'ils virent le calice de Lumière, tous ceux qui étaient présents le suivirent des yeux comme si leurs regards n'eussent pu s'en détacher. Une paix merveilleuse descendit alors sur eux tandis qu'un concert empreint d'une si poignante nostalgie que nul n'eût pu l'écouter sans verser de larmes se faisait entendre. Et, depuis l'instant de l'apparition du calice jusqu'au moment où la jeune fille se retira l'emportant avec elle, le temps leur sembla tout à la fois très court et très long.

Lancelot n'avait pas été sans éprouver ce sentiment d'ineffable visitation. Comment Dieu permit-il que les regards du jeune chevalier pussent se détourner, ne fût-ce qu'un instant, du calice du Précieux Sang pour s'attarder sur celle qui le portait ?

Un instant, à peine un instant… Mais qui devait avoir pour lui valeur d'éternité.

Cette pucelle chargée de veiller sur le Saint-Graal était, il faut l'avouer, plus belle que nulle autre femme au monde, hormis la reine Guenièvre à qui elle ressemblait d'ailleurs étrangement. Fille unique du roi Pellès, elle seule avait le droit, en vertu de son lignage, de toucher au vase miraculeux ; encore convient-il d'ajouter qu'elle ne le faisait qu'en tremblant.

Lancelot reprit le premier ses esprits. Quand il osa jeter un regard autour de lui, ce fut pour constater qu'une main invisible avait déposé devant chacun de ses voisins une grande variété de mets délicatement préparés. Toutefois, le jeune chevalier vit aussi que sa propre place était vide, ce dont il se sentit plus humilié encore qu'attristé.

Les uns après les autres, les convives parurent s'apercevoir que leurs mets préférés s'offraient d'eux-mêmes à leur faim. Le repas commença. Comme la chère était abondante Lancelot le trouva bien long. Enfin il se leva, sans plus s'occuper de ses hôtes, et, l'âme remplie d'amertume, alla se réfugier dans l'embrasure d'une fenêtre d'où il feignit de regarder le paysage qui s'offrait à ses yeux.

À la pensée qu'il lui faudrait assister au banquet du Graal sans y participer, le chevalier aux Blanches Armes avait tout d'abord cru mourir de honte, tant sa déception avait été poignante.

Ainsi, après avoir découvert le premier la Citadelle aventureuse, Lancelot n'avait fait qu'entrevoir le calice du Salut. Encore ce dernier ne s'était-il montré à lui que voilé. Serait-ce parce que le jeune chevalier y avait attaché moins de prix qu'à celle qui le portait ? Cette pucelle dont le visage offrait tant de ressemblance avec le visage de la reine !...

Comment en disconvenir ? En se laissant distraire de la contemplation du Saint-Graal par un sentiment purement terrestre, le champion de Notre-Sire avait, sans nul doute, commis une faute ; cependant il estimait avoir payé trop chèrement cette inattention fugitive. L'humiliation qu'il venait d'éprouver lui apparaissait tout à la fois comme une leçon et comme une contrainte, or nulle contrainte, on s'en souvient, n'avait jamais pu le faire céder.

Lancelot se laisse à nouveau gouverner par son orgueil démesuré : Guenièvre – puisque c'est sans aucun doute en raison de son amour pour la reine qu'il souffre – Guenièvre lui en devient plus chère encore.

L'Ennemi n'a plus à le tenter, il l'a soumis.

Si, à cette minute cruciale où sa destinée se fixait, Lancelot avait dû choisir entre son salut éternel et l'amour de la reine, on peut être assuré qu'il eût, sans hésiter, abandonné sa part de paradis en échange d'une seule nuit passée dans les bras de son amie.

Certes ! à ce prix, il eût accepté mille fois leur commune damnation.

Telle était l'ardeur dont il brûlait ; telles étaient les pensées sacrilèges que l'esprit du mal lui inspirait dans le lieu même où les descendants du Roi pêcheur gardaient le Précieux Sang.

Ah ! comme le chevalier aux Blanches Armes quitterait volontiers ce festin, ces convives, cette salle ; et plus encore cette citadelle qu'il semblait n'avoir découverte que pour sa honte !

Puisse cette nuit à peine commencée s'achever rapidement !

Lancelot se complut à se remémorer la cruelle défaite qu'il venait de subir jusqu'à l'heure où la brume acheva de lui dérober la cime des montagnes les plus proches. Lorsqu'il se retourna, les tables avaient été desservies et les tréteaux enlevés.

Un ménestrel s'avance mais Lancelot ne s'intéresse guère à son chant : il a faim, il a soif, pour un peu il défaillerait de fatigue. Quel abaissement pour celui qui rêvait de se désaltérer à la source même de toute grâce ! Personne autour de lui ne semble se douter de ce qu'il peut penser ou ressentir. Tous feignent de croire que le voyageur a participé au banquet du Graal et, par conséquent, nul ne se soucie, dans cet étrange château, de l'affront qu'il vient de subir.

Si, jusque-là, tous les témoignages concordent, ils diffèrent ensuite singulièrement.

Depuis des temps immémoriaux, les Rois pêcheurs se transmettaient jalousement, en grand secret, une prophétie concernant le Meilleur Chevalier du monde. D'après cette prophétie, celui qui rendrait le calice de la Cène et la lance de la Passion à la vénération de la Chrétienté naîtrait de la dernière héritière de Joseph d'Arimathie et du dernier descendant de Nascien.

Or le roi Pellès n'ayant d'autre rejeton que sa fille Olwenn, et la lignée des Rois pêcheurs devant s'éteindre avec elle, l'heure de l'accomplissement de cette prophétie semblait arrivée.

En vertu de quoi, certains conteurs ont avancé, sans nulle preuve, que le roi Pellès n'avait pas craint de favoriser les amours coupables de sa propre fille et du chevalier aux Blanches Armes, lui-même héritier de Nascien. À sa demande, une vieille femme aurait fait boire aux deux jeunes gens un philtre d'amour qui leur aurait enlevé toute volonté et toute conscience. C'est souiller, comme à plaisir, la mémoire du plus sage des rois.

La vérité sur cette aventure est à la fois plus simple et plus troublante. Lancelot, lorsqu'il se présenta devant le roi Pellès pour le saluer, ne se nomma pas. De son côté, le descendant des Rois pêcheurs se garda bien de questionner l'étranger, tant il eût craint de manquer de courtoisie ; nul ne connaissait donc son lignage.

Le banquet terminé, le roi Pellès respecta tout d'abord le silence de Lancelot, puis il lui offrit de s'approcher du feu et, enfin, devant son évidente lassitude, l'autorisa à se retirer. Olwenn était là ; le roi lui demanda de conduire l'étranger jusqu'à sa chambre.

Les voici seuls. Ils vont par les longs couloirs.

« Penchez-vous un peu, cher sire, vous êtes si grand… La porte est basse. »

Comme la dame païenne l'avait fait pour Gauvain, mais en toute innocence, la pucelle, avant de le quitter, s'enquiert de ses désirs.

Ce long après-midi d'orage n'a pas été sans éprouver le voyageur ni l'altérer. Il l'avoue avec quelque gêne. Devant cette belle jeune fille qui ressemble tant à la reine, comment ne perdrait-il pas contenance ? Son trouble ne doit pas échapper à Olwenn. Elle s'empresse pourtant de lui apporter une aiguière remplie de vin et une coupe.

De l'eau fraîche l'eût sans doute mieux désaltéré, mais la soif qui le tourmente ne l'éprouve pas seulement dans sa chair : le vin lui versera l'oubli.

Olwenn s'incline et remplit la coupe en souriant. Comme elle va se relever, l'une des tresses blondes qui encadrent son fin visage, telles les anses d'une amphore, se défait et se pose doucement sur la main de Lancelot avant que la jeune fille n'ait eu le temps de la retenir. Rougissante de confusion, elle s'en excuse. Il lui sourit. L'heure présente est douce : pourquoi le voyageur ne chercherait-il pas dans l'ivresse de la vigne l'oubli de cette longue soirée d'humiliation. D'ailleurs son intention est bien de s'arrêter avant que la tête ne lui tourne.

Olwenn pouvait-elle se douter du danger que sa ressemblance avec la reine Guenièvre allait lui faire courir auprès de Lancelot ? Elle était vierge. Ignorante du mal, se laissa-t-elle surprendre par l'attrait que la virile beauté de l'étranger ne pouvait manquer d'exercer sur toute femme ? Ou, mieux renseignée que son père quant à l'identité de leur hôte et considérant déjà ce dernier comme son époux sur la foi des prophéties anciennes les plus dignes de créance, crut-elle pouvoir lui accorder sans pécher ce qu'elle eût refusé à tout autre ?

La manière dont se noua ce lien d'amour charnel entre la jeune fille et Lancelot, au cours de la seule nuit qu'ils passèrent ensemble au château du Graal, demeurera pour toujours leur secret et celui de Dieu.

Comment Lancelot, le chevalier de la reine, se permit-il de jeter les yeux sur la fille de son hôte ? Comment celle qui avait pour mission de veiller sur le calice du Précieux Sang s'oublia-t-elle jusqu'à s'abandonner entre les bras d'un inconnu ? Comment, enfin ! Notre-Sire permit-Il à l'Ennemi de les tenter l'un et l'autre au-delà de leurs forces, dans la demeure qu'Il avait Lui-même choisie pour asile ?

Nul ne doit en être scandalisé : c'est là un mystère qui ne sera pas révélé avant le jour du Grand Jugement. L'ère du Salut ne fut-elle pas ouverte par le plus indigne des douze apôtres, le disciple qui trahit son maître dans un baiser, celui dont le nom ne saurait être prononcé ici car il est synonyme de basse cupidité, de haine et de lâcheté ? Et pourtant, sans cet homme – le plus coupable d'entre les hommes –, la rédemption du monde par le sang très précieux du Messie n'aurait pu avoir lieu.

Combien, en comparaison de ce crime inexpiable, qui devait être, pourtant, l'occasion de tout pardon et de toute grâce, la défaillance du chevalier aux Blanches

Armes et d'Olwenn pourrait sembler légère ! Une chose demeure certaine : si déconcertante qu'ait été leur faute, l'ange du mal montra trop de hâte à s'en réjouir, car de cette faute qu'ils commirent ensemble à son instigation devait naître Galaad, le pur, le saint ; celui dont ses contemporains diraient plus tard, sans nul mensonge, que le Christ « se mirait tout nu dans son âme ».

En ce qui regarde sa propre destinée, l'ombre de cette nuit sacrilège devait toutefois s'étendre sur Lancelot bien au-delà des limites de la Citadelle aventureuse. Gauvain, chassé à grand-honte du château du Graal, éprouva une contrition si vive de ses péchés que ceux-ci lui furent remis ; Lancelot, en quittant furtivement la Citadelle aventureuse au point du jour, ressentit seulement le désespoir stérile des orgueilleux... Comment Dieu eût-Il pu l'absoudre alors que lui-même ne se pardonnait pas d'avoir failli à la haute mission qu'il croyait déjà sienne ?

Dès que le chevalier aux Blanches Armes eut repassé le seuil du château du Graal, une force plus puissante que sa volonté le contraignit à se retourner. Au-dessus de la porte maîtresse flamboyait cette inscription :

DÉSORMAIS, NUL NE PÉNÉTRERA DANS CETTE CITADELLE
HORMIS LE MEILLEUR CHEVALIER DU MONDE

Ce dernier terme, dont les prophéties avaient si souvent fait mention, désignait Galaad, le fils que Lancelot venait, à son insu, d'engendrer dans le péché ; mais comment le jeune chevalier eût-il pu l'entendre ainsi ? Ce qu'il retint de cette interdiction suffit pourtant à le confirmer dans sa déchéance : il avait lui-même cessé d'être le champion du Graal, l'élu, celui qui rendrait au monde le calice de Lumière. Désormais, à ses propres yeux, Lancelot ne serait plus qu'un chevalier parmi tant d'autres ; le dernier venu des compagnons de la Table ronde ; l'héritier d'un royaume dérisoire nommé Bénoïc.

Brusquement, un tourbillon de feu l'enveloppa. Le sol se déroba sous les fers de son cheval. Il n'eut même pas le temps de crier « Dieu me sauve ! » que, déjà, la terre ferme l'accueillait. Un regard jeté alentour le rassura : l'horizon lui était familier. Il reconnaissait, à n'en pas douter, cet âpre paysage dont l'étrangeté avait si vivement frappé son imagination, le soir précédent.

Le soir précédent... mais s'agissait-il vraiment d'hier ? Un siècle ne s'était-il pas écoulé depuis la veille ? Et cependant le temps reprenait son cours à partir de l'instant précis où le voyageur avait lui-même quitté ces lieux, quelques heures auparavant. Tandis que la lune se levait au même point de l'horizon, les nuages qui l'entouraient se remirent en mouvement et l'orage si longtemps différé éclata, enfin, avec un fracas assourdissant, avant de se résoudre en pluie.

Le jeune chevalier ne peut se défendre de trembler. Non de crainte, sans doute, mais de froid... Il cherche à s'orienter dans la pénombre. Un piton rocheux s'élève sur sa gauche. Comment l'aurait-il oublié ? C'est le point culminant du Roc'h Trevezel, le tremplin vertigineux d'où il s'est élancé pour tenter l'ascension de la citadelle interdite.

À ses pieds s'étendent les marais du Yeun, que surplombe le mont Saint-Michel de Brasparts. Plus à l'ouest, dans le creux de la vallée, scintillent les feux de Komana. Ce chemin de montagne, balayé par les sept vents du ciel, doit aboutir à la forêt du Huelgoat. Un sentier plus étroit encore s'offre à lui, mais le choix est illusoire : les deux voies dévalent, l'une et l'autre, vers la plaine.

Lancelot laisse son cheval se diriger comme bon lui semble dans l'obscurité presque totale. La bête, également lasse de ce singulier voyage dans les nues, suivra la pente la plus facile. Qu'importe au champion désabusé ! De toute manière, Lancelot le sait bien, son destin l'attend désormais dans la plaine.

Quel que soit son désir de se maintenir sur les cimes… il redescendra.

XXXIII

LA LONGUE ABSENCE DE LANCELOT

Et maintenant commence la longue absence de Lancelot, jalonnée par d'innombrables aventures vécues loin de la reine. Certaines d'entre elles paraîtront simplement décevantes, d'autres cruelles ; toutes seront marquées par l'angoisse de la faute qu'il a commise au château du Graal.

Depuis sa trahison, Lancelot n'a pas reparu à la cour du roi Arthur. Comment pourrait-il s'enorgueillir d'avoir découvert le calice du Précieux Sang, alors qu'à la seule pensée de la Citadelle aventureuse le rouge de la honte lui monte au front ? Si Lancelot redoute le courroux et les reproches de Guenièvre lorsqu'elle apprendra son infidélité, il redoute, plus justement encore, le verdict de ses pairs. Non seulement le chevalier aux

Blanches Armes a trahi la haute mission dont le Ciel l'avait investi, mais il n'a pas craint de profaner la retraite sacrée, le haut lieu où se cachait le Saint-Graal. Quant à mentir pour masquer sa faute… Un jour ou l'autre, il en est persuadé, la vérité remonterait d'elle-même à la lumière car Dieu ne saurait tolérer pareille imposture.

La première de ses aventures devait le retenir en Petite Bretagne bien au-delà de ses prévisions. Ses amis les plus chers eux-mêmes ne savaient rien de lui. Quelques-uns le croyaient en Terre sainte, plusieurs s'imaginaient l'avoir aperçu dans telle ou telle région de l'une ou l'autre des deux Bretagnes mais sans pouvoir l'affirmer avec certitude car ils n'étaient jamais parvenus à s'en approcher à moins d'un trait d'arc.

Un certain chevalier nommé Daguenet s'était vanté d'avoir occis le libérateur de la Douloureuse Garde en combat singulier – pour preuve de ses dires, il se pavanait avec des armes semblables à celles du disparu –, mais, comme Daguenet ne passait pas précisément pour preux, son récit n'avait fait qu'ajouter au mystère de cette absence déconcertante.

Fidèles à leurs vœux de chevalerie, quelques-uns des meilleurs compagnons de Lancelot s'étaient mis à sa recherche avec la volonté bien arrêtée soit de le délivrer s'il languissait en quelque geôle lointaine, soit de ramener son corps si, par malheur, il avait succombé. Hector des Mares, Lionel et son frère Bohor, pour ne citer que les plus jeunes d'entre eux, avaient déjà quitté Kerléon dans cette intention. D'autres les suivraient au cours des mois à venir. Ce conte ne saurait malheureusement narrer leurs aventures par le menu, car les prouesses de messire Lancelot sont déjà suffisamment riches et nombreuses pour remplir le présent livre.

Deux années s'écoulèrent de la sorte. Guenièvre, est-il besoin de le dire ? souffrait plus que tout autre de cette incertitude. Une fois de plus, la destinée tragique de Tristan et d'Iseult allait préfigurer aux yeux de la reine sa propre destinée…

Guenièvre, on s'en souvient, avait toujours manifesté une secrète sympathie à l'égard des amants. S'informant de leur sort, en cachette, elle avait fini par apprendre ce qui suit.

Après le jugement de la Blanche Lande, Tristan s'était réfugié en Petite Bretagne. Le duc Hoël se trouvait alors assiégé, par ses vassaux révoltés, dans sa ville de Carhaix. À la demande instante de l'infortuné duc, Tristan lui avait accordé son aide. Nul ne s'était jamais adressé en vain à l'esprit de chevalerie du héros cornouaillais : trois semaines plus tard, Carhaix se trouvait délivrée. Or le duc Hoël avait une fille qui portait, elle aussi, par une curieuse rencontre, le doux prénom d'Iseult. Séparé de celle dont il était si tendrement aimé et qu'il continuait à chérir en dépit de son propre vouloir, Tristan avait eu la faiblesse d'épouser cette seconde Iseult dont les conteurs firent plus tard Iseult aux Blanches Mains, ou, plus justement, Iseult au Clair Sourire, pour la distinguer de la reine de Cornouailles.

À en croire la rumeur publique, cette Iseult de Bretagne ne devait d'ailleurs être sa femme que de nom…

Une chose du moins semblait certaine : au bout de quelques mois, Tristan, ne pouvant résister plus longtemps au penchant fatal qui l'entraînait vers ses anciennes amours, serait revenu en Cornouailles sous un déguisement. Simulant la folie, il aurait pu revoir secrètement son amie. Mais de cette ultime aventure on ne parlait généralement qu'à voix plus basse encore, car, bien entendu, le roi Marc, l'époux trop crédule de la blonde Iseult, ne se doutait pas d'une telle intrigue.

Là s'arrêtaient les informations de Guenièvre.

Un soir où la jeune femme se sentait particulièrement lasse et mélancolique, un barde cornouaillais était arrivé à Kerléon porteur d'une nouvelle à laquelle nul n'était préparé, tant le prestige qui s'attachait aux noms de Tristan et d'Iseult semblait hors des atteintes du temps, de la maladie, de la mort : Tristan, grièvement blessé au cours d'un combat, avait succombé après trois semaines d'agonie, et son amie n'avait pu lui survivre.

Ainsi s'était dénouée cette liaison qui avait si longtemps scandalisé les deux Bretagnes… Mais, ici, le terme « dénoué » est-il juste ? Non, la mort ne devait pas séparer les deux amants. Unis l'un à l'autre par le plus fort des liens, ils avaient franchi ensemble la porte étroite de l'Autre Vie. Rien, désormais, ne pourrait plus les séparer. Du moins ce qui nous reste à dire le laisserait-il croire.

Désormais, nous suivrons, mot pour mot, le récit du messager.

Dès que Tristan se sentit condamné, il requit son beau-frère Kaherdin de se rendre en Cornouailles sous prétexte d'en ramener le seul médecin qui pût le guérir. Ah ! si seulement Kaherdin parvenait à s'entretenir seul à seul avec Iseult, il saurait bien la convaincre de l'imminence de sa fin ; or le blessé ne voulait pas mourir avant d'avoir revu son amie. Cependant, à l'instant où Kaherdin allait monter sur la nef qui devait l'emporter vers Tintagel, Tristan lui fit remettre deux voiles, l'une blanche, l'autre noire. Si, par malheur, la reine de Cornouailles refusait de l'accompagner, il hisserait, au retour, la voile noire.

Ayant découvert le but véritable de ce voyage, Iseult de Bretagne, l'épouse offensée, ne put se défendre de penser que jamais le destin ne lui fournirait plus belle occasion de revanche. Et pourtant elle aussi aimait l'agonisant !

Deux semaines interminables s'écoulèrent.

Dès que la nef fut en vue, les guetteurs s'empressèrent d'en informer la jeune femme. Comme Tristan demandait à celle-ci de quelle couleur était la voile du navire si longtemps attendu, elle lui répondit dans un souffle, sans quitter du regard la nef de sa rivale :

« Noire, sa voile est noire... »

Alors Tristan, se croyant abandonné de celle qu'il aimait, ne chercha pas à retenir son âme plus longtemps.

Le soir même, la reine Iseult, qu'un orage avait retenue au large, débarquait en hâte au port de Penn-Marc'h. Lorsqu'elle apprit que Tristan n'était plus, nul ne put l'empêcher de se rendre jusqu'à l'étroite cellule où gisait sa dépouille. Gémissant, pleurant son bonheur perdu, accusant et maudissant tour à tour l'épouse qui, sans l'avoir voulu, avait hâté la mort de son ami, elle appela tout d'abord à grands cris celui qu'elle avait tant chéri ; puis, farouchement, elle s'étendit auprès de lui et, tournant son propre visage vers le sien, lèvres contre lèvres, elle expira.

Ainsi mourut Iseult la reine, de la mort de Tristan son bien-aimé.

Le menu peuple de Cornouailles continuait à bénir la mémoire du champion qui l'avait délivré, à si grand risque, du joug irlandais. La reine, en outre, lui restait chère. À la prière de ses sujets, Marc finit par autoriser Gorvénal, le fidèle écuyer de Tristan, à ramener les restes mortels des deux amants en terre cornouaillaise. Et, l'ayant fait, il ordonna lui-même, autant par lassitude que par pitié, de les inhumer côte à côte à l'ombre de la chapelle de Tintagel.

Alors, avec la permission de Notre-Sire, et pour montrer sans nul doute Son infinie miséricorde, de leurs tombes avait jailli, au cours de la nuit suivante, une aubépine vivace dont les racines plongeaient, semblait-il, dans leurs deux cercueils et dont les rameaux emmêlés s'épanouissaient en mille fleurs odorantes. Le roi, l'ayant appris, ordonna de couper cette aubépine, mais, dès le lendemain, de jeunes rejets avaient crû et ces rejets s'étaient aussitôt couverts de roses sauvages plus belles encore que les premières.

Depuis, nul n'avait osé détruire l'aubépine du miracle.

Après avoir entendu ce récit, d'une véracité certaine, Guenièvre demeura longtemps silencieuse, plus affectée par le sort de Tristan qu'elle ne l'avait été par les rumeurs concernant la disparition supposée de Lancelot. Brusquement, l'étrange ressemblance qu'offraient, à maints égards, la destinée du héros cornouaillais et celle du chevalier aux Blanches Armes lui apparut et, dès lors, elle pleura ce dernier comme si l'annonce de la mort de Tristan l'avait confirmée dans son propre deuil.

XXXIV

LE MANOIR AUX IMAGES

Les craintes de Guenièvre n'étaient pas entièrement vaincs : Lancelot n'avait pas été tué en combat singulier, ainsi que l'affirmait faussement son prétendu vainqueur, mais il n'en avait pas moins échappé de bien peu à la mort... Tandis qu'il s'éloignait mélancoliquement du château du Graal, Lancelot s'était en effet trouvé face à face avec son cousin Lionel auquel, pour rien au monde, il n'eût voulu expliquer la raison de sa présence en pareil lieu. L'étroitesse du chemin ne leur permettait pas de se croiser aisément. Lionel était d'humeur trop belliqueuse pour céder le pas à quiconque ; ne pouvant reconnaître pour son cousin ce chevalier coiffé d'un heaume, il l'avait assailli. Lancelot, qui joutait toujours courtoisement, s'était tout d'abord contenté de parer ses coups les plus dangereux. Finalement, il avait dû désarçonner le forcené pour s'en défaire et passer outre.

Ses blessures n'étaient nullement graves mais, au contact de sa cotte de mailles, elles s'irritaient d'heure en heure. Avec quelle joie il se dévêtirait ! Le hasard de sa course devait l'amener, pour son malheur, aux abords d'une fontaine. Altéré, il se laissa tenter par la limpidité de l'eau qu'elle lui offrait et en but ; puis, dans l'espoir d'éteindre le feu de ses blessures, il s'y baigna. Or les petites gens de la contrée n'avaient pas surnommé sans raison cette fontaine la fontaine aux Couleuvres ; hantée par de nombreux serpents, son eau passait pour envenimée.

Tout aussitôt, Lancelot fut pris d'un grand frisson. Se sentant défaillir, il s'étendit tout nu sur l'herbe fraîche et sombra dans un profond sommeil. C'est dans ce triste état que Daguenet, le chevalier larron, le surprit et lui vola ses armes.

Fort heureusement, le tertre sur lequel il gisait n'était pas tellement éloigné d'un manoir situé sur la paroisse du Huelgoat où Morgane, la propre sœur d'Arthur, se plaisait à séjourner durant les beaux jours, bien que sa résidence habituelle fût située dans l'île d'Avalon. L'histoire n'a pas retenu le nom de cet humble manoir. Les anciens conteurs l'appellent seulement le manoir aux Images ; on comprendra bientôt pourquoi.

Le lendemain, tôt dans la matinée, la jeune femme ne découvrit pas sans surprise ce chevalier évanoui, gisant au bord du chemin. Morgane connaissait la réputation de la fontaine aux Couleuvres. Ayant pris l'infortuné en pitié, elle l'enveloppa dans son propre manteau, le fit transporter dans sa demeure et, durant cinq semaines entières, le veilla jour et nuit. La sœur du roi Arthur n'était pas seulement magicienne mais elle avait aussi la réputation d'être fort experte dans l'art de guérir au moyen de plantes salutaires. La jeunesse de Lancelot fit le reste. Hélas ! sa beauté s'en était allée pour un temps avec ses forces. Ses cheveux tombèrent, ce qui donna naissance à maints contes ; il n'était plus que l'ombre de lui-même.

Cette déchéance n'empêcha pas Morgane de s'éprendre de celui qu'elle avait arraché à une mort certaine.

Plusieurs mois s'écoulèrent. Lancelot recouvrait, jour après jour, un peu de sa vigueur et de sa grâce perdues.

Ses joues reprenaient quelque couleur. Toute son attitude disait assez qu'il ne supporterait pas d'être séquestré indéfiniment. Redoutant de voir son chevalier la quitter, Morgane l'avait en effet enfermé, dès le début de sa convalescence, dans une chambre claire et ensoleillée mais dont les fenêtres étaient défendues par de forts barreaux. Alarmé par ces précautions insolites, Lancelot crut plus habile de les ignorer, tant il craignait, en protestant, de se couvrir de ridicule. Ah ! si messire Keu apprenait jamais cette aventure il ne manquerait pas de l'en railler publiquement...

Morgane avançait d'ailleurs mille prétextes pour retenir le convalescent auprès d'elle sans paraître user de contrainte :

« Beau sire, vous êtes trop faible encore pour affronter les épreuves qu'un chevalier errant risque de rencontrer sur sa route. Patientez jusqu'à votre complète guérison. Attendez la venue des beaux jours.

— *À ses brebis tondues Dieu mesure le vent* », lui répliquait doucement Lancelot.

Cependant les objections de Morgane devenaient de moins en moins plausibles. Comment retenir captif, sans l'enchaîner, un homme tel que Lancelot ? Pour tout l'or d'Avalon, il n'accepterait pas cette hospitalité forcée au-delà des limites de sa propre patience. Un jour ou l'autre il s'enfuirait. Elle le savait et rêvait seulement de s'en faire aimer durant les quelques semaines qu'il passerait encore auprès d'elle. Cette courte saison d'amour lui suffirait, car la fidélité n'était pas la vertu majeure de la sœur du roi.

Un incident allait déterminer Lancelot à prolonger volontairement sa réclusion.

Un matin où le convalescent se tenait tristement accoudé à sa fenêtre, il aperçut dans une chambre en face de la sienne, de l'autre côté de la cour, un imagier à son travail.

« Ami, lui dit Lancelot, ne pourrais-tu me prêter quelques pinceaux et un peu de poudre de couleur ? J'aimerais embellir les murs de cette chambre où la maladie me retient prisonnier. »

L'imagier accepta volontiers de satisfaire son désir, Ainsi Lancelot, qui était merveilleusement habile et savait d'enfance, on s'en souvient, tous les arts qu'un jeune bachelier doit pratiquer, entreprit-il de décorer lui-même sa cellule.

La première image qu'il peignit fut, bien entendu, celle de la reine dans son palais de Kerléon, bien reconnaissable à ses douze tours rondes avec, au centre, un beffroi carré surmonté d'un dragon vomissant des flammes.

Morgane avait coutume de rendre visite à son beau captif presque chaque nuit. Elle entrait tout d'abord dans la chambre, en retenant son souffle, puis s'approchait du lit avec des précautions et des émois de jeune fille, tant elle redoutait que Lancelot ne la jugeât mal s'il venait jamais à se réveiller ; enfin, parvenue tout contre son chevet, elle le regardait longuement dormir.

Pareille retenue pourrait surprendre chez une femme de mœurs aussi libres, mais les âmes les plus corrompues en apparence sont parfois les plus sensibles aux délicatesses de l'amour véritable, et peut-être Morgane aimait-elle enfin d'amour vrai.

Quelle ne fut pas, ce soir-là, sa surprise et son chagrin en reconnaissant, tout ensemble, l'héroïne et le cadre de la scène peinte par son prisonnier : Guenièvre dans ce château de Kerléon où elle-même, malgré sa qualité de sœur du roi, n'avait pas osé reparaître depuis tant d'années. Ainsi, le chevalier aimait ailleurs et, par un singulier caprice du sort, il avait pour maîtresse la seule femme que Morgane eût jamais haïe.

Le premier instant d'accablement passé, l'artificieuse Morgane comprit qu'elle tenait la clef de sa vengeance. En effet, elle ne pardonnait pas à Guenièvre une humiliation très ancienne mais toujours présente à sa mémoire : la reine, l'ayant surprise un jour entre les bras d'un amant, n'avait pu s'empêcher de la blâmer de son inconduite en présence du roi et de toute la cour.

« Je ferai tant, pensa Morgane, que j'amènerai Arthur à visiter cette chambre. Nulle revanche ne pouvait m'être offerte à plus haut prix mais, en définitive, nulle autre ne pouvait m'être plus douce. »

Dès le lendemain, la rusée donna l'ordre de faire livrer au prisonnier les couleurs dont il pourrait avoir besoin. Aussitôt Lancelot se mit en devoir de continuer son œuvre. Toute l'histoire de ses amours avec la reine Guenièvre refleurit sous son pinceau. Pour rester véridique elle aurait dû se clore sur la scène du baiser dans le pré aux Arbrisseaux, mais la solitude éveille et attise le désir… Un jour il s'enhardit jusqu'à transposer dans le cadre de la cour d'Arthur la faute dont il s'était rendu coupable entre les bras d'Olwenn au château du Graal. Sans paraître se douter, dans sa folie, qu'il ne compromettait pas seulement la jeune fille, de la manière la plus odieuse, mais aussi la reine, tant leurs deux visages se ressemblaient.

Et, lorsque le soir venait, il embrassait dans la pénombre ces menues images aux vives et chatoyantes couleurs, comme il l'eût fait de Guenièvre elle-même. Et Lancelot prit un tel plaisir à ce travail d'amour qu'il lui consacra deux hivers et un été, sans même se douter de la fuite du temps.

Maintenant sa chambre est entièrement ornée. Il a tout dit de ce qui peut être exprimé avec des couleurs et des lignes. L'heure approche où il se souviendra qu'il est captif.

Tout en retenant Lancelot prisonnier, Morgane avait fait planter sous ses fenêtres un beau verger afin de réjouir les yeux de son ami. Pâques venait d'être célébré pour la seconde fois. Et, pour la seconde fois aussi, Lancelot voyait refleurir les roses dont ce joli courtil était orné. Et, devant la plus belle d'entre elles, le jeune chevalier ne pouvait s'empêcher de songer que le visage de sa dame était encore plus pur et ses lèvres et ses joues plus fraîches et plus douces. Cependant le désir lui vint de baiser cette reine des roses tant elle l'emportait sur toutes les autres.

C'en est fait de sa longue résignation : sa décision est prise.

Secouant, de toutes ses forces, les barreaux de la fenêtre, il les arrache. Ses mains sont déchirées, le sang coule, qu'importe ! Il saute dans le jardin, cueille la rose et la baise comme il eût aimé baiser les lèvres de son amie. Mais soudain Lancelot s'arrête au beau milieu de ces transports : ses regards viennent d'être attirés par la porte du logis, dont le vent fait claquer l'un des battants. Morgane s'est montrée bien imprudente en la laissant ouverte. Cet oubli semble dicter la conduite du captif.

À sa place, quel prisonnier n'en profiterait ? Au-dessus de la porte, une étoile et un cœur sont gravés dans la pierre. Lancelot entre dans le logis, avise des armes sur un coffre et s'en revêt en hâte. Maintenant il ne craint plus personne. La cloche de la chapelle vient de sonner matines ; à peine fait-il jour. Le jeune chevalier court à l'écurie et selle en hâte le meilleur cheval qui s'y trouve, puis il gagne la campagne sans même avoir besoin de menacer le portier, tant celui-ci est ébahi de voir cet inconnu vêtu de fer sortir du tranquille petit manoir dont il a la garde. Le regret de n'avoir pu châtier Morgane assombrit un instant la joie de Lancelot. Mais c'est là une pensée indigne d'un chevalier et, bientôt, il en sourit lui-même : non seulement Morgane est du lignage du roi mais encore et surtout elle est femme. En tant que femme, il se devait de l'épargner.

Libre, Lancelot ne sait plus que faire de sa liberté. Où ira-t-il ? Certes, de toutes ses forces, il désirerait revoir la reine, mais le souvenir de son aventure avec Olwenn ne cesse de le tourmenter.

Le destin décidera pour lui.

Une rencontre devait aviver cruellement ses remords. Hélas ! les remords de Lancelot concernaient seulement ses devoirs à l'égard de son amie et n'avaient pas valeur de repentir…

Un jour où ses incessantes chevauchées l'avaient amené à Saint-Pol-de-Léon, dans la pensée encore mal définie de s'embarquer pour la Grande Bretagne, il rencontra un saint ermite. L'homme de Dieu lui apprit l'épilogue de ses amours avec la fille du roi Pellès : Olwenn avait mis au monde un enfant. La jeune femme, abandonnant la Citadelle aventureuse pour fuir le courroux de ses proches, s'était retirée dans l'une des innombrables îles du golfe du Morbihan. Cette île, située au large de l'anse du Logeo, portait le nom prédestiné de Kareg-Gwenn, la roche blanche ; et, vraiment, celui qui devait devenir la fleur de la chevalerie de tous les temps ne pouvait naître dans un lieu placé sous un vocable plus significatif ni vivre sur une terre plus riche de grâce et de poésie.

L'enfant, Galaad, avait maintenant près de dix-huit mois et Olwenn l'élevait jalousement, loin de tout regard, avec l'unique souci de racheter sa propre faiblesse par les hautes vertus de son fils.

En apprenant la naissance de ce petit être innocent qui incarnait à la fois sa folie et sa faute, Lancelot refusa d'en entendre davantage. Mais nul ne saurait échapper à son destin : un jour, Galaad révélerait publiquement le secret de sa filiation par les seules vertus de son sang...

S'étant aventuré jusqu'aux abords du golfe, le jeune chevalier ne put résister au désir de contempler, du rivage, l'archipel nimbé de soleil et d'écume auquel appartenait la petite île où grandissait l'enfant.

Alors le souvenir du Graal lui revint à l'esprit, si vif et si cuisant qu'il crut défaillir. Et pourtant le paysage marin qui s'étendait devant ses yeux ne rappelait en aucune manière cette âpre chaîne des monts d'Arrée d'où il avait découvert avec émerveillement la Citadelle aventureuse, toute proche, semblait-il, et pourtant si lointaine sur son piton rocheux suspendu entre ciel et terre.

Là-bas se dressait la montagne, dans son âpreté ; ici, la mer s'étirait à travers les mille chenaux d'un golfe parsemé d'îles verdoyantes aux senteurs de résine et d'encens. Un lien rattachait cependant l'un à l'autre ces deux sites prédestinés que l'on eût dit mâle et femelle et faits, de toute éternité, pour s'épouser. Ce lien, le chevalier aux Blanches Armes en pressentait la vraie nature mais il ne pouvait aller au-delà de cette intuition sans mourir.

Ne sachant trop quelles conclusions donner à ses amours fautives, ni même de quel nom appeler celle qu'il avait si cruellement aimée l'espace d'une seule nuit, Lancelot quitta la presqu'île de Rhuys sans chercher à passer l'eau pour apercevoir, ne fût-ce qu'un instant, Galaad le prédestiné... son propre fils. Car, cette fois, Lancelot devait l'admettre : dès lors qu'il avait lui-même ajouté un ultime rameau à l'arbre de Nascien, le Meilleur Chevalier du monde ne pouvait plus être que son fils.

Ainsi convenait-il d'interpréter les prédictions anciennes.

Les prophéties les plus claires n'apparaissent telles qu'après l'événement ; mais, les temps accomplis, leur signification s'impose avec une évidence si vive que chacun s'étonne, à juste raison, d'avoir hésité à les entendre dans leur droit sens.

Le chevalier aux Blanches Armes n'avait pas encore choisi d'emblème. À dater de ce jour Lancelot prit pour attribut un léopard.

Le lion, il le laisserait à Galaad son fils.

XXXV

LE PONT DU SECRET

L'automne est venu. Un nouvel automne lourd de mélancolie. Lancelot a souffert si longtemps et sa faute lui a inspiré un si vif et si amer regret qu'il peut se croire absous par la reine, en la supposant avertie de son infidélité d'un soir. Mais sans doute l'ignore-t-elle encore. Si le chevalier aux Blanches Armes la revoyait, devrait-il lui en faire l'aveu ? Comment pourrait-il se justifier ? Par la nostalgie de l'absence ? À l'en croire, Lancelot n'aurait trahi son amie que par excès de tendresse et pour tromper la soif qu'il avait d'elle.

Mais pareil argument ne ferait qu'aggraver l'offense...

Ah ! revoir Guenièvre, revoir la reine, ne fût-ce qu'une seule fois ! La tenir dans ses bras et la connaître charnellement... Effacer par cette nouvelle faute, commise avec la seule femme qu'il ait jamais aimée, le souvenir de son ancienne faiblesse ; Lancelot ne parvient pas à exorciser ce désir. Et cependant il lutte encore désespérément. Tout esprit de chevalerie n'est pas mort en lui. Comment son honnêteté foncière ne l'avertirait-elle pas qu'un péché ne saurait s'effacer par un péché plus grave encore ?

Quant à se détourner de la reine, le jour où son propre chemin croiserait le sien, lui-même n'oserait en prendre l'engagement. Il sait maintenant combien sa chair peut être faible devant la tentation.

Sous l'empire de ces mille sentiments contraires, Lancelot a remis de mois en mois une rencontre dont il redoute et désire tout à la fois les conséquences possibles. Le délai qu'il s'est accordé va expirer dans quelques semaines.

Avant de regagner le royaume de Logres où la reine doit, pense-t-il, séjourner à cette époque de l'année, le fils du roi Ban éprouve le besoin de se retremper aux sources de son enfance. Il espère en sortir purifié, sinon guéri. La seule pensée de retrouver Viviane, sa douce mère adoptive, le remplit d'une joie profonde. Quel délassement Lancelot se promet de ces quelques journées passées auprès d'elle dans le cher domaine où s'est écoulée sa prime jeunesse !

Tel est son état d'âme en se dirigeant vers la forêt enchantée.

Le voici aux abords immédiats du Val sans Retour. L'orphelin du Lac en reconnaît chaque sentier, sinon chaque buisson car plusieurs années se sont succédé depuis son départ et le flux et reflux des saisons n'a pas épargné le visage de la forêt. Cette demeure est celle du vavasseur à qui, un soir, il avait offert si généreusement un chevreuil. Un peu plus loin, Lancelot retrouve le carrefour au beau milieu duquel sa générosité naturelle lui avait inspiré d'échanger son propre cheval contre le bidet blessé d'un jeune écuyer sans fortune. Lancelot croit revoir encore le visage courroucé de sa dame à l'annonce d'une telle sottise. Toutefois, le mécontentement de Viviane était feint et il donnerait cher, aujourd'hui, pour assister en spectateur à la scène qu'elle lui fit.

Mais, au bout d'un long temps, le chevalier s'inquiète : n'est-il pas retourné sur ses pas ? Il a déjà vu ce sapin et ce bouleau mort, non loin d'un grand hêtre au feuillage pourpre. Ce chêne, sous lequel autrefois sa dame lui dit adieu, il est bien certain de l'avoir dépassé, une heure ou deux plus tôt.

La réputation fâcheuse du Val sans Retour, où tant de voyageurs se perdent chaque année, lui revient en mémoire. Quel sortilège le retient en dehors du domaine du Lac ? Comment a-t-il pu s'égarer dans une zone de la forêt qu'il croyait si bien connaître ?

Ainsi Lancelot a tourné sans fin autour du lac de Diane, durant cet interminable après-midi d'automne, sans même le savoir ! À l'endroit où il pensait trouver l'entrée d'un parc, ses regards ne rencontrent qu'un miroir d'eau glacée, tranquille, sans une ride.

Lancelot doit se rendre à l'évidence, si invraisemblable que soit celle-ci : le cher domaine de son enfance a disparu, englouti.

Et pourtant, si les yeux du Beau Trouvé se fussent dessillés, il eût pu voir, sous les eaux du lac enchanté, à l'une des plus hautes fenêtres du manoir, Viviane elle-même, en larmes, lui tendant désespérément les bras comme pour l'appeler puis, brusquement, le repoussant avec une égale passion, car la raison de la jeune femme ne pouvait que blâmer ce premier élan de tendresse qui la portait, d'instinct, à revoir le transfuge : Lancelot ne lui appartenait plus, elle le savait. Le champion aux Blanches Armes avait trahi sa destinée. Viviane avait sacrifié vainement les plus belles années de sa jeunesse dans l'espoir d'en faire un chevalier exemplaire. À peine sorti de l'adolescence, la reine l'avait détourné de la haute mission pour laquelle son cœur altier semblait né…

« Qu'il retourne à la reine ! »

En cela, le comportement de Viviane différait de celui

que la mère par le sang n'eût pas manqué d'avoir. Jusqu'à ce jour, la Dame du lac croyait aimer l'orphelin comme l'eût aimé sa véritable mère, et voici qu'elle le jalousait à l'égal d'une amante.

Tout conspirait à placer le fils du roi Ban dans le plus cruel des isolements. D'un côté, alors qu'il désirait revoir Viviane, sa mère adoptive, celle-ci se dérobait et le repoussait ; et, d'un autre côté, alors que la reine eût été si heureuse de le serrer dans ses bras, il n'osait se rendre auprès d'elle... Mais, à son insu, Lancelot avait déjà choisi : puisque le havre de paix au fond duquel il espérait ancrer sa barque, afin de laisser passer l'orage, lui était désormais interdit, il regagnerait la haute mer sans se soucier des périls qui l'attendaient au large.

Un sourd gémissement vient l'arracher à ses pensées. Dans son enfance, il a déjà entendu maintes fois pareille plainte étouffée. Afin de le rassurer, la Dame du lac, sa chère dame, donnait alors cette voix pour celle du vent dans les hautes ramures de la forêt, mais jamais le petit valet ne l'avait crue pleinement. Ce soir, d'ailleurs, il n'y a pas le moindre souffle de brise ; les feuilles des trembles elles-mêmes demeurent immobiles, comme en suspens dans l'espace ouaté de brume.

Quelle voix se lamente ainsi ?

Lancelot s'avance dans la direction d'où elle lui semble venir. À dix pas, peut-être un peu plus, il entrevoit confusément, à travers les branches basses d'un jeune frêne dépouillé de ses dernières feuilles par l'automne, une silhouette d'homme. Ses contours se détachent à grand-peine sur le fond imprécis tissé par le sous-bois. À mesure que Lancelot s'en approche, le brouillard semble augmenter d'opacité. Lorsque ce voile de brume se dissipera, l'homme aura disparu.

Plusieurs fois la même illusion se reproduit. Que signifie un tel présage ? La pensée que cette voix plaintive pourrait bien être celle de Merlin ne vient même pas à l'esprit du jeune chevalier. Que sait-il des ultimes aventures de l'Enchanteur et de ses amours malheureuses ? Nul, au manoir du Lac, n'eût été assez hardi pour l'en instruire.

Au lever du soleil, harassé d'avoir ainsi cheminé en cercle durant toute la nuit, Lancelot entend le son d'une trompe. Une autre trompe lui répond. Des abois furieux éclatent. Qui chasse dans la forêt ? Serait-ce le roi ? S'il en était ainsi, pourquoi la reine ne l'accompagnerait-elle pas ? Quelle folie ! Comment Arthur et les siens chasseraient-ils à une heure si matinale ?

Le voyageur écoute avidement mais n'entend plus rien.

Brusquement, le vent lui apporte de nouvelles rumeurs, d'autres cris, d'autres abois, auxquels une trompe isolée, plus lointaine encore, fait écho. La meute s'éloigne vers le nord. Sans doute la bête de chasse cherche-t-elle à gagner les étangs de Paimpont ?

Après avoir galopé durant un long moment dans cette direction qu'il croit bonne, Lancelot s'arrête au bord d'un ruisseau et prête l'oreille, mais en vain. Il n'entend plus rien. Cette fois, il a perdu définitivement la chasse.

S'étant retourné à tout hasard, le chevalier s'aperçoit qu'il n'est pas le seul à s'être égaré. Mais ceux qui viennent se sont-ils véritablement trompés de voie ? Peut-être veulent-ils, au contraire, couper au plus court à travers les taillis pour rejoindre le lieu de l'hallali, car une bête de chasse suit généralement un parcours que les initiés connaissent à l'avance : levée en telle partie de la forêt, elle ira, presque fatalement, se faire prendre au bord de tel étang.

Cependant Lancelot ne reste pas longtemps dans l'incertitude. Un peu en avant du petit groupe de cavaliers qu'il vient de découvrir, un cheval se détache. Cette foulée rapide et régulière, infatigable, n'appartient qu'à la jument de chasse de la reine ! Cette silhouette d'amazone, si élégante, ne peut être que celle de sa bien-aimée.

La reine ! Serait-ce possible ? Ils ne se sont pas revus depuis si longtemps et soudain la voici ! À l'instant même, tous les scrupules qui ont pu le troubler s'évanouissent. D'ailleurs, il n'a pas à réfléchir : son instinct de chasseur le guide.

Lancelot se retire de quelques pas dans la feuillée, de manière à se dérober aux regards de ceux qui accompagnent la jeune femme, tout en demeurant assez visible pour que cette dernière l'aperçoive un peu avant de parvenir à sa hauteur. Guenièvre survient. Lancelot profite de l'instant fugitif où son amie seule peut le voir pour lui faire signe, puis il se recule vivement. La reine l'a reconnu. Elle a compris le sens de son geste : le sentier ébauche une courbe qui, dans un instant, la masquera aux yeux de sa suite.

À peine le tournant dépassé, Guenièvre entre elle-même sous le couvert et attend. Le sol est sec ; les traces de son cheval demeureront invisibles. Qui, d'ailleurs, pourrait soupçonner la reine d'une telle ruse ?

L'écuyer et les deux valets qui veillent habituellement sur elle, au cours de ses sorties, ont continué leur chemin sans la voir. Une de ses dames d'honneur vient ensuite, en compagnie d'un jouvenceau, mais l'un et l'autre sont trop heureux de s'être laissé distancer par le groupe de tête pour s'inquiéter de l'avance que leur maîtresse a prise.

Dès qu'ils ont disparu au détour du sentier, la reine s'en revient en hâte vers le lieu où son ami l'attend.

Ce petit pont auprès duquel Guenièvre a rejoint Lancelot a été bien nommé. On l'appelle encore de nos jours le pont du Secret.

Ainsi, après tant de saisons, ou pour mieux dire tant d'années, durant lesquelles les deux amants ont connu mille peines et mille tourments, les voici enfin réunis par le plus imprévisible des hasards. S'ils n'ont pas recherché cette rencontre, ils la souhaitaient si ardemment que leur désir semble avoir provoqué l'événement.

La pensée qu'il doit tout d'abord assurer la sécurité de leur retraite gouverne Lancelot : à peine a-t-il aidé la reine à mettre pied à terre qu'il attache leurs deux chevaux aux branches basses d'un orme. Craindraient-ils encore de se trahir ? Ils ne disent mot. Pourtant nul ne peut les épier. Ils n'ont d'autres témoins qu'eux-mêmes.

Toujours silencieux, Lancelot étreint passionnément son amie. Celle-ci tremble dans ses bras. Où sont leurs belles résolutions de sagesse prises ensemble autrefois : elle serait seulement la dame de ses pensées et jamais nul désir charnel ne viendrait enlaidir leurs amours ?

Cependant un accord tacite semble s'être établi entre eux : sans qu'aucun son soit sorti de leurs lèvres, ils se sont compris. Pourquoi lutteraient-ils plus longtemps alors que leur destin paraît déjà fixé par cette miraculeuse rencontre ?

Lancelot enlace la reine et l'entraîne vers les taillis moussus proches du ruisseau. Ils font encore quelques pas, s'arrêtent pour échanger un long baiser qui scelle leur entente coupable, puis disparaissent dans la feuillée. Il n'est pas d'alcôve plus secrète que cette chambre lambrissée d'aubépines et jonchée de fougères dans laquelle ils pénètrent.

C'est là que Lancelot et Guenièvre, oubliant toute prudence et toute sagesse pour n'écouter que la voix de leur désir, s'aimeront charnellement pour la première fois.

Le soleil est maintenant à son zénith ; bientôt il déclinera. Le temps passe, mais les deux amants n'en ont nul souci. Ils n'éprouvent d'autre faim ni d'autre soif que celle que leur inspire leur mutuelle passion et pourtant le moment où ils devront se séparer approche. Une bienheureuse lassitude émousse leur volonté. Rien ne les presse. Cette heure est si douce !

Leur refuge est bien gardé : dans le voisinage, des oiseaux pépient. Lancelot se souvient du vieil adage cher à Merlin : *Où un oiseau chante il n'y a pas trace d'homme.* Mais, tout à coup, les grives, les bouvreuils et les mésanges qui leur servaient de sentinelles avancées se taisent… Le cœur de Guenièvre et celui de son ami cessent de battre. Ils prêtent l'oreille : à n'en pas douter, quelqu'un marche sous le couvert.

Serait-ce le roi ou l'un de ses veneurs ? Le vieil écuyer chargé d'accompagner la reine aurait-il retrouvé ses traces ? Ne serait-ce pas, plutôt, quelque forestier s'en retournant à sa hutte après une rude journée de travail ?

Le bruit se rapproche et se précise. Ce crissement de

branches brisées qui les avait alertés s'accompagne maintenant d'un sourd piétinement, comme celui d'une petite troupe en marche. Brusquement, du sentier emprunté tout à l'heure par les deux amants pour accéder aux fourrés ombreux où ils n'ont pas craint d'abriter leurs amours, débouche un cerf blanc suivi de quatre lions lui faisant escorte. Une chaîne d'or étincelante ceint le cou de l'animal sacré dont la robe est plus blanche que la fleur de trèfle nouvellement éclose.

Lancelot et Guenièvre ont souvent entendu parler des cinq bêtes mystérieuses comme des gardiens du Saint-Graal. Le cerf et sa suite ont passé à les frôler sans même daigner les voir. Lancelot, le rouge de la honte au front, a dû reculer de quelques pas pour leur faire place, tandis que la reine, glacée d'épouvante, se blottissait contre son ami.

La harde évanouie, l'un et l'autre se regardent d'un air interdit. L'apparition et le passage du cortège du Graal les a troublés plus profondément encore que la venue du roi lui-même n'eût pu le faire.

Comme un trait de feu, le sentiment de son indignité illumine l'âme ardente de Lancelot : avec une évidence aveuglante, il voit quel lien de convoitise charnelle relie cette faute qu'il vient de commettre entre les bras de la reine à celle dont il s'est rendu coupable autrefois, au château même de la Citadelle aventureuse du Saint-Graal : son amour insensé pour la reine l'a entraîné hors des voies de l'honneur. Il s'est perdu pour elle, de même qu'elle s'est perdue pour lui. Chevalier, il a trahi ses vœux de chevalerie ; vassal, il a honni la femme de son droit seigneur. Plus jamais Lancelot ne pourra regarder dans les yeux l'homme auquel il avait juré service et fidélité jusqu'à la dernière goutte de son sang.

Mais la reconnaissance d'une faute n'implique pas toujours la contrition. Une fois de plus, son orgueil empêche le fils du roi Ban de se laisser aller à ces larmes de repentir qui seules eussent pu le racheter. À partir de cet instant, malgré ses vertus natives, Lancelot ne sera plus tout à fait ce qu'il était jusque-là. Dans son cœur, une corde s'est brisée qui ne vibrera plus jamais. Sa force n'en est pas atteinte, son courage restera le même ; toutefois, à l'avenir, le chevalier aux Blanches Armes ne connaîtra plus l'impression exaltante qu'un pouvoir d'En-Haut le protège, le guide et le seconde. Dépouillé de ce qui faisait la haute espérance et la joie de sa jeunesse, il se sentira privé de l'amitié de Notre-Sire. Banni de la communion des saints, Lancelot sera seul désormais contre tous.

Guenièvre lui reste pourtant...

Si tel est l'état d'âme de Lancelot, quelle angoisse doit éprouver la reine... Maintenant que l'irréparable est accompli, elle mesure à son tour l'étendue de leur commune folie.

Guenièvre souhaite mourir, tant les conséquences de son péché lui font horreur ; et cependant c'est vers Lancelot qu'elle se tourne dans sa détresse ; c'est à lui que tout naturellement elle songe à se confier pour alléger le poids du silence auquel son infidélité la condamne ; car lui seul partage son triste secret, et le partagera jamais... Dans tous les cas, Guenièvre veut le croire et Lancelot avec elle. Plaise au Ciel que nul n'apprenne la faute qu'ils viennent de commettre ensemble ! Déjà, pour dédommager son bien-aimé du tort mortel qu'elle lui a causé en l'entraînant, la première, dans la voie du péché – ne l'a-t-elle pas tenté autrefois au-delà de ses forces sous la charmille du pré aux Arbrisseaux ? –, la jeune femme se persuade qu'il ne lui reste plus désormais d'autre ressource que celle de l'aimer davantage encore.

Lui, en retour, ne pense qu'à la sécurité de son amie.

De peur qu'elle ne fasse quelque mauvaise rencontre, Lancelot la raccompagne jusqu'au carrefour des forges de Paimpont.

Là, ils se quittent sur une étreinte désespérée.

XXXVI

LE TOURNOI CONTRE LA TABLE RONDE

Guenièvre a rejoint Arthur. Celui-ci, dont la nature est prompte à la colère, représente vivement à la jeune femme le danger qu'elle vient de courir en s'éloignant seule de la chasse : à peine rentré, le roi allait partir à sa recherche. La reine lui promet de se montrer plus attentive et plus prudente à l'avenir et, avec une égale spontanéité, elle intercède en faveur de l'écuyer qui aurait dû veiller sur elle, car, jusque dans son égarement, il lui déplairait de voir punir un serviteur fidèle. Elle s'est perdue... Elle s'est perdue par sa seule faute !

Personne, dans son entourage, ne soupçonne le double sens de ces paroles. Le roi moins encore que le dernier de ses familiers.

Prétextant la fatigue de cette longue course, Guenièvre annonce alors son intention de se reposer jusqu'à la fin de la semaine à l'abbaye de Paimpont où elle a promis, il y a de cela plusieurs années déjà, de faire une retraite. En se réfugiant auprès des nonnes tandis que le roi tiendra sa cour à Rennes, Guenièvre ne cherche pas seulement à s'éloigner de son époux à un moment où les liens du mariage lui font horreur ; secrètement, elle espère se ménager ainsi une dernière chance de rencontrer son bien-aimé dont les terres avoisinent celles de l'abbaye.

Guenièvre, en effet, n'est pas de celles qui se reprennent : s'étant donnée une fois à Lancelot, elle lui appartiendra désormais corps et âme, jusqu'à son dernier souffle.

Son séjour à Paimpont ne devait pas lui offrir l'occasion qu'elle souhaitait. Mais, troublés comme ils l'étaient l'un et l'autre, Lancelot et la reine avaient-ils vraiment cherché à se revoir ? Quelques jours plus tard, le roi Arthur s'embarquait pour la Grande Bretagne en compagnie de Guenièvre.

Avant de quitter Saint-Malo, celle-ci avait pu, toutefois, faire parvenir un premier message à son ami :

Soyez à Camaaloth pour la Toussaint. Les chevaliers du roi Baudremagu de Gorre ont défié les compagnons de la Table ronde à la lance et à l'épée. Ces joutes justifieront votre ralliement.

De retour dans le cadre familier où elle a mené durant tant d'années une existence si limpide en apparence, Guenièvre éprouve un sentiment d'insécurité tout nouveau pour elle. Une inquiétude mortelle empoisonne ses veilles. La question la plus innocente lui inspire une angoisse sans nom. La démarche la plus naturelle lui semble cacher quelque secrète embûche. Épiée, ou se croyant épiée, par ceux qui l'entourent, la reine se tient jour et nuit sur ses gardes. Elle prendra bientôt des habitudes de dissimulation et de mensonge qui gâteront ses joies les plus simples. Ainsi en est-il lorsque l'un des époux a quelque manquement grave à cacher à l'autre.

En dehors de ces tristes servitudes communes à tous les couples désunis, la reine se découvre d'autres tourments qui lui sont propres : non seulement elle a joué auprès de celui qu'elle aime un rôle néfaste – dont toute l'importance ne lui apparaîtra d'ailleurs que beaucoup plus tard, au fil des années –, mais encore, il lui faut bien l'admettre malgré l'aveuglement de sa passion, elle s'est avilie à ses propres yeux.

Guenièvre le comprend maintenant, avec quel effroi ! Cette nostalgie d'un univers plus tendre, moins brutal, cette mélancolie sans objet, cette insatisfaction et jusqu'à ce désir si vif d'isolement qu'elle avait la naïveté d'attribuer aux aspirations les plus hautes de son âme procédaient d'une source infiniment moins noble.

Dans un angle obscur de la tapisserie que la reine s'est plu autrefois à tisser à sa propre gloire, voici qu'elle découvre, tout à coup, l'image d'un dragon menaçant, né, semble-t-il, du seul hasard des couleurs et des lignes… À quelle inspiration a-t-elle obéi, quelle force obscure a guidé sa main, quel modèle intérieur a pu l'inspirer à son insu, pour qu'une telle image apparaisse en clair le travail terminé ?

Ainsi, tandis que la jeune femme croyait s'aménager un

décor digne de sa haute vertu, l'ange du mal se mirait déjà dans son œuvre !

Déconcertés par la longue dissimulation dont la reine devait faire preuve par la suite, certains conteurs n'ont pas craint d'attribuer la soudaineté de sa chute à une faute, bien légère pourtant, dont elle avait omis de s'accuser en confession à la veille de son mariage.

À les en croire, son cœur aurait dès lors appartenu au démon muet qui se tient habituellement dans l'ombre du tribunal de la pénitence et, de ce fait, sa vie d'épouse n'aurait plus été qu'une suite de sacrilèges.

C'est chercher bien loin les mobiles d'une défaillance que l'abandon moral auquel le roi l'avait condamnée, en se vouant lui-même d'une manière trop entière au gouvernement du royaume, suffirait à expliquer sinon à justifier. Mieux aimée par son propre époux, Guenièvre lui fût sans doute restée fidèle comme elle resta fidèle à son amant.

Mais sa responsabilité n'en demeure pas moins accablante : ayant laissé la tendresse qu'elle éprouvait jadis pour le roi s'alanguir au long des saisons, la reine s'était trouvée dangereusement libre. Sans le savoir, elle souhaitait de se rendre à qui saurait la conquérir.

Le chevalier aux Blanches Armes était venu. Il l'avait prise.

Un matin où Guenièvre se tenait mélancoliquement à l'une des fenêtres du château de Camaaloth, elle vit sortir du bois voisin un chevalier qui, de loin, ressemblait fort à son ami. Ce chevalier allait seul, sans écuyer ni bagage. Sa monture paraissait fourbue : tous les dix pas elle fléchissait. Parmi les chevaux que l'on abat pour nourrir les chiens de meute il en est, certes, de meilleurs. Et cependant celui qui s'avançait en ce triste équipage gardait si fière mine qu'il donnait l'impression d'être encore de grande défense.

Lorsque le voyageur parvint à portée de flèche, la reine le reconnut : c'était messire Gauvain. La quête qu'il avait entreprise pour retrouver Lancelot s'achevait sur cette image sans gloire. Le bon chevalier l'avoua tout uniment, à peine eut-il planté là sa monture : au terme de cette longue errance, il n'en savait pas davantage qu'au premier jour.

Peut-être ceux qui viendraient après lui seraient-ils plus heureux.

Guenièvre feignit de partager la déception d'Arthur, mais la joie chaleureuse qui l'habitait se faisait jour à travers sa retenue coutumière : dans une semaine Lancelot serait là, et nul ne s'en doutait ! Abusé par l'attitude de la reine, messire Gauvain ne put s'empêcher de songer qu'elle faisait bien peu de cas de ses amis. Cependant, de crainte d'affliger le roi, il se tut.

Le lendemain, Agravain, Guerrehès, Gahériet s'en revinrent à leur tour puis, le jour suivant, Yvain et Mordret, Sagremor, Lucan le bouteiller, Girflet le fils de Do, l'écuyer d'Arthur, et enfin Keu.

Et l'on voyait bien qu'ils avaient également erré longtemps par monts et par vaux sans rencontrer nul secours ni aide d'aucune sorte, car à l'un il manquait une étrivière, remplacée vaille que vaille par quelque tresse de chanvre, à un autre telle pièce de son armure, plusieurs arboraient, en guise de lance, une branche grossièrement écorcée ; les moins éprouvés laissaient voir, à travers leur cotte d'armes en lambeaux, un haubert en si triste état, tant la rouille l'avait gâté, que le plus misérable des écuyers n'en eût pas voulu. Faut-il ajouter que leur écu ne portait plus la moindre trace d'emblème : la pluie en avait depuis longtemps délavé les couleurs.

Et pourtant, quel que fût leur propre dénuement, avant même de mettre pied à terre, tous s'informaient du sort de Lancelot ; mais à tous le roi répondait tristement qu'il en était toujours sans nouvelles.

Cependant, le jour du tournoi approchait et Arthur s'inquiétait de l'issue d'une rencontre dont les chevaliers de Gorre avaient de fortes chances de sortir vainqueurs car ils passaient pour preux.

« Ah ! si Lancelot était des nôtres !

— Que laissez-vous entendre ? répliqua Agravain. Les bons jouteurs ne vous manquent pas.

— Agravain, dit imprudemment la reine, nul ne saurait sans forfanterie se comparer à messire Lancelot. S'il se rangeait du côté de ceux de Gorre, vous seriez tous défaits.

— Sans doute est-il l'un des chevaliers les meilleurs du monde, reconnut Agravain, mais j'en sais bien trente ici qui ne sont pas manchots… Et contre trois ou quatre seulement d'entre eux, quel tournoyeur pourrait tenir ? »

L'envie est mauvaise conseillère. Agravain avait-il déjà oublié son ancienne amitié à l'égard de l'absent ? Il rapporta tout aussitôt les propos de la reine à ceux de ses pairs qui se trouvaient à Camaaloth. Comme il était facile de le prévoir, la plupart des compagnons de la Table ronde en ressentirent une amère jalousie.

« Dieu nous garde de nous trouver du même parti que

Lancelot un jour de tournoi, se dirent-ils les uns aux autres. Quand bien même nous renverserions tout sur notre passage sans que Lancelot ait seulement tiré l'épée, certains prétendraient encore qu'il a mieux fait que nous et il recevrait, comme de coutume, le prix des plus belles armes. Vous souvient-il de la joute du Puy de Malehaut ? À la fin du premier jour, un novice n'eût pas jouté aussi maladroitement ; et pourtant le roi le proclama vainqueur. »

Et, du coup, les plus hardis d'entre eux convinrent de passer en nombre dans le camp adverse, avec des armes déguisées, si jamais Lancelot – en supposant qu'il fût encore vivant – s'avisait de regagner le royaume de Logres pour participer au tournoi.

Mais Guenièvre, ayant su leurs intrigues, se promit d'avertir son ami. La reine lui dépêcha tout aussitôt un messager qui le rejoignit au moment où il allait quitter le couvert de la forêt Périlleuse, proche du champ de la rencontre. Le tournoi devait avoir lieu le surlendemain. Il était déjà tard. Le champion décida de passer cette première nuit de son retour sous la hutte d'un sabotier. À l'aube, il se rendit en grand secret au camp du roi de Gorre. Est-il besoin de le dire, celui-ci accueillit le transfuge avec la joie la plus vive et s'empressa de l'autoriser à porter ses couleurs.

C'est ainsi que Lancelot, tout à la fois par amour et par goût du risque, releva le défi de la Table ronde.

Le jour du tournoi, un écuyer de la maison du roi de Gorre qui avait autrefois servi Lancelot s'approcha par hasard de la tente où l'on armait ce dernier et le reconnut.

« Si tu tiens à la vie, surveille ta langue ! lui ordonna le jeune chevalier après avoir répondu à son salut.

— Certes ! beau doux sire, je ne révélerai pas votre nom, mais laissez-moi crier ma joie ! »

Et le voilà qui se précipite hors du camp du roi de Gorre en criant à tue-tête :

« Il est revenu celui qui sait si bien auner ; il est revenu celui qui aune si bien ! »

Et lorsque ceux qui s'attroupaient sur son passage lui demandaient ce qu'il voulait dire, l'écuyer, toujours courant et s'esclaffant, leur répondait :

« Vous le saurez bientôt, braves gens, croyez-moi, j'en parle à bon escient car je l'ai vu à l'œuvre plus d'une fois : il n'a pas son pareil pour jouer de l'aune sur le dos de ses ennemis. Soyez sans crainte, il prendra leur mesure au plus juste... Il est revenu celui qui aune si bien. Il est revenu ! »

L'écuyer devait se montrer bon prophète : Lancelot allait ce jour-là manier son aune, ou, mieux, sa lance, de telle sorte que ses rivaux sembleraient tous manquer d'étoffe.

La comparaison était heureuse ; elle ferait fortune. Mais Lancelot n'avait pas pour coutume de se payer de mots.

Les compagnons d'Arthur se prodiguèrent tout d'abord sans compter, si bien que les chevaliers du parti de Gorre, engagés seuls jusque-là dans la mêlée, durent reculer d'un bon trait d'arc après avoir perdu plus de cent des leurs.

« Sire, nous les avons laissés souffrir assez longtemps ; maintenant allons à leur aide ! » dit alors Lancelot au roi de Gorre, Baudremagu, qui s'était tenu à l'écart du tournoi avec ses grands vassaux. Ces paroles à peine prononcées

cées, Lancelot rassemble ses rênes, pique des deux, avant même que le roi de Gorre et ses barons n'aient pu se concerter, et se jette en avant avec l'impétuosité de la tempête.

Et soudain le voici au cœur de la mêlée !

Tel un étendard, il rallie autour de sa personne les fuyards du parti de Gorre. Sa seule vue fait lever les gisants. La foudre, tombant au milieu des chevaliers d'Arthur, les eût moins décontenancés.

« Il est revenu celui qui sait si bien auner ! Il est revenu celui qui aune si bien ! » clame, hors de lui, son ancien écuyer ; mais pour l'instant personne ne l'écoute. L'attention de tous les spectateurs est tournée vers le pré.

Agravain, le premier, a mordu la poussière. Comme un loup à jeun lâché au milieu d'un troupeau de moutons, Lancelot vole d'un bout à l'autre du champ clos, semant le désordre parmi ceux de la Table ronde. Il ne ménage personne, pas même le sire des îles Lointaines, son ami, qu'il désarçonne au passage afin de couper court à la tentation de l'épargner. Monseigneur Gauvain est navré d'une blessure à l'épaule dont il se souviendra longtemps, Goron, le fils aîné du vieux roi Idier, qui a succédé à son père sur le trône d'Irlande, Mordret, Girflet, Ganor d'Écosse, le Laid Hardi gisent sous les pieds des chevaux. C'est une chance pour leur commune amitié que Lionel au Cœur sans Frein et Bohor le Jeune n'aient pu rejoindre à temps le royaume de Logres, car, dans le feu de l'action, leur cousin n'eût pu se retenir de les malmener sans le moindre égard, or nulle blessure n'est plus longue à guérir que celle d'amour-propre.

Lancelot est présent partout, l'écu serré au corps l'abritant au plus juste, la lance bien en ligne, le coup imparable. Quiconque le défie n'a pas le temps de crier « Touché ! » Si le tranchant de son épée n'avait été émoussé pour la joute et le fer de sa lance épointé, il n'aurait pas laissé moins de vingt morts sur le champ de la rencontre. Les compagnons de la Table ronde s'enfuient ; Lancelot les pourchasse sur le meilleur destrier du roi Baudremagu. Ainsi la flamme court-elle le long d'un taillis tant qu'elle n'a pas atteint et consumé tout ce qui pouvait lui servir d'aliment : la dernière feuille du dernier arbrisseau.

Pour peu que les juges du tournoi l'eussent laissé faire, il se fût jeté à la poursuite des gens d'Arthur et les eût combattu jusque dans les rues de la petite cité de Camaaloth.

Devant pareils prodiges de valeur, l'issue de la rencontre importait peu au roi Arthur : l'épée au poing, le meilleur ne doit-il pas gagner ?

« Celui qui combat ainsi ne peut être que le libérateur de la Douloureuse Garde, fit-il remarquer à ses familiers. Seul Lancelot est capable d'accomplir de tels exploits et de clore un tournoi en si peu de temps. »

Il manda le vainqueur.

« Messire, si mon cœur ne me trompe, vous êtes celui que nous désirions tous le plus vivement revoir, lui dit-il en l'accolant tout armé comme il l'était. Vous pouvez maintenant délacer votre heaume : votre prouesse vous a trahi. »

Lancelot se sentit pâlir. Comment le roi pouvait-il encore lui marquer pareille estime ?

« Sire, répondit le transfuge, d'une voix altérée, je me reprocherai toujours d'avoir abandonné votre cour durant tant d'années. Toutefois, ce ne fut pas, croyez-le bien, faute du désir contraire… »

Le roi le rassura :

« Ceux que vous avez affrontés en champ clos demeurent vos compagnons. Ils ne sauraient vous tenir plus longue rigueur. Vous resterez à Camaaloth le temps qu'il vous plaira.

— Hélas ! répliqua Lancelot, j'ai fait le vœu de m'en retourner sans délai d'où je viens. En outre, selon ce même vœu, qu'il me faut bien tenir quoi qu'il puisse m'en coûter, je ne dois pas dormir sous un toit avant la fin d'une aventure dans laquelle je me suis engagé… »

Arthur prit tout naturellement le change. Sans doute cette nouvelle aventure de Lancelot avait-elle trait à la quête du Graal. Le roi ne pouvait qu'approuver la décision du jeune chevalier ; mais il ne le fit pas sans regret :

« Puisse le devoir vous commander toujours, beau doux ami ! Je ne voudrais pour rien au monde vous induire à vous parjurer. »

Le regard d'Arthur se posa sans arrière-pensée sur la reine. Guenièvre, habituellement si sûre d'elle, pâlit à son tour.

« Dame, ajouta le roi, voici donc revenu celui qui se disait votre chevalier, mais à peine est-il là qu'il nous quitte ! »

Fort heureusement, l'approche d'une civière détourna l'attention de tous : sur cette civière gisait monseigneur Gauvain en personne.

« Messire Lancelot, j'ai grande joie, moi aussi, à vous savoir vivant… et bien vivant ! fit le blessé entre deux gémissements. L'entaille que votre lame m'a laissée à l'épaule n'est pas grave, mais elle me rappellera longtemps le souvenir de cette rencontre entre bons compagnons. Ayant toujours eu pour coutume de me faire des amis à la pointe de l'épée, je ne vous en aimerai personnellement que mieux. Toutefois, ajouta-t-il dans un souffle, laissez-moi vous dire que vous avez manqué de prudence en abaissant de si cruelle manière l'orgueil de la Table ronde. Certains de vos pairs auront du mal à vous pardonner cette humiliation. »

Messire Gauvain, dans sa simplicité d'âme, disait vrai : à partir de ce jour, Lancelot allait compter plus d'ennemis que d'amis parmi ses anciens compagnons. Et pourtant l'heure où il aurait besoin de toute leur indulgence approchait… L'heure du scandale, l'heure de l'épreuve.

Déjà, du fond de son berceau, l'enfant prédestiné qui mériterait plus tard le titre de Meilleur Chevalier du monde tendait avidement les mains vers l'épée du héros défaillant.

XXXVII

LE CHEVALIER À LA CHARRETTE

À dater de cette rencontre, ses pairs cessèrent effectivement de tenir le vainqueur de la Douloureuse Garde pour l'éventuel champion de Notre-Sire. En soutenant le parti du roi de Gorre, Lancelot, à les entendre, n'avait pas seulement changé de couleur et d'emblème pour la durée d'une joute, mais encore de fidélité ; son arrogance dans la victoire leur avait, en outre, révélé le fond de sa véritable nature… qui n'était pas celle d'un saint.

Il avait, enfin, jeté le masque.

Messire Gauvain avait vu juste : jamais les chevaliers d'Arthur ne pardonneraient à Lancelot de les avoir pareillement humiliés et déçus.

Tandis que les plus indulgents d'entre eux attribuaient l'esclandre dont le chevalier aux Blanches Armes s'était rendu coupable à quelque flambée soudaine de son orgueil, ceux qui le jalousaient déjà pour ses prouesses anciennes voyaient dans sa longue absence, son brusque retour à point nommé et, finalement, son alliance avec le roi de Gorre autant de preuves d'un froid calcul.

Une intrigue avait été ourdie contre la Table ronde. Lancelot en était l'âme. Comment le roi Arthur ne l'avait-il pas compris ? Arthur, il est vrai, s'était toujours montré d'une incroyable faiblesse à l'égard du fils du roi Ban, son ami. Un jour, cette faiblesse le perdrait !

Quant à soupçonner la reine des deux Bretagnes d'avoir inspiré secrètement la conduite du transfuge, nul n'y songeait…

Il faut reconnaître que Lancelot et Guenièvre avaient, tout d'abord, fait montre d'une extrême prudence. Au cours des années qui suivirent le début de leur liaison, cette prudence ne se démentit qu'une seule fois, ainsi que ce conte le dira dans un instant. Lancelot ne paraissait que le moins souvent possible à la cour d'Arthur ; ses séjours y étaient toujours brefs. Non seulement le chevalier coupable appréhendait de se trouver en face de l'homme dont il avait trompé si laidement la confiance, mais en outre, aimant la reine avec la passion que l'on sait, il lui répugnait chaque jour davantage de s'imposer une contrainte qui était si peu dans sa nature ; dissimuler sans cesse, feindre et ruser lui coûtait infiniment plus qu'à la reine.

Sans doute, celle-ci, de son côté, ne cessait-elle de redouter qu'un regard trop appuyé, un geste, un mot ne les trahissent ; toutefois, cette crainte ne lui était pas seulement tourment mais joie. Après des années d'attente sans objet, sa vie, pensait-elle, avait pris un sens : elle aimait.

Ah ! jamais femme ne se donna plus entièrement à l'homme de son choix !

C'était, le plus souvent, à l'occasion de l'un des brefs séjours de Guenièvre en Petite Bretagne que Lancelot parvenait à la rejoindre furtivement, soit dans la forêt de Landerneau, toute proche du château de la Douloureuse Garde qu'il avait jadis délivré, soit à l'abri des ombrages de la forêt de Brocéliande, aux alentours du pont du Secret dont la seule vue leur remémorait tant de souvenirs...

Là, ils pouvaient se retrouver librement, sinon sans risque car les précautions qu'ils s'imposaient n'écartaient pas entièrement, on s'en doute, l'éventualité de quelque mortelle surprise. Mais, ce conte l'a déjà dit, la reine s'efforçait de bannir tout sentiment de crainte dès lors qu'elle se trouvait auprès de son amant. Lancelot était là ; Lancelot la protégeait. Il la défendrait, le cas échéant, au péril de sa vie. La pensée de mourir dans ses bras lui était, d'ailleurs, devenue si familière qu'elle ne l'effrayait plus.

L'amour, par son essence même, n'est-il pas déraison ? Si l'aveuglement de la passion ne justifie pas toutes les folies, il en explique un bon nombre... et, notamment, cette imprudence de Lancelot à laquelle j'ai fait allusion tout à l'heure.

La voici telle que la plupart des conteurs l'ont rapportée.

Un jour où notre chevalier cherchait désespérément l'occasion de voir la reine seul à seul, il rencontra un nain conduisant une charrette.

« Sais-tu en quel lieu le roi Arthur tient sa cour en ce moment ? s'informa Lancelot, lorsque l'attelage parvint à sa hauteur.

— Est-ce bien monseigneur le roi en personne que vous désirez voir ? » s'informa le nain, en clignant de l'œil.

Si l'un de ses pairs s'était permis de le railler de la sorte, Lancelot aurait tout aussitôt porté la main à son épée, mais il avait le cœur trop haut placé pour céder au désir de châtier un pareil avorton. Du reste, son interlocuteur, en risquant cette mauvaise plaisanterie, n'avait fait que suivre la pente naturelle de son esprit sans nulle intention blessante.

« Où est le roi ? répéta seulement l'amant de la reine Guenièvre, d'un air si meurtrier que le sourire du nain se flétrit du même coup.

— Le roi tient sa cour à Rennes, à ce que j'ai entendu dire, répondit servilement le petit homme. Quant à la reine, ajouta-t-il comme pour lui-même, je crois bien connaître sa résidence actuelle. Mais puisque ce n'est pas la reine que vous cherchez…

— Dis-moi *aussi* où est la reine, fit alors Lancelot en s'efforçant de réprimer le dégoût que ce marchandage lui inspirait. Parle ! Et je te donnerai plus de piécettes d'argent que tu n'en as jamais vu.

— Ni pour or ni pour argent je ne vous révélerai où madame Guenièvre se trouve actuellement, à moins que je ne sois assuré du plus grand secret… Le vent pourrait bien apporter la nouvelle de mon indiscrétion jusqu'au roi ; or je crains davantage son courroux que je ne désire votre récompense.

« Toutefois, ajouta-t-il en baissant encore la voix, si vous consentiez à monter dans ma charrette, je vous le dirais à l'oreille. »

En ce temps-là, les litières étaient rares, à la campagne ; et plus encore les charrettes. Dans les villes, tombereaux et charrettes ne servaient guère qu'à promener les malfaiteurs condamnés à une peine infamante, avant de les attacher au pilori. De sorte que tout chevalier digne de ce nom, même grièvement blessé, eût préféré languir au fond de quelque creux de fossé et, finalement, passer de vie à trépas faute de secours, plutôt que de se laisser emporter vers le salut en pareil équipage.

Et pourtant, ce jour-là, son désir d'avoir des nouvelles de la reine était si vif que monseigneur Lancelot ne rougit pas d'accepter les conditions qui lui étaient imposées. Ayant attaché son cheval aux ridelles de la charrette, il monta sans hésiter auprès du conducteur. Dans son esprit, leur entretien n'excéderait pas quelques instants juste le temps d'apprendre ce qu'il désirait tant savoir.

La fatalité voulut, malheureusement, que messire Gauvain, en personne, l'aperçût. Gauvain, n'en pouvant croire ses yeux, commit l'imprudence de confier son étonnement à Keu, le pire bavard qui fût jamais. Keu, à son tour, s'empressa de publier cette aventure de château en château ; de sorte qu'en un très court délai le royaume tout entier fut informé que monseigneur

Lancelot du Lac s'était laissé promener ignominieusement en charrette. D'où le surnom de chevalier à la Charrette dont ses ennemis le gratifièrent.

Cette histoire, qui divertit fort ceux qui l'entendirent raconter, ne dut pas surprendre outre mesure les familiers du libérateur de la Douloureuse Garde. Lancelot, dans sa prime jeunesse, avait déjà déconcerté maintes fois ses amis par des inconséquences plus graves encore.

Ne s'était-il pas laissé choir dans les douves de Kerléon, sous les fenêtres même de la reine ?

Fort heureusement, Guenièvre avait inspiré à d'autres champions tant d'amoureuses folies sans avoir donné prise, personnellement, à la critique qu'il en eût fallu davantage pour la compromettre.

C'est, du moins, ce que ses familiers pensèrent.

Plusieurs années s'étaient d'ailleurs écoulées, répétons-le, depuis cette aventure de la charrette que nous venons d'évoquer… Au fil des saisons, le chevalier de la reine s'était peu à peu assagi ; du moins en apparence.

De toute manière, réduire le drame de Lancelot à ces intrigues et à ces ragots de cour serait abaisser la qualité de sa passion. Ces contradictions trahissaient seulement son désarroi. Mais les scrupules, pour ne pas dire les remords, qui le visitaient déjà, ne projetaient, en ce temps-là, qu'une ombre bien légère sur sa joie : son âme tourmentée n'en était pas encore réduite à se débattre dans les filets de la grâce comme un oiseau pris dans les rets d'un piège.

Parfois, lorsque au hasard de ses pérégrinations à travers la Petite Bretagne il lui était advenu de se retrouver devant la chaîne des monts d'Arrée, un vertige l'avait saisi à la pensée qu'il ne connaîtrait plus jamais l'allégresse de cette première ascension qui l'avait amené, comme d'un coup d'aile, jusqu'au refuge sacré du Graal.

Pour lui, la cime du Roc'h Trevezel resterait toujours désespérément vide…

Cependant l'heure approchait où Dieu lui permettrait de se racheter par l'entremise de Galaad, son fils.

Lancelot n'avait jamais vu celui-ci. À la suite de la disparition d'Olwenn, qui était morte trois ans après la naissance de l'enfant, épuisée par la vie de pénitence qu'elle s'était imposée en expiation de sa faute, le roi Pellès avait effectivement fait enfermer le petit Galaad dans un moutier situé au cœur de la forêt Gastée, avec interdiction à Lancelot d'en approcher jamais.

Sans doute le roi espérait-il que le temps étendrait, peu à peu, son manteau d'oubli sur la mémoire d'Olwenn.

Mais il n'est secret, fût-il le mieux gardé du monde, qui ne finisse par s'ébruiter : malgré la vigilance de son entourage, Galaad ne pouvait manquer d'être aperçu, un jour ou l'autre, par quelque ami de son père ; or l'enfant ressemblait à Lancelot d'une manière si frappante que cette ressemblance devait fatalement trahir sa filiation.

Ainsi le nom de Lancelot se trouva-t-il, tout naturellement, associé par la médisance à celui de l'orphelin.

Les commentaires, souvent cruels, qui entourèrent cette reconnaissance implicite de Galaad n'apprirent rien à Guenièvre qu'elle ne sût déjà. Lancelot lui avait avoué sa faute dès le début de leur liaison… et il s'en était même confessé avec tant de contrition que la reine n'avait pu faire autrement que de lui pardonner.

Mais le pardon n'est pas l'oubli.

Après avoir souffert tout ce qu'une femme peut souffrir lorsqu'elle se voit trahie, après avoir jalousé sa rivale comme seule une femme peut jalouser une autre femme, Guenièvre en était venue aujourd'hui à envier la jeune morte : si humble qu'ait été sa part de bonheur, si douloureux qu'ait été son brusque réveil, si déplorable qu'ait été sa fin, Olwenn avait du moins donné un fils à l'homme qu'elle aimait !

Guenièvre ne connaîtrait jamais pareille joie.

Par la suite, la reine s'enquit maintes fois de cet enfant qui la touchait de si près à l'insu de tous. Mue par un sentiment d'avide curiosité, elle chercha même à le voir en secret ; mais en vain. Un jour viendrait pourtant où leurs routes se croiseraient ; à l'heure choisie par le Haut Maître…

Cette tardive rencontre coûterait d'ailleurs bien des larmes à la reine !

Dans l'immédiat, et sur un plan différent – celui de la Quête célestielle –, la faute dont le chevalier aux Blanches Armes s'était rendu coupable, au château du Graal, allait avoir d'incalculables conséquences ; et tout d'abord celle-ci : le vase du Précieux Sang devrait quitter la citadelle profanée.

Déjà les preuves du transfert du Graal d'Armorique en Grande Bretagne commençaient à se multiplier. Tantôt en Cornouailles insulaire, tantôt au pays de Galles, tantôt en terre de Logres, se manifestait, presque journellement, quelque signe de la visitation du calice de Lumière.

Certaines personnes dignes de foi prétendaient même avoir rencontré, au plus profond de la forêt Gastée, des chevaliers appartenant au roi Pellès, bien reconnaissables à l'emblème peint sur leurs écus : une tourterelle ou, si l'on préfère, une colombe, les ailes déployées, à l'image du Saint-Esprit.

Fallait-il en déduire que la Citadelle aventureuse, cette forteresse aérienne dont nul ne devait plus franchir le seuil avant la venue du Meilleur Chevalier du monde, avait été transportée ou, pour mieux dire, réédifiée en terre de Logres ?

Tout semblait le laisser entendre, mais rien ne permettait de l'affirmer avec certitude. Le mystère concernant le refuge du Graal restait donc entier.

Au cours des années passées, l'ardent désir de voir se réaliser les prédictions de Merlin avait donné naissance à tant d'illusions décevantes que les témoins de ces nouveaux présages – le plus souvent des petites gens – n'en parlaient qu'à mots couverts : à peine y croyaient-ils eux-mêmes…

Telles étaient les données du drame, telles étaient les couleurs du décor, tel était le désemparement de la plupart des acteurs, à la veille des événements qu'il nous reste à narrer.

XXXVIII

LES ENFANCES DE PERCEVAL

Une fois de plus, les compagnons de la Table ronde se sentaient accablés par une indicible lassitude. Lancelot leur était apparu comme le meilleur d'entre eux durant tant d'années, ils avaient misé sur ses chances avec tant d'aveugle confiance, qu'ils ne pouvaient plus croire en leur propre fortune.

Et cependant, quiconque leur eût révélé le nom du futur champion de Notre-Sire les eût, tout à la fois, déçus et scandalisés : non seulement Galaad n'était pas encore en âge d'assumer son destin – plusieurs années devraient donc s'écouler avant la reprise de la Quête, interrompue par la défection du libérateur de la Douloureuse Garde –, mais, surtout, il avait été engendré dans les ténèbres du péché... Quoi ! pour prix de leur longue patience, Dieu les soumettrait au fils de l'homme qui les avait si cruellement déçus et si grièvement offensés, le bâtard de Lancelot !

(Il est vrai que la fleur du nénuphar, la plus blanche de toutes les fleurs, plonge ses racines dans la vase des eaux mortes !)

Ils se fussent étonnés bien davantage en apprenant qu'un tel choix rallierait par la suite leurs suffrages. Mais, répétons-le, Galaad n'était encore qu'un enfant à l'époque où se placent les faits que ce conte va rappeler.

En attendant l'avènement de Galaad – et, en quelque sorte, pour tromper la faim douloureuse de ceux qui désiraient si ardemment voir se réaliser les prophéties concernant le Meilleur Chevalier du monde –, un adolescent, à peine plus âgé que le fils de Lancelot et d'Olwenn, incarnera la grande espérance des deux Bretagnes. Ainsi la scène sur laquelle se déroulera, au jour marqué par la Providence, le dernier acte des hautes aventures du Graal ne sera-t-elle jamais entièrement vide.

Ce jeune chevalier, est-il besoin de le nommer ? Les

anciens conteurs l'ont maintes fois comparé à Jean le Précurseur. À ce trait l'on aura déjà reconnu Perceval, le héros au Cœur Simple qui annoncera la venue du Meilleur Chevalier du monde comme Jean Baptiste avait annoncé celle du Messie Lui-même...

Pendant un long intermède, qui durera près de dix ans, Perceval tiendra en haleine les champions les plus renommés de Grande et de Petite Bretagne. Ayant été élevé en jeune sauvage, dans l'une des régions les plus déshéritées du pays de Galles, il fera tout d'abord sourire à ses dépens par l'étrangeté de sa mise et la naïveté de ses propos ; puis ses folles prouesses forceront l'admiration. De saison en saison, sa réputation de haute chevalerie s'affirmera ; si bien que la plupart de ses pairs finiront par lui décerner, dans le secret de leur cœur, ce titre de Meilleur Chevalier du monde qu'ils n'oseront plus ambitionner pour eux-mêmes. Toutefois, à l'instant précis où le roi Arthur s'avisera d'exprimer cette pensée à voix haute, Dieu poussera Galaad en avant et l'imposera de la manière la plus irrécusable.

Alors, tout naturellement, sans nulle amertume, avec cette merveilleuse simplicité qu'il montrera toujours en toute chose, Perceval s'effacera.

Mais ce récit ne doit pas anticiper sur les événements.

Les impressions reçues dans la petite enfance sont, d'ailleurs, si vives et si profondes que le comportement futur de Perceval demeurerait inexplicable pour qui ne saurait rien du drame de sa naissance.

Perceval, on s'en souvient, devait naître de souche galloise. Gamuret, son père, passait pour l'un des meilleurs chevaliers du siècle ; Herzéloïde, sa mère, était la propre sœur du roi Pellès. Hélas ! Gamuret, à l'exemple de toute sa parenté, nourrissait une passion déraisonnable pour les armes : sur ses neuf frères, six avaient péri en bataille et les trois autres étaient morts des suites de blessures reçues au cours de quelque joute.

Après avoir langui durant près d'une année aux pieds de sa jeune épouse, Gamuret fut de nouveau repris par ce goût du risque qu'il tenait d'héritage... Et pourtant il pensait aimer Herzéloïde plus que lui-même, mais quiconque a cédé à l'appel des hautes aventures, ne fût-ce qu'une seule fois, ne saurait plus connaître ni réelle quiétude ni vraie joie domestique.

Ne pouvant retenir indéfiniment à ses côtés celui qu'elle aimait, Herzéloïde lui fit promettre qu'il serait de retour avant la venue de l'héritier qui devait naître à leur foyer. Les jours, puis les mois, s'écoulèrent : dans six semaines, Herzéloïde serait mère.

Depuis longtemps déjà, l'enfant se mouvait dans son étroite prison de chair ; parfois, ses pieds menus heurtaient impatiemment les flancs maternels... Alors Herzéloïde s'émerveillait de sentir croître en elle, et se fortifier, ce petit être qui était, pour moitié, le fruit de Gamuret son cher époux.

Un seul instant suffit à lui ravir sa joie.

Cet après-midi-là, l'orage menaçait ; la chaleur était étouffante. Appesantie comme elle l'était, la jeune femme s'endormit. Brusquement, il lui sembla, dans son sommeil, qu'un dragon monstrueux lui arrachait le cœur de la poitrine.

Au grand cri qu'elle poussa, ses femmes l'éveillèrent.

« Gamuret ! Gamuret ! plus jamais je ne te verrai, ce rêve en est le signe ! » s'écria-t-elle, en jetant autour d'elle des regards remplis d'épouvante. Rien ne put détourner son esprit du rêve qu'elle venait de faire. Le soir même, un écuyer de Gamuret se présentait devant elle, haletant encore de sa course : son maître avait été tué en terre païenne. Assailli par surprise alors qu'il cheminait désarmé à la tête d'une faible escorte, il avait péri misérablement sans même avoir pu se défendre.

À quoi servirait-il de rapporter ici les lamentations de la jeune femme, ses larmes, son deuil ? Quelques instants plus tôt, elle se disait certaine de la mort de son ami ; hélas ! maintenant que ses craintes se trouvaient confirmées, elle mesurait – avec quel désespoir ! – toute la profondeur de l'abîme qui sépare l'angoisse, si vive soit-elle, de la douleur.

Puis, brusquement, la source de ses larmes sembla tarie. On la sentait au-delà de sa peine, au-delà de sa propre vie. En vain ses femmes la suppliaient-elles de penser à l'enfant qui allait naître, l'infortunée paraissait comme retirée hors de ce monde avec celui qui n'était plus.

Lorsqu'elle reprit, enfin ! pleinement conscience, Herzéloïde fit une chose merveilleuse, à laquelle, peut-être, aucune autre femme n'eût pensé : sans souci de savoir si on la regardait ou non, elle entrouvrit la chemise de pur lin qui vêtait son beau corps, déformé par l'attente, et souleva doucement, avec mille précautions, ses seins de neige aux veines bleutées ; puis, de ses propres lèvres, elle les baisa « car, dit-elle à mi-voix, vous êtes la coupe à laquelle mon enfant boira ; en vous, de nuit aussi bien que de jour, il trouvera sa nourriture toute préparée ».

Comme quelques gouttes de lait perlaient, elle ajouta : « Lait, tu as devancé la venue de mon enfant. Sois béni pour ce gage de fidèle prévoyance ! Après le triste message que j'ai reçu, toi seul m'est réconfort, sinon consolation, car tu es l'annonce d'une nouvelle vie. »

Quelques jours plus tard, un fils lui naissait.

En entendant ses premiers cris, elle sentit une immense tendresse l'envahir : n'était-ce pas un peu de Gamuret qui revivait en cet enfant ?

Quand Herzéloïde eut constaté, de ses propres yeux, sans même avoir besoin d'écarter les jambes du nouveau-né, que celui-ci était bien graine d'homme, la vive joie qu'elle en éprouva se doubla d'une anxiété poignante. Se remémorant l'amour de Gamuret pour les aventures périlleuses, elle craignit que son fils ne fût destiné à la même fin tragique. Et, aussitôt, elle se jura de faire tout au monde pour le soustraire à l'attirance des armes.

Mais déjà l'enfant, qui était vigoureux et impatient de vivre, tournait de tous côtés son petit visage aveugle. Sans plus attendre, Herzéloïde glissa entre les lèvres entrouvertes le bouton de l'un de ses seins – entendez du sein gauche, le plus proche du cœur ! La bouche gourmande s'en empara puis se mit à boire avidement.

Herzéloïde, émerveillée de la robustesse du nouveau-né, déclara, en souriant à travers ses larmes, qu'il promettait d'être aussi volontaire et exigeant que son père, à qui, est-il besoin de le dire, il ressemblait, d'après elle, trait pour trait.

Le nom qu'elle lui donna, Perceval, apparut à tous comme un gage de naïve et charmante hardiesse. Il devait l'illustrer à merveille.

Herzéloïde n'attendit pas que le nourrisson fût sevré pour exécuter le projet qu'elle avait formé dès l'heure même de sa naissance. Un beau matin, sous prétexte de se rendre en pèlerinage à Saint-Brendan d'Écosse, la jeune femme rassembla dans un lourd chariot tout ce qu'elle possédait de plus précieux et prit la route de la forêt Gastée, en compagnie de quelques manants qui lui étaient dévoués corps et âme.

Ses gens menaient devant eux, outre une demi-douzaine de petits chevaux du pays qui ne payaient guère de mine mais pouvaient être de bon service, un maigre troupeau de vaches et de brebis ; de sorte qu'ils allaient fort lentement. Après avoir cheminé durant deux longues semaines dans cette forêt, qui passait avec raison pour l'une des plus inhospitalières du monde, Herzéloïde parvint enfin à l'entrée d'une vallée. Un cours d'eau l'arrosait. Il serait facile d'y construire un moulin. La jeune femme décida d'établir sa demeure dans ce lieu écarté où elle pourrait vivre, à jamais, loin du monde avec son cher fils. Ce refuge sauvage lui parut bon ; l'herbe y croissait en abondance ; la terre devait être fertile. Au bord du ruisseau se voyait une grande variété de fleurs, jaunes, bleues, écarlates ; mais, en ce temps-là, Herzéloïde, accablée de chagrin, ne prenait guère de plaisir à regarder les fleurs – si vives et si charmantes que fussent leurs couleurs – en dehors de celles qu'elle eût aimé tresser en couronnes pour orner la tombe de son époux.

Ici, du moins, le petit Perceval n'entendrait jamais parler de chevalerie, de tournois, ni de guerres.

Rivaliser de force et d'adresse avec les jeunes manants de son âge, chasser dans les environs immédiats de la vallée, monter à cheval, se baigner, nager, tels seraient les seuls plaisirs virils qu'Herzéloïde lui permettrait.

Et, de fait, c'est ainsi que l'enfant fut élevé jusqu'à sa quinzième année : à la rude manière paysanne, avec défense à ceux qui l'entouraient de lui rappeler son rang, ni rien qui pût l'éclairer sur l'état de chevalerie. Il convient d'ajouter que, dès son plus jeune âge, il montra à la fois tant de naïve tendresse, de droiture et de bonté, jointes à une telle hardiesse, que nul ne pouvait l'approcher sans le chérir.

De nombreuses scènes concernant cette période de sa vie ont été décrites par les anciens conteurs. Ce récit rappellera seulement les plus charmantes d'entre elles.

Perceval, encore tout enfant, s'était fait un arc de ses propres mains ; cependant, sa bonté naturelle était si grande et sa compassion si vive que, lorsqu'il abattait une proie, et surtout un oiseau, il regrettait, aussitôt, de ne pouvoir lui rendre la vie. Il faut dire que le chant des oiseaux l'émouvait de telle sorte qu'il en éprouvait parfois une véritable angoisse. Alors, ne pouvant retenir ses larmes, le petit archer accourait vers sa mère… Il était bien jeunet, en ce temps-là ; tout au plus avait-il sept ans.

« Qui t'a fait de la peine ? lui demandait Herzéloïde. Aurais-tu franchi les limites de la vallée où nous demeurons ? Tu sais pourtant qu'au-delà s'étend le monde des méchantes gens. »

Mais, comme jamais personne n'avait été méchant pour lui, il ignorait toute crainte et ce n'était pas de cette trouble source que venait sa peine. Il était d'ailleurs comme tous les enfants, qui ignorent le plus souvent la cause profonde de leurs chagrins ou, très vite, n'en ont plus souci : ses larmes duraient peu car il était naturellement gai et enjoué.

Un jour, sa mère crut cependant comprendre que c'était le chant des oiseaux qui l'angoissait ainsi, tant son cœur se dilatait de plaisir à les entendre gazouiller. Herzéloïde, alors, se prit à haïr les oiseaux, au point qu'elle donna l'ordre à ses laboureurs de leur tendre pièges et lacets, mais l'enfant, s'étant aperçu de cette guerre que l'on faisait à ses petits amis, supplia sa mère de leur laisser la vie sauve. Lui-même s'efforçait de les épargner : s'ils n'étaient que légèrement blessés, il pansait leurs plaies de son mieux. Quant à les faire périr d'une manière aussi cruelle, en les attirant dans un piège mensonger, cette seule pensée le révoltait.

« Enfant, lui dit Herzéloïde, pareille prière te vient de Dieu, j'ai eu tort. Laissons les oiseaux à leur joie ! La violence est toujours mauvaise : le sang appelle le sang. Or la vie de toute créature, fût-elle de la plus humble sorte, mérite d'être respectée, car Dieu seul, dont la puissance est infinie, peut à la fois donner la vie et la reprendre.

— Ah ! chère mère, qu'est-ce donc que Dieu ? Vit-on jamais un tel pouvoir ? Quand il m'arrive de tuer, par aventure, quelque petit oiseau, je suis bien incapable de lui rendre la vie… et c'est là, justement, mon chagrin !

— Beau doux fils, ne t'en ai-je pas maintes fois parlé ? Dieu est le créateur et le maître souverain de toute chose. Il est grâce et lumière. Par tendresse et pitié pour les hommes, Dieu a daigné prendre figure humaine et c'est sous cette apparence qu'Il est, le plus souvent, représenté… Pour Le servir, Il a de merveilleuses créatures nommées anges qui participent à Sa lumière car tout ce qui vient de Dieu est clarté.

« Mais, hélas ! il existe également Son contraire, qui est l'esprit du mal, plus connu sous le nom de démon ou de diable. Le démon est tout noirceur et corruption. Il est le ver dans ce beau fruit qui s'appelle le Monde. Défie-toi de lui jusque dans tes pensées. »

Ainsi Herzéloïde commença-t-elle à enseigner à son fils à bien distinguer les ténèbres de la LUMIÈRE. Ce fut la première leçon qu'elle lui donna... Puis l'enfant primesautier retourna à ses jeux.

XXXIX

LES ANGES VÊTUS DE FER

Jour après jour, mois après mois, s'enfuyaient les saisons.

Ainsi que ce récit l'a déjà laissé entendre, Perceval vécut aux côtés de sa mère, durant les quinze premières années de sa vie, dans l'ignorance de sa véritable condition, de son rang et de son lignage. Sans doute l'enfant n'était-il pas malheureux. Il menait, dans les étroites limites de la vallée, une existence libre de toute contrainte, s'efforçant seulement de remplir, chaque jour, les menus devoirs de son état, afin de complaire à celle qu'il aimait plus que tout au monde – sa propre mère – et, par là même, à Dieu. Mais, confusément, il aspirait à une existence toute différente, sans trop savoir de quoi elle serait faite.

Il lui suffisait d'entendre le vent déferler librement sur la plaine pour que le désir de le suivre lui vînt... Le jeune valet, à ce spectacle, frémissait d'impatience. Il courait alors à l'enclos où se trouvaient les chevaux de sa mère et sautait, sans bride ni selle, sur le plus vif d'entre eux : un petit bidet gris souris, à l'œil de braise, qu'il avait tôt fait de couvrir d'écume. Pris au même jeu, l'enfant et la bête luttaient longtemps de vitesse avec les feuilles emportées par le vent. D'une pression des genoux, d'un déplacement des hanches, Perceval, guidé par l'instinct qu'il avait hérité d'une longue lignée d'écuyers, contraignait sa monture à volter et à volter encore, après de brusques changements de pied au galop, puis il la jetait en avant pour la détendre dans une course échevelée.

Arrivé au bord du ruisseau qui cernait son minuscule royaume, il lui fallait bien s'arrêter ; de dépit, l'enfant se laissait glisser à terre et s'en revenait seul, las et maussade.

En le voyant rentrer ainsi, tout en nage et souillé de boue, Herzéloïde se doutait bien qu'il avait dû s'aventurer jusqu'aux extrêmes limites de la plaine ; et peut-être même au-delà. Et pourtant, le sachant, elle préférait se taire.

Comment la pauvre femme pouvait-elle croire qu'elle retiendrait toujours son fils à ses côtés ? On reconnaît l'oiseau à son vol. Perceval promettait déjà de voler plus rapidement, plus haut et plus loin que le plus ardent des gerfauts.

Parvenu à cette prime saison de sa vie, Perceval était bien le plus beau et le plus gracieux adolescent qui se pût voir. Il avait les épaules larges et les bras robustes, les hanches minces, les jambes longues et musclées. De visage il ressemblait à Gamuret, son père, ce larron d'amour que seul le mariage avait su assagir : ses cheveux étaient noirs comme la mûre, ses yeux pers, sa bouche rieuse ; mais, préservé de tout mauvais exemple, il avait miraculeusement gardé une limpidité d'âme enfantine.

Au point que certains, le jugeant sur la naïveté de ses propos, lui feraient, par la suite, une réputation de simplicité d'esprit fort injuste : ayant longtemps vécu loin du monde, il en ignorait seulement la malice.

Un jour où il s'était aventuré avec son cheval hors des frontières de la vallée, il entendit la terre gronder, comme sous l'effet d'un martèlement de forge. Vite, il saisit son javelot, arrêta brusquement son bidet et attendit, l'œil aux aguets.

« Quel bruit est-ce là ? s'écria-t-il. Serait-ce le diable ? Ma mère m'a dit de m'en défier ; voire de m'enfuir à son approche. Mais elle est femme et, comme toutes les femmes, est craintive. Qu'il vienne, je le recevrai de mon mieux ! »

Au même instant débouchaient trois cavaliers bien montés et armés de pied en cap. Le soleil dardait ses rayons à travers les branches, en sorte que leurs coiffes de fer, leurs cottes de mailles, leurs écus et les harnachements de leurs chevaux eux-mêmes semblaient ruisseler de lumière,

« Holà ! mais ce sont des anges et non des diables. Celui qui marche en tête, plus resplendissant encore que ses deux compagnons, ne peut être que Dieu en personne. Ah ! Père céleste, qui avez pris corps d'homme pour nous racheter, pardonnez-moi mon ignorance. Certes ! ma mère ne m'avait pas menti en me décrivant votre gloire. »

Et, tout aussitôt, il se jette à bas de sa monture, se prosterne et se met à réciter les prières et les oraisons que sa mère, Herzéloïde, lui a enseignées. Tout étonnés à cette vue, les chevaliers s'arrêtent. Alors, celui que l'adolescent avait pris pour Dieu Lui-même cherche à le rassurer :

« Enfant, n'aie pas peur !

— Certes ! je n'ai pas peur. Je vous rends seulement les hommages qui vous sont dus. Tout homme ne doit-il pas adorer Dieu lorsqu'il lui advient de Le rencontrer ?

— Quelle étrange fable me contes-tu là ? Je ne suis qu'un chevalier comme tant d'autres. Dis-moi, plutôt : n'as-tu pas vu passer par ici cinq misérables chevaucheurs entraînant de force une demoiselle ?

— Ainsi tu es un *chevalier* ! reprit avidement l'enfant, sans répondre à la question qui lui était posée. Qu'est-ce donc qu'un chevalier ? Si tu n'es pas Dieu en personne, tu es assurément l'un de ses anges.

— Ni Dieu ni ange, mais simplement un homme revêtu de la chevalerie.

— Alors dis-moi encore, homme-chevalier : ce long épieu que tu tiens à la main, à quoi sert-il ? Mais tout d'abord, comment le nomme-t-on ?

— On l'appelle “lance”.

— Veux-tu dire que tu le lances au loin, comme je le fais de mon javelot ?

— Non, certes ! car un chevalier ne saurait frapper son ennemi que de près. C'est à cela que sert la lance.

— À tout prendre, mes javelots sont donc préférables à cet épieu ferré, car ils me permettent d'atteindre ma proie d'aussi loin que je l'aperçois. Ton corps est tout recouvert de petits anneaux de fer. Comment cette peau luisante t'est-elle venue ? Est-ce de naissance ? »

En essayant de démêler les mailles d'acier de sa main nue, il ne parvenait qu'à les embrouiller davantage.

« Les servantes de ma mère en portent de semblables à leurs oreilles, mais elles me défendent d'y toucher… Je ne puis détacher un seul de ces anneaux. Il faut qu'ils aient grandi ensemble.

— Ces anneaux emmêlés s'appellent des “mailles”. Ils forment comme un tissu d'acier qui me met à l'abri des coups.

— Fasse Dieu que jamais biche ni cerf n'en portent de semblable ! Comment les atteindrais-je ? Et ce chapeau de fer ?

— Cette coiffure d'acier est un heaume qui ceint ma tête à la manière d'une tour fortifiée, afin de la protéger. »

Perceval posa encore mille questions sur l'écu, les jambières, les brassards et, enfin, sur l'épée. Et toujours le maître chevalier répondait de son mieux, tant la mine, tout à la fois fière et naïve, de l'adolescent lui plaisait. Si bien que ses deux compagnons finirent par s'impatienter.

« Seigneur, lui dirent-ils, ce sot de Gallois nous fait perdre un temps précieux. Vous voyez bien qu'il ne peut nous renseigner. Interrogeons plutôt les manants que l'on aperçoit là-bas.

— Ce sont les herseurs de madame ma mère », précisa l'enfant avec fierté. Mais tout aussitôt il ajouta, s'adressant de nouveau au maître chevalier : « Seigneur, seigneur, puisqu'il convient de t'appeler ainsi, encore une seule question et je te laisserai partir… S'il est vrai que tu n'es pas né tout cuirassé comme je te vois en ce moment, dis-moi qui t'a fait don de tes armes, car j'en voudrais bien de semblables ?

— C'est le roi Arthur, mon enfant, le jour où il m'arma chevalier. Et si tu veux, plus tard, te rendre auprès de lui – car tu as bien la mine de sortir d'une noble lignée malgré ton air de jeune sauvage –, sache que tu pourras le joindre facilement : le roi tient, le plus souvent, sa cour d'hiver dans une demeure toute proche de cette forêt. Il te suffira de marcher tout un jour vers le soleil couchant ; à l'orée des bois, tu trouveras une rivière, remonte-la pendant deux ou trois lieues, après l'avoir passée à gué. Parvenu sur l'autre rive, en amont, tu ne manqueras pas d'apercevoir un fort château appelé Camaaloth. Je peux t'assurer que le roi Arthur y demeure en ce moment de l'année, car j'en viens.

Cependant, ses compagnons pressaient à nouveau leur seigneur de se hâter. Déjà tous les trois s'éloignaient, tandis que le jouvenceau, toujours planté au milieu du chemin, les saluait à maintes reprises, le bonnet à la main, en les recommandant à Dieu.

À peine Perceval fut-il seul qu'il s'en retourna en toute hâte vers le logis champêtre qu'Herzéloïde avait fait construire au plus secret de la vallée. En bordure d'un champ, quelques laboureurs de sa mère dévoraient à belles dents leur frugal repas.

« Je viens de voir des chevaliers ! leur cria-t-il, du plus loin qu'il les reconnut. Peut-être les avez-vous également aperçus ? Ils étaient plus beaux que des anges. »

Puis il continua son chemin, les laissant tout interdits et tremblants à la pensée du courroux de leur maîtresse lorsqu'elle apprendrait que l'enfant avait, enfin, découvert ce qui lui avait été caché jusque-là avec tant de soin.

Lorsqu'elle vit l'adolescent entrer dans sa chambre avec une expression si animée qu'elle semblait l'annonce de quelque extraordinaire nouvelle, Herzéloïde pâlit jusqu'aux lèvres.

« Mère ! mère ! j'ai vu des chevaliers ! Tout d'abord, je les avais pris pour des anges, et même l'un d'eux me paraissait semblable à Dieu, mais ils m'ont assuré qu'ils étaient bien des hommes. À ma prière, celui qui se disait leur chef m'a enseigné le moyen de devenir son égal. Dès que vous m'aurez donné votre bénédiction, je partirai pour la cour du roi Arthur, puisque c'est lui qui fait les chevaliers. »

Lorsque Herzéloïde l'entendit parler de la sorte, elle pensa tout d'abord mourir de saisissement et de douleur.

« Fils, s'écria-t-elle, ma bénédiction, vous ne l'aurez jamais. »

Alors, d'une voix enrouée de larmes, elle lui conta la mort tragique de son père et de ses oncles et lui remémora, en outre, les sacrifices qu'elle avait faits pour l'élever au fond de cette forêt sauvage, où elle s'était elle-même astreinte à vivre en recluse, afin de le protéger plus sûrement des périls du monde.

Mais toujours l'enfant secouait la tête, et répétait :

« Je serai chevalier, je serai chevalier ! Tout ce que vous m'objectez ne peut qu'accroître mon désir. »

Ce qui demeurait encore en lui de son enfance s'était évanoui à la vue des armes. Sans doute son âme resterait-elle encore longtemps d'une naïveté puérile, mais sa résolution était déjà d'un homme.

Herzéloïde ne pouvait que céder devant l'opiniâtreté de son fils. Elle savait par l'exemple de Gamuret, son cher époux, qu'aucune prière, si pressante fût-elle, n'eût pu le retenir à ses côtés. Comprenant qu'à moins de l'enchaîner elle n'en obtiendrait pas davantage, elle lui demanda seulement de remettre son départ au lendemain.

« Un futur chevalier, lui dit-elle, ne saurait se présenter à la cour vêtu comme vous l'êtes. »

De toute manière, l'équipement de Perceval serait d'un rustre, car Herzéloïde n'avait rien dans ses coffres qui fût digne de sa nouvelle condition... Peut-être espérait-elle secrètement que l'adolescent, humilié par les railleries que ne pourrait manquer de lui valoir son misérable accoutrement, s'en reviendrait à la première déconvenue.

Elle le connaissait mal !

Pour trousseau, Herzéloïde lui fit don d'un chaud manteau de laine à capuchon, d'une cotte en cuir de cerf fraîchement tannée, de braies rustiques en toile d'ortie, de bottes découpées dans une peau de veau encore garnie de ses poils et, enfin, d'une bonne chemise de chanvre toute neuve.

En guise d'armes, l'enfant voulait emporter trois javelots, selon son habitude, mais sa mère le détourna d'en prendre plus d'un seul, de crainte de paraître « trop gallois ».

Quant à son bidet, bien qu'il fût le meilleur de l'écurie, nul chevalier n'eût voulu lui confier ses bagages tant il payait peu de mine. Mais de toute cette misère Perceval n'avait pas le moindre soupçon. Et, d'ailleurs, il s'en fût moqué : demain, après-demain au plus tard, il serait à la cour du roi Arthur. Et, tout aussitôt – pourquoi pas ? – le roi lui accorderait la chevalerie avec les signes qui s'y rattachent : la coiffe de fer et la chemise de mailles, la lance et l'épée, le bouclier aux riches couleurs...

L'aube l'éveilla, il avait d'ailleurs l'habitude de se lever au chant du coq. Sa mère, toute dolente, n'était pas encore debout. Assis au pied de son lit, il dut entendre mille recommandations telles que les femmes savent en faire.

Impatient de la quitter comme il l'était, Perceval ne l'écoutait guère. Déjà son esprit, à travers landes et halliers, volait vers la cour d'Arthur. Une recommandation retint pourtant son attention : « Lorsque tu te trouveras devant le roi Arthur, ne manque pas de lui rappeler que tu es du lignage du roi Pellès ; ce dernier est ton oncle propre, puisque je suis sa sœur. »

Quoi ? le frère de sa propre mère était un roi, au même titre que le roi Arthur ? Sans rien savoir des prérogatives royales, il en déduisit hâtivement que la seule noblesse de son sang lui permettrait d'accéder de droit à la chevalerie. S'il avait nourri quelque secrète inquiétude, cette seule phrase l'en eût délivré.

L'enfant vivait un rêve.

La suite des conseils de sa mère devait tomber dans une oreille d'autant plus distraite.

« Fils, ne manque jamais aux règles de la courtoisie : salue, en ôtant ton bonnet, tous ceux que tu rencontreras sur ton chemin. Sois surtout attentif aux avis des personnes âgées. Il peut arriver qu'elles te fassent telle ou telle remontrance, méritée ou non ; accepte leurs leçons d'un cœur simple. Tu n'as pas eu de maître. Élevé comme tu l'as été, tu ignores tout du monde. Si quelque prud'homme consent un jour à t'enseigner, empresse-toi de saisir semblable occasion de t'instruire : la sagesse et l'expérience appartiennent aux barbes grises.

« Sois réservé à l'égard des femmes, surtout si elles sont jeunes et jolies. Toutefois ne vois pas le mal où il n'est pas. Échanger un baiser de bienvenue avec une pucelle, en accepter de menues faveurs, ne sont que marques de réciproque courtoisie. Il n'est pas de coutume mieux établie en terre de Galles où nulle maîtresse de logis ne fut jamais blâmée pour avoir donné le baiser d'accueil à son hôte.

« Par contre, un baiser imposé par la force ne souille pas seulement celle qui le subit, mais déshonore, plus encore, son auteur. En somme, sache discerner le bien du mal et, par-dessus tout, évite de peiner Dieu dans les petites choses comme dans les grandes. C'est pourquoi tu ne manqueras jamais d'entrer dans les chapelles ou les moutiers que tu verras sur ton chemin. Quiconque oublie de fréquenter Ses temples n'est pas loin de perdre la mémoire de Dieu. »

À ces sages recommandations elle ajoutait de menus conseils qui, en d'autres moments, l'eussent déjà fort impatienté :

« Défie-toi de l'orage, ne te mets jamais sous un arbre quand il tonne. Ne bois pas lorsque tu es encore en sueur, surtout s'il fait chaud. Ne t'endors pas davantage au soleil. L'eau des gués peut avoir un aspect trompeur. Cher fils, si tu rencontres un gué, en dehors de tout sentier frayé, descends de cheval pour le sonder ou, du moins, regarde à deux fois avant d'y entrer : si, par aventure, l'eau d'un gué te semble trouble, évite-le ; si, au contraire, l'eau en est claire et paraît peu profonde, emprunte-le hardiment.

« Enfin ! s'il t'arrivait jamais de te perdre dans la nuit, tu devrais te fier à ta monture : les bêtes sont, bien souvent, plus proches de leur Créateur que les hommes ; de sorte qu'elles nous mènent où Dieu le veut. »

Quand elle eut épuisé toutes les ruses qu'une mère aimante peut imaginer pour reculer l'instant des adieux, elle congédia son fils.

Tandis que dame Herzéloïde s'habillait hâtivement,

Perceval courait seller et brider son cheval. Lorsqu'il revint, tirant par les rênes son méchant bidet encore tout somnolant, sa mère se trouvait déjà dans la cour. Pour l'attendre, elle s'était assise sur la pierre du montoir. Il voulut s'approcher d'elle afin de l'embrasser une dernière fois, mais Herzéloïde lui fit signe de passer outre : cette ultime épreuve était au-dessus de ses forces.

Perceval, s'écartant, lui cria :

« Ne pleure pas, chère mère, je reviendrai bientôt ! »

Bientôt... Inconsciemment, la jeunesse est parfois cruelle. Déjà il s'était mis en selle, d'un bond léger ; et s'éloignait. Il allait vers sa joie.

La pauvre femme se releva et lui tendit les bras, puis elle fit quelques pas en courant ; mais l'adolescent, sans paraître se douter que sa mère s'efforçait maintenant de le rejoindre, continua son chemin.

Comme Perceval disparaissait derrière la palissade qui clôturait la cour, Herzéloïde poussa un grand cri.

XL

PERCEVAL ET LE CHEVALIER VERMEIL

Après avoir chevauché vers le soleil couchant durant le reste du jour, selon les recommandations du maître chevalier, Perceval atteignit les confins de la forêt. Dans la plaine serpentait une rivière.

Un laboureur, qui coupait du trèfle à quelques pas du chemin, lui confirma que Camaaloth se trouvait bien à deux bonnes lieues de là.

« Si, toutefois, vous avez quelque sujet de voir le roi, ajouta l'homme, n'allez pas plus avant. Le roi Arthur a dû quitter Camaaloth ce matin même pour se rendre à Nantes, en Petite Bretagne, où il a l'habitude de faire un long séjour chaque année.

— J'irai donc à Nantes ! répondit Perceval, que rien ne déconcertait puisqu'il ignorait tout du monde. Et, pourtant, ce contretemps ne me plaît guère car je pensais être fait chevalier dès ce soir.

— Chevalier ?... s'esclaffa le manant. Vous en avez bien la mine !

— On me l'a déjà dit », fit Perceval, qui, tout aussitôt, piqua droit sur la rivière, ayant entendu répéter maintes fois que toute rivière menait à la mer.

Quatre jours plus tard il passait le Grand Chenal sur la nef d'un marchand que sa mine éveillée et ses vives reparties avaient séduit. Certes ! son bienfaiteur eût pu difficilement trouver un plus gentil compagnon de voyage... En outre, une bonne action peut porter chance !

De Saint-Malo à Nantes, il n'y a guère plus de quarante lieues. Même avec son méchant bidet, Perceval aurait dû les couvrir en moins d'une semaine. Il lui en fallut près du double, son ignorance du pays l'ayant amené à faire, sans le vouloir, un crochet bien inutile par la forêt de Brocéliande. Fort heureusement, s'il dormait le plus souvent dans la paille des étables, il mangeait du moins à sa faim : d'instinct, les humbles l'aimaient. En retour, l'enfant savait payer gîte et couvert d'un sourire ou d'un gai propos.

Un beau matin – il se trouvait alors dans les alentours

de Tréhorenteuc –, Perceval aperçut, dans une clairière, une tente ou plutôt un pavillon si richement orné qu'il le prit pour une église. Une oriflamme, mi-partie or et écarlate, le sommait. La porte en était ouverte car il faisait chaud, bien que la journée ne fût guère avancée.

Sa mère ne lui avait-elle pas recommandé d'entrer dans toutes les chapelles ou églises qu'il trouverait sur sa route ? Après avoir attaché son cheval à la branche basse d'un chêne, Perceval pénétra donc sous cette tente, le bonnet à la main... Et que vit il, mollement étendue sur un lit de repos, et sans doute endormie ? La plus belle pucelle qu'il lui eût jamais été donné de contempler. Fraîche comme une rose à l'aube de son premier matin, plus richement parée qu'une reine – mais une reine avant son lever –, ses cheveux d'or épars sur les coussins écarlates de sa couche, le corselet dégrafé, elle semblait s'offrir à qui oserait la prendre.

Cependant l'enfant était à la fois très pur et d'une sensualité naïve : il ne vit que ses lèvres ; encore plus rouges et plus appétissantes, il est vrai, que cerises en leur prime saison.

« Holà ! Voici des lèvres qui doivent donner le plus doux des baisers d'accueil ! » s'exclama-t-il, en pensant de nouveau aux conseils de sa mère.

Au son de sa voix, la pucelle entrouvrit tout d'abord un œil, puis les deux yeux ; enfin, prenant brusquement conscience d'une présence d'homme au pied de son lit, elle poussa un grand cri. Mais déjà le visiteur buvait ce cri à même sa source et, d'un baiser hardi, la faisait taire.

Lorsque Perceval lui permit de reprendre haleine, la pucelle, tout apeurée, se rejeta contre le haut bout de son lit, se faisant toute petite, comme si elle eût voulu disparaître dans les plis de la tente. Toutefois, comprenant dans un éclair, avec cette sûreté d'intuition propre aux femmes, que le jouvenceau n'était pas aussi terrible qu'il semblait l'être, elle donna bientôt libre cours à son indignation.

« Vit-on jamais pareille audace ! Avez-vous perdu la raison ? Au nom du Ciel, quittez ce pavillon et n'en franchissez plus jamais le seuil ! Si mon mari vous trouvait ici, il vous tuerait.

— Vous êtes mariée ? Vous n'en avez guère l'air tant vous paraissez jeunette, répondit Perceval. Quel mal avons-nous fait ensemble ? J'ai seulement suivi les conseils de ma mère : "Baiser échangé n'est pas offense." Il est vrai que je ne vous ai pas laissé le temps de me rendre ce que je vous avais donné de si grand cœur... »

Comme il s'approchait de la dame pour en solliciter un baiser, en retour du sien, Perceval s'aperçut qu'elle portait une bague à la main gauche. La pierre qui l'ornait devait être d'un grand prix, jamais émeraude ne fut montée avec plus de soin ni de goût ; mais l'enfant ne s'intéressait qu'à son éclat joyeux.

« Laissez-moi cet anneau en échange du baiser que je vous ai donné, ainsi nous serons quittes. »

Et, sans attendre la permission de la jeune femme, il lui prit son anneau.

« Vous voulez donc ma mort ! Ne vous ai-je pas dit que j'étais mariée au plus jaloux des époux ? Cette fois, c'en est fini : vous m'avez tuée. Comment me croira-t-il lorsque je lui dirai... Rendez-moi cet anneau ! »

Comme Perceval, tout décontenancé, se demandait quel parti prendre, car, dans sa naïveté, il n'avait pas cru mal agir, la dame ajouta, hors de sens :

« Fuyez ! J'entends des pas sous la feuillée. Non ! Il est trop tard pour vous enfuir, cachez-vous ici. Ah ! fuyez… »

« Voilà bien les femmes ! se dit Perceval, en prenant à regret la décision de s'en aller, mais sans toutefois rendre à la belle ce qu'il lui avait pris. Qui peut espérer les satisfaire ? "Fuyez ! Cachez-vous ! Fuyez !" »

Sur une table basse, à l'entrée de la tente, il remarqua un pâté. « Manger à sa faim n'est pas voler, se souvint-il fort à propos, or personne n'eut jamais une faim égale à la mienne. »

Hardiment, il emporta le pâté.

Tandis qu'il s'éloignait à pied, sans se hâter, les rênes de son cheval passées au bras et mordant à belles dents la croûte de son pâté, Perceval vit venir à lui un homme accompagné d'un âne ; sans doute quelque charbonnier, à en juger par son teint noir.

« Vous mangez de grand appétit, beau sire ! s'exclama le charbonnier en le croisant.

— Avez-vous faim ?

— Sans doute moitié plus que vous-même car j'ai bien le double de votre âge.

— En ce cas, répliqua Perceval, prenez le reste de mon pâté, il ne saurait être mieux employé. Mais peut-être, en échange, me renseignerez-vous : je voudrais être à Nantes dès ce soir et j'ignore la route que je dois suivre pour m'y rendre. »

Le charbonnier s'écria :

« La distance entre Rennes et Nantes est plus longue que vous ne le pensez. La forêt est grande… Vous marchez droit sur le Val sans Retour. Nombreux sont les voyageurs qui, chaque saison, y laissent leurs os ; mais, si vous me dédommagez de ma peine, je vous conduirai volontiers jusqu'aux faubourgs de Nantes. »

Le charbonnier ne pouvait détacher ses regards de l'anneau que l'adolescent portait au doigt. Perceval, s'en étant aperçu, lui répondit :

« Je n'ai pas un seul sou vaillant pour vous récompenser, brave homme ; mais, si cette bague vous agréait, je vous la donnerais volontiers. Vous pouvez la prendre sans nul scrupule, ajouta-t-il vivement : elle est bien à moi... Je l'ai gagnée contre un baiser. »

Le rustre ne se le fit pas dire deux fois. Ayant empoché le salaire promis, il tint parole. Avant la fin de la semaine, Perceval et son guide, le premier à cheval, le second sur son âne, se trouvaient devant les fossés du château de Nantes. Le charbonnier dit alors à son jeune compagnon :

« Bonne chance, cher sire ! Quant à moi, ajouta-t-il, à mi-voix, la fréquentation des cours ne me tente guère. Le roi Arthur a la réputation d'être le meilleur des hommes, mais je n'en dirai pas autant des gens qui le servent. Si jamais l'un ou l'autre de ses valets d'écurie me voyait ici, je serais bien assuré de me faire étriller jusqu'au sang.

— Quiconque accepte le bât doit aussi accepter l'étrille..., lui répondit Perceval sans y mettre de malice. Dieu te récompense cependant, brave homme, du service que tu m'as rendu. »

Il pouvait bien être midi, l'heure où bêtes et gens somnolent et font trêve. Les portes du château étaient ouvertes. Nul ne prit souci de l'arrivant. Perceval, qui n'avait jamais vu une demeure aussi vaste, ne se fit pas faute d'y pénétrer à cheval, puisque les portes en étaient assez larges et hautes pour qu'il pût les franchir sans descendre de son bidet. Lorsqu'il parvint, toujours à cheval, dans la grande salle où se tenaient le roi et sa cour, les tables étaient dressées.

Le roi Arthur, tout pensif, achevait sans grand plaisir, un plat de venaison : les Saines lui avaient donné de grands soucis durant les premières années de son règne ; or, depuis quelques mois, voici que les Francs menaçaient, à leur tour, le royaume des deux Bretagnes sur ses frontières armoricaines...« Pour prix de mes peines, verrai-je se défaire de mon vivant ce royaume que j'avais cru fonder sur le roc ? se demandait tristement le roi Arthur. Je pensais moissonner ; j'ai seulement labouré la mer. »

Aux côtés du roi se tenait un écuyer tranchant.

« Holà ! s'exclama Perceval, en s'adressant à l'écuyer, toi qui joues si bien du couteau, peux-tu me dire lequel de tous ces Arthur est le bon ?

— Celui dont je tranche la viande, répondit le serviteur d'Arthur, sans interrompre pour autant sa besogne.

— Sire roi ! s'écrie alors Perceval à pleine voix, je vous salue au nom de madame ma mère, qui est la propre sœur du roi Pellès, un prince qui vous vaut bien, à ce qu'elle m'a dit. Sire, m'entendez-vous ? »

Tous les regards sont tournés vers l'intrus, sauf ceux du roi. Arthur est, en effet, si absorbé dans ses pensées qu'il ne le voit ni ne l'entend.

« Par ma foi », reprend Perceval, qui s'apprête, tout dépité, à faire reculer son bidet, « ce roi est sourd ou il est muet, à moins qu'il ne soit l'un et l'autre. Comment croire qu'un tel roi ait jamais su faire un seul chevalier ? »

Aux rires que provoque cette remarque, le roi Arthur

revient à lui. Il lève les yeux et voit, tout d'abord, menaçant de le décoiffer, la tête du cheval avec ses lèvres glabres aux commissures souillées d'écume verdâtre, car la brave bête mâchonne quelques menus feuillages arrachés, à la dérobée, aux abords du fossé ; un filet de bave glisse déjà vers la houppe de son menton ; puis le roi aperçoit, se découpant à contre-jour sur les solives richement peintes du plafond, le jeune visage du cavalier. Avant même d'y penser, l'un des valets qui entourent Perceval a saisi le bidet par la bride, mais Arthur s'interpose : dès le premier regard, la beauté de l'adolescent l'a frappé.

« Beau frère, lui dit-il, veuillez me pardonner. Je ne vous avais pas remarqué... Et pourtant ! Soyez le bienvenu en cette cour. Qu'attendez-vous de moi ? Parlez sans crainte.

— Faites-moi chevalier, sire, je vous en prie ! Donnez-moi des armes ; et, aussitôt, je m'en irai. »

En l'entendant parler ainsi les rires redoublent. Keu, le sénéchal, se garde bien de laisser passer une pareille occasion de briller aux dépens d'autrui. Il s'écrie :

« Ton équipement est tout trouvé : le roi te donne, par ma bouche, les armes et la monture du premier fervestu que tu rencontreras. Va les prendre et reviens en hâte si tu veux que le roi Arthur te fasse chevalier avant la nuit.

— Sire, grand merci ! »

Perceval est déjà dehors.

« Keu, langue de vipère, dit durement le roi au sénéchal, vous avez mal agi en vous moquant de ce valet. Nul ne saurait donner ce qu'il ne possède pas. Cet enfant semble capable des pires folies. S'il se fait tuer, je vous tiendrai pour responsable de sa mort. »

À peine Perceval fut-il sorti de la ville qu'il rencontra l'objet de ses rêves. Jamais, on doit en convenir, chevalier ne mérita plus justement que celui qui s'en venait vers lui le surnom d'Orgueilleux dont ses pairs l'avaient gratifié ; l'armure qu'il portait aurait fait honneur à un roi : elle était entièrement dorée. Vermeil était son heaume, vermeils son écu et son haubert, ses brassards et ses jambières étaient pareillement vermeils ; enfin, des grelots dorés agrémentaient la croix de son épée, en sorte qu'aucun des coups frappés par cette dernière ne pouvait passer inaperçu.

« Voilà bien les armes qu'il me faut, songea, tout aussitôt, Perceval. Elles sont de braise et de soleil tout à la fois. »

« Sire ! lui cria l'adolescent, dès qu'il fut à portée de voix, sire, vite ! cédez-moi vos armes. Le roi me les a données.

— Arthur t'aurait donné mes armes ! s'exclama l'Orgueilleux, stupéfait. Quelle fable me contes-tu là. Ton maître est devenu bien hardi. L'an passé, en guise de défi, j'ai dérobé la coupe dans laquelle il buvait... L'insensé voulait que je lui rendisse hommage ; or je ne saurais reconnaître d'autre maître que Dieu. Depuis, j'attends toujours son champion. Serait-ce toi par hasard ? À te juger sur ta mine je le croirais sans peine.

— Sire, répliqua fièrement l'enfant, je n'ai pas de temps à gaspiller en bavardages. Le roi Arthur doit m'armer chevalier dès ce soir. Donnez-moi vos armes sans plus tarder, si vous ne voulez pas que je vous les prenne de vive force.

— As-tu perdu l'esprit, petit manant ? »

Le chevalier vermeil saisit sa lance par le haut bout, la

lève à deux mains et en assène un tel coup sur la tête de l'importun que celui-ci roule à terre ; pour un peu, il l'eût tué. Fort heureusement les Gallois ont les os solides ! Le bonnet de cuir que portait Perceval l'a d'ailleurs protégé. Encore étourdi, le jeune champion se relève sans mot dire et, après s'être ébroué comme un chien sortant de l'eau, court à son bidet, saisit le javelot qu'il a pris soin d'attacher à l'arçon de sa selle, vise son adversaire à l'œil, se détend de toutes ses forces et laisse filer le bâton ferré. L'arme pénètre dans la lumière du heaume et atteint l'Orgueilleux en plein front. La cervelle jaillit, le sang coule. À son tour, le chevalier vermeil vide les arçons.

Telle une poupée de son, il gît maintenant sur le pré, bras en croix, jambe de-ci, jambe de-là, écartelé : mort !

Tout joyeux, Perceval accourt, sans plus se soucier du sort de l'infortuné, et s'empare de sa lance et de son écu ; puis il s'efforce de lui arracher son heaume et son haubert, mais en vain : il ignore qu'un heaume se lace et qu'une cotte de mailles s'enfile. Pensant réussir, du moins, à détacher l'épée, il tire sur le fourreau ; le baudrier est solide… Le mort ne se laisse pas désarmer.

Alors une idée toute barbare lui vient : ramassant un peu de bois sec, à la lisière du pré, il allume un grand feu. Il y jettera le corps avec l'armure.

À cet instant, une voix le hèle :

« Que faites-vous là, bel ami ? Avez-vous perdu tout bon sens ? »

C'est la voix d'Yvain, le fils d'Yvain le Vieux qui accepta jadis d'être le répondant de Lancelot, le jour où le roi arma celui-ci chevalier. Yvain n'est encore qu'un tout jeune écuyer, mais il a hérité du bon sens de son père. Le roi Arthur l'a dépêché en hâte pour tâcher de ramener à la cour le valet sauvage.

Perceval, tout en traînant le chevalier vermeil par les pieds vers le bûcher, lui répond :

« Ce que je fais, vous le voyez. Je m'apprête à prendre à ce chevalier les armes que le roi m'a données ; mais elles lui tiennent si étroitement au corps que pour avoir la carapace il me faut bien brûler la chair.

— Ce serait trop laide besogne. Fiez-vous à moi : je vais le désarmer en un tour de main.

— Ne tardez pas, car le roi m'attend ! »

L'écuyer dévêtit le mort, en prenant soin toutefois, par décence, de lui laisser la fine chemise de lin qu'il portait. D'ailleurs Perceval n'eût jamais consenti à échanger la bonne chemise de chanvre que sa mère lui avait donnée contre pareille lingerie de femme ! De même, il refusa la riche cotte de soie dont l'Orgueilleux était vêtu, sous son haubert :

« Ma cotte de cuir, en bonne peau de cerf, vaut cent fois mieux. Elle me met à l'abri de la pluie. Bien sot qui échangerait ses bons draps contre de mauvais ! »

Yvain l'écuyer lui passa donc le haubert du mort par-dessus sa chemise de chanvre et sa cotte de cuir – comme l'adolescent était encore un peu jeunet, l'équipement n'en parut que mieux ajusté ! –, puis il lui boucla jambières et cuissards, tant bien que mal, sur ses houseaux, car Perceval n'avait pas davantage voulu s'en défaire ; enfin, il le hissa, en personne, sur le grand destrier de l'Orgueilleux.

Faut-il ajouter qu'ainsi campé le jeune champion avait, tout à la fois, étrange et fière mine ?

Alors Yvain lui montra comment tenir l'écu et la lance

et, sommairement, lui enseigna l'accord des rênes et des éperons.

« Merci, merci ! répétait sans cesse Perceval. Ma mère m'a bien recommandé de ne jamais manquer aux règles de la courtoisie. Et maintenant, retournons à la cour. Prends mon bidet, je n'en ai plus besoin. Sans doute peut-on lui reprocher sa petite taille ; mais, tel qu'il est, tu ne trouverais pas son pareil pour courir le cerf.

— Ainsi, dit Yvain, tu veux retourner au château ce soir même ?

— Le roi ne devait-il pas me faire chevalier dès que je me serais procuré des armes ?

— Le monde n'est pas tel que tu l'imagines, reprit pensivement Yvain. Ce chevalier que tu viens de tuer avait des amis dans l'entourage du roi. À ta place, je laisserais passer quelques mois avant de me présenter à la cour. Le temps apaise les rancunes les plus légitimes. Fais-toi oublier durant la saison qui commence.

— Je n'ai nullement envie de me cacher. Aurais-je mal agi en quelque manière que ce fût ? Celui que j'ai entendu appeler le sénéchal du roi ne m'a-t-il pas donné, au nom de son maître, les armes du premier chevalier que je rencontrerais ? Par la bouche de son sénéchal, le roi s'est engagé à m'accorder la chevalerie... Je veux être fait chevalier avant la nuit. »

De nouveau, Yvain le mit en garde :

« Ami, en te disant ce qu'il t'a dit, Keu s'est moqué de toi. Il faut t'en défier doublement : il peut être aussi brutal, à l'occasion, qu'il est hâbleur. À peine étais-tu parti qu'une demoiselle de haut parage, surnommée la Pucelle-qui-jamais-ne-mentit car elle passait pour muette de naissance, s'est brusquement mise à parler, et parler pour te glorifier… À l'en croire, tu devrais être un jour l'un des trois meilleurs chevaliers de ton temps. En entendant ladite pucelle louer ainsi celui dont il venait de se moquer quelques instants plus tôt, Keu fut saisi d'une telle rage qu'il s'oublia jusqu'à la souffleter.

« Lorsque j'ai quitté la cour, le tumulte que cette offense avait fait naître était bien loin d'être apaisé. À la demande du roi Arthur, le sénéchal…

— Quoi ! le misérable a osé frapper une femme parce que cette femme me louait ? Il s'en repentira.

— Frère, attends d'avoir appris à jouer de l'épée comme lui-même en joue ; alors tu lui infligeras une leçon dont il se souviendra.

— Qui m'instruira ? »

L'enfant commençait à se rendre compte qu'il ne savait pas tout de naissance. Il supplia son nouvel ami de lui indiquer le nom d'un maître. Pensant, avec raison, que le meurtrier du chevalier vermeil ne pourrait que gagner à se faire oublier pendant un certain temps, Yvain n'eut pas à réfléchir longtemps pour conseiller à Perceval de s'adresser à Gorvenant, un prud'homme à barbe grise, qui demeurait précisément à quelques lieues de Nantes. Yvain connaissait Gorvenant depuis sa plus tendre enfance ; de vagues liens de parenté l'autorisaient à le considérer comme son oncle. En moins d'une étape, Perceval se trouverait en sûreté derrière les murs de la petite ville fortifiée d'Oudon que commandait Gorvenant. Et, à la première alerte, il pourrait passer la Loire…

Ainsi se réaliserait, de la manière la plus inattendue, il est vrai, le vœu d'Herzéloïde : outre la science des armes hélas ! Perceval apprendrait, d'ici quelques mois, tout ce qu'un véritable chevalier doit connaître pour faire honneur à son état.

Après avoir accueilli le proscrit comme un fils, Gorvenant consentit, effectivement, à devenir son maître.

À la fin de l'hiver, Perceval savait manéger un cheval et se servir de la lance et de l'épée aussi bien que le plus habile des écuyers. Il faut dire que Gorvenant n'avait pas craint de le soumettre à une rude école : levé chaque jour à l'aube, Perceval devait tout d'abord faire exécuter à son cheval, durant deux ou trois heures, les figures les plus difficiles ; puis il joutait à la lance contre l'un ou l'autre des meilleurs chevaliers d'Oudon, en s'efforçant de loger la pointe de sa lance entre les quatre clous de l'écu. Enfin, il s'escrimait de l'épée, et, vraiment, c'était un plaisir de le voir parer, riposter et revenir en garde inlassablement, sans cesser d'opposer le fort de sa lame au faible du fer adverse ; puis, soudain, contre-attaquer et, finalement, dans un éclair, porter un coup imparable.

Mais, à cet enseignement concernant la maîtrise du corps, Gorvenant ne manquait pas d'adjoindre, à l'occasion, quelque leçon plus haute.

« Il t'arrivera, comme à tout chevalier, de tenir un ennemi à merci, lui disait-il, par exemple, à l'issue d'une passe d'armes particulièrement brillante. Dans ce cas, tu lui feras grâce ; non seulement par simple souci d'humanité, mais par obéissance aux lois les plus strictes de l'honneur.

« Occire un ennemi dans le feu de l'action, alors qu'il conserve la volonté et le pouvoir de se défendre, n'est que la conséquence extrême d'un risque encouru librement. J'ajoute que c'est précisément ce risque mortel qui fait la grandeur de l'état de chevalerie. Par contre, achever un adversaire désarmé ou blessé, tandis qu'il crie miséricorde, serait le plus abominable des forfaits. »

Parfois Gorvenant passait de ces considérations particulières à des vues plus générales :

« Sans doute chacun d'entre nous doit-il remplir au mieux son devoir d'état dans la condition où Dieu l'a placé – un prince n'a pas à se vêtir ni à se comporter comme un manant –, mais le désintéressement total n'en demeure pas moins la plus haute vertu du chevalier.

« En effet, l'esprit de pauvreté n'appartient pas qu'aux petites gens, ces petites gens que le roi Arthur se plaît à appeler en privé “nos seigneurs les pauvres”... Peut-être le véritable esprit de pauvreté leur est-il même moins naturel qu'à ceux qui ont à suffisance, en raison des conditions si pénibles de leur vie.

« Sache donc être pauvre en esprit.

« Le chevalier selon Dieu doit s'accoutumer aux plus rudes privations. Il doit apprendre à souffrir de la fatigue, de la faim, de la soif, du manque de sommeil, sans murmurer. Toute privation endurée pour une juste cause doit lui être prétexte à louer son Créateur. Il doit ignorer le danger, mépriser la mort, qui n'est qu'un court passage s'ouvrant sur la vraie Vie. Enfin, il doit s'efforcer d'être chaste jusque dans ses pensées, de crainte que son âme ne s'avilisse dans l'esclavage des sens.

« Possédant au plus haut degré toutes ces vertus, le chevalier, cependant, sera humble, ayant toujours présent à l'esprit que tous les hommes sont sortis autrefois d'un même couple et que, par voie de conséquence, seuls leurs mérites personnels comptent aux yeux de

Dieu. Pénétré de cette vérité, le chevalier aimera d'un amour de prédilection ses frères les plus déshérités, à quelque rang qu'ils appartiennent.

« Mais je n'ai pas à te recommander d'être libéral aux humbles, ni compatissant à l'égard de ceux qui souffrent ; encore moins d'être secourable aux opprimés, car tu es naturellement bon et généreux. Prie seulement Dieu de te garder toujours dans ces dispositions. Trop souvent le cœur s'endurcit avec les années. »

Un jour où ils chevauchaient de compagnie au pas de leurs montures – le séjour de Perceval à Oudon touchait à sa fin et déjà le printemps ornait les saules d'une parure de bourgeons argentés –, Gorvenant s'aventura jusqu'à dire à l'adolescent :

« Je voudrais encore t'enseigner une chose ; elle concerne le comportement que tout homme sensé doit avoir vis-à-vis des femmes : par leur essence, l'homme et la femme sont comparables à deux plantes jumelles issues d'une même graine.

« Aux yeux de Dieu, chaque moitié du couple est égale à l'autre en valeur et en grâces.

« Un chevalier digne de ce nom ne saurait donc montrer trop d'égards pour les dames. Il s'honore en les servant. Il justifie sa raison d'être en se sacrifiant pour elles. Sa force compense leur faiblesse… qui, d'ailleurs, n'est qu'apparente car la femme gouverne plus souvent l'homme que celui-ci ne domine la femme – le mot "maîtresse" dit bien ce qu'il veut dire ! Toutefois laissons ce propos.

« Puisque l'homme ne peut davantage se passer de la femme que la femme de l'homme, sois du moins prudent dans ton choix, car, ayant engagé ta foi, tu ne saurais plus la reprendre... L'Amour suppose un don total.

« Sache, au reste, que le larron d'amour est toujours confondu : si la loyauté engendre la confiance, par contre les fruits de la duplicité ne peuvent être qu'amers. Le fourbe se croit en sûreté parce qu'il se tient dans la pénombre ; mais, de même que le maraudeur des bois est trahi par le bruit des branches qu'il brise au passage, de même le séducteur est trahi par ses œuvres.

« Qu'ajouterai-je à ce propos ?... sinon qu'en amour comme en amitié "parole vaut contrat".

« Permets-moi, sur un sujet bien différent, de te donner un dernier conseil : ayant grandi loin du monde, tu as conservé une curiosité enfantine. Je ne saurais trop te recommander d'être discret en toute chose. Réponds à bon escient à quiconque t'interroge avec le désir manifeste de s'instruire, mais garde-toi de questionner un homme plus âgé que toi sans motif grave ; surtout s'il est ton hôte ou ton convive.

— Ah ! cher maître, ne put s'empêcher de dire Perceval, vous me parlez comme le ferait ma mère. Si ma bonne mère était là, elle ne manquerait pas de vous approuver de tout cœur. »

Lassé d'entendre l'adolescent citer à tout propos sa mère, Gorvenant profita de cette naïve remarque pour le réprimander affectueusement :

« Ami, tu répètes sans cesse : "Ma mère me l'avait bien dit, ma mère ne pouvait le souffrir, ma mère serait de votre avis"... Tes discours sont d'un enfant qui a continuellement à la bouche le nom de sa mère. Sans doute n'es-tu pas à blâmer pour avoir agi ainsi jusqu'à ce jour ; mais, à l'avenir, ne le fais plus. Ceux qui t'entendraient parler de cette manière puérile te tourneraient en dérision. »

Certes, Perceval avait mille fois raison de tenir en haute estime les sages conseils de sa mère ; cependant, à partir de cet instant, il cessa d'en faire état publiquement et se contenta de leur être fidèle dans son cœur.

Perceval, après avoir passé la fin de l'année et une partie du printemps suivant dans cette retraite studieuse, ne devait pas quitter la demeure de Gorvenant sans regret : son séjour à Oudon l'avait singulièrement mûri et il comprenait d'autant mieux l'importance de la dette qu'il avait contractée vis-à-vis de son maître. Celui-ci l'avait aidé à s'accomplir !

Toutefois son affection pour Gorvenant n'était pas seule en cause… Gorvenant avait une fille, nommée Liaze, qui se trouvait avoir sensiblement le même âge que l'adolescent. Ce dernier, avec sa spontanéité naturelle, devait fatalement s'en éprendre ; car Liaze n'offrait pas seulement aux regards le spectacle du plus délicieux des visages, son âme répondait aux promesses de ses yeux.

S'étant aperçue des sentiments qu'elle inspirait à son hôte, Liaze lui avait bientôt voué une égale tendresse. Pour tout dire, lorsque Perceval s'était enfin décidé à s'éloigner d'Oudon, les deux jeunes gens se considéraient comme fiancés avec l'accord tacite de Gorvenant.

Faut-il ajouter qu'à la manière de tous les amoureux du monde ils ne devaient pas se quitter sans échanger mille serments de fidélité éternelle ? Tiendront-ils ou non ces promesses, formulées dans l'émoi des adieux ? Se reverront-ils même ici-bas ?

Pour le moment, laissons notre héros cheminer.

XLI

PERCEVAL PERD LA MÉMOIRE DE DIEU

Perceval, ayant ainsi parfait son apprentissage courtois, décida de retourner en Grande Bretagne afin de recevoir la chevalerie des mains du roi qui se trouvait alors à Kerléon.

Bien armé, bien monté, richement vêtu, l'écuyer qui s'apprêtait à traverser de nouveau le Grand Chenal ne rappelait guère le petit valet sauvage dont Keu s'était raillé quelques mois plus tôt.

L'accueil qu'il reçut à la cour donna raison à Yvain. Au fil des jours, l'émotion soulevée par la fin misérable de l'Orgueilleux s'était apaisée. L'adolescent avait suivi un conseil stupide, mais naïveté n'est pas crime. Le vrai coupable était Keu le sénéchal.

Le roi arma Perceval à Pâques.

Des aventures dont il fut le héros au cours des trois années qui suivirent son adoubement ce conte ne dira presque rien : leur relation serait hors de propos. À l'exemple des autres compagnons du roi Arthur, Perceval mena, durant cette période de sa vie, la rude existence des chevaliers errants, plus riche de peines que d'honneurs.

D'ailleurs, par inclination naturelle, Perceval ne pouvait souffrir la louange. Fidèle aux enseignements de Gorvenant, il aimait répéter qu'aux yeux de Dieu tout fervestu qui recherche les honneurs a déjà touché son salaire en ce monde ; or la première vertu du chevalier doit être le désintéressement. De fait, l'adolescent accordait son aide à quiconque l'en requérait au nom du bon droit. Il surgissait comme par miracle à l'heure où tout semblait perdu, s'enfonçait au plus fort de la mêlée, puis, la victoire acquise, disparaissait avec une égale promptitude sans même laisser à ses obligés le loisir de le remercier.

Est-il nécessaire d'ajouter que de pareilles vertus de justicier devaient lui attacher, à tout jamais, le cœur des humbles ?

Selon la coutume du temps, Perceval ne manquait pas cependant d'envoyer ses prisonniers au roi Arthur, afin que ce dernier décidât finalement de leur sort, si bien que ses pairs eux-mêmes ne pouvaient ignorer ses exploits. Seul Keu, le fanfaron, se permettait de tourner en dérision ce défilé incessant de captifs sur parole, dont le nombre ne témoignait pas seulement de la prouesse du champion gallois, mais encore de sa longue mémoire… Car Perceval ne manquait jamais de recommander à ses victimes de saluer de sa part la Pucelle-qui-jamais-ne-mentit.

Le sens de cet hommage était clair : la jeune fille avait été humiliée publiquement, elle devrait être réhabilitée publiquement. Perceval ne pardonnerait à Keu le soufflet que ladite pucelle en avait reçu qu'après avoir provoqué l'offenseur en combat singulier et, Dieu aidant, l'avoir vaincu. Alors, par la seule vertu du risque accepté et souffert, l'offense serait effacée à jamais. Ainsi le voulait la rude et salutaire loi de l'honneur.

« Bah ! songeait Keu, je ne suis pas manchot. Si cet enragé de Gallois me provoque, il trouvera, cette fois, à qui parler et il en sera pour sa honte. Aucun de ceux qu'il a battus ne me valait. »

La défaite du sire de Clamadieu devait enlever au sénéchal cette dernière illusion.

Le sire de Clamadieu, frère de la jolie Bianne de Clamadieu dont ce conte a déjà parlé, passait en effet pour un jouteur de première force. Peu de pairs de la Table ronde pouvaient se vanter de lui avoir fait mordre la poussière : défié, d'homme à homme, par Perceval alors qu'il s'apprêtait à investir le château de Beaurepaire, dans lequel s'était réfugiée la reine Kongwiramour, sa propre suzeraine, Clamadieu, malgré sa prouesse, n'en avait pas moins dû se rendre à la cour du roi des deux Bretagnes pour y mendier sa grâce. En quittant Kerléon, Clamadieu avait prévenu le sénéchal :

« Ah ! sire, fasse le Ciel que vous n'ayez jamais à combattre Perceval en champ clos, car le valet que vous avez raillé est devenu le plus redoutable des champions ! »

Il disait vrai, les prouesses du fils de Gamuret faisaient pâlir celles de Lancelot lui-même.

À travers ce halo de gloire, l'enfant des bois, devenu la fleur de la chevalerie terrienne, apparaissait comme transfiguré. Ceux qui avaient assisté à sa rapide métamorphose ne pouvaient s'empêcher de songer à la prédiction de la Pucelle-qui-jamais-ne-mentit : Perceval, aux dires de cette dernière, compterait parmi les trois plus remarquables chevaliers de ce siècle. En prenant cette prédiction dans son sens le plus large, pourquoi ne serait-il pas le meilleur de ces trois meilleurs, c'est-à-dire le Meilleur du monde ?

Ainsi s'accréditait et se fortifiait peu à peu, chez un

grand nombre d'hommes et de femmes des deux Bretagnes, le sentiment que Perceval pourrait bien être ce héros célestiel dont ils attendaient la venue avec une anxiété si vive.

Seul Perceval, dans la simplicité de son cœur, ne semblait pas se douter de cet immense espoir qu'il faisait naître.

Trois années passèrent de la sorte. Au terme de cette succession de rudes chevauchées, le champion aux Armes Vermeilles, comme autrefois Lancelot, éprouva le désir de revoir les lieux où s'était écoulée son enfance. La pensée de sa mère le tourmentait. Perceval l'avait abandonnée sans nul scrupule ni ménagement ; il était bien jeune alors ! Depuis, au fil des saisons, l'expérience qu'il avait acquise au contact des hommes – une expérience achetée au prix de nombreuses déceptions ! – lui faisait comprendre et regretter sa légèreté ancienne.

C'est ainsi qu'un jour, presque sans y penser, Perceval le Gallois reprit tout naturellement le chemin de la forêt Gastée. Fut-ce son bon ange ou le démon qui, ce jour-là, guida ses pas ? Il ne se doutait guère, alors, des conséquences de cette démarche : l'épreuve qui l'attendait changerait à ses yeux la couleur du monde… mais seulement pour un temps car nos sens nous enseignent que toute nuit, si longue soit-elle, doit prendre fin… Et notre foi ne peut que nous confirmer dans cette croyance.

Avant son départ définitif, Perceval, on s'en souvient, n'était jamais sorti de la vallée où sa mère s'était réfugiée pour l'élever loin de tous. Connaissant mal le reste de la forêt, il s'égara. Au soir du troisième jour, le jeune chevalier parvint devant la cellule d'un ermite. Une source jaillissait tout à côté. Le pignon de la cellule avait été bâti juste à l'aplomb de la source ; son cheval pourrait s'y abreuver aisément. Perceval mit pied à terre. De crainte d'effrayer l'homme de Dieu qui devait demeurer là, il appuya tout d'abord sa lance et son écu contre un tronc d'arbre avant de s'avancer davantage ; puis il frappa très doucement à la fenêtre et, enfin, appela.

À sa grande surprise, ce fut une voix de femme qui répondit.

« Perceval, lui dit simplement la recluse, je t'attendais. »

Le cœur du voyageur s'émut, tant cette voix ressemblait à la voix de sa mère.

« Non, Perceval, reprit la recluse, devinant sans doute sa pensée, je ne suis pas ta mère mais seulement la sœur de ta mère. Je t'ai reconnu au timbre de ta propre voix, et pourtant tu n'étais guère plus qu'un enfant lorsque tu nous quittas. »

Comment cette femme, qui prétendait être sa tante, avait-elle pu l'identifier aussi aisément, après tant d'années ?

« Je savais, poursuivit la recluse, qu'un jour ou l'autre tu reviendrais. Si toutefois tu t'es rendu dans cette forêt avec l'espoir d'y retrouver ta mère, ne va pas plus avant.

— Ah ! chère tante, que voulez-vous dire ? Serait-elle ici ? Donnez-moi vite des nouvelles de ma mère ; la pensée de ce qui a pu lui advenir depuis mon départ me tourmente au point qu'il m'arrive bien souvent d'en rêver pendant mon sommeil. Alors, je crois la voir telle qu'elle était lorsque je l'aperçus pour la dernière fois, les bras tendus vers moi…

— Si tu as cru la voir et l'entendre en songe, reprit la recluse sévèrement, comme si le visiteur lui fût soudain devenu étranger, ce songe était trompeur, car plus jamais tu ne verras ni n'entendras en ce monde celle qui t'a donné le jour. Perceval, comprends-moi bien : ta mère est morte, et morte par ta faute.

— Quoi ! s'écria Perceval, avec l'accent de la plus vive douleur. Ma mère serait morte ?

— Perceval, ne te mens pas à toi-même et ne fais pas étalage d'un tel deuil. L'excès de ta surprise te condamne. Qui pourrait croire à tant d'inconscience ? En la quittant tu savais bien quel mal tu lui faisais. Il est trop tard pour le regretter : ta mère est morte de la peine que tu lui as causée en la délaissant pour embrasser l'état de chevalier. Son cœur n'a pu supporter pareil déchirement. Elle est morte à l'instant même où tu venais de la quitter. Là, sur le bord du chemin, misérablement, sans consolation ni sacrement.

« Ne dis pas que tu n'as pas entendu le grand cri qu'elle poussa en te voyant disparaître à l'angle de l'enclos. Chère sœur ! Sans doute t'aimait-elle avec excès, mais toi-même, tu étais trop préoccupé de ton propre désir pour mesurer la profondeur de son amour.

— Ah ! douce tante, ma bonne parente, conseillez-moi car je n'ai plus que vous au monde.

— Repens-toi, Perceval… Ce fut ton premier péché, non le seul. Souviens-toi du chevalier vermeil que tu dépouillas de ses armes après l'avoir tué laidement d'un coup de javelot, comme une bête.

— Comme une bête… Ne m'avait-il pas frappé, tout le premier, du gros bout de sa lance. Si moi-même je ripostai, ce fut d'instinct, pour ma défense. J'étais encore si jeune et si naïf...

— Non, Perceval, tu l'occis par convoitise, pour lui voler ses armes. Ce fut là ton second péché ; mais il en est un troisième qui te dépeint mieux encore.

« Un jour, en traversant une vallée qu'irriguait un mince filet d'eau, tu vis, sous un saule, un seigneur vêtu de pourpre qui pêchait. Ayant demandé à ce seigneur où tu pourrais passer la nuit, celui-ci te répondit de gagner la hauteur par un sentier moussu à peine frayé, connu de lui seul. Ce sentier te mena bientôt à un riche château, perdu dans les nues, que rien ni personne ne gardait. Depuis lors, n'as-tu jamais repensé à cette étrange citadelle, si mal défendue et pourtant plus inaccessible que toutes les citadelles fortifiées que tu avais connues au cours de ton existence errante ? »

Voyant que celle qui s'était faite recluse pour mieux servir Dieu savait tout de sa vie et du sens caché des aventures qui lui étaient advenues, Perceval commença de trembler comme il l'eût fait au jour du Grand Jugement.

« Voudriez-vous dire que ce château...

— Comment ne l'as-tu pas compris à l'instant même où tu le vis ? Dois-je te rappeler ce qui t'advint ensuite dans la Citadelle aventureuse ? Tu y fus reçu à grand honneur. Mais quelle ne fut pas ta surprise en reconnaissant sous les traits de ton hôte le pêcheur qui t'avait servi de guide quelques heures plus tôt. Comment n'as-tu pas également pressenti que celui qui t'avait, en quelque sorte, attiré dans les filets de la grâce ne pouvait être que le Roi pêcheur en personne ou, pour mieux dire, le roi Pellès, ton propre oncle ?

« Tout d'abord ce dernier te fit asseoir à ses côtés. Comme l'heure du souper approchait, des tables furent dressées. Lorsque tous ceux qui se tenaient dans la salle eurent pris place autour de la table du roi, un cortège étrange s'avança. Il était formé de douze pucelles portant douze candélabres. Aucune question ne te venant à l'esprit, le Saint-Graal ne se montra pas ; mais, par contre, une grande clarté envahit la salle, rendant vaine toute autre lumière.

« Alors une main invisible déposa sur la table les mets que chacun des convives préférait ; toi-même ne fus pas oublié. En aurais-tu perdu le souvenir ?

« Cependant, tu continuais à te taire.

« Une porte s'ouvrit toute grande. Au fond de la pièce sur laquelle cette porte donnait accès était étendu un très vieil homme portant une couronne d'or sur la tête ; et sache que ce roi couronné n'était autre que Mordrain, le Roi méhaigné, que l'ange blessa jadis d'un coup de lance pour le punir de sa curiosité coupable. Des haillons de pourpre cachaient mal sa nudité. Son corps était couvert de plaies. Il semblait souffrir mille passions. Nul n'eût pu le voir sans être ému d'une profonde pitié ; mais, en ce qui te concerne, tu n'as pas daigné davantage ouvrir la bouche, pour t'informer de la cause de sa souffrance, que tu ne l'avais fait jusqu'alors.

« Il fallait que ton cœur fût bien endurci, Perceval, pour que tes lèvres pussent demeurer closes devant pareille douleur.

« Enfin, tandis que le repas s'achevait, une lance à la hampe rougie de sang fut apportée. Une pucelle l'approcha du moribond et, par trois fois, la plongea doucement dans ses blessures ; non pour l'en frapper, mais comme un mire sonde une plaie afin de soulager les souffrances d'un blessé ; et par trois fois la Lance-qui-saigne ruissela de sang.

« Hélas ! apprends-le : si tu avais, à ce moment-là, manifesté ta surprise à voix haute devant cette étrange imposition, le roi Mordrain, ce très vieil homme qui semblait d'un instant à l'autre devoir rendre le dernier soupir, se fût trouvé guéri.

« Ton manque de charité ou, pour mieux dire, ton indifférence à l'égard d'autrui, te condamne. En ne cherchant pas à connaître la cause d'une pareille affliction – à laquelle tu aurais pu, grâce au Ciel, remédier –, tu as péché par omission ; or cette dernière faute est justement de celles que Dieu pardonne le plus difficilement.

— J'ai donc été, pour la troisième fois, coupable sans en avoir conscience, murmura Perceval, accablé. Mais toute lumière ne vient-elle pas de Dieu ?

— En t'insurgeant contre ton Créateur, en mettant en doute Son infinie bonté, tu pèches à nouveau, et plus gravement encore, s'il se peut. Perceval, Dieu seul saurait t'absoudre : implore Sa miséricorde.

— Ah ! pourquoi vous ai-je rencontrée ? Pourquoi mes pas m'ont-ils porté jusqu'à votre ermitage ? s'écria Perceval.

— Remercie-moi plutôt de t'avoir éclairé !

— Vous m'avez éclairé, dites-vous ? Jusqu'ici le monde me semblait simple ; mon âme se mouvait dans la joie car elle s'imaginait vivre au sein d'une nature amie, sous le regard de Dieu… Et voilà que je me découvre tout à la fois fils indigne – ne suis-je pas responsable de la mort de ma mère ? –, chevalier sans honneur – selon vous, n'ai-je pas tué par simple convoitise le champion aux armes vermeilles ? – et, finalement, mauvais chrétien, puisque indifférent aux souffrances de mon prochain.

« Apprenez-le, à votre tour : si je n'ai pas interrogé le roi Pellès sur les étranges coutumes de la Citadelle aventureuse et, tout particulièrement, sur la cause des souffrances du vieil homme couronné, qui m'inspirait pourtant une infinie pitié, c'est seulement parce que je craignais d'offenser mon hôte ou, tout au moins, de le peiner en lui posant une question malheureuse.

« "La jeunesse doit savoir se taire", m'enseigna autrefois mon bon maître Gorvenant. "Le secret de quiconque vous héberge doit être respecté." Ainsi mes intentions les plus droites se sont-elles retournées contre moi !

« Sans doute n'étais-je pas digne d'être accueilli par le Roi pêcheur dans la citadelle qu'il avait choisie lui-même pour en faire l'asile inviolable du Saint-Graal ; mais, dès lors que j'en avais franchi la porte sur son conseil, n'aurait-il pas dû me dicter ma conduite ? J'ai été livré à mes seules lumières. Méritais-je un pareil châtiment ? Dieu m'a abandonné !

— Perceval, Cœur Simple, reprit alors plus doucement la recluse, comment peux-tu prononcer un tel blasphème ? Supplie à genoux ton Sauveur de te pardonner. Il le fera car Sa miséricorde est infinie. Je m'en voudrais de t'avoir précipité dans le désespoir par de trop dures paroles. Certes ! tu as péché gravement, mais un repentir sincère lave de toute faute l'âme la plus coupable.

— Vos consolations sont trop tardives, lui répliqua Perceval avec amertume. Je vous pardonne le trouble où vous m'avez jeté – n'êtes-vous pas la sœur de ma mère ? – mais ne me parlez plus de la bonté de Dieu. S'Il est véritablement aussi bon que vous le prétendez, pourquoi m'a-t-Il laissé dans l'ignorance de mon devoir. Ayant succombé, je suis coupable. Soit ! Cependant, de quel droit s'est-Il complu à me tenter au-delà de mes forces ?

« Je me croyais Son homme lige. Je Le considérais comme mon Seigneur : Il m'a manqué dans le besoin. Plus jamais je ne Le servirai ! »

Son chagrin l'étouffait.

Perceval s'éloigna de quelques pas, en titubant, détacha son cheval, reprit sa lance et son écu, et s'enfonça dans la nuit.

Ce n'était pas la voix de l'orgueil qui l'avait incité à parler de la sorte en dépit de l'enfantine confiance en la bonté de Son Créateur dont il avait fait preuve jusque-là, mais la voix du désespoir. Ne pouvant induire Perceval à pécher charnellement, tant son cœur était resté pur, de fait et d'intention, le démon l'avait tenté dans sa foi : l'infortuné avait succombé.

Il en était venu à douter de la divine miséricorde.

Pour punir celui qui s'était détourné de Sa face avec tant d'aveugle passion, Dieu allait l'abandonner à ses seules forces ou, plutôt, à sa seule faiblesse. Quelle épreuve plus grande pourrait atteindre une âme baptisée ? car, en l'absence de Dieu, tout est vide mortel et ténèbres.

XLII

PERCEVAL TERRASSÉ PAR LA GRÂCE

Ainsi Perceval vécut-il durant sept longues années. Au cours de ces années, que le jeune chevalier passa d'ailleurs en terre étrangère, son refus et son éloignement de tout ce qui pouvait lui rappeler son Créateur furent tels qu'il n'entra pas une seule fois dans une église ni dans un moutier où se célébrait la gloire de Dieu… Lorsqu'une croix se présentait sur son chemin, il feignait de l'ignorer ou s'en détournait, de crainte d'avoir à la saluer.

Par ce caractère d'âpre défi, le comportement de Perceval s'opposait à celui de Lancelot qui, jusque dans son égarement et malgré les folles flambées de son orgueil, reconnut toujours Dieu pour son Maître et son droit Seigneur.

Un temps vint, cependant, où Notre-Sire, prenant en pitié l'amère désespérance de Son serviteur infidèle, décida de mettre fin à cette épreuve en apparence imméritée. Il choisit pour se manifester un Vendredi saint ; comme Perceval l'apprit par la suite… car, durant cette période obscure de son existence, il n'avait eu nul souci de la succession des fêtes sacrées, vivant volontairement dans l'ignorance des mois et des saisons.

Le jeune chevalier, qui avait regagné depuis peu la Grande Bretagne, cheminait, de nouveau, à travers la forêt Gastée. Mais, hélas ! son âme était aussi glacée d'indifférence que si le Christ ne fût jamais mort sur la croix pour le rachat du monde : en ce jour anniversaire de la passion du Sauveur, il allait tout armé.

Vraiment, il avait perdu la mémoire de Dieu !

Ainsi qu'il arrive souvent au cours de la Semaine sainte, la terre semblait porter le deuil de son Créateur. Le temps était sombre et triste ; depuis deux jours, l'orage menaçait. Anxieusement, la nature se taisait dans l'attente obscure de quelque imprévisible dénouement qui mettrait un terme à l'extrême tension de ses forces et changerait sa peine en délivrance.

Soudain, les nues se déchirèrent, Perceval, pétrifié d'effroi, crut lire dans les entrelacs de la foudre, l'image d'une couronne d'épines flamboyante qui, tout aussitôt, se tordit, éclata et, finalement, se dispersa en mille langues de feu, tandis que, de son centre, partait une flamme ardente, plus longue, en forme de lance. Déjà cette flamme elle-même s'étirait démesurément et, traversant l'espace, fulgurait, d'un trait, vers la terre…

« Sire Dieu, sauvez mon âme ! » s'écria Perceval, en voyant fondre sur lui la flamme vengeresse.

Seul le cheval fut mortellement atteint, mais l'homme et la bête tombèrent ensemble. Alors Perceval, vaincu, se rendit à merci entre les mains de Celui qui l'avait si rudement averti et, pourtant, lui avait fait grâce. Avant même de chercher à se relever, Perceval fit le vœu de confesser, au premier prêtre qu'il rencontrerait, le grand péché dont il s'était rendu coupable. Au même instant accouraient trois pèlerins. Ils avaient bien cru voir la foudre frapper ensemble cheval et cavalier et s'attendaient à les trouver morts l'un et l'autre. Le cheval, effectivement, ne donnait plus signe de vie ; s'apercevant, toutefois, que le cavalier n'avait qu'une jambe prise sous sa monture, ils l'aidèrent à se dégager.

« Quoi ! vous étiez armé, un Vendredi saint ! s'étonnèrent les pèlerins, lorsque le jeune champion se trouva en état d'entendre leurs remontrances. Notre-Sire a fait un grand miracle en vous épargnant ! »

Perceval aurait pu leur répliquer qu'il ignorait le jour où il vivait, mais cette nouvelle preuve d'indifférence n'eût fait que les scandaliser davantage encore.

« Vous trouverez à vous héberger dans un ermitage tout proche d'ici, ajouta le plus vieux des trois pèlerins. Un sentier passe au pied de ce sapin, il vous y mènera. »

En fait d'ermitage, Perceval ne découvrit, au bout du sentier, qu'une ancienne hutte de bûcheron, dont un vieux solitaire avait fait, tout à la fois, sa demeure et son oratoire. L'ermite, sur le pas de sa porte, semblait interroger le ciel, toujours menaçant. Toutefois une grande quiétude se lisait sur son visage émacié par le jeûne.

« Dieu vous vienne en aide, beau doux ami ! dit-il au jeune chevalier.

— Ah ! sire, êtes-vous prêtre ? demanda Perceval, en réponse à ces paroles de bienvenue.

— Par la grâce de Dieu, je le suis.

— Alors, je vous en prie, entendez-moi en confession. »

Et, tout en larmes, il conta à l'homme consacré les trois fautes qu'il avait commises, puis sa peine, son désespoir, sa révolte et, finalement, son refus de reconnaître Dieu pour son Maître.

« Je n'ai pas à juger celle qui vous a jeté dans cette longue désespérance, commença doucement le vieil homme. Elle me paraît avoir été bien imprudente, si j'en juge par vos dires. Mais, vous-même, avez-vous suivi ses conseils jusque dans leurs dernières conséquences ? Ne vous suppliait-elle pas de vous repentir et donc de vous tourner vers Dieu ? Votre véritable péché a été de douter de la miséricorde de Dieu. Lui seul sait discerner l'invisible ligne de partage qui sépare l'offense mortelle, commise avec la pleine volonté de mal faire, de la faute vénielle, imputable à la seule imperfection de notre nature.

— Père, père ! je le comprends bien maintenant, c'est dans le refus de recourir à Son pardon qu'a consisté ma plus grande faute. Ainsi, pendant un temps très long, plusieurs années sans doute – je ne sais trop moi-même combien de saisons se sont écoulées de la sorte ! –, personne ne m'a jamais vu entrer dans une église ni dans une chapelle, tant j'étais irrité contre Dieu. »

Quand Perceval eut fini de se confier, sans nul détour, au solitaire, celui-ci lui dit avec bonté :

« Cher fils au Cœur Simple, comment avez-vous pu penser que Dieu pouvait refuser Son assistance à la plus humble de Ses créatures ? En permettant à Son Fils unique, Jésus, de s'immoler sur la croix pour notre rachat, Il nous a prouvé, de la manière la plus saisissante, la profondeur de Son amour.

« Toutefois, Il nous a laissés libres soit de L'aimer, soit de Le haïr. À notre haine Il répond seulement par Son absence. Or nulle peine, vous l'avez appris à vos dépens, ne saurait être plus déconcertante ni plus cruelle que celle engendrée par cet éloignement de Celui à qui nous devons tout. Inversement, Dieu répond à notre amour par l'octroi d'innombrables grâces qui sont les signes sensibles de Sa prédilection et de Son propre amour.

« Les épreuves auxquelles Il lui plaît de soumettre Ses meilleurs serviteurs doivent nous sembler, dans cette perspective, comme autant d'occasions de sanctification, c'est-à-dire comme autant de grâces.

« Est-il nécessaire d'ajouter cette remarque : ce n'est pas seulement des lèvres que nous devons adhérer à Sa sainte volonté, mais du cœur. Nous avons l'impression d'être murés dans notre conscience. La pensée d'une autre créature humaine – celle-ci fût-elle notre plus proche et notre plus cher ami – nous est impénétrable. Dieu, par contre, lit en chacun de nous ; notre pensée n'est jamais si rapide que le Haut Maître n'ait le temps de la saisir dans son intégrité avant même que, du cœur, elle n'arrive à nos lèvres… Et quand cette pensée Lui est agréable, avec quelle bonté Il l'accueille !

« De toute votre âme, Perceval, tournez-vous vers Dieu. Demandez-Lui pardon de L'avoir si longtemps méconnu et soyez certain qu'en retour Il vous rendra Son amitié. »

Longtemps l'ermite l'exhorta avec une grande douceur et, toujours, Perceval, humblement, opinait :

« Oui, père ! Oui, père ! »

« En dehors de ces fautes dont vous vous êtes accusé, n'éprouvez-vous pas quelque autre souci de cœur ou d'esprit ? »

Perceval répondit à l'ermite :

« Ce qui me tourmente par-dessus toute chose, c'est une soif ardente d'approcher le Graal… La sainte quête du Graal est l'objet de mon plus douloureux désir, et davantage encore depuis la visite décevante que j'ai faite à la demeure du Roi pêcheur. J'éprouve un grand chagrin à la seule pensée d'avoir été si près d'atteindre à la suprême connaissance du Graal, qui, dit-on, l'emporte sur toutes les autres délectations de l'âme, comme la lumière du soleil l'emporte sur celle des étoiles.

— Perceval, cher fils, lui ordonna le solitaire, éloignez de votre cœur tout ce qui risquerait d'en troubler la quiétude. Nul ne saurait sonder les vues de Dieu. Est-ce là votre seul tourment ? »

Un long silence s'établit. Doucement, Perceval reprit, non sans manifester quelque confusion :

« La pensée de Liaze, ma chère fiancée, me trouble aussi comme un remords. Je lui avais promis fidélité jusqu'à mon dernier souffle, elle m'avait juré de m'attendre. D'une certaine manière, j'ai tenu mon serment ; je vous l'ai dit en confession, jamais je n'ai connu l'étreinte charnelle, mais jamais non plus je n'ai cherché vraiment à revoir celle que j'aimais. Toujours entre elle et moi s'est interposé, comme une ombre, ce grand ressentiment que j'ai nourri si longtemps contre mon Créateur. Et, maintenant...

— Cher fils, vous devez revoir Liaze. Ne lui cachez rien des scrupules qui vous affligent. Si elle est telle que je la crois, Dieu lui inspirera de vous aider à lire dans votre âme. À travers celle que vous aimez – vous étiez bien jeune alors ! – remettez-vous entre Ses mains à Lui. Car Lui seul sait ce qui vous convient le mieux. Ne préjugez pas de l'avenir à la lueur des épreuves passées. Il est possible que Dieu vous réserve pour Son seul service, mais il est également possible qu'Il vous destine à de hautes aventures dans le monde ; et, notamment, à l'occasion de la quête du Graal. C'est pourquoi je me garderai bien, pour ma part, de vous détourner de l'état de chevalerie pour lequel vos dons vous désignent si visiblement.

« Quoi qu'il puisse vous arriver, bénissez-Le. Attendez dans la paix de votre âme qu'Il vous fasse signe. Acceptez tout de Lui d'un cœur joyeux et cherchez autour de vous, dans la nature, les mille preuves de Sa merveilleuse prévoyance et de Son amour. »

Perceval ne se lassait pas d'entendre l'ermite l'exhorter de la sorte. Durant près de trois semaines, il vécut ainsi aux côtés du saint homme, recevant chaque matin, de ses mains, le corps du Sauveur du monde... Pour le reste, il se nourrissait d'herbes et de racines ; mais jamais chère ne lui avait paru plus agréable !

Un jour, très tôt dans la matinée – à peine l'aube commençait-elle à poindre –, Perceval fut tiré de son sommeil par un hennissement joyeux. Encore tout engourdi par cette nuit passée sur la couche de roseaux secs que l'ermite lui avait donnée pour lit, il se leva péniblement et franchit le seuil de la hutte ; et que vit-il, à quelques pas de là, attaché à la maîtresse branche d'un arbrisseau ? Un destrier tout harnaché qui piaffait et s'impatientait.

« Fils, lui dit l'ermite, survenu au même instant, ce destrier est vôtre. Il vous faut maintenant reprendre la vie de risques, généreusement acceptés, à laquelle Notre-Sire semble vous prédestiner. Vous avez laissé votre péché ici ; n'y pensez plus. L'ayant pris sur moi, je le garde et n'en devrai de comptes qu'à Dieu.

« Désormais, vivez dans la joie ! »

Le saint homme, sans permettre à son pénitent de le remercier – car, affirmait-il, Dieu seul lui avait donné, en tant que prêtre, le pouvoir de mettre un terme à pareille épreuve –, l'aida, sur-le-champ, à s'armer et le recommanda à Dieu. Déjà Perceval, qui s'était jeté à genoux pour recevoir la bénédiction de l'ermite, se relevait. Son destrier semblait l'attendre. Le jeune chevalier, après avoir flatté doucement l'animal inquiet, s'empara des rênes en signe de possession, plaça une main sur l'encolure, l'autre sur le pommeau, se rétablit à la force du poignet puis, prestement, se laissa retomber en selle.

Le cheval, surpris, se cabra et fit deux ou trois bonds désordonnés pour se débarrasser de son nouveau maître, mais celui-ci, piquant des deux, le jeta en avant.

Lorsque Perceval se retourna, les premiers rayons du soleil levant auréolaient l'humble hutte du solitaire. De loin, le vieil homme lui adressait un dernier signe d'amitié.

Après des années de morne solitude, Perceval se retrouvait, enfin ! dans le merveilleux pays des fleurs, des oiseaux, des nuages, des eaux vives. Bientôt il retournerait parmi les hommes.

Son cœur débordait d'amour. Une abeille, les ailes alourdies par la rosée nocturne, se posa, à bout de forces, dans la crinière de son destrier. Perceval ne la chassa pas. Même si le jeune chevalier n'avait jamais dû connaître du monde d'autre spectacle que celui de cette gentille abeille faisant imprudemment escale à portée de sa main, avant de retourner butiner de corolle en corolle, il n'eût pas regretté d'être né.

Sa louange, tout naturellement, montait comme autrefois vers Dieu.

XLIII

LES TROIS TACHES SUR LA NEIGE

Une grande joie habitait maintenant Perceval. Elle ne le quitterait plus. Se remémorant son existence passée, le jeune chevalier se demandait comment il avait pu vivre durant tant d'années sans chercher à revoir Liaze, sa chère fiancée, dont le très doux souvenir l'avait défendu contre maintes tentations qui n'étaient pas seulement d'ordre spirituel…

Hélas ! à partir de l'instant où il s'était détourné de Dieu, le sentiment de sa faute l'avait poussé à fuir ceux-là mêmes qui auraient pu lui apporter lumière et réconfort : Liaze, Gorvenant, les compagnons de la Table ronde, cette assemblée des meilleurs chevaliers des deux Bretagnes à laquelle il aurait dû appartenir depuis longtemps ; mais ses pairs, sans doute, le croyaient mort !

À peine se fut-il éloigné de l'ermite qu'il décida de renouer avec le monde. L'homme de Dieu lui avait affirmé que le roi se trouvait à Camaaloth. Quelques lieues, à peine, l'en séparaient. Il se rendrait donc tout d'abord à la cour d'Arthur, avant de chercher à passer la mer pour rejoindre Liaze en Petite Bretagne.

La fin du jour suivant le trouva à la lisière de la forêt. Comme il ne connaissait aucun gîte dans les environs, Perceval dut se résigner à coucher à la belle étoile. Ne l'avait-il pas fait maintes fois, par jeu, dans son enfance ?

Estimant, avec raison, qu'il pourrait être moins bien logé, le voyageur se réfugia, avec son cheval, sous les branches basses du premier pin qu'il trouva sur sa route et, tout aussitôt, s'endormit. Pâques avait été célébré précocement cette année-là, aux premiers jours d'avril, de sorte que la saison froide était à peine finie. Lorsque Perceval se réveilla au petit matin, tout frissonnant, il vit, non sans surprise, que la terre était couverte de neige, aussi loin qu'il lui était possible de porter ses regards.

Aucun spectacle de la nature ne donne plus que la neige l'impression de la solitude. Dans le cas présent, cette impression n'était vraie qu'à demi.

Le même jour, Arthur avait, en effet, chassé dans cette partie du bois, à l'occasion d'un grand lâcher de faucons donné à la prière de la reine. Peut-être Guenièvre espérait-elle profiter de cette évasion hors du cadre habituel de la cour pour rencontrer plus librement Lancelot ; car les deux amants ne trouvaient que trop rarement, à leur gré, l'occasion de se voir seul à seul. Des tentes avaient été dressées dans une clairière. Cette vie libre, en pleine nature, comblait également les vœux du roi, dont les goûts simples s'accommodaient fort bien de l'existence des camps, à laquelle ses déplacements incessants à travers les deux Bretagnes l'avaient habitué dès sa prime jeunesse.

Lancelot n'ayant pu la rejoindre, la reine s'était montrée maussade durant toute la chasse. Arthur, par contre, avait fort apprécié le travail de ses fauconniers, car nul ne connaissait mieux que lui les finesses de leur art. Malheureusement, vers la fin de l'après-midi, l'un d'entre eux devait perdre son meilleur faucon. Celui-ci s'était tellement gorgé de sang qu'aucun leurre n'avait pu le décider à se laisser reprendre. La venue du soir allait, toutefois, amener l'oiseau égaré à rechercher une compagnie humaine. Apercevant le pin sous lequel s'abritait Perceval, le faucon s'était réfugié silencieusement dans ses hautes branches.

Une seule nuit de neige avait suffi, on s'en souvient, pour rendre méconnaissable le visage de la forêt.

En proie à une sourde inquiétude, Perceval s'efforça, tout d'abord, de retrouver le sentier qu'il avait suivi la veille ; la neige en avait effacé toute trace. Alors, s'orientant d'après la mousse des arbres, le jeune chevalier s'avança dans la direction qu'il croyait la meilleure : celle du Levant. Le ciel, uniformément gris, s'allégea peu après d'une clarté livide, puis le soleil – un soleil encore bien pâle – se montra derrière les frondaisons de la forêt saupoudrées de givre.

Sans doute cette vague de froid serait-elle la dernière de l'année ; en attendant, Perceval, légèrement vêtu comme il l'était, n'en souffrait pas moins cruellement.

Bientôt le voyageur fut arrêté par un arbre abattu. D'épais fourrés le recouvraient, mais à peine eut-il dépassé ce rideau de menus branchages qu'une grande prairie tout enneigée lui apparut. Sur cette prairie se trouvaient rassemblées une bande d'oies sauvages. Elles pouvaient bien être un millier ; peut-être davantage. À la vue du cheval et de l'homme, les voilà qui se mettent à battre des ailes, toutes à la fois, en poussant de tels cris d'alarme et en manifestant une si vive inquiétude que le jeune chevalier ne peut s'empêcher d'en sourire.

Le faucon égaré suivait toujours Perceval à distance, en traçant de grands cercles dans le ciel immobile. Brusquement, il découvre la bande d'oies sauvages, choisit d'instinct celle qu'il va tuer et se laisse tomber comme une pierre. De son bec acéré, il frappe et frappe encore l'infortunée à la tête ; mais l'oie est forte et se débat furieusement. Le rapace est de la petite espèce, en sorte que sa proie finit par lui échapper.

L'oie a vu l'arbre couché, elle se glisse sous ses branches, au ras du sol. Le faucon n'ose la suivre.

Cependant l'oiseau blessé a laissé trois gouttes de son sang sur la neige.

Quand Perceval voit ces trois taches de sang, toutes fraîches, s'enlevant en rouge sur la blancheur immaculée de la prairie, une comparaison très douce lui vient à l'esprit : tout aussitôt il pense à Liaze, la fille de Gorvenant, sa chère fiancée, et cette comparaison se justifie car le teint de Liaze est d'une blancheur encore plus éclatante que cette neige nouvellement neigée, et sa bouche et ses joues sont plus vermeilles que ce sang.

Perceval, les regards toujours fixés sur la neige et le sang, croit apercevoir le visage de sa bien-aimée. Fasciné, il ne peut en détacher les yeux et cette contemplation lui ravit toute conscience.

Un écuyer appartenant à Sagremor amenait ses chevaux boire à un gué situé en contrebas ; la vue de ce chevalier armé de pied en cap, immobile à la lisière du bois, la lance en arrêt, lui causa autant de surprise que de crainte. Vite, il s'en revint vers le camp et s'empressa de transmettre la nouvelle à son maître avec l'accent de la plus vive indignation :

«Sire, la Table ronde est perdue d'honneur ! Un fervestu est venu défier les chevaliers d'Arthur jusque dans les cordes de leurs tentes et aucun d'entre eux ne semble s'en soucier…

— Garde-toi bien de les alerter, lui dit rudement Sagremor, dont le pavillon se dressait, par bonheur, un peu à l'écart du camp. Tais-toi ! On pourrait t'entendre. Tu n'ignores pas que le roi Arthur interdit aux compagnons de la Table ronde de tirer l'épée sans sa permission lorsqu'ils se trouvent à la cour. Arme-moi en cachette, et tiens ta langue ! »

Sagremor, prompt à s'enflammer lorsqu'il s'agissait de jouter, se montrait par ailleurs le plus généreux et le plus indulgent des maîtres. L'écuyer, le sachant mieux que personne, s'empressa de lui obéir.

Quelques instants plus tard, le bon chevalier débouchait dans la clairière. L'inconnu se trouvait toujours là, dans la même attitude altière.

« Sire, s'informa Sagremor, sire, qui êtes-vous et que voulez-vous ? »

Mais l'esprit de Perceval était ailleurs : il regardait toujours la neige, et le sang sur la neige. Le sortilège de la neige et du sang agissait sur lui de telle sorte qu'il n'eût pas entendu Dieu tonner.

Remarquant la couleur de ses armes, car le jeune champion se parait toujours des dépouilles du chevalier vermeil, Sagremor ajouta :

« Sire, soit dit sans vous offenser, ces armes vermeilles n'ont-elles pas appartenu à l'Orgueilleux ? En ce cas, vous seriez ce valet sauvage qui l'occit, voici bientôt dix ans. Comprenez-moi bien, je ne vous en fais nul reproche : la victoire doit rester au meilleur… Holà ! m'entendez-vous ? »

Sagremor commençait à s'impatienter. L'inconnu se taisant toujours, il lui cria de se garder, car une pareille insolence méritait une leçon, et prit lui-même du champ.

Tandis que Sagremor tournait bride pour gagner l'autre bout de la prairie, le cheval de Perceval, sentant l'approche de ce jeu mortel que l'on appelle joute et auquel tout destrier prend autant de plaisir que son maître, se mit à piaffer d'impatience, à hennir et, finalement, à se cabrer, en pivotant sur les hanches, comme une barque soulevée par la houle et qui tire de tous côtés sur sa chaîne ; de telle sorte que Perceval eut tôt fait de perdre de vue les trois taches vermeilles qui l'avaient ravi à lui-même.

Sagremor s'en revenait, au même instant, droit sur lui.

Perceval abaissa tout naturellement sa lance et, sans broncher, cueillit le cavalier au passage, tandis que la bête continuait seule à charger.

Sagremor n'était qu'étourdi par sa chute. Il en aurait fallu davantage pour le décourager. Dès que le bon chevalier eut recouvré ses esprits il clama :

« Sire, sire ! je vous requiers à pied ; à pied, tel que je suis ! Si toutefois il vous répugne de combattre du haut de votre selle un ennemi démonté, alors faites comme moi : descendez sur le pré ! »

Mais déjà son vainqueur était retourné à sa contemplation. À moins qu'il ne fût sourd et muet, cet homme avait manifestement la cervelle dérangée. Allez donc jouter contre un fou…

Personne n'aurait pu insister davantage sans se couvrir de ridicule.

Lorsqu'il fut, enfin ! convaincu de la vanité de ses efforts, Sagremor prit, à contrecœur, le parti de regagner le camp d'Arthur ; non sans regretter amèrement d'avoir écouté son écuyer. Hélas ! une dernière humiliation lui était réservée : devant son pavillon l'attendait messire Keu, tenant, à bout de rênes, un cheval à la selle retournée que l'infortuné chevalier eut tôt fait de reconnaître pour le sien.

Entre Sagremor et le sénéchal d'Arthur, l'entente n'avait jamais été parfaite.

« C'est là une manière toute nouvelle de seller un cheval, cher sire, railla Keu ; mais, à vous voir ainsi crotté, je n'ai guère envie de me mettre à votre école. Depuis quand avez-vous pris l'habitude de chevaucher la tête en bas ?

— Celui qui a fait tourner ma selle pourrait bien faire tourner la vôtre, répliqua Sagremor. Si vous avez envie d'être désarçonné à votre tour, prenez vos armes, avancez-vous jusqu'à l'orée du bois et vous trouverez, au beau milieu d'une prairie enneigée, le chevalier qui m'a réduit à l'état où je suis. Provoquez-le si le cœur vous en dit, mais vous voici prévenu : c'est le plus fort jouteur que j'aie jamais rencontré. »

Keu était trop imbu du sentiment de sa supériorité pour laisser passer pareille occasion d'humilier un rival. Tout aussitôt, il décida de relever le muet défi de l'étranger. Sagremor n'était qu'un éternel novice. Certes, il ne manquait pas de courage, mais l'adresse et la ruse lui faisaient totalement défaut. Lui, Keu le sénéchal, allait envoyer ce fanfaron rouler dans la neige dès le premier coup de lance.

Le champion aux armes couleur de feu, toujours immobile, semblait l'attendre.

Comme Sagremor l'avait fait avant lui, Keu, tout d'abord, essaya de parlementer. Puis, désespérant d'attirer l'attention de l'inconnu autrement qu'en le contraignant à défendre sa vie, le sénéchal d'Arthur tourna bride afin de prendre du champ. Déjà son destrier l'emportait vers l'autre bout de la prairie.

Malheureusement pour lui, Keu, en voltant, avait également projeté son ombre sur les trois taches vermeilles dont la contemplation captivait Perceval.

Rendu brusquement à la perception naturelle des choses, celui-ci s'empressa de jeter un regard circulaire. À la vue de ce chevalier tout armé qui, visiblement, s'apprêtait à le charger, Perceval assura sa lance sur le fautre et donna de l'éperon.

Bien lui en prit : dans le même temps, Keu accourait de toute la vitesse de sa monture.

Les lances des deux champions volèrent en éclats. Perceval, sous le choc, ne broncha pas. Keu, par contre, fut projeté à plat dos sur le sol. Pour un peu, son cheval, déséquilibré, l'eût écrasé dans sa propre chute ; d'ailleurs la jambe du cavalier était restée prise, et bien prise, entre la selle et la terre durcie par le gel. Redoutant de périr étouffé, Keu se mit à sacrer épouvantablement. En vain cherchait-il à se dégager : non seulement son bras droit lui refusait tout service, mais la vive souffrance qu'il ressentait à l'épaule l'avertissait qu'il devait avoir la clavicule brisée. Que lui importaient, cependant, son bras et son épaule alors qu'un péril mortel le menaçait ? Ah ! s'arracher, coûte que coûte, aux mâchoires de cet étau…

Enfin, le cheval du blessé, se servant de son encolure comme d'un balancier, réussit, d'un coup de reins, à se remettre debout. Par malchance, ses efforts l'avaient amené à prendre appui sur le corps de son maître. C'en était trop pour ce dernier qui se pâma, après avoir poussé un ultime rugissement de douleur.

Messire Keu ne lèvera plus la main sur les dames d'ici longtemps…

Voici vengé – et bien vengé ! – le soufflet dont le sénéchal gratifia la Pucelle-qui-jamais-ne-mentit lors de la venue du valet sauvage à la cour.

Selon la coutume, à l'issue de toute joute, le cheval du vaincu appartient au vainqueur ; mais Perceval, pour l'instant, ne se soucie pas davantage du destrier qu'il ne s'intéresse au sénéchal. Il n'a d'ailleurs pas reconnu ce dernier. De nouveau, son regard est fixé sur la neige ou, plutôt, sur les trois taches ensorcelantes.

Liaze, au cœur pur, ne lui a jamais été plus proche. Elle lui apparaît telle qu'à l'instant de leurs adieux. Il croit encore sentir la tiédeur de sa joue contre sa propre joue ; puis, sans qu'ils aient prémédité ce lent glissement, la douceur de leurs lèvres se rencontrant. Comment ce merveilleux souvenir n'eût-il pas effacé jusqu'aux dernières traces du baiser qu'il donna jadis à la dame du pavillon, en quelque sorte par méprise ?

Keu peut bien, à dix pas de lui, geindre et gémir à fendre l'âme, Perceval ne l'entend même pas.

En voyant le destrier du sénéchal revenir sans son maître, tout le camp du roi Arthur fut en émoi. Malgré les défauts qu'il lui savait, Arthur aimait Keu de franche amitié. N'étaient-ils pas frères de lait ? Ayant interrogé Sagremor, le roi en vint tout naturellement à penser, à son tour, que ce chevalier aux armes vermeilles devait être Perceval. Ah ! pourquoi le sénéchal avait-il tourné si cruellement en dérision le jeune Gallois alors que celui-ci n'était encore qu'un petit valet sans malice ni défense ? Cette raillerie risquait, aujourd'hui, de coûter la vie à l'offenseur.

Ne pouvant supporter la pensée qu'il avait dû arriver quelque malheur au sénéchal, le roi Arthur pria messire Gauvain de partir à sa recherche. Sagremor eût aimé accompagner Gauvain, mais le roi s'y opposa : son neveu irait seul et sans armes. Le désir du roi Arthur était de secourir tout d'abord Keu ou, du moins, d'en avoir des nouvelles certaines. Il aviserait ensuite à le venger s'il en était besoin.

Messire Gauvain jugea superflu de faire seller son destrier : le pré du combat étant tout proche, il s'y rendit à pied en compagnie de deux valets portant civière. Parvenu à l'orée du bois, Gauvain trouva, bien entendu, le sénéchal là où son cheval l'avait laissé.

Après avoir fait emporter le blessé, auquel le moindre mouvement arrachait des plaintes et des malédictions – à ce dernier signe, on voyait, du moins, qu'il n'était pas à l'article de la mort ! –, messire Gauvain s'approcha du chevalier inconnu et, supposant à sa contenance qu'il devait être la proie de quelque envoûtement, l'aborda avec circonspection. Comme Perceval regardait toujours le sol aussi fixement, Gauvain ne put faire autrement que de remarquer le sang répandu sur la neige.

Le bon chevalier montra alors une finesse d'esprit à laquelle nul ne se fût attendu de sa part : il dégrafa son manteau, le déploya et l'étendit de manière à recouvrir les trois taches vermeilles. Et, tout aussitôt, Perceval s'éveilla du songe qui l'avait si longtemps captivé.

Son premier mouvement fut de surprise. Mais, constatant, tout aussitôt, que le neveu du roi Arthur n'était pas armé, Perceval en déduisit qu'il ne devait pas nourrir d'intentions belliqueuses.

« Messire, lui dit Gauvain, votre armure vermeille l'indique assez clairement, vous êtes Perceval le Gallois. Je vous salue très bas pour la modération dont vous avez fait preuve à l'égard de Keu, mon vieux compagnon d'armes. Voici donc vengé, au moindre prix, l'affront qu'il infligea jadis à la Pucelle-qui-jamais-ne-mentit. Hormis l'intéressé, peut-être – et encore je dis bien "peut-être" car le sénéchal n'est pas aussi vindicatif que ses ennemis le prétendent ! –, nul ne saurait vous tenir rigueur des conséquences de cette rencontre. Le roi lui-même en a convenu : jamais leçon ne fut plus méritée.

« Accompagnez-moi jusqu'au camp d'Arthur, ajouta messire Gauvain. Vous aviez formé le projet de retourner à la cour ; le destin vous offre l'occasion de rallier vos pairs avec honneur... Profitez-en ! Le roi vous en prie par ma bouche. »

Perceval sourit : ainsi son dernier adversaire n'était autre que le sénéchal ! Le Ciel avait bien fait les choses. Il finit par se laisser convaincre : la parole du neveu d'Arthur valait celle du roi en personne.

Messire Gauvain reprit :

« Malheureusement vous ne pourrez saluer celle qui vous accueillit naguère à la cour, à si grand honneur : la Pucelle-qui-jamais-ne-mentit nous a quittés au début du printemps. Elle s'est retirée, assure-t-on, en quelque couvent de la forêt Gastée ; mais soyez-en certain, elle en reviendra un jour ou l'autre, tout aussi soudainement, et sans plus de raisons apparentes, car la nature des femmes les porte à faire mystère de leurs agissements les plus simples. »

Ainsi devisant, l'un à cheval, l'autre à pied, ils parvinrent bientôt devant la tente d'Arthur. Perceval se laissa tout aussitôt glisser à terre pour saluer le roi.

L'accueil que le roi Arthur et la reine Guenièvre lui réservèrent devait dissiper ses ultimes appréhensions.

« Messire Perceval, lui dit le roi, la vie du sénéchal n'est pas en danger ; mon neveu Gauvain, que voici, aime le rappeler à qui veut l'entendre : les amis les plus sûrs d'un vrai chevalier sont ceux qu'il se fait les armes à la main. Puisse le souvenir de cette rencontre ne laisser aucune trace d'amertume dans l'esprit du sénéchal. Quiconque joute doit savoir qu'il risque sa vie. Keu n'a même pas été blessé en joutant ; il est mal tombé. La belle affaire… Dans un mois, il n'y paraîtra plus.

« Quant à vous, ajouta doucement le roi, votre générosité naturelle saura vous incliner à oublier vos griefs anciens : la pucelle que vous savez a été suffisamment vengée par vos soins. En tout justice, vous tiendrez le sénéchal pour quitte.

— Ainsi ferai-je, répliqua Perceval, en regardant le roi droit dans les yeux.

— Mais j'y songe, reprit le roi Arthur, vous devriez avoir pris place depuis longtemps parmi les compagnons de la Table ronde. Vous n'avez que trop tardé à siéger aux côtés des meilleurs. Votre réputation n'est plus à faire. Vous avez accompli autrefois mille exploits que nul n'a oubliés, et la manière dont vous avez jouté aujourd'hui laisse entendre que ces années de mystérieuse retraite ne vous ont rien fait perdre de votre science des armes… Du reste, n'êtes-vous pas preux par héritage ? D'un côté, votre père, Gamuret, comptait parmi les chevaliers les plus accomplis de son temps ; d'un autre côté, par votre mère, Herzéloïde, vous appartenez au plus haut lignage qui se puisse rêver : celui du Roi pêcheur.

— Sire, répondit Perceval, avec sa droiture coutumière, je ne suis pas digne de m'asseoir à la table ronde où tous doivent être égaux. »

Le roi n'était pas seul. Il y avait là plusieurs de ses familiers, parmi lesquels Gauvain et Sagremor, Girflet l'écuyer, Galessin le Rouge Moissonneur, Galehaut le sire des îles Lointaines, sans compter la reine elle-même et ses suivantes.

Perceval continua :

« Durant ces années d'injustifiable absence, j'ai gravement offensé Notre-Sire par mon refus de Le servir et de Lui rendre grâce. À cause d'une faute que j'avais commise, je L'accusais de m'avoir tenté au-delà de mes forces puis de S'être détourné de moi, dans ma détresse. C'est pourquoi, au cours de cette longue suite de saisons, nul ne m'a jamais vu entrer dans une église ni dans un moutier, de peur d'être contraint de Le saluer. En un mot, après avoir tout d'abord douté de la miséricorde et de la bonté de Dieu, je me suis laissé vivre, au fil des jours, comme si j'avais perdu Sa mémoire.

« Tel fut mon aveuglement, tel fut mon péché ! » Sa voix s'assourdissait : « Je m'en suis confessé ; Dieu m'a pardonné, par la bouche du plus saint de Ses ministres, comme Lui seul sait pardonner. De cela je suis sûr, le sentant de toute mon âme. Mais je n'en ai pas moins été un objet de scandale...

— Doux ami, lui répondit le roi avec bonté, qui n'a péché ? Si un seul de ceux que vous voyez sous cette tente se trouvait exempt de toute faute, alors je serais moi-même bien coupable pour l'avoir, pendant si longtemps, tenu à l'écart du siège réservé au Meilleur Chevalier du monde ! »

Déjà Arthur s'informait, auprès de Girflet, son premier écuyer, du lieu où la table ronde avait été laissée, car le roi, à son accoutumée, s'était déplacé maintes fois avec sa cour, au long de l'année.

« La table est demeurée à Carduel, lui répondit Girflet.

— Nous saurons donc nous en passer, répliqua le roi. Ce n'est pas la table elle-même qui importe, mais l'intention de ceux qui s'en approchent et s'y assoient en toute humilité de cœur. »

Il faisait maintenant très doux, presque chaud. Le soleil d'avril avait effacé les dernières traces de neige sur le versant de la colline où campaient le roi et sa cour. Une grande nappe ronde fut disposée sur l'herbe. Faute de sièges, et pour éviter que leurs amies ne prissent froid car le sol restait humide, Arthur et ses compagnons étendirent leurs manteaux par terre, puis dames et chevaliers s'assirent côte à côte, en cercle, sans nul souci de préséance, ainsi que le voulait la coutume de la Table ronde.

Comme de coutume aussi, un espace fut laissé libre à la droite du roi, afin de bien marquer la place périlleuse réservée au Meilleur Chevalier du monde.

Ce fut de cette manière charmante, dans le cadre sylvestre d'un camp dressé au milieu de la forêt Gastée, que le chevalier au Cœur Simple fut admis à siéger parmi ses pairs. Aux alentours, les oiseaux, si chers à Perceval enfant, s'essayaient à filer leurs premières trilles en l'honneur du soleil renaissant.

Tous et toutes sentirent la grâce de cet instant privilégié.

La reine Guenièvre qui, par pure gentillesse, s'était assise auprès du nouveau compagnon, ne put s'empêcher de lui dire à mi-voix, car elle était, hélas ! mieux placée que nul être au monde pour savoir que l'heure de Lancelot, le chevalier aux Blanches Armes, était passée, et bien passée :

« Cher sire, je n'ai pas à vous l'apprendre : votre nom est synonyme de chevalerie. Dois-je ajouter que la plupart de ceux qui sont ici croient voir en vous l'élu de Notre-Sire, le héros célestiel auquel Merlin décernait dans ses prophéties le titre de Meilleur Chevalier du monde en précisant qu'il mettrait fin aux Temps aventureux ?

« À vous regarder vivre, beau doux ami, je ne suis pas loin de partager leur croyance. »

Perceval se tourna vers Guenièvre avec un air d'extrême surprise. À travers les frondaisons légères de la forêt, un rayon de soleil vint effleurer son front, telle une langue de feu. Hasard ou signe du Ciel, une autre tache ardente embrasa, au même instant, l'emplacement réservé au siège périlleux, à la droite du roi Arthur.

Mais Perceval, le champion au Cœur Simple, secoua négativement la tête.

« Dame, répondit-il seulement à la reine, comment pouvez-vous nourrir une telle pensée après m'avoir entendu confesser la grande faute dont je me suis rendu coupable ? Le remords que j'en éprouve suffirait à me convaincre de mon indignité. Si je m'avançais d'un seul pas vers cette place réservée au chevalier prédestiné, la terre m'engloutirait.

« Mon cœur me dit, toutefois, que celui dont vous attendez la venue depuis tant d'années ne saurait plus tarder. »

XLIV

LA DAME EN HAILLONS

Perceval ne pouvait plus surseoir à son retour en Armorique. Dès la fin de cette même semaine, il traversait le Grand Chenal pour rejoindre sa bien-aimée. À vrai dire, le chevalier aux Armes Vermeilles éprouvait une obscure appréhension à la pensée de cette rencontre. Il y avait tant d'années qu'il n'avait revu Liaze !

Du seul fait de la succession des saisons, la jeune fille qu'elle était devenue devait être bien différente de l'adolescente dont il conservait l'image dans son cœur. Or c'était surtout cette image ancienne qu'il chérissait lorsqu'il songeait à Liaze : l'absence la parait de mille grâces…

Une autre raison, d'ordre spirituel, expliquait la lenteur de son cheminement au long de cette route de Rennes à Nantes qu'il aurait dû franchir en brûlant les étapes : Perceval, depuis sa conversion, poursuivait avec son Créateur un mystérieux dialogue qu'il redoutait secrètement d'abréger. Dieu, pensait-il, lui parlait à travers le spectacle de la nature, ce spectacle fût-il de la plus humble sorte, car la nature tout entière proclame que, si chétif que soit l'homme, au regard de l'infinie puissance de Dieu, il est tout pour Sa sollicitude.

Son cœur, à cette seule pensée, se fondait de reconnaissance. Comment pourrait-il assez remercier Dieu de lui avoir rouvert les portes de cet univers de la foi en dehors duquel le monde n'est que ténèbres.

Cependant, Perceval savait bien qu'il n'épuiserait pas la somme des jours qui lui restaient à vivre sans subir d'autres tentations, sans affronter d'autres combats ; il suppliait seulement le Haut Maître de lui épargner cette épreuve de l'indifférence qui l'avait si longtemps tenu dans l'éloignement de l'unique Voie.

Toute croix lui serait douce, sinon légère, pourvu que le Christ son Sauveur l'aidât à la porter.

Tandis qu'il cheminait ainsi, le front incliné vers la terre, à la manière d'un homme perdu dans ses pensées, son regard fut attiré par de curieuses empreintes : les unes appartenaient, de toute évidence, à quelque destrier, lourd et puissant, nouvellement ferré, les autres semblaient celles d'une vieille haquenée, marchant l'amble, dont les sabots ne portaient plus de fers depuis longtemps à en croire les griffures de corne qu'il apercevait sur le sol.

Cette dernière particularité ne pouvait manquer d'intriguer Perceval. Tout aussitôt, il pressa le pas de sa propre monture dans l'espoir de rejoindre la bête qui avait laissé ces traces de son passage.

Une heure plus tard, le jeune chevalier l'apercevait en effet, pour sa plus grande stupeur. Il faut dire que jamais haquenée n'offrit un spectacle aussi pitoyable : ses côtes lui perçaient les flancs, ses yeux creux, ses lèvres pendantes trahissaient un état de complet épuisement ; sa crinière, tout emmêlée de brindilles de pin et de feuilles mortes, pendait jusqu'à ses sabots, qui, effectivement, ne portaient plus trace de fers. C'était miracle que la pauvre bête pût encore marcher ! Pour bride, elle portait un licou d'écorce ; pour sangle, une grosse corde de chanvre torsadée. Sur son dos était posée une selle dont le cuir déchiré laissait voir l'armature de bois.

Quant à son écuyère – car elle était montée ! –, comment la décrire ? Bien qu'elle semblât très jeune encore, l'infortunée aurait pu figurer l'image même du malheur. Qu'il me suffise de dire qu'elle était plus nue que vêtue. Entre les lambeaux de sa robe, rattachés les uns aux autres par des brins de chèvrefeuille, sa peau semblait toute tannée ; lorsqu'une partie de son corps, mieux protégée, apparaissait au hasard de quelque mouvement, la chair s'en révélait cependant plus blanche que plume de cygne.

Faut-il parler de son visage ? Jamais masque de misère n'altéra plus profondément les traits d'une femme... d'une jolie femme ; car, dans son affreux dénuement, la malheureuse donnait encore une telle impression de fierté native que l'on ne pouvait s'empêcher de penser qu'elle avait dû être belle en des temps meilleurs.

La dame à la haquenée déferrée s'arrêta dès qu'elle aperçut Perceval. Ses yeux, agrandis par le jeûne, brillaient d'un feu sombre. Une fièvre de désespoir l'habitait qui ne pouvait échapper aux yeux compatissants du chevalier. Ce dernier, subjugué sans doute par sa beauté farouche, était parvenu sans y penser à la hauteur de la jeune femme. Il la salua :

« Dame, ne puis-je rien pour vous qui semblez si cruellement éprouvée ? Je ne serais pas digne du nom de chevalier si je ne vous posais cette question. Croyez que je le fais avec toute la délicatesse dont mon cœur est capable. Parlez sans crainte... Pourquoi me regardez-vous avec un tel effroi ? »

Effectivement, à mesure que Perceval parlait, la dame n'avait cessé de le dévisager d'un air d'anxiété croissante.

« Partez ! ah ! partez ! lui cria-t-elle brusquement. Prenez le sentier que vous trouverez sur votre droite. Fasse le Ciel que vous ne rencontriez pas mon époux ; il ne saurait pardonner à nul homme de m'avoir aperçue dans l'état où je suis ; et moins encore à vous qu'à tout autre.

— Quel crime ai-je donc commis à son égard pour qu'il m'en veuille plus particulièrement ? » répliqua Perceval sans pouvoir détacher ses propres regards des yeux chargés de douleur et d'angoisse qui ne cessaient de s'attacher aux siens. « Mais, tout d'abord, me direz-vous sous quel prétexte il vous traite si mal ? »

À mesure qu'il interrogeait la jeune femme, une certitude s'imposait à son esprit : il l'avait déjà vue. Ces paroles qu'elle venait de prononcer : « Partez ! ah ! partez ! » il les avait déjà entendues naguère, de la même bouche. En quel lieu, en quelles circonstances ? Soudain, la lumière se fit dans son esprit. Le temps d'un éclair, il la revit couchée sous une tente richement ornée, dressée au milieu d'une clairière bordée de chênes semblables à ceux qu'il apercevait en ce moment. N'était-ce pas dans la forêt de Brocéliande ? Elle lui avait paru toute jeunette alors ; mais Dieu ! qu'elle était belle !

Ses lèvres semblaient si fraîches qu'il n'avait pu se retenir de les baiser. Au grand cri qu'elle avait poussé, il s'était enfui non sans avoir pris sa bague, s'imaginant, en toute bonne foi, que la pucelle lui devait bien ce présent en échange du baiser reçu. Son inexpérience de la vie était telle qu'il n'avait pas cru mal agir.

Celle qu'il avait compromise avec tant de légèreté était, sans nul doute, d'un avis différent.

« Comment mes malheurs pourraient-ils vous surprendre alors que vous en êtes la cause ? lui dit-elle durement.

— Quoi ! ce serait en expiation de cette innocente aventure à laquelle vous faites allusion que vous seriez traitée ainsi ? Tant d'années ont passé depuis lors...

— Sans doute ces années vous ont-elles paru plus courtes qu'elles ne le furent pour moi, reprit la jeune femme d'une voix enrouée de larmes. Jamais mon époux n'a voulu croire à mon innocence. Je redoutais qu'il ne me tuât à son retour, car je connaissais son caractère jaloux. Pour me punir, il a trouvé une vengeance bien pire : voyez en quel état il m'a réduite. Jamais femme ne fut humiliée pareillement. Partout où il va je dois le suivre, mais à distance, telle une esclave.

« Cette jument que je montais autrefois à grand honneur n'est plus que le fantôme de ce qu'elle fut. Voici dix ans qu'elle n'a été ferrée ; depuis lors, elle n'a jamais connu les honneurs de l'étrille. Il lui faut vivre de l'herbe qu'elle glane en marchant. Pour litière, elle n'a, le plus souvent, qu'une jonchée d'orties ou d'ajoncs. Qu'il pleuve ou vente, elle couche dehors. Quant à moi, je ne sais comment je ne suis déjà morte, de faim, de froid, d'épuisement. Je dois me contenter, pour survivre, des miettes tombées de la table de mon seigneur. Les vêtements que je porte sont ceux-là mêmes que vous m'avez vus lorsque j'étais encore dans l'opulence ; mais peut-on appeler vêtements ces lambeaux d'étoffe qui ne recouvrent même plus ce que la décence exige que je cache aux regards des hommes ? » ajouta-t-elle en s'efforçant de voiler de son mieux ses seins qui étaient encore ronds et fermes, malgré la vie de privations qu'elle avait menée durant tant d'années. « Et Dieu sait pourtant, reprit-elle aussitôt, si je m'efforce de ménager cette robe, car je sais bien que je n'en aurai pas d'autre avant d'être étendue dans la terre nue, sans cercueil, comme une bête... Par votre faute, j'ai tout perdu, y compris l'affection de l'homme que j'aimais ; car, malgré ses défauts, j'aimais mon époux. Hélas ! il me poursuit maintenant de sa haine. Ma détresse n'est pas seulement de corps mais d'âme... Et, par surcroît d'inconscience, vous semblez surpris tout à la fois de mes malheurs et de ma rancune.

« Passez votre chemin. Partez ! ah ! partez ! si vous ne voulez pas m'entendre vous répéter que je vous déteste. »

Perceval, de nouveau, se sentait en proie à la peine la plus vive.

« Ah ! douce amie, comment racheter le mal qui vous est advenu par ma faute ? Nul ne saurait me juger plus sévèrement que je ne me juge moi-même en cet instant où je comprends toutes les conséquences de ma faute. Encore une fois, ne puis-je vraiment rien faire pour vous ?

— Une seule chose, je viens de vous le dire : partir sur-le-champ. Mon époux doit commencer à s'étonner du retard que j'ai pris. »

À l'instant où elle prononçait ces derniers mots, le destrier de Perceval hennit.

« Nous sommes perdus, s'écria-t-elle alors, votre cheval nous a trahis. Pour l'amour du Ciel, retournez d'où vous êtes venu. Vous ne m'avez déjà fait que trop de mal. Fuyez ! »

Le bruit d'un galop furieux leur parvint. Perceval ne pouvait l'abandonner ainsi sans lâcheté. D'ailleurs, il eût été trop tard pour s'y résoudre : l'époux abusif accourait. Magnifiquement monté, bien vêtu, il était tout armé sauf de son heaume qu'il portait attaché à l'arçon de sa selle. Son aspect de santé florissant contrastait avec la mine défaite de la dame.

« Qui êtes-vous, et que faites-vous là en compagnie de cette femme ? clama-t-il du plus loin qu'il aperçut Perceval.

— Sire, mon nom est Perceval, lui répondit le jeune champion aussi calmement qu'il put. Si je vous ai offensé naguère, pardonnez-moi... En ce temps-là, j'étais très jeune et de courte expérience. Cette dame, par contre, est pleinement innocente. L'ayant surprise sous une tente, je lui ai donné un baiser tandis qu'elle dormait, puis je me suis emparé de l'anneau qu'elle portait au doigt. Je vous en supplie, croyez-moi : nous n'avons rien fait d'autre ensemble. Et, d'ailleurs, encore une fois, je suis le seul coupable : dès son réveil, elle m'a chassé.

— Chien ! tu serais donc ce Gallois dont elle m'a conté la visite. Misérable, reçois ton salaire ! »

Déjà, le forcené se jetait sur Perceval l'épée haute. Le champion aux Armes Vermeilles, qui n'avait pas eu le temps de porter la main à sa propre épée, put, tout juste, opposer le bord tranchant de son écu au fer qui le menaçait, mais il le fit d'une main si ferme que la lame se rompit net.

Désarmé, son agresseur sauta vivement à terre :

« Descends sur le pré si tu n'es pas un lâche ! Il nous reste nos dagues.

— Je vois que vous voulez ma mort, répliqua Perceval. Dieu me prête Son aide ! Je me défendrai de mon mieux, car ma fin n'arrangerait en rien les affaires de celle que vous persécutez si injustement.

« Dame, je serai donc votre champion malgré vous ! »

La dame, toujours juchée sur sa misérable jument, se tordait les mains de désespoir, ne sachant trop si elle devait souhaiter la victoire ou la défaite de celui qui s'était fait son chevalier sans même l'avoir consultée.

Les deux hommes se mesurent du regard avant de s'affronter. Ils ont jeté leurs écus dans les fourrés. Perceval a débouclé ceinture et baudrier, de sorte que sa propre épée gît maintenant à terre. D'un même geste, ils ont tiré leurs dagues. Le champion aux Armes Vermeilles tourne lentement autour de son adversaire, comme un lutteur cherchant quelque ouverture. Sans doute se souvient-il des jeux qui l'opposaient, dans son enfance, aux petits manants de la forêt Gastée. Adolescent, il lui est arrivé d'étouffer un ours entre ses bras robustes.

Brusquement, avant que l'autre n'ait pu se dérober, il l'a ceinturé.

Perceval assure tout d'abord sa prise, puis il resserre inexorablement son étreinte mortelle. L'époux de la dame comprend que sa dernière heure est venue s'il ne se rend à merci : les mailles de son haubert lui rentrent dans la chair, les rivets de son armure sautent ; ses articulations craquent, son cœur bat à se rompre, ses yeux se troublent... Il étouffe.

« Grâce ! grâce ! halète-t-il.

— M'écouteras-tu enfin ? gronde Perceval, en le laissant reprendre haleine, sans toutefois lui permettre de se libérer complètement. Rends-toi ! Je ne te réclamerai, pour toute rançon, qu'un instant d'attention.

— Pouvant me tuer, tu m'as pris en pitié. Il me faut bien t'entendre. »

Tel un noyé revenant lentement à lui, le malheureux recouvre, à grand-peine, ses esprits. Sous l'effet de la peur qu'il vient de ressentir, sa colère est tombée. Il écoute sans mot dire le plaidoyer de Perceval. Peu à peu, la vérité s'impose à sa raison : comment la jalousie a-t-elle pu l'aveugler au point de lui inspirer de traiter sa femme avec tant d'injustice, alors qu'elle était, de toute évidence, innocente ?

« Perceval, confesse-t-il, tu viens de me vaincre en

générosité pour la seconde fois. Après t'avoir entendu reconnaître tes propres torts à l'égard de la dame que voilà, comment ne reconnaîtrais-je pas les miens ? »

Se retournant vers sa femme, il ajouta :

« Amie, je t'ai offensée doublement : tout d'abord, en te jugeant si mal et, ensuite, en t'infligeant durant tant d'années de pareils traitements. Si je te suppliais de me pardonner, me rendrais-tu ton amour, du fond du cœur ?

— Ainsi ferais-je, lui répondit-elle.

— Je te demande donc pardon avec une entière contrition. »

À l'entendre, la dame en haillons pensa défaillir de joie : enfin, son seigneur la croyait ; il lui témoignait son amour, à sa rude manière, en s'humiliant comme bien peu d'hommes eussent consenti à le faire. Elle avait vécu un mauvais rêve qui lui semblait devoir durer toujours ; or voici que ce temps d'épreuve prenait fin comme par miracle.

Oubliant la présence de Perceval, la jeune femme se laissa glisser à terre si vivement que sa robe se déchira, dévoilant ce qu'elle cachait encore… Le jaloux, qui venait justement de détacher son propre manteau de sa selle, se précipita alors vers son épouse, la prit dans ses bras et, bien vite, l'enveloppa.

Rougissante de confusion, la dame osa toutefois sortir une main d'un pan de la riche étoffe pour esquisser un signe d'adieu à l'intention de Perceval.

« À mon tour, Perceval, je te pardonne ! lui cria-t-elle. J'ai été victime de ton incroyable naïveté ; mais oublie mes reproches comme je veux oublier tes torts… Adieu ! Que Notre-Sire te garde ! »

Déjà, le mari repentant l'avait prise en croupe sur son propre destrier : visiblement, il éprouvait le plus grand désir de se retrouver seul avec elle. Perceval répondit au signe d'amitié de la dame en la saluant bien bas ; puis, tout pensif, il regarda le couple s'éloigner.

Longtemps, le jeune chevalier marcha à pied, les rênes de son cheval passées au bras.

Son appréhension croissait à mesure qu'il approchait du terme de son voyage. Parvenu à ce haut point de la route d'où, brusquement, la vue découvre la tour d'Oudon, il s'arrêta, surpris : une cloche, qui semblait être celle du château, sonnait les derniers coups d'un glas.

Une idée absurde, en apparence, l'effleura :

« Savez-vous pour qui sonne ce glas ? demanda-t-il à une vieille femme qui passait.

— Comment pouvez-vous l'ignorer ? On porte en terre la fille unique de notre cher seigneur. »

En apprenant la mort de Liaze, Perceval se sentit défaillir. Le monde entier lui parut basculer dans la nuit : Liaze avait cessé de vivre depuis deux jours et il l'ignorait.

Si vraiment, dans la Création, tout nous parle de Dieu et si, par la Création, Dieu nous parle, alors tout devrait être langage et signe. Le souvenir des trois taches sanglantes sur la neige, dont la vue l'avait si profondément troublé la semaine précédente, lui revint à l'esprit. L'événement accompli, le sens du message lui apparaissait avec une évidence douloureuse.

Par ce signe placé sur sa voie, le Ciel entendait préparer son esprit au deuil qui devait le frapper quelques jours plus tard. Hélas ! muré dans sa prison charnelle, le chevalier aux Armes Vermeilles était resté sourd et aveugle à cet avertissement... À peine avait-il pressenti qu'un tel symbole concernait Liaze.

Sa propre mère l'avait accoutumé pourtant, dans son enfance, à lire ces présages que nul chrétien digne de ce nom n'oserait railler – d'ailleurs quel homme, ou quelle femme, serait assez hardi pour contester à Celui qui règne sur l'Univers le pouvoir de communiquer avec Ses créatures, à l'heure et par les moyens de Son choix ? –, mais, depuis que Perceval avait quitté, pour la première fois, la forêt Gastée, maintes déceptions lui avaient également enseigné à se défier des pièges de l'Ennemi.

Aux dires de cette vieille femme, qui avait été naguère sa nourrice, Liaze s'était alitée vers la fin de l'automne précédent. Une petite toux sèche l'avait torturée, jour et nuit, au long de l'hiver. Un matin, à son réveil, Liaze s'était étonnée de sentir sur ses lèvres une saveur étrange, douce amère ; ayant porté à sa bouche le mouchoir qu'elle glissait chaque soir sous son oreiller, la jeune fille avait constaté avec terreur qu'il était taché de sang.

D'une voix rauque, Liaze avait appelé son père. Gorvenant avait accouru aussitôt – les vieillards ont le sommeil léger ! En voyant le mouchoir ensanglanté, Gorvenant avait compris que la mort était venue s'asseoir au chevet de son enfant.

Les soins les plus attentifs se montrèrent impuissants à la guérir : la fièvre qui consumait l'infortunée ne devait s'éteindre qu'avec son dernier souffle. Quelques jours plus tard, au crépuscule, à l'heure où la vie se retire pour un temps des êtres et des choses, Liaze avait quitté ce monde en murmurant, comme une ultime offrande à celui qu'elle ne reverrait plus ici-bas : « Perceval ! »

Ce dernier n'eut pas le courage de se présenter devant Gorvenant ; sans doute le sénéchal d'Oudon le croyait-il mort ; ce tardif retour n'eût fait qu'aviver son chagrin. Perceval ne franchirait plus jamais les portes de la petite citadelle où sa bien-aimée reposait pour toujours.

Ses épreuves passées avaient préparé le jeune champion à cet ultime détachement.

Les larmes qu'il versait aujourd'hui lui seraient bientôt source de joie, car la mort ne sépare qu'en apparence ceux qui s'aiment en Dieu. Déjà, comprenant que la Providence n'avait pu trancher sans raison les derniers liens d'humaine affection qui le rattachaient encore à sa vie ancienne, il bénissait la main qui le frappait.

Désormais, tous ses désirs, toutes ses pensées, tous ses actes, se tourneraient vers la Quête célestielle.

Perceval avait rêvé de jeter l'ancre à l'abri de quelque havre tranquille où il eût joui d'une longue paix. Une fortune bien différente l'attendait. Le Haut Maître le mènerait, l'heure venue, devant l'Océan et lui crierait : « Monte dans cette barque sans voile ni rames, et laisse-toi porter par le flot… Il saura te conduire où tu dois aller. »

XLV

GALAAD RECONNU

Dans le mois qui suivit le ralliement de Perceval, le roi Arthur fit proclamer, à travers les deux Bretagnes, qu'une assemblée plénière des compagnons de la Table ronde se tiendrait au château de Camaaloth, à l'occasion de la Pentecôte.

Le roi n'avait pas placé cette réunion des meilleurs chevaliers du royaume sous le signe de la troisième personne de la Sainte-Trinité sans une secrète intention. Depuis longtemps, l'abandon de la Quête célestielle le tourmentait. Maintenant qu'il savait pouvoir compter sur le concours de Perceval, le champion au Cœur Simple, Arthur ne doutait plus de l'heureux aboutissement de la Quête : dans quelques semaines – au plus tard d'ici à la fin de la présente année –, il pourrait contempler de ses propres yeux le calice du Précieux Sang.

À cette seule pensée, le roi Arthur éprouvait une indicible joie mêlée d'anxiété : il connaissait l'opiniâtreté de ses pairs… seule une intervention de l'Esprit saint pourrait les amener à poursuivre une recherche qui ne leur avait rapporté, jusque-là, qu'humiliations et déconvenues de toutes sortes.

Quelques jours après avoir reçu la convocation d'Arthur, Lancelot en personne voguait vers la Grande Bretagne. Ce conte l'a déjà dit, l'amant de la reine Guenièvre ne faisait que des apparitions aussi brèves que possible à la cour du roi Arthur. Durant l'absence de Perceval – dix interminables années – il s'était montré d'une extrême prudence.

Malgré le lent travail d'érosion des saisons, Lancelot et la reine se flattaient d'échapper à la loi du temps… Le destin leur octroyait seulement un dernier sursis. Certes, le décor de leurs amours n'avait pas changé, leur passion demeurait toujours aussi vive ; cependant, un subtil désaccord s'était glissé entre eux. Une faille invisible commençait à se creuser sous leurs pas.

Cette faille irait en s'élargissant.

Comme jadis Merlin le tourmenté, Merlin le Sage devenu fou, mais sur un plan bien différent, Lancelot avait trahi sa destinée. Écartelé désormais entre deux fidélités inconciliables, il hésitait sans cesse entre l'ardente tentation de l'heure présente et la nostalgie d'un idéal qui n'admettait nul compromis.

De la reine lui venait l'angoisse et le réconfort de sa vie. Il avait aimé Guenièvre d'un aveugle amour traversé de courtes périodes de lucidité ; il l'aimait encore, il l'aimerait toujours, mais avec quelle inquiétude grandissante ! Une sorte de vertige le saisissait lorsqu'il songeait à l'abîme au fond duquel leur passion les avait entraînés. Toutefois, il ne pouvait supporter la pensée qu'il lui faudrait, pour regagner la voie des cimes, abandonner sa compagne.

Ensemble, ils avaient compromis leur salut éternel. Leur sort était déjà fixé pour l'éternité... Leur faute les condamnait. À quoi eût-il servi aux deux amants d'ajouter aux tourments inévitables de l'Au-Delà le supplice qu'ils se fussent infligé l'un à l'autre en se séparant dès ce monde ? Une voix insidieuse lui murmurait à l'oreille que seul l'instant qui passe importe... Or, cet instant fugitif, qui donc pouvait le changer en joie ou le transmuer en peine, sinon celle qui incarnait à la fois, pour lui, toute joie et toute peine – celle dont il était, tour à tour, le maître et l'esclave –, Guenièvre, la reine ?

Ah ! qu'importait l'éternité !... Ils s'aimaient. Rien d'autre ne devait compter à leurs yeux, pas même leur commune damnation !

Cette menace du Ciel perpétuellement suspendue au-dessus de sa tête exaspérait la passion de Lancelot. En proie à ces sentiments d'exaltation douloureuse, quelles folies n'eût-il pas accomplies pour sa bien-aimée ? Quels risques mortels n'eût-il pas affrontés pour elle ?

À d'autres instants, et parfois même durant de longues périodes, Lancelot se laissait gagner par un funeste engourdissement. Tout esprit de lutte, alors, l'abandonnait ; il prétendait aimer Guenièvre, et pourtant quiconque aime vraiment doit être capable de se sacrifier pour l'objet de sa passion. Sa mort, se disait-il, délivrerait la reine du péril qu'il lui faisait courir du seul fait de son existence. Pour un peu, il eût souhaité disparaître afin d'emporter leur double secret dans la tombe. Lui mort, leur liaison coupable n'eût pas laissé plus de traces que l'empreinte de leurs propres pas sur le sable de quelque grève : finie la course, venue la nuit, tout indice de leurs furtives rencontres se fût trouvé à jamais effacé.

Toutefois, à peine cette pensée l'avait-elle effleuré que le désir de se soustraire aux conséquences de sa faute lui semblait la plus vile des lâchetés.

À vivre dans cette opprobre, il en était venu à se haïr...

De l'avis de tous, le chevalier aux Blanches Armes avait bien changé au long de ces dernières années. Ses meilleurs amis eux-mêmes devaient en convenir, sans se douter, pour autant, de la vraie nature de son tourment.

Attristée de le voir ainsi livré, de plus en plus souvent, à ses noirs démons, la reine multipliait en vain les marques de sa tendresse. Parfois, pour mieux lui prouver à quel point elle l'aimait, Guenièvre commettait d'insignes imprudences. Sa témérité tenait du défi. C'était lui, maintenant, qui la suppliait de songer à leur commune sécurité, car, après tant de saisons passées dans le mensonge, ce serait folie, lui disait-il, de jeter leur bel amour en pâture à la malignité, à l'envie, à la haine... Le péril qu'ils courraient alors, l'un et l'autre, ne serait pas seulement péril de mort – la mort, il l'avait trop souvent bravée en bataille pour la redouter, en ce qui le concernait personnellement –, mais aussi, et surtout, péril de déshonneur.

Faut-il ajouter que, secrètement, dans la nuit de son âme, Lancelot ne pouvait écarter l'image de l'homme qu'il avait trahi : le roi, son maître et son ami ; l'homme dont la seule vue lui causait, en quelque lieu qu'il le rencontrât, un si vif et si poignant remords. Mais cette raison eût été la dernière que l'infortuné chevalier se fût permis d'avancer pour convaincre sa maîtresse. Tout au plus arguait-il de leur commune sécurité dans l'espoir de l'inciter à redoubler de prudence.

« Guenièvre amie, lui disait-il, défiez-vous davantage de ceux qui vous entourent ! » Et il ajoutait : « En vous perdant, vous me perdriez !

— La passion, répliquait-elle, calcule moins et risque davantage. »

Au vrai, le tourment de Guenièvre était d'une autre sorte !... La reine en était venue à détester Celui qui, jour et nuit, rôdait maintenant « comme un voleur » autour de l'âme inquiète de Lancelot : son propre Créateur. Dans le cœur de Guenièvre comme dans le cœur de son amant, tout n'était encore, présentement, que signes informulés, menace obscure et vague prémonition ; mais déjà, plutôt que le courroux de Dieu, elle redoutait Sa grâce.

Les tours de Camaaloth se profilent sur le ciel. Dans moins d'une heure, Lancelot retrouvera Guenièvre...

Hélas ! sous le toit du roi. Invinciblement, chaque fois qu'il retourne à Camaaloth, Lancelot ne peut chasser de son esprit la pensée de ce premier baiser qu'il échangea naguère avec sa bien-aimée, sous le couvert des charmes, dans le pré aux Arbrisseaux.

Car c'était vraiment ce soir-là que leur destin avait basculé dans un autre univers... cet univers de ténèbres traversé de hautes flammes où, depuis lors, ils se mouvaient.

Lancelot, longeant les fossés, lève les yeux vers les remparts. Ses regards se posent sur une fleur sauvage qui a réussi à s'enraciner au flanc d'une échauguette. Le vent la tourmente et menace, à tout instant, de l'arracher ; mais elle tient bon. Fortifiée par la lutte incessante qu'elle a dû mener pour survivre, l'humble fleur résiste victorieusement à tous les assauts.

Ainsi, pense Lancelot, en est-il – et en sera-t-il toujours – de son amour pour la reine...

Le voyageur est parvenu devant la maîtresse porte de Camaaloth. Il a tôt fait d'appeler le veilleur. La herse se lève. Un valet, qui accourt pour l'aider à mettre pied à terre, lui confirme que le roi et ses familiers se trouvent bien dans la grande salle du château.

Il n'était pas dans les habitudes du chevalier du Lac de se faire annoncer. Déjà l'un des écuyers du roi le désarmait. Quelques instants plus tard, ses pas résonnaient sur les dalles des longs couloirs. Mais cette hardiesse d'allure cachait, ce conte l'a déjà dit, un secret malaise. Lancelot savait que le roi l'accueillerait, comme toujours, avec un plaisir manifeste, tandis que la reine, comme toujours également, feindrait l'indifférence.

Et pourtant Guenièvre l'aimait de toute son âme ! Dans l'espoir de chasser de son esprit la pensée de cette humiliation, il s'efforçait de songer à la tendresse que la jeune femme lui témoignerait lorsqu'ils se reverraient seul à seul.

Cette fois Guenièvre lui dit, d'entrée de jeu, sans doute afin de l'éprouver :

« Il faut que le roi Arthur, en personne, vous convoque pour que vous daigniez rejoindre vos amis ! »

Lancelot était toujours surpris, sinon scandalisé, par l'aisance qu'affectait la reine lorsqu'elle le recevait, par aventure, en présence du roi, après quelques semaines ou quelques mois de séparation. Ah ! comment pouvait-elle défier ainsi le destin ? Fort heureusement, Arthur enchaînait, au même instant :

« N'avez-vous pas vu Perceval ? Quand nous l'avons quitté, voici près d'un mois, il devait se rendre en Petite Bretagne où l'attendait sa fiancée.

— Je l'ai aperçu hier, répondit Lancelot, il cheminait tête basse et semblait si préoccupé que je n'ai pas osé l'aborder, ayant entendu dire, au cours de mon voyage, que Liaze, cette jeune fille du pays de Nantes à laquelle on le disait fiancé, se mourait d'un mal sans espoir... Mais vous le savez, cher sire, la moindre nouvelle se trouve vite grossie en passant de bouche en bouche. Le retour de Perceval devrait, en un certain sens, nous rassurer : il n'eût pas quitté son amie si cette dernière se fût trouvée réellement en danger.

— Puissiez-vous dire vrai ! » s'exclama le roi dont le cœur était naturellement compatissant. Tout aussitôt, il ajouta : « Perceval nous manquerait bien, s'il ne pouvait être parmi nous demain. Fort heureusement, il lui reste encore plusieurs heures pour nous rejoindre.

« La plupart d'entre vous n'ont pas encore eu l'occasion de le rencontrer depuis qu'il a accepté de s'asseoir à la table ronde. Par contre, vous connaissez tous la raison de son long refus : Perceval ne se jugeait pas digne d'être des nôtres ; la pensée de participer éventuellement à la quête du Graal l'effrayait. À l'entendre, il ne méritait pas un tel honneur. Perceval !... Non seulement le plus preux, le plus loyal, le plus généreux, mais encore le plus saint – en un mot, le meilleur – des chevaliers qu'il m'ait été donné d'armer depuis que j'ai moi-même reçu l'épée. »

Keu le sénéchal, dont le bras droit était toujours en écharpe, ne sourcilla pas. Déjà le roi enchaînait :

« La quête du Graal attend toujours son maître, ce champion au cœur pur qui doit nous enseigner les lois de la chevalerie célestielle, nous ouvrir la voie des hautes aventures et nous guider dans l'ultime recherche du calice du Précieux Sang.

« Durant d'interminables années, j'ai espéré avec vous que le maître de la Quête nous serait imposé du dehors par Notre-Sire Lui-même, et d'une manière si éclatante que toute contestation eût été impossible. Aujourd'hui, j'ai compris qu'une telle attitude nous condamnait : quiconque croit vraiment n'exige ni preuves, ni raisons, ni prodiges d'aucune sorte pour justifier sa foi.

« Ce signe que nous réclamions pour prix de notre soumission ne pouvait qu'irriter Dieu contre nous. Vit-on jamais vassal défier pareillement son seigneur ? »

L'attention de l'assemblée s'était détournée de Lancelot. Ceux des compagnons de la Table ronde qui se trouvaient déjà réunis à Camaaloth, en cette veille de la Pentecôte, étaient maintenant suspendus aux lèvres du roi. Un silence stupéfait avait accueilli ses paroles.

Arthur connaissait-il si mal ses pairs ? Jamais ils n'avaient désiré plus ardemment la venue du Meilleur Chevalier du monde – ils l'appelaient du fond de leur nuit – ; toutefois, ils n'avaient pas seulement souhaité naguère cette claire indication du Ciel dont le roi Arthur semblait faire aujourd'hui si peu de cas, plus que jamais ils l'exigeaient.

Faute d'une telle caution, ils se refuseraient toujours à se donner un maître ; si riche fût-il en grâces, en mérites, en vertus.

Arthur reprit, en baissant la voix, comme s'il eût craint lui-même de préjuger des intentions de Dieu :

« J'ai profité à dessein de l'absence de Perceval pour prononcer son éloge. Comme moi, vous l'avez vu vivre. S'il est parfois de faux prodiges, le témoignage d'une vie d'homme, entièrement consacrée au service de Dieu, ne saurait tromper.

« Vous réclamiez, et je réclamais naguère avec vous, un signe du Ciel... »

Un vif martèlement, semblable à celui de sabots ferrés claquant sur le pavé, interrompit le roi. Les regards d'Arthur et de ses hôtes se tournèrent vers la porte. Celle-ci, au même instant, livrait passage à une écuyère dont la haquenée, couleur de miel, avait dû fournir une longue course, à en juger par l'écume qui souillait ses flancs. Sur le manteau de la demoiselle se voyait l'image d'une tourterelle. La messagère du Roi pêcheur serait-elle l'instrument de cette intervention d'En-Haut que les pairs de la Table ronde appelaient de leurs vœux depuis tant d'années ? Si quelques-uns d'entre eux furent tout d'abord tentés de le croire, leur illusion dura peu.

Sans même prendre le temps de descendre de cheval, la jeune fille, dont le visage était voilé de telle sorte que ses yeux seuls étaient visibles, s'approcha du roi en le saluant d'une simple inclinaison de tête.

« Sire, monseigneur Lancelot est-il là ? lui demanda-t-elle sans autre préambule, d'une voix essoufflée par la chevauchée qu'elle venait de faire.

— Il était à mes côtés il n'y a qu'un instant, répondit le roi Arthur, déconcerté.

— Demoiselle, que me voulez-vous ? s'informa Lancelot, de la place où il se trouvait,

— Le roi Pellès vous demande de gagner, ce soir même, tel lieu que je vous indiquerai. Armez-vous, s'il vous plaît, et suivez-moi. »

En entendant prononcer le nom du roi Pellès, Lancelot se sentit pâlir. Qu'allait penser la reine ? Qu'allait penser le roi ? Qu'allaient imaginer tous ceux qui l'entouraient ? Car il n'était personne en cette salle qui n'eût entendu parler, à mots plus ou moins couverts, de ses amours avec Olwenn, la propre fille du roi Pellès. Certes, la reine avait pardonné depuis longtemps à son amant l'infidélité dont il s'était rendu coupable, mais toute allusion à cette offense ancienne ne lui en était pas moins cruelle. Quant aux ennemis du chevalier du Lac, leur espoir de voir éclater quelque scandale qui le compromettrait définitivement se lisait dans leur attitude.

D'une voix blanche, Lancelot répondit à la pucelle voilée :

« Je vous accompagne, demoiselle ! »

S'étant rendu, tout aussitôt, dans la chambre où se trouvaient ses armes, il s'en revêtit en hâte, et suivit la messagère du Roi pêcheur, sans être plus éclairé qu'au premier instant sur l'objet de cette assignation.

En cours de route, Lancelot n'eut d'ailleurs pas le loisir d'interroger davantage la jeune fille, tant l'allure que celle-ci lui imposa était vive. Après avoir cheminé d'une seule traite à travers la forêt Gastée, durant cinq ou six lieues, ils se trouvèrent enfin devant l'entrée d'un monastère situé non loin de la vallée où Perceval avait passé son enfance. Comme la demoiselle levait le bras pour atteindre le heurtoir de la porte, son voile s'écarta légèrement, de sorte que Lancelot entrevit son visage. Mais, déjà, la Pucelle-qui-jamais-ne-mentit – car c'était elle – lui intimait l'ordre de se taire : la sœur tourière arrivait.

« Vous êtes attendu. Je vous laisse », lui dit la jeune fille, qui ajouta seulement, en guise d'adieu : « Puisse Notre-Sire vous prendre sous Sa sainte protection ! »

Lancelot fut aussitôt introduit dans la cour intérieure du couvent. Deux chevaliers s'y trouvaient déjà. Ils étaient également tout armés, sauf de leur heaume. Quelle fut la joie de Lancelot en constatant que ces deux chevaliers n'étaient autres que Lionel et Bohor, ses cousins !

« Je ne sais pourquoi j'ai été prié de me rendre ici, leur confia Lancelot, de plus en plus décontenancé.

— Nous partageons votre ignorance, lui répondirent-ils d'une même voix. Mais voici l'abbesse en personne… »

Ils ne purent en dire davantage : l'abbesse, en effet, s'avançait vers eux, en compagnie de trois nonnes, dont la plus âgée paraissait également la mieux née. Cette vieille nonne tenait par la main un adolescent d'une merveilleuse beauté. Trait pour trait, on eût juré monseigneur Lancelot au même âge, bien qu'un air d'extrême douceur tempérât l'expression hardie de son visage.

Et, à l'instant même, avec un frémissement de tout son être, Lancelot sut que ce jeune valet qui s'avançait vers lui était Galaad, son propre fils, ce fils qu'il désirait connaître depuis si longtemps, non sans en éprouver à l'avance une indicible angoisse.

« Messire, commença l'abbesse, en s'adressant à Lancelot, c'est le roi Pellès en personne qui vous demande, par ma voix, d'armer chevalier l'écuyer que voici. La réputation de prouesse que vous avez acquise suffirait à justifier ce choix ; plus qu'aucun autre chevalier au monde vous en êtes digne. Mais votre prouesse n'est pas le seul titre qui vous désigne aux yeux de tous pour un pareil office. Vous savez, cher sire, quels sont vos droits et vos obligations à l'égard de cet enfant… »

Se tournant vers Galaad, elle ajouta :

« Nous l'avons élevé de notre mieux, il a été notre joie. Puisse-t-il répondre à nos espérances ! »

« Sire, dit alors celle qui avait présenté le futur chevalier en le conduisant par la main, si, comme nous le souhaitons, vous acceptez de l'armer, ne prolongez pas notre attente : armez-le, s'il vous plaît, dès demain.

— Ainsi ferai-je, de grand cœur ! »

Ces paroles dites, les nonnes s'en retournèrent, suivies de Lionel et de Bohor. Alors Lancelot accompagna Galaad jusqu'à la chapelle. Ils y entrèrent côte à côte. La chapelle était obscure, seule y brillait la petite lampe qui ne doit jamais s'éteindre.

Toute la nuit, Lancelot veilla et pria. Il y avait bien des années que monseigneur Lancelot, qui était demeuré si longtemps dans les chaînes du péché, n'avait fait un pareil retour sur lui-même. En observant à la dérobée ce jouvenceau comblé de tant de grâces surnaturelles qu'il semblait vivre dans la compagnie des étoiles et des anges, Lancelot se reportait, à son insu, au temps de sa pureté ancienne. Et si grande était la ressemblance de leurs deux visages que, en regardant celui de Galaad, Lancelot croyait se revoir au même âge, comme dans un clair miroir.

Toutefois, cette illusion ne devait pas durer : insensiblement, le miroir se ternit, recouvert par le voile de ses propres souvenirs. Saison après saison, toute sa vie passée lui apparut : son enfance au manoir du Lac – ce domaine merveilleux où s'étaient écoulées les heures les plus innocentes de sa vie –, son arrivée à la cour, sa première rencontre avec la reine, cet imprudent et funeste baiser échangé dans le pré aux Arbrisseaux, la découverte de la Citadelle aventureuse, suivie, hélas ! de sa première défaillance charnelle, dans le lieu même où s'abritait le calice du Graal, puis la longue folie de ses amours avec la reine et, enfin, la mort d'Olwenn, la douce mère de l'enfant… Olwenn qu'il avait entraînée au mal par dépit, dans un vertige de désespoir, plutôt que par amour, hélas !

Ce n'était pas sans mélancolie ni regret que Lancelot évoquait ces poignantes contradictions de sa jeunesse et de son âge mûr. Sans doute n'avait-il pas été l'unique artisan du naufrage de sa vie ; mais seule sa propre culpabilité témoignerait contre lui au jour du Grand Jugement…

À ses côtés, Galaad, les yeux clos, priait toujours ; sans paraître se soucier de ce chevalier étranger qui, durant cette ardente veillée, lui tenait compagnie dans les ténèbres, avant de ceindre à ses flancs l'épée de justice.

Élevé comme s'il avait été doublement orphelin, l'enfant d'Olwenn devait ignorer jusqu'à l'existence de son père...

Le lendemain, à l'heure de prime, devant les nonnes du monastère rassemblées, Lancelot conféra la chevalerie à Galaad, son fils. Tout d'abord, de sa propre main, il lui chaussa l'éperon gauche ; puis, il lui ceignit l'épée et lui donna l'accolade, Enfin, Lancelot exhorta Galaad à se montrer aussi sage et preux qu'il était beau car « aux yeux de Dieu, beauté native est promesse de vertu ».

« Et maintenant, doux ami, demanda Lancelot à l'adolescent, sans chercher à préjuger des sentiments que celui-ci pouvait nourrir à son égard, m'accompagnerez-vous à la cour du roi ?

— Sire, répondit hardiment Galaad à celui qui venait de le faire chevalier – sans mettre, toutefois, nulle intention de défi dans ses paroles –, je rejoindrai les compagnons du roi Arthur à l'instant même où j'en recevrai l'ordre. »

L'abbesse conclut à mi-voix :

« Dieu seul décidera du jour et de l'heure. Dès qu'Il nous aura fait savoir Sa volonté, nous y conformerons la nôtre. »

XLVI

LE MEILLEUR CHEVALIER DU MONDE

Le soleil était déjà haut dans le ciel lorsque Lancelot et ses deux cousins rejoignirent Camaaloth. Tous les trois se rendirent directement à la grande salle du château. Lancelot se taisait. Visiblement, son esprit était absent. Lionel, s'étant approché de Bohor, commença à l'entretenir, à mi-voix, du jeune chevalier de l'abbaye.

« Je n'ai jamais vu, lui dit-il, quelqu'un qui ressemblât plus étrangement à Lancelot. Cet adolescent ne peut être que Galaad, l'enfant de Lancelot et d'Olwenn, la fille du roi Pellès.

— Taisez-vous, lui répliqua Bohor dans un souffle. Lancelot pourrait nous entendre.

— Qu'il nous entende ou non, nul ne songerait à nier que ce jeune chevalier présente tous les traits de notre lignage. »

Si Lancelot comprit leurs propos, du moins n'en laissa-t-il rien paraître. Le dos tourné à la salle, lui-même songeait, sans doute, au bel écuyer qu'il venait d'adouber : son propre fils.

Comme ce jour était celui de la Pentecôte, la table ronde avait été dressée. Bohor et Lionel s'en approchèrent : cent cinquante sièges l'entouraient, tous identiques, à cela près que des lettres flamboyaient, ce matin-là, sur le dossier du siège périlleux, ainsi nommé, on s'en souvient, parce que seul le Meilleur Chevalier du monde pourrait, un jour, l'occuper sans péril.

Gravées en traits de feu, ces lettres formaient la phrase suivante, que les deux frères lurent avec la plus vive surprise :

LORSQUE QUATRE CENT CINQUANTE-QUATRE ANS
SERONT ACCOMPLIS DEPUIS LA PASSION DU CHRIST,
NOTRE-SIRE,
CE SIÈGE TROUVERA SON MAÎTRE

Ils appelèrent Lancelot. Celui-ci, à son tour, ne put cacher son étonnement : d'une part, l'échéance fixée pour l'avènement du Meilleur Chevalier du monde coïncidait avec l'année en cours ; d'autre part, presque toutes les hautes aventures du règne d'Arthur, le roi printanier, étaient advenues un jour de Pentecôte.

Les trois chevaliers s'entre-regardèrent. La même pensée leur était venue ; toutefois ils n'osaient la formuler à voix haute : serait-ce pour aujourd'hui ?

« Personne d'autre ne doit voir ces lettres avant l'arrivée du roi », dit seulement monseigneur Lancelot. Et, tout aussitôt, il s'empara d'un voile de soie qui traînait sur un coffre et en recouvrit le dossier du siège périlleux. À peine l'inscription se trouva-t-elle cachée que le roi Arthur entra, en compagnie des autres pairs de la Table ronde. Parmi ces derniers, on pouvait remarquer Perceval, qui avait rejoint Camaaloth le matin même.

Tout joyeux d'apprendre le retour de Lancelot, le roi lui fit le meilleur accueil du monde, ainsi qu'à Lionel et à Bohor, puis il s'approcha de la table pour s'y asseoir. Les valets avaient déjà mis les nappes et s'apprêtaient à corner l'eau.

« Sire, dit alors Keu le sénéchal, en levant sa main valide pour attirer l'attention du roi, sire, jamais jusqu'ici vous n'avez accepté de vous asseoir à cette table, les jours de fête, avant qu'une aventure notable ne fût arrivée en votre cour. Si vous contreveniez aujourd'hui à cette coutume, vous manqueriez à la parole donnée.

— Vous dites vrai, Keu, reconnut le roi Arthur. La joie que j'éprouvais à l'occasion du retour de Lancelot et de ses cousins Lionel et Bohor me faisait oublier cet engagement. Vous avez bien fait de me le rappeler.

— Sire, vous pouvez vous asseoir sans crainte, intervint Lancelot. Cette fois encore, l'aventure ne vous a pas failli. »

D'un geste rapide, il enleva le voile de soie qui recouvrait le siège périlleux. Les lettres flamboyantes apparurent.

Stupéfait, le roi s'empressa de déchiffrer à haute voix l'inscription prophétique afin que tous pussent en connaître la teneur. À l'entendre, dames et seigneurs demeurèrent muets de saisissement. Arthur, le premier, se reprit.

« Si ce texte dit vrai, murmura-t-il, nous pouvons nous attendre à être, aujourd'hui même, les témoins de quelque merveilleux événement. »

À l'exemple du roi, les pairs prirent place autour de la table, après s'être lavé les mains dans les coupes d'or fin qui leur avaient été présentées. D'autres tables, plus petites, avaient été dressées tout autour de la salle pour les dames. Et comme les compagnons de la Table ronde s'étaient, par miracle, réunis au complet ce jour-là, les sièges se trouvaient tous occupés – le siège périlleux excepté –, ce dont la foule des assistants s'émerveilla, pareille rencontre ne s'étant encore jamais produite depuis la fondation de la Table ronde.

Et ils étaient tout juste cent cinquante compagnons dont aucun n'était couard.

Avant que les premiers mets n'eussent été apportés devait se produire un second miracle : soudainement – toutes les portes étant fermées –, ils virent s'avancer au milieu d'eux un vieillard en robe blanche qui menait par la main un chevalier vêtu d'une armure étincelante, couleur de feu.

« Dieu vous donne Sa paix ! » dit le vieil homme d'une voix forte qui rappelait étrangement celle de Merlin dans son âge mûr.

Apercevant le roi, il s'en approcha :

« Roi Arthur, voici, enfin, le champion célestiel dont tu souhaitais et réclamais depuis si longtemps la venue : LE MEILLEUR CHEVALIER DU MONDE. Issu du lignage de Salomon et de Joseph d'Arimathie, il doit mener jusqu'à son terme la quête du Graal qui mettra fin aux Temps aventureux.

— Qu'il soit mille fois béni, au nom de Notre-Sire ! » dit simplement le roi, ne trouvant pas de termes plus chargés de sens pour exprimer la joie que lui inspirait la venue du messager du Haut Maître.

Sans plus attendre, le chevalier à l'armure flamboyante délia son heaume et l'ôta. Son visage apparut alors, rayonnant de fraîcheur et de jeunesse ; il ne semblait guère avoir plus de quinze ans.

Pendant que Lancelot le reconnaissait, avec la joie poignante que l'on imagine, pour le chevalier qu'il venait d'adouber le matin même – son propre fils –, une rumeur parcourait l'assemblée et un nom volait de bouche en bouche : GALAAD ! Et, vraiment, l'inconnu ne pouvait être que Galaad, tant il ressemblait à Lancelot à l'époque de sa présentation à la cour, dix-huit ans plus tôt.

Lancelot, Perceval, Galaad...

Dieu avait enfin accordé au plus jeune de ses trois champions éventuels cette caution que les pairs de la Table ronde exigeaient du Meilleur Chevalier du monde. En conduisant Galaad à travers murailles et portes closes jusqu'au cœur de leur assemblée, Notre-Sire ne laissait aux compagnons d'Arthur que le choix entre les deux termes de cette alternative : ou reconnaître ce tout jeune chevalier pour leur maître, ou contester la réalité du prodige.

La ferveur avec laquelle ils avaient répété le nom de Galaad valait tous les serments d'allégeance :

Avec l'avènement de Galaad prenait fin l'ère de la chevalerie terrienne et commençait le temps des Hautes Aventures célestielles...

Tandis que le vieil homme, après avoir désarmé l'adolescent, le conduisait, en le tenant toujours par la main, jusqu'à la place interdite, les lettres qui flamboyaient sur le dossier du siège périlleux s'assemblèrent brusquement dans un ordre différent pour former cette phrase sans équivoque :

CE SIÈGE, RÉSERVÉ AU MEILLEUR CHEVALIER DU MONDE,
APPARTIENT DE DROIT À GALAAD.

Quand la reine comprit que le champion prédestiné allait prendre possession du siège périlleux, elle se tourna imperceptiblement vers Lancelot ; leurs yeux se rencontrèrent.

« Ah ! sire, disait clairement le regard de la reine, si vous n'êtes pas assis à cette place que ce jeune chevalier qui vous ressemble si fort va occuper, c'est, sans nul doute, par ma seule faute. Je vous en demande mille fois pardon, de toute mon âme.

— Douce amie, lui répondait le regard de Lancelot, je n'ai rien à vous pardonner car l'amour n'a pas à pardonner à l'amour. J'ai péché plus que vous… Cet enfant en est la preuve vivante. Ne pensons qu'à la Haute Aventure dont nous sommes aujourd'hui les témoins. Le fait qu'elle advient à mon fils — engendré pourtant d'une manière bien coupable ! — doit nous faire souvenir que Dieu n'est pas seulement justice mais encore miséricorde et pardon. »

Les vêtements de l'adolescent se révélaient maintenant dans toute leur splendeur : son surcot de soie était couleur de flamme ; un liséré d'hermine, plus blanche que neige, en garnissait le col et les poignets. Comme le vieil homme lui jetait sur les épaules un manteau pourpre, Galaad le remercia d'une inclinaison de tête et d'un sourire, puis il s'assit tout naturellement sur le siège périlleux.

Et, de nouveau, son entourage s'émerveilla de sa hardiesse. Visiblement, cette paisible certitude, qui ne semblait nullement l'enivrer, lui venait de Dieu.

« Roi, commença le vénérable prud'homme en s'adressant au roi Arthur, il t'adviendra aujourd'hui un si grand honneur qu'aucun souverain couronné n'en connut jamais de pareil ; et je ne pense pas seulement aux souverains de Bretagne, mais du monde. Sache donc qu'en ce jour qui doit inaugurer la vraie Quête célestielle le Saint-Graal lui-même visitera cette cour et te rassasiera ainsi que tes compagnons et tous ceux et toutes celles qui sont rassemblés autour de toi.

— Dieu t'entende ! » répondit le roi.

Déjà le vieillard avait disparu, bien que toutes les portes fussent restées closes.

Au même instant, un coup de tonnerre éclata et un rayon de soleil traversa la verrière, rendant la salle sept fois plus claire qu'elle n'était auparavant. Et aussitôt, sous l'influence de l'Esprit saint dont cette vive clarté avait été le signe sensible, tous les assistants furent submergés par une lumière de l'âme d'une douceur telle qu'ils s'entre-regardèrent avec la plus grande amitié sans pouvoir rien exprimer de leur joie ; ce qui fit dire aux vieux conteurs que le saisissement les avait rendus « muets comme des bêtes ».

Ce fut alors que LE GRAAL apparut. Un linge immaculé le recouvrait toutefois. La coupe très précieuse semblait flotter dans l'air sans que nulle main ne la soutînt. Dès qu'elle se trouva dans la salle, celle-ci s'emplit d'une odeur à laquelle aucun autre parfum, si suave et si grisant qu'il fût, n'aurait pu être comparé. Et, au fur et à mesure du passage du calice – tandis que le roi Arthur et les siens s'émerveillaient à l'envi de cette douceur et de cette paix dont ils se sentaient pénétrés –, les aliments les plus exquis se présentaient d'eux-mêmes sur la table, selon le goût et le désir de chacun des convives.

Après quoi, le calice voilé s'en alla, comme il était venu, sans que l'on sût de quelle manière.

« Grâces soient rendues à Dieu pour cette visitation, en ce haut jour de la Pentecôte ! dit le roi, mettant fin à ce long silence.

— Sire, répliqua messire Gauvain, nous avons été les témoins d'une incomparable merveille : jamais, jusqu'à cet instant, le Saint-Graal n'avait été vu en dehors de la Citadelle aventureuse, la demeure du roi Pellès. Vous avez donc mille fois raison d'en remercier Dieu. Le vase du Précieux Sang n'a toutefois consenti à se montrer que recouvert d'un voile. Sa vraie semblance nous est restée cachée. Notre soif d'en savoir davantage à son sujet n'en est que plus grande… Sire, nous ne pouvons plus supporter ce mystère sans cesse proposé à notre désir et à notre foi, mais qui, toujours, se dérobe à nos sens. En attendre plus longtemps l'explication est au-dessus de nos forces. Quant à moi, bel oncle, avec la permission de Galaad que nous regardons tous désormais comme le maître de la Quête, je jure de reprendre dans les plus brefs délais la chevauchée qui doit, selon les propres termes des prophéties anciennes, nous mener jusqu'au refuge du Saint-Graal. Si j'échoue – Gauvain n'avait pas oublié les déceptions que ses précédentes tentatives lui avaient values –, je m'en reviendrai, au bout d'un an et un jour, pour vous confesser mon échec. »

Personne n'avait encore osé s'adresser directement au messager célestiel.

« Messire Galaad, ajouta Gauvain en se tournant vers le jeune chevalier, puis-je demander, en votre nom, à tous ceux qui siègent aujourd'hui autour de cette table de faire le même serment.

— Je vous l'accorde, du fond du cœur, lui répondit Galaad. De tout mon désir, et de tout mon pouvoir, je me consacrerai à l'accomplissement de ce vœu. Que Jésus-Christ, Notre-Sauveur, sans lequel le peu que nous tenterons serait vain, nous aide dans notre entreprise ! »

Ces paroles prononcées, Galaad se leva et répéta, mot pour mot, le serment de Gauvain. Et tout aussitôt les compagnons de la Table ronde, s'étant levés à son exemple, jurèrent dans les mêmes termes de reprendre la

Haute Quête et, le Ciel aidant, de l'achever pour la plus grande gloire de Dieu.

« Sire, reprit Galaad, en s'inclinant devant le roi Arthur, nous ne voudrions pas nous éloigner de cette cour sans votre congé. Vous partagez assurément notre hâte de voir aboutir la recherche du calice de la Passion et de la Lance-qui-saigne. Daignez donc combler nos désirs en nous autorisant à quitter Camaaloth dès demain.

« Vous le savez mieux que moi, cher sire, Dieu n'a que trop longtemps attendu notre humble concours. »

Le roi, comprenant que la Quête allait cette fois entrer dans sa phase décisive, en ressentit, en même temps qu'une grande joie, une profonde angoisse : le vœu de Gauvain engageait, d'un seul coup, toutes les forces vives des deux Bretagnes dans une aventure qui, sur le plan de la sagesse humaine, pouvait paraître insensée. Jusque-là, Arthur s'était bien gardé d'autoriser ceux qu'il considérait, à juste titre, comme ses meilleurs auxiliaires à le quitter tous ensemble. Leur départ concerté risquait de compromettre la sécurité du royaume. Entouré de voisins hostiles, le roi devrait s'en tenir à une attitude purement défensive. Combien de temps durerait son isolement ? Une année entière, pour le moins... Une année qui lui paraîtrait bien longue !

Mais, plus encore que cette inquiétude concernant la sécurité de sa terre, un autre souci le tourmentait. Interpellant Galaad, le roi Arthur lui dit :

« Beau doux sire, en faisant vôtre le serment de mon neveu Gauvain, vous m'apportez, tout à la fois, réconfort et angoisse sans pareils. Réconfort, car nulle entreprise ne peut me procurer plus d'honneur que celle que vous allez entreprendre… Ah ! puissiez-vous l'achever de telle sorte qu'elle comble vos désirs et les miens ! Angoisse, hélas ! car les preux qui partiront pour cette Quête n'en reviendront pas tous ; or je les aime autant qu'il est permis à un homme d'aimer sa propre chair. J'ai veillé de mon mieux sur les plus jeunes d'entre eux ; ils ont grandi sous mes yeux dans le culte des plus hautes vertus de chevalerie. En supposant qu'ils aient été mes propres fils, je n'aurais pu les aimer davantage. Quant à ceux qui furent, autrefois, les premiers à me reconnaître pour leur maître et qui ont maintenant, comme moi, les tempes grises, qu'en dirais-je ? Ils étaient mes frères. Je m'étais accoutumé à les voir sans cesse à mes côtés, à m'appuyer sur eux dans les camps aussi bien qu'au sein de mon conseil, et je ne sais comment je supporterai leur absence. »

Ces paroles du roi touchèrent profondément les pairs de la Table ronde. Tant de souvenirs les liaient les uns aux autres ! Sans doute beaucoup d'entre eux siégeaient-ils en cette cour pour la dernière fois. Jamais plus ne se verrait pareille assemblée de preux. Malheureusement, le serment qu'ils venaient de prononcer ne les engageait pas seulement à titre personnel, mais engageait plus encore Galaad, le maître de la Quête… Il n'était donc pas question que les chevaliers d'Arthur se dédisent, malgré le vif déplaisir manifesté par leur plus proche entourage ; j'entends bien désigner ainsi, outre le roi, leurs belles amies.

Tout d'abord, l'étonnement qu'avaient éprouvé les dames et les demoiselles qui se trouvaient à Camaaloth ce jour-là leur avait, en effet, coupé le souffle : elles n'admettaient pas qu'une décision aussi importante pût être prise sans les consulter ; puis les plus hardies avaient commencé à murmurer. Certes le courage ne leur manquait pas. Elles l'avaient prouvé en participant à maintes expéditions aux côtés de leurs époux, de leurs fils, voire de leurs amants, mais alors cette vie pleine de périls que les circonstances leur imposaient se confondait avec celle de leurs compagnons ; elles partageaient leurs souffrances, elles supportaient les mêmes privations et les mêmes fatigues, couraient les mêmes risques mortels.

Hélas ! elles l'avaient bientôt compris, avec quel sentiment d'amère frustration ! la quête du Graal exigerait davantage de ses champions : ceux-ci, avant de s'engager dans la voie célestielle, devraient renoncer à toute attache affective ou charnelle... Chacun d'entre eux s'en irait seul.

Telle serait la première des exigences de la quête de Dieu.

Femmes, elles ne pouvaient supporter la pensée d'être ainsi sacrifiées. Leurs plaintes et leurs prières couvraient maintenant les paroles d'apaisement du roi Arthur lui-même. Toutefois, plaintes et prières seraient également vaines : la relance de la Quête aurait lieu sous cette forme et le départ des quêteurs resterait fixé à l'aube du jour suivant.

Guenièvre prit Lancelot à l'écart :

« Ami, lui dit-elle, je le sais bien, je vais vous perdre... L'aventure à laquelle vous allez vous consacrer est trop haute et trop exclusive pour que nos deux destinées ne s'en trouvent pas changées.

« Soit que vous succombiez au cours de cette Quête – ce qu'à Dieu ne plaise ! –, soit que vous en reveniez sain et sauf et – de toute mon âme je le souhaite ! –, plus jamais je ne vous verrai comme je vous vois ; plus jamais je ne vous parlerai comme je vous parle. Ah ! Lancelot, pourquoi faut-il que vous me laissiez seule au milieu de cette cour hostile ? Car où vous n'êtes pas je suis seule. Seule… et plus seule encore, s'il se peut, lorsque celui que tous appellent ici "mon seigneur" m'impose sa présence.

— Douce amie, taisez-vous, au nom du Ciel ! lui répondit Lancelot, en s'efforçant de maîtriser son propre trouble. Ne dites pas ce qui ne doit pas être dit. Quelque indigne que je sois de poursuivre cette quête, dont j'avais rêvé jadis, bien légèrement, de prendre le commandement, il me faut obéir à mes vœux de chevalerie. Je ne les ai que trop souvent oubliés.

— Lancelot, pardonnez-moi ! Vous le savez si bien que nul ne le sait mieux que vous : je suis femme… Or quelle femme laissa jamais son ami s'éloigner d'elle sans verser quelques larmes ? C'est le grand amour que j'ai pour vous, Lancelot, qui m'a fait vous parler de la sorte. Selon mon cœur j'avais raison… Et pourtant j'ai eu tort. Allez ! puisqu'il vous faut partir. »

La reine, ce récit l'a déjà dit, n'était pas la seule à mener grand deuil. Suivant son exemple, chaque dame, chaque pucelle, cherchait à s'entretenir en privé avec l'un ou l'autre de ceux qui devaient prendre part à la Quête. Cependant, lorsque les compagnons et leurs amies se retrouvaient par petits groupes, au hasard d'une rencontre, tous et toutes s'efforçaient maintenant de montrer bon visage.

Certains conteurs assurent que, pour célébrer leur départ, Arthur permit aux chevaliers de la Quête de se mesurer dans un dernier tournoi. Au cours de ce tournoi, malgré tous les conseils de prudence qui lui auraient été prodigués, Galaad se serait battu à visage découvert. Ils ajoutent, bien entendu, qu'il triompha. Mais rien n'est moins prouvé qu'un tel affrontement : il est difficile d'imaginer champion assez hardi pour faire subir la contre-épreuve des armes à celui que Notre-Sire Lui-même avait marqué de son sceau.

À l'issue des vêpres, qu'ils entendirent côte à côte, dames et chevaliers prirent ensemble un dernier repas. La veillée, qui se prolongea cependant fort avant dans la nuit, leur parut bien brève ! Lorsque les tables furent desservies, Guenièvre, n'osant pas rechercher la compagnie de Lancelot plus qu'il n'était convenable, s'approcha de Galaad.

« Sire Galaad, ne put-elle s'empêcher de lui dire, nul ici n'a été surpris d'apprendre que vous étiez le petit-fils du Roi pêcheur par votre mère. Mais, vous-même, n'en savez-vous pas davantage sur votre filiation ? »

L'adolescent étant né hors mariage, la question aurait pu lui sembler cruellement indiscrète. Les yeux de Galaad interrogèrent le visage de la reine. Ils n'y découvrirent qu'une expression de franche amitié nuancée de mélancolie.

— Dame, vous l'avez dit vous-même, je suis du lignage du roi Pellès. Ma mère était la propre fille du Roi pêcheur. Elle s'appelait Olwenn. Hélas ! elle est morte depuis dix ans bientôt ; mais je m'en souviens bien, ajouta-t-il, comme pour lui-même.

— Cette réponse n'est pas celle que j'attendais, répliqua la reine, en s'efforçant de maîtriser la passion que sa voix trahissait malgré elle. Pourquoi me celez-vous le nom de votre père ?

— Dame, si je l'osais, je vous répondrais que le roi lui-même m'interrogerait en vain ; je veux dire, sans espoir d'en apprendre davantage de ma bouche, car jamais le nom de mon père n'a été prononcé devant moi. »

Galaad avait rougi, mais non de honte. Son âme était droite et simple : il se refusait à juger celle qui l'avait tant chéri, sa propre mère ; cependant, sa délicatesse native lui faisait penser que la reine, si élevé que fût son rang, commettait une indélicatesse en lui posant pareille question... Quel enfant, à sa place n'eût souffert du mystère qui entourait sa naissance ?

La reine reprit, très doucement :

« Cher sire, dois-je vous en faire la confidence ? Je crois savoir le nom de votre père. Il est si justement fameux que vous ne sauriez manquer de vous réjouir en l'apprenant.

— Dame, murmura Galaad, si le nom auquel vous pensez est celui que mon cœur me propose, je le tiendrai pour vrai. Sinon je le récuserai.

— Il est un nom que tous avancent à mi-voix, c'est celui de Lancelot du Lac, murmura la reine, comme à son insu, en le dévisageant avidement. Vous lui ressemblez d'une manière si frappante que vous-même avez bien dû vous en apercevoir. Trait pour trait, vous êtes l'image de ce qu'il fut. Le sang qui coule dans vos veines ne peut être que le sien. N'en rougissez pas, beau doux sire, ajouta-t-elle, en détournant la tête pour lui cacher ses larmes, non seulement monseigneur Lancelot appartient au lignage le plus noble d'Armorique, mais, en outre, sa réputation de vaillance est telle qu'il a longtemps paru mériter ce titre de Meilleur Chevalier du monde que le Haut Maître vous réservait.

— Dame, si vraiment ces présomptions sont fondées, Dieu saura bien les confirmer l'heure venue. En attendant, j'aurais scrupule à m'emparer par surprise d'un secret qui m'a été caché si longtemps, et avec tant de soin, par celle à qui je suis redevable de la vie. »

Déjà Guenièvre s'était ressaisie. Elle lui sourit, comme seule la reine des deux Bretagnes savait sourire.

« Pareille délicatesse vous honore, beau doux sire, lui répondit-elle à voix plus basse encore. Mais je devais vous parler comme je l'ai fait, pour que tout fût clair, à jamais, entre nous. »

Ils devisèrent encore longtemps avec amitié. Puis, le moment du coucher étant arrivé, le roi Arthur mena Galaad jusqu'à sa propre chambre et, par égard pour les desseins de Dieu sur l'adolescent, il lui céda son lit : le roi, ce soir-là, s'étendrait sur une simple jonchée de paille.

La reine pleura, dit-on, jusqu'à l'aube.

Dès que les ténèbres eurent fait place aux premières clartés de l'aurore, Guenièvre vint avertir le roi, son seigneur, que les chevaliers de la Quête célestielle l'attendaient. Arthur, lui non plus, n'avait guère dormi. Cependant il faisait de son mieux pour cacher son propre désemparement.

La messe entendue, les compagnons de la Quête, tout armés sauf de leur heaume et de leurs gantelets de fer, renouvelèrent devant les saintes reliques le serment qu'ils avaient déjà fait au cours du banquet du Graal. Galaad, comme maître et seigneur de la Table ronde, jura le premier qu'il ne reviendrait pas en cette cour avant d'avoir appris toute la vérité sur le Saint-Graal ; puis Lancelot, messire Gauvain, Perceval, Lionel et Bohor, Hector des Mares, Keu le sénéchal, en un mot tous les compagnons de la Table ronde, sans en excepter un seul – puisqu'ils se trouvaient tous réunis ce jour-là –, prirent le même engagement.

Le roi, après s'être étonné, à juste titre, que Galaad n'eût pas d'épée, y vit un signe du Ciel. L'épée du perron de pierre, cette épée que seul Arthur avait pu retirer de l'enclume à laquelle, on s'en souvient, elle se trouvait soudée – Escalibor, l'épée du miracle –, revenait de droit à l'adolescent qui allait parachever l'illustration d'un règne déjà si riche en hautes aventures.

Arthur fit appeler Girflet, et lui donna l'ordre d'apporter son épée. Bien que le roi Arthur possédât deux épées, Escalibor et Marmiadoise, Girflet n'eut pas besoin d'en entendre davantage pour savoir de quelle épée le roi voulait parler… Arthur, sans nul doute, pensait à l'épée du sacre. Certes ! s'il eût osé le faire, Girflet se fût dérobé à cet ordre.

« Beau doux sire, dit le roi Arthur à Galaad, en lui ceignant autour des reins la bonne lame, je remets cette épée au plus digne. »

Galaad dégaina l'épée et en baisa la garde, là où sa traverse formait une croix.

« Sire, grand merci ! Avec l'aide de Dieu, je n'en userai jamais que pour Son service. »

Lancelot, un peu en retrait, contemplait cette scène avec toute l'attention d'une âme ardente et ravagée. Souffrait-il de ce triomphe qui marquait sa propre déchéance, ou s'en réjouissait-il ? Lui-même, partagé entre son amour pour la reine, ses regrets, et sa fierté blessée, et aussi cette fierté toute nouvelle qu'il ressentait à la pensée d'avoir donné le jour à un pareil fils, lui-même, sans doute, n'eût su le dire.

Des larmes coulaient sur le clair visage de la reine. Brusquement, elle se détourna afin que nul ne vît l'étendue de sa peine. Mais, à l'instant où elle posait le pied sur la première marche de l'escalier qui menait à sa chambre, elle s'entendit doucement appeler.

« Dame, je viens vous demander la permission de vous quitter : l'heure est venue. »

C'était Lancelot.

— Je vous l'ai déjà dit, beau doux ami, s'il ne tenait qu'à moi, vous ne quitteriez pas cette cour. Mais puisque Dieu Lui-même a fait savoir Sa volonté, puisse-t-Il, du moins, vous prendre sous Sa sainte protection.

— Amie, que Dieu vous garde !

— Ami, qu'Il vous ramène ici, un jour, sain et sauf ! »

Elle s'enfuit. Le premier tournant de l'escalier la déroba brusquement à la vue de Lancelot. Dehors, un cheval se mit à piaffer, puis un autre ; un troisième l'imita. Leurs sabots ferrés martelaient le pavé à grand bruit de forge. De tous côtés se faisait maintenant entendre le tintement de l'acier heurtant l'acier : étrier contre étrier, chaîne contre anneau et gourmette contre mors. Quel cavalier ne connaît cet appel et n'en ressent, tout à la fois, plaisir et impatience ?

Lancelot rejoignit en hâte ses compagnons qui n'attendaient plus que lui pour se mettre en route. À peine eut-il chaussé les étriers que Galaad donna le signal du départ.

Au moment où le champion de Notre-Sire allait s'engager sur le pont-levis, le roi le rappela :

« Messire Galaad, lui fit remarquer Arthur, chacun de vos compagnons s'est armé d'un écu. Pourquoi n'avez-vous pas fait comme eux ?

— Sire, répondit Galaad, la quête que nous allons entreprendre ne ressemble à aucune autre. Si Dieu juge, toutefois, qu'un écu peut m'être de quelque utilité, l'aventure m'en procurera un. »

Ceux qui demeuraient, nobles ou gens du menu peuple, ne pouvaient cacher leur tristesse en voyant s'éloigner si riche et si brave chevalerie : « Qui nous défendra, nous protégera, nous fera droit, si les meilleurs s'en vont ? Comment le roi a-t-il pu les laisser partir en pareil nombre ? Ah ! belle jeunesse, faut-il que le service de Dieu vous soit cher pour que vous nous abandonniez avec si peu de regrets. Hélas ! ajoutaient-ils à voix plus basse, combien de ces jeunes hommes et de ces barons fameux qui nous quittent aujourd'hui dans la joie périront au cours de la haute entreprise à laquelle ils se vouent avec tant de générosité ? C'est, sans nul doute, la dernière fois que beaucoup d'entre eux franchissent le seuil de ce château. »

« Dieu vous garde ! Dieu vous garde ! » leur criaient toutefois les femmes, à travers leurs larmes.

Le roi lui-même était si dolent de quitter ses amis qu'il voulut du moins les accompagner jusqu'à l'orée de la forêt. Parvenu devant la petite croix d'un carrefour à cinq voies nommé le carrefour de la Croix-Vagan, Arthur dut, enfin, songer à dire adieu à ceux qu'il aimait plus que tout au monde et qui l'avaient si bien servi.

Messire Gauvain enleva son heaume afin que le roi pût

l'embrasser ; Lionel et Bohor suivirent son exemple, ainsi que monseigneur Lancelot, Perceval, Hector des Mares, Yvain le Vieux et Keu le sénéchal – aidé par Bohor, toujours compatissant –, puis, un à un, tous les autres barons, au fur et à mesure que le roi Arthur s'avançait pour les accoler.

Enfin, lorsqu'il leur eut donné cette ultime preuve d'amitié, le roi s'en retourna.

Les compagnons de la Haute Quête chevauchèrent encore ensemble durant une bonne partie de cette première étape. À la tombée du jour, Galaad, que tous considéraient maintenant comme le maître de la Quête célestielle, fit observer que chacun des chevaliers du Graal devrait désormais cheminer seul, ainsi qu'ils s'étaient engagés, les uns et les autres, à le faire. Justement, un sentier coupait leur route. Lancelot s'arrêta. Durant un long moment, ses regards s'attardèrent sur ceux dont il allait se séparer, et plus particulièrement sur Galaad, son fils ; puis, brusquement, il bifurqua.

Gauvain en fit autant, un peu plus loin.

Au carrefour suivant, quelques compagnons les imitèrent. La plupart de ceux qui restaient s'enfoncèrent dans la forêt en dehors de toute voie frayée. De sorte que, bientôt, leur petite troupe se trouva entièrement dispersée, si l'on excepte Galaad, Perceval et Bohor qui allaient en tête.

À la faveur d'une éclaircie, Perceval obliqua vers la droite et Bohor vers la gauche.

Galaad, n'entendant plus derrière lui le pas de leurs chevaux, se retourna : il ne restait plus trace de ceux qui l'avaient escorté jusque-là. Il prêta l'oreille et retint son souffle : à peine réussit-il à percevoir, assourdi par l'écran des fourrés, ce bruissement de rameaux brisés qui accompagne le passage à travers bois de tout être vivant, homme ou bête.

Progressivement, ces menus échos se firent de plus en plus légers avant de s'éteindre tout à fait. Enfin, le silence retomba sur la forêt ; un silence hostile, lourd de menaces. Cette fois, l'adolescent prédestiné était vraiment seul.

Quelle direction prendrait-il ?

Son destrier se mit à hennir après avoir humé le vent avec impatience. La nuit tombait. Le jeune chevalier sourit et se signa. Puis, comme Lancelot l'avait fait naguère au sortir de la Citadelle aventureuse, mais avec une intention bien différente, il abandonna les rênes de sa monture.

Ainsi la main de Notre-Sire pourrait-elle le mener où bon lui semblerait, sans nulle résistance de sa part.

La Quête célestielle commençait.

Avec cet épisode s'achève, en effet, l'ère de la chevalerie terrienne et débute la quête du Graal.

TABLE DU TOME 1

Seuls les épisodes dont le sommaire est imprimé en italique ont été imaginés ou remaniés profondément par l'auteur, le reste de l'ouvrage étant conforme à la tradition.

Pour complément d'information, se reporter aux notes historiques en début du tome 1 ou aux annexes en fin du Tome 2.

En ce qui regarde les aventures de Perceval, Xavier de Langlais s'est plus particulièrement inspiré du Parsifal *de Wolfram von Eschenbach (1170-1220 environ) qui, d'après la tradition, aurait séjourné à la cour de Bretagne ; ce qui expliquerait la localisation de certains épisodes de son roman à Nantes alors que Chrétien de Troyes situait les mêmes épisodes en Grande Bretagne. (Version française d'Ernest Tonnelat, éd. Fernand Aubier, Paris.).*

Imprimé en France par CPI
en mai 2016

Dépôt légal : 1er trimestre 2006
N° d'impression : 135630